Paralleles Rechnen

Performancebetrachtungen zu Gleichungslösern

von
Josef Schüle

Oldenbourg Verlag München

Dr. Josef Schüle ist Mitarbeiter am Rechenzentrum der TU Braunschweig und hat einen Lehrauftrag am Institut für Wissenschaftliches Rechnen – Paralleles Rechnen I+II und Hochleistungsrechnen auf Grafikkarten.

Bibliografische Information der Deutschen Nationalbibliothek

Die Deutsche Nationalbibliothek verzeichnet diese Publikation in der Deutschen Nationalbibliografie; detaillierte bibliografische Daten sind im Internet über <http://dnb.d-nb.de> abrufbar.

Rosenheimer Straße 145, D-81671 München
Telefon: (089) 45051-0
oldenbourg.de

Lektorat: Kathrin Mönch
Herstellung: Anna Grosser
Coverentwurf: Kochan & Partner, München
Gedruckt auf säure- und chlorfreiem Papier
Gesamtherstellung: Grafik + Druck GmbH, München

ISBN 978-3-486-59851-3

Inhaltsverzeichnis

Meiner Frau

und all denen,
die mir Mut machten.

1 Einleitung

Paralleles Rechnen ist eine wissenschaftliche Disziplin im Spannungsfeld zwischen Informatik, Mathematik und den Ingenieur- und Naturwissenschaften. Die Entwicklung von Mehrkernprozessoren und deren Einzug in gewöhnliche Arbeitsplatzrechner wird dieser Dispziplin zukünftig zu vermehrter Aufmerksamkeit verhelfen, da die Taktrate von Rechnern seit einigen Jahren nicht mehr ansteigt, sondern nahezu stagniert. Diesem Sachverhalt trägt beispielsweise das BMBF in seiner Richtlinie zur Förderung von Forschungsvorhaben auf dem Gebiet „HPC-Software für skalierbare Parallelrechner" Rechnung[1]. Der Stagnation bei der Prozessortaktrate versucht man durch Einbau mehrerer Prozessorkerne entgegenzuwirken. Aber was nutzen einzelnen Programmen mehrere langsamere Prozessorkerne, wenn nicht parallel auf diesen Kernen gerechnet werden kann? Erst wenn Teile des Programms gleichzeitig mehrere dieser Prozessoren benutzen, kann die Wartezeit bis zur Beendigung dieses Programms verkürzt werden. Das bedeutet aber, dass Parallelverarbeitung der einzige Weg ist, um zukünftig einer der Hauptanforderungen unserer Zeit gerecht zu werden: Immer schneller zu werden und neue Technologien konkurrenzfähig in kurzen Innovationszyklen zu entwickeln.

Im Unterschied zur Parallelverarbeitung, die über eine Vielzahl von Techniken verfügt, um Prozessabläufe in der IT durch gleichzeitige bzw. nebenläufige Bearbeitung von Prozessen zu beschleunigen, beschäftigt sich das Parallele Rechnen mit der Beschleunigung eines einzelnen Programms, genauer gesagt, eines Rechenprogramms. Dieser altmodische Begriff soll verdeutlichen, dass es sich dabei um Programme handelt, in denen mit Zahlen gerechnet wird und in denen mathematische Algorithmen zur Beschreibung physikalischer und naturwissenschaftlicher Vorgänge eine Rolle spielen. Entsprechend beschäftigt sich Paralleles Rechnen, wie ich es verstehe, mit numerischen Simulationen in den Ingenieurs- und den Naturwissenschaften. Und hier offenbart sich die Interdisziplinarität: Nur durch das Zusammenwirken von mathematischen Algorithmen mit Methoden der Informatik können realitätsnahe wissenschaftliche Ergebnisse aus numerischen Simulationen der Natur- und Ingenieurswissenschaften erzielt werden, die für Wirtschaft, Technik und den Erhalt unserer Lebensgrundlagen eine strukturell entscheidende Bedeutung besitzen.

Paralleles Rechnen, das neben theoretischen Untersuchungen und Experimenten längst zur dritten Säule des Erkenntniserwerbs herangereift ist, erfordert Kenntnisse zur Prozessortechnologie und Verbindungsnetzwerken, um zwei Bereiche aus der Informatik zu nennen, setzt algorithmische Kenntnisse aus der Mathematik voraus und beschreibt Vorgänge in den Ingenieurs- und Naturwissenschaften, deren Verständnis Voraussetzung dafür ist, geeignete Modellbeschreibungen und Algorithmen in Simulationsprogramme umzusetzen.

Die vorliegende Arbeit ist in diesem interdisziplinären Umfeld angesiedelt. Hier wird der Versuch unternommen, Besonderheiten moderner Parallelrechnerarchitekturen und Methoden für das Parallelrechnen auf diesen Architekturen zur erläutern und deren Performance kritisch zu

[1] BMBF Bekanntmachung vom 19.01.2010

untersuchen, um dann anhand eines zentralen mathematischen Verfahrens, der Lösung eines Gleichungssystems, die Effektivität verschiedener Algorithmen, Parallelisierungstechniken und deren Implementierung zu analysieren und zu vergleichen. Aufbauend auf diesen Performancebetrachtungen werden verschiedene Strategien im Design paralleler Programme bewertet. Dabei wird der Einsatz dieser Techniken und die entwickelten Designstrategien mit Hinweisen und kurzen Ausführungen zu verschiedenen wissenschaftlichen Projekten, wie Berechnungen von optischen Wellenleitern in der Elektrotechnik, Simulationen von Meeresströmungen, Simulationen zur Leitfähigkeitsberechnungen in der theoretischen Chemie, Teilchensimulationen zur Berechnung von Ionentriebwerken und zur Berechnung von Strömungen des Sonnenwindes um Planeten in der theoretischen Physik mit entsprechenden Anwendungsgebieten in den Ingenieur- und Naturwissenschaften verzahnt.

Im ersten Kapitel werden einige Grundbegriffe des Parallelen Rechnens erklärt und erläutert. Hier finden sich Diskussionen zum Speedup und zur Skalierbarkeit eines Programms neben Ausführungen zur Fließbandverarbeitung und zu Performancemessungen und zum Aufbau moderner Rechnerarchitekturen. Allerdings werden hier nur prinzipielle Architekturmerkmale ausgeführt, da dieser Bereich sehr kurzen Innovationszyklen unterliegt.

In den meisten Simulationsprogrammen spielt die Performance in der traditionellen Recheneinheit, der CPU, allerdings inzwischen eine untergeordnete Rolle. Vielmehr zeigten die Entwicklungen und Fortschritte in der Prozessortechnologie in den letzten Jahrzehnten eine kontinuierliche hohe Steigerungsrate, die nach der Mooreschen Gesetzmäßigkeit etwa alle zwei Jahre zu einer Verdoppelung der Performance führte, mit der die Entwicklungen in der Speichertechnologie nicht Schritt halten konnten.

Als Folge davon ist eine Neubewertung von Algorithmen notwendig: Nicht Rechenoperationen bestimmen die Laufzeit eines Programms, sondern die Zahl und die Art der Speicherzugriffe. Diese Aussage zieht sich gewissermaßen als Leitfaden durch die restlichen Kapitel. Um der zentralen Rolle von Speicherzugriffen gerecht zu werden, werden im ersten Kapitel verschiedene Speichertechnologien und Speicherhierarchien ausführlich behandelt und mit aktuellen Messungen von Speicherbandbreiten unterlegt. Auf der Basis dieser Messungen wird ein theoretisches Performancemodell um die Vorhersagemöglichkeit von Speicherzugriffszeiten erweitert.

Paralleles Rechnen mit gemeinsamen Variablen bietet sich auf Rechnern mit modernen Mehrkernprozessoren an, da diese Rechner einen gemeinsamen physikalischen Speicher besitzen. Dieser gemeinsame Speicher erlaubt es Threads, auf gemeinsame Adressen zuzugreifen.

Die wohl am häufigsten in numerischen Simulationen eingesetzte Programmiertechnik für das Parallele Rechnen mit gemeinsamen Variablen ist OpenMP, das in Kapitel 2 vorgestellt und anhand von Beispielen erläutert wird. Ein wichtiger Gesichtspunkt für die Effektivität von parallelen Programmen auf Rechnern mit gemeinsamem Speicher ist die Affinität einer Thread zu einem Prozessorkern und somit zu dem von ihr allokierten Speicher. Diesem Aspekt und ganz allgemein den Kosten für die wichtigsten Syntaxelemente von OpenMP wird in diesem Kapitel besondere Aufmerksamkeit gewidmet.

Ein klassischer Parallelrechner besteht konzeptionell aus einzelnen Rechenknoten, die mit einem Verbindungsnetzwerk miteinander verbunden sind. Dabei ist jeder dieser Rechenknoten ein vollständiges System, das insbesondere seinen eigenen Speicher besitzt, der für Prozesse auf diesem Rechenknoten privat zur Verfügung steht. Ein Datenaustausch zwischen zusammenwirkenden Prozessen auf einem derartigen Parallelrechner kann nur durch expliziten Informationsaustausch erfolgen, weswegen derartige Rechnersysteme als Message Passing Systeme bezeichnet werden, auf denen Message Passing Programmiertechniken zum Einsatz kommen. Die am häufigsten eingesetzte Programmiertechnik für das Parallele Rechnen in numerischen Simulationen ist das Message Passing Interface, MPI, dessen Einsatz in Kapitel 3 anhand zahlreicher Beispiele und Graphiken erläutert wird. Dabei liegt das Hauptaugenmerk auf dem praktischen Einsatz und den zugrundeliegenden Ideen und Konzepten und nicht auf einer umfassenden Beschreibung des Sprachstandards in den derzeit vorliegenden Versionen. Da sich hybrides Rechnen mit Threads und MPI Prozessen auf modernen Clustern mit Mehrkehrnprozessorknoten anbietet, wird kurz auf aktuelle Diskussionen bei der Weitereintwicklung zu MPI-3 eingegangen.

Ein konzeptionell unterschiedliches Programmiermodell liegt der Message Passing Umgebung Parallel Virtual Machine, PVM, zugrunde, auf dessen Aufbau und Funktionsweise an Beispielen zum Abschluss von Kapitel 3 kurz eingegangen wird. Obwohl PVM kaum noch weiterentwickelt wird, ist es nach wie vor für gewisse Anwendungsprobleme MPI konzeptionell überlegen, woraus eine nicht vernachlässigbare Verbreitung resultiert.

In den ersten drei Kapiteln werden Rechnerarchitekturen, Programmiertechniken und Performancegesichtspunkte im Hinblick auf deren Bedeutung für das Parallele Rechnen diskutiert, d.h. gewissermaßen überdecken diese Kapitel die informatischen Gesichtspunkte beim interdispziplinären Parallelen Rechnen. In den folgenden drei Kapitel werden diese Gesichtspunkte in mathematische Algorithmen übertragen und durch praktische Beispiele aus Forschungsarbeiten aus verschiedenen ingenieurs- und naturwissenschaftlichen Beispielen ergänzt. Dabei werden mathematische Algorithmen zur Lösung linearer Gleichungssysteme als Vehikel für Konzepte, Ideen und Techniken eingesetzt, die auf viele andere Algorithmen und Anwendungsfelder übertragbar sind.

In Kapitel 4 wird die algorithmische Umsetzung und Performance der Gaußelimination untersucht und ein Programmdesign zur Parallelisierung diskutiert. Ausgehend vom klassischen Verfahren, so wie es noch in den meisten Lehrbüchern zur Numerischen Mathematik zu finden ist, werden sinnvolle Speicherallokierungstechniken für mehrdimensionale Felder vorgestellt und die Performance des klassischen Algorithmus analysiert. Dabei wird auf die Ausführungen zu Speicherarchitekturen und -techniken aus Kapitel 1 zurückgegriffen. Auf dieser Grundlage werden Blockalgorithmen und ganz allgemein die Performance von Algorithmen der linearen Algebra in Abhängigkeit vom Verhältnis arithmetischer Operationen zu Speicherzugriffen klassifiziert. Diese Techniken werden mit ausführlichen Programmbeispielen schrittweise zu einem Gaußschen Eliminationsverfahren umgesetzt, das nahezu die Hardwareperformance eines einzelnen Prozessors erzielt, und somit die Effektivität des klassischen Verfahrens um ein Vielfaches übertrifft.

Das Herzstück dieses 4. Kapitels ist jedoch das in dieser Arbeit entwickelte Design paralleler Programme, das in eine Designschleife, bestehend aus Programmzerlegung und Analyse von Abhängigkeiten und des Kommunikationsaufkommens zwischen Prozessen, mit sich anschließender Zuweisung auf Prozessoren eingeteilt wird. Im weiteren Verlauf des Kapitels werden die Designschritte an Beispielen aus den Ingenieurs- und Naturwissenschaften erläutert. So werden mögliche Programmzerlegungen an Simulationen zur Meeresströmungen in der Ostsee diskutiert und die Bedeutung strukturierter Abhängigkeiten und regelmäßiger Kommunikationsmuster für die Programmeffektivität von Simulationen zur Leitfähigkeitsberechnung aufgezeichnet. Bei der Zuweisung auf Prozessoren werden Scheduling Strategien diskutiert, die bei funktionellen Zerlegungen Verwendung finden und exemplarisch bei der Parallelelisierung der Gaußelimination eingesetzt werden. Daneben werden Methoden zur Gebietsaufteilung vorgestellt, die bei datenparallelen Ansätzen und Gebietszerlegungen zum Einsatz kommen. In der abschließenden Fallstudie zu wechselwirkenden Teilchen, einem Beispiel aus der theoretischen Physik, mit dem die Strömungsverhältnisse bei Ionentriebwerken simuliert werden, werden Techniken der datenparallelen Zerlegung mit Scheduling Strategien kombiniert, um zu einem effektiven parallelen Verfahren zu gelangen.

Im 5. Kapitel wird der Einfluss unterschiedlicher Speicherungstechniken dünn besetzter Matrizen auf die Effektivität der Matrix–Vektor Multiplikation (MVM) und die Vorkonditionierung untersucht und mit zahlreichen Programmbeispielen veranschaulicht. Die MVM und die Vorkonditionierung sind die zentralen Schritte für die Performance iterativer Lösungsverfahren für lineare Gleichungssysteme, deren Parallelisierung exemplarisch für das konjugierte Gradientenverfahren diskutiert wird. Bei der Untersuchung der Effektivität der MVM werden der Reihe nach alle gängigen Speichertechniken für dünn besetzte Matrizen vorgestellt und die Effektivität mit Hilfe des in Kapitel 1 aufgestellten Performancemodells abgeschätzt. Nach diesen Abschätzungen werden die Ergebnisse der Modellbetrachtungen auf die Lösung des Vorkonditionierungsproblems übertragen, wobei hier exemplarisch die unvollständige LR–Zerlegung herausgegriffen wird. Insbesondere kommen dabei Färbetechniken zum Einsatz, die sich, wie schon im Designprozess in Kapitel 4 und bei dem Gauß–Seidel Verfahren, als eine der wichtigen Techniken für die Parallelisierung erweisen. Allerdings kann das reine konjugierte Gradientenverfahren, mit seinen Möglichkeiten der fein granularen Parallelisierung, kaum hoch skalierend parallel implementiert werden.

Zu hoch skalierenden parallelen Verfahren gelangt man mit den in Kapitel 6 beschriebenen Gebietszerlegungsmethoden, die die mathematischen Algorithmen für direkte Löser, die in Kapitel 4 beschrieben sind, und dem konjugierten Gradienten Verfahren, das in Kapitel 5 ausgeführt ist, kombinieren. Die Gebietszerlegungsmethoden, die sowohl mit überlappenden Teilgebieten als auch ohne Überlappung der Teilgebiete mit einem oder mehreren Diskretisierungsgittern durchgeführt werden können, eröffnen mit ihren Möglichkeiten zur grob granularen Parallelisierung den Einsatz massiver Parallelrechner, wie in diesem Kapitel algorithmisch ausgeführt wird.

In Kapitel 7 werden die algorithmischen Techniken aus den vorangegangenen Kapiteln aufgegriffen und auf den Einsatz von Graphical Processing Units (GPUs) übertragen, die neben Mehrkernprozessoren verstärkt als eigenständige Recheneinheiten oder als Beschleunigerkarten eingesetzt werden. Dieser Entwicklungstrend wird neben der immensen möglichen Performancesteigerung durch eine gleichzeitige Reduzierung der Betriebskosten beim Einsatz dieser Recheneinheiten getrieben, was bei steigenden Stromkosten zunehmend an Bedeutung gewinnt. Hier werden die Besonderheiten, SIMD Architektur, Threadgruppen und Kettenfäden und ihre Auswirkungen auf die Programierung an Beispielen erläutert, wobei die Algorithmen aus Kapitel 4 und 5 aufgegriffen und übertragen werden.

Die Interdisziplinarität im Parallelen Rechnen ist Gegenstand dieser Arbeit, die sich nicht darauf konzentriert, detailliertes Spezialwissen in einem der Fachgebiete darzulegen. Stattdessen steht mit theoretischen Modellberechnungen, dem Design paralleler Programme und dem Einsatz von Blockalgorithmen die Kombination der Mathematik und der Informatik im Vordergrund, die mit Beispielen aus wissenschaftlichen Projektarbeiten mit den Natur- und Ingenieurwissenschaften als dritte wissenschaftliche Disziplin verzahnt werden.

2 Modellbetrachtungen, Speicher- und Rechnerarchitekturen

... adding manpower to a late software project makes it later.

(Frederick P. Brooks, Jr. in „The Mythical Man–Month“)

2.1 Einleitung

In diesem Kapitel sollen einige Grundbegriffe des Parallelen Rechnens erklärt und erläutert werden. Die Beschleunigung eines Simulationsprogramms, eines der Ziele des Parallelen Rechnens, wirft natürlich Fragen auf: Wie kann dieses Ziel erreicht werden? Welche Beschleunigung (Speedup) ist dabei möglich? Kann diese mögliche Beschleunigung vorhergesagt werden und wenn ja, wie?

Paralleles Rechnen bedeutet natürlich nicht nur, ein Simulationsprogramm schneller zu beenden, sondern insbesondere auch, dass dieses Programm nach wie vor das richtige Ergebnis liefert. Deswegen wird auch die Thematik Fehler in Programmen im Vergleich zwischen parallelen und sequentiellen Programmen kurz angesprochen.

Natürlich hängt die Performance eines parallelen Programmms ganz entscheidend von der Performance auf einem einzelnen Prozessor ab, weswegen einige Hinweise zur Fließbandverarbeitung und Leistungsmessungen von Prozessoren ausgeführt werden und in einem kleinen Überblick aktuelle Rechnerarchitekturen und Auswirkungen dieser Architekturen auf unsere Arbeit diskutiert werden.

Ein besonderer Schwerpunkt dieses Kapitels liegt auf der Architektur des Hauptspeichers und von Speicherhierarchien. Seit Jahren führen die Innovationen in der Prozessortechnologie dazu, dass der Unterschied zwischen der Geschwindigkeit des Prozessors auf der einen Seite und des Speichers auf der anderen Seite immer weiter auseinander klafft. Deswegen ist für hochperformante Programme eine Kenntnis der Speicherarchitektur unabdinglich. Die hier erzielten Ergebnisse fließen direkt in ein erweitertes Performancemodell ein, auf das in den folgenden Kapiteln häufig zurückgegriffen wird.

Doch vorab noch eine Aufstellung notwendiger Grundbegriffe:

- **LAN**: local area network. Typischerweise ein Firmen- oder Campusnetzwerk auf Ethernetbasis mit Internetprotokoll.
- **Lock**: Zugriffsbeschränkung auf eine Ressource, die nur exklusiv benutzt werden kann.
- **Port**: Sowohl für Hard- als auch Software benutzte Bezeichnung für einen Kommunikationsendpunkt; gewissermaßen das Tor zwischen Netzwerk und Rechner.

- **Stack**: Speicherbereich, der lokale Variablen, Rücksprungadressen und Werte von Funktionsparametern enthält.
- Eine **Task** ist ein selbständiger Prozess. Mehrere Tasks können beispielsweise ein paralleles Programm bilden.
- Eine **Thread** ist eine nicht selbständige Untereinheit einer Task. Mehrere Threads können eine Task bilden und teilen sich gemeinsam die Betriebsmittel der Task wie z.B. das Datensegment und die Dateideskriptoren.

2.2 Speedup

Das englische Wort Speedup ist in diesem Zusammenhang so weit verbreitet und etabliert, dass ich es hier als Fachwort benutzen werde.

Wozu wollen wir uns der Mühe des Parallelen Rechnens unterziehen? Warum warten wir nicht einfach mit unserem Programm auf die nächste Prozessorgeneration und lassen es dann darauf schneller laufen? Ganz einfach – weil Zeit in Forschung und Wirtschaft knapp ist.

- Unser Rechenprogramm wird in einer **Wettbewerbssituation** eingesetzt. Sei dies nun in der Forschung, in der wir mit anderen Forschungseinrichtungen in der Welt konkurrieren oder sei dies im wirtschaftlichen Kontext, wo eine schnellere Markteinführung eines Produkts einen höheren Absatz sichert.
- Unser Rechenprogramm steht unter einem **Terminierungsdruck**. Sei es nun das Wetter, das heute für den Folgetag vorhergesagt werden soll, und nicht erst übermorgen, oder seien es Vorhersagen für die Börsenentwicklungen oder sei es eine akademische Arbeit oder ein Konferenzbericht, der zu einem gewissen Zeitpunkt abgegegeben werden muss.
- Unser Rechenprogramm soll eine der wichtigen Herausforderungen an die Wissenschaft lösen, d.h. das Problem stellt eine sog. **Grand Challenge** dar, wie etwa die Proteinfaltung, die von großem allgemeinen Interesse und wissenschaftlicher Bedeutung ist und nur durch neueste Techniken und massivstem Ressourceneinsatz gelöst werden kann.

Die obigen Situationen stellen Musterbeispiele für die Notwendigkeit dar, eine Berechnung in möglichst kurzer Zeit zu beenden. Ein weiterer, zunächst nicht so offensichtlicher Grund für den Einsatz eines Parallelrechners ist die Tatsache, dass meistens nur Rechner mit vielen Prozessoren genügend Hauptspeicher haben, um wirklich große Probleme überhaupt behandeln zu können. Diese Art von Problemen, bei der es eher um die Machbarkeit als solches als um die Verkürzung der Wartezeit auf die Beendigung des Programms geht, soll in diesem Kapitel nicht näher behandelt werden.

Also: Unsere Antriebsfeder ist die Wartezeit vom Beginn eines Programms bis zu dessen Beendigung. Diese Wartezeit hat ihre Ursache oft in der hohen Auslastung des Rechners, wenn lange Zeit darauf gewartet werden muss, bis uns die Prozessoren etwa in einem Batchsystem zur Verfügung gestellt werden oder wenn in einer Multi–User-Umgebung das Betriebssystem[1] zwischen verschiedenen Anforderungen hin und her wechselt. Diese Aspekte bleiben hier un-

[1] Man spricht dann von time sharing environment.

berücksichtigt; wir betrachten nur die Zeit zwischen dem Beginn eines Programms und dessen Beendigung. Wir wollen diese Zeit Laufzeit[2] nennen, um sie explizit von der Rechenzeit, auch CPU–Zeit genannt, zu unterscheiden. Letzteres ist die Zeit, die der Rechner, genauer gesagt die CPU, noch genauer, die beschäftigten Kerne der CPU, für das Programm arbeiten. Nur in wenigen Ausnahmefällen kann Paralleles Rechnen dazu führen, dass die CPU–Zeit reduziert wird. Schließlich müssen eine Vielzahl von Operationen ausgeführt werden, wobei deren Anzahl durch den Einsatz mehrerer Prozessoren in der Regel ja nicht verringert wird – im Gegenteil. Nein, es geht beim Parallelen Rechnen ausschließlich um die Laufzeit; die Zeit, die wir auf ein Ergebnis warten.

Es liegt auf der Hand, als Speedup das Verhältnis der Laufzeiten beim Einsatz eines Prozessors und p Prozessoren zu vergleichen:

$$S(p) = \frac{T_1}{T_p}\,. \tag{2.1}$$

Wenn wir diese Definition des Speedups auf unser Alltagsleben als Qualitätsmaßstab übertragen und Techniken mit großem Speedup bevorzugen, dann sollten z.B. zum Ausheben einer großen Grube viele Bauarbeiter mit einer Schaufel eingesetzt werden. Diese Technik besitzt sicherlich einen größeren Speedup als den Einsatz eines Baggers. Daran wird die Schwäche dieser Definition (2.1) deutlich. Sie wird etwas sinnvoller, wenn wir stattdessen setzen:

$$S(p) = \frac{\text{Bestes Programm für einen Prozessor}}{T_p}\,. \tag{2.2}$$

Gleichung (2.1) wird relativer Speedup bezeichnet und am häufigsten benutzt, da oft genug das „Beste Programm" nicht bekannt oder nicht verfügbar ist, so dass der absolute Speedup (2.2) gar nicht zugänglich ist.

Idealerweise ist $S(p) = p$, d.h. bei 1000 Prozessoren ist das Programm 1000mal schneller fertig. Man spricht dann von idealem Speedup.

Aber nochmals zurück zu unseren Bauarbeitern und dem Bagger. Was sagt uns der in den meisten Veröffentlichungen vorzufindende relative Speedup? Meist nicht viel, wenn er besonders groß ist. Bei kleinen Werten offenbart er Probleme. Was uns wirklich interessiert, sind Wartezeiten und in möglichst kurzer Laufzeit ein Problem zu lösen, ohne dabei viele Prozessoren völlig ineffektiv zu benutzen. Die Effektivität für den Einsatz von Prozessoren ergibt sich dabei aus

$$E(p) = \frac{S(p)}{p}\,, \tag{2.3}$$

sprich, dem Speedup dividiert durch die Zahl der eingesetzten Prozessoren.

Ein erstes Modell zur Vorhersage des Speedups geht auf Gene Amdahl [2], geb. 1922 und Gründer der Amdahl Corporation, zurück. Es geht bei fester Problemgröße davon aus, dass ein Programm sich in nicht parallelisierbare Anteile, wie Initialisierungen, Speicherallokierungen, Ein-/Ausgabeoperation etc., und parallelisierbare Anteile zerlegen lässt, d.h.

$$T_1 = T_1(1-f) + T_1 \cdot f\,.$$

[2] Im Englischen wird meist wallclock time benutzt.

Dabei ist f der Anteil im Programm, der ideal parallelisierbar ist. Folglich ergibt sich für die parallele Rechenzeit ein konstanter unveränderlicher Anteil $T_1(1-f)$, während der parallele Anteil in diesem Ansatz ideal abnimmt. Für den relativen Speedup (2.1) ergibt sich daraus

$$S = \frac{T_1}{T_1 \cdot ((1-f) + f/p)} = \frac{p}{(1-f)p + f} \tag{2.4}$$

mit dem Grenzwert:

$$\lim_{p \to \infty} S(p) = \frac{1}{1-f}\,. \tag{2.5}$$

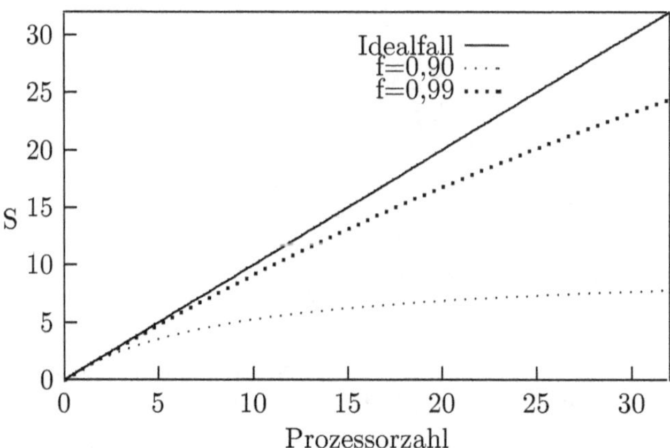

***Abbildung 2.1:** Speedup nach dem Amdahlschen Gesetz* (2.4) *für verschiedene ideal parallelisierbare Anteile f.*

Obwohl Abb. 2.1 gerade einmal bis zur Prozessorzahl 32 reicht, was nun nicht gerade massiv parallel zu bezeichnen ist, sind die beiden Kurven für $f = 0,9$ und $f = 0,99$ weit vom Idealfall entfernt. Wie die Grenzwertbetrachtung (2.5) erkennen lässt, ist selbst bei unendlicher Prozessorzahl für $f = 0,99$ nur ein Speedup von 100 zu erwarten. Mehr ist nicht möglich.

Das Amdahlsche Gesetz gibt einen sehr pessimistischen Ausblick für das Parallele Rechnen, was seinen Hauptgrund darin hat, dass es von einer konstanten Problemgröße ausgeht. Seltener benutzt und hier nur kurz erwähnt sei die Karp–Flatt Metrik [77], die wie das Amdahlsche Gesetz ein ähnlich pessimistisches Verhalten für große Prozessorzahlen für Probleme fester Größe vorhersagt. Einen anderen Weg, der später (s. S. 9) diskutiert wird, gibt Gustafson vor. Neben der festen Problemgröße sind die Nichtberücksichtigung von heterogenen Prozessoren, die Veränderung des nicht parallelisierbaren Anteils mit der Prozessorzahl und Algorithmenwechsel bei parallelen Programmen weitere Schwachpunkte im Amdahlschen Gesetz, um nur zwei zu nennen. Nichts desto trotz wird dieses Gesetz häufig zitiert, denn effektive Parallelisierung bedeutet einen möglichst hohen parallelen Anteil f. Und das bedeutet, dass möglichst alle Teile eines Programms parallelisiert werden. Es nützt eben nichts, wenn nur 99% der Programmzeilen parallelisiert sind, wenn das Programm auf tausenden Prozessoren rechnen soll.

Daraus kann man ersehen, dass massiv parallele Programme viel Arbeit verlangen. Aus dem Amdahlschen Gesetz kann außerdem gefolgert werden, dass das Umschreiben eines existierenden sequentiellen Programms für einen Parallelrechner oft der falsche Weg ist. Stattdessen sollte im Vorfeld über Algorithmenwechsel und Neuprogrammierung nachgedacht werden.

Ausführlichere Diskussionen und eine Methode zur experimentellen Bestimmung von f finden sich in Ref. [126].

2.3 Skalierbarkeit

John Gustafsons [66] Ansatz zur Modelierung des Speedups paralleler Programm gleicht formal dem von Amdahl und unterscheidet sich zunächst nur in der Betrachtungsfolge. Hier ist die parallele Zeit für eine Problemgröße N Ausgangspunkt, d.h. es wird von der Zerlegung $T_p = ((1-f)+f)T_p$ in einen sequentiellen und einen ideal parallelen Teil ausgegangen. Folglich ergibt sich daraus die sequentielle Zeit zu $T_1 = T_p((1-f)+pf)$ und für den Speedup:

$$S_G(p,N) = \frac{(1-f+p\cdot f)T_p}{T_p} = 1 + f\cdot(p-1)\,. \tag{2.6}$$

Da $p \geq 1$ ist S_G stets positiv. Formel 2.6 wird Gustafsonsches Gesetz genannt. Man erkennt sofort, dass der Speedup nach Gustafson zu wesentlich optimistischeren Aussagen für das Parallele Rechnen führt. Insbesondere wächst S_G linear mit p ins Unendliche und erreicht nicht wie bei Amdahl bereits vorzeitig einen asymptotischen Wert.

Das Gustafsonsche Gesetz ist dabei nicht einfach nur ein Taschenspielertrick, sondern enthält in seiner Herleitung einen realistischen Hintergrund. Die Operationen in numerischen Algorithmen zeigen nämlich oft $\mathcal{O}(N^m)$, $m \geq 2$ Abhängigkeiten von der Problemgröße N, d.h., wird die Problemgröße für $m = 2$ verdoppelt, dann steigen die Operationen und meist damit auch die Rechenzeit für ein entsprechendes Programm auf das Vierfache an. Sequentielle Programmteile wie Initialisierungen etc. wachsen dagegen meist weniger stark mit der Problemgröße N. Hier gilt oft $\mathcal{O}(N^q)$ mit $q \leq 1$. Diese Tatsache wird bei Amdahl vernachlässigt und ist bei Gustafson implizit enthalten.

Angenommen, wir hätten ein Programm mit $\mathcal{O}(N^2)$ Operationen im ideal parallelisierten Rechenteil, der auf 4 Prozessoren 1 Std. benötigt, und zusätzlich einen sequentiellen Intialisierungsteil mit $\mathcal{O}(N^1)$, der 0,1 Std. dauert, d.h. $f(N) \approx 0,91$. Dieses Programm benötigt auf einem Prozessor

$$T_1(N) = 0,1 + 4\cdot 1 \text{ Stunden}$$

mit einem Speedup von

$$S_G(p,N) \approx 1 + 0,91(p-1)\,.$$

Verdoppeln wir nun N, so wird sich die Rechenzeit des parallelisierten Teils um einen Faktor 4 und die Initialisierung um einen Faktor 2 verlängern, so dass die Rechnung auf 4 Prozessoren nun $4,2$ Stunden benötigt. Sequentiell würde dieses Programm stattdessen $T_1(2N) = 0,2 + 4\cdot 4 = 16,2$ Stunden dauern. Um $S_G(2N)$ vorherzusagen, muss nun auch f neu bestimmt werden. Wir erhalten $f = 4/4,2 \approx 0,95$, d.h. der Speedup fällt für das größere Problem höher aus.

Aufgrund der Komplexität des Problems $\mathcal{O}(N^2)$ erwarten wir, dass wir mit 4 Prozessoren ca. viermal länger auf eine Antwort für das doppelt so große Problem warten müssen und hoffen, dass wir mit $16 = 4^2$ Prozessoren in etwa wieder die Ausgangszeit von $1,1$ Std. erreichen. Tatsächlich ergibt sich:

$$T_{16}(2N) = \frac{T_1}{S_G(2N)} = \frac{16,2}{1 + 0,95 \cdot 15} \approx 1,06 \text{ Std.}$$

Somit haben wir unser Ziel, mit p^2 Prozessoren genauso schnell das N^2 Problem zu lösen, nicht nur erreicht, sondern sogar leicht unterboten. Man sagt, die Ausführungszeit des parallelen Programms skaliert mit der Anzahl der Prozessoren.

Es ist diese Skalierbarkeit, d.h. die Frage nach konstanter Antwortzeit bei Problemvergrößerung bei entsprechend erhöhter Prozessorzahl, die den Ansatz von Gustafson für praktische Vorhersagen so wertvoll macht. Denn massives Paralleles Rechnen will in erster Linie nicht die Antwortzeit für ein Problem von 1 Std. unter 1 Sek. verringern, sondern in vertretbaren Antwortzeiten viel größere Probleme lösen.

Neben den beiden hier vorgestellten Formeln für den Speedup gibt es eine Vielzahl weiterer Formeln und Gleichungen, in denen sich der parallele und der nicht parallele Anteil mit der Prozessorzahl ändern können oder unterschiedliche Prozessortypen oder gar Meta–Computing[3] berücksichtigt werden.

2.4 Fehler in parallelen Programmen

Parallele Programme sollten zwar schneller laufen als sequentielle, aber dennoch richtige Ergebnisse erzielen. Aufgrund von Rundungsfehlern können parallele Programme i.a. aber nicht die gleichen Ergebnisse ergeben wie sequentielle. Selbst mit doppelter Genauigkeit, d.h. bei Verwendung von 64 Bit für eine Fließkommazahl, ist die Menge der darstellbaren Zahlen im Rechner nur ein Bruchteil der Menge der reellen Zahlen. Deswegen muss bei vielen Rechenoperationen zwangsweise gerundet werden und diese Rundungen führen folglich auch zu Rundungsfehlern. Am eindrucksvollsten ist vielleicht die Tatsache, dass es aufgrund dieser Begrenzungen im Rechner ein ϵ gibt, für die bei Berechnungen folgende mathematisch falsche Aussage gilt:

$$1,0 + \epsilon = 1,0\,, \qquad \text{mit}\, \epsilon > 0\,.$$

Diese Zahl ϵ wird Maschinengenauigkeit genannt und liegt bei doppelter Genauigkeit bei etwa 10^{-16}. Wie sich dieser Fehler auswirken kann, mag folgendes Beispiel erläutern:

Gegeben sei der Vektor $\{\epsilon, \epsilon, 1, \epsilon, \epsilon, 1, \epsilon, 1\}$. Die Summe seiner Elemente ist mathematisch $3 + 5\epsilon$. Summation von links ergibt nach und nach die Teilsummen 2ϵ, $1+2\epsilon$, $1+2\epsilon$, $1+2\epsilon$, $2+2\epsilon$, $2+2\epsilon$, $3+2\epsilon$, also nicht das gewünschte Ergebnis. Versuchen wir es von rechts, erhalten wir 3. Führen wir die Summation parallel aus, dann bilden wir Teilsummen und addieren diese (vgl. 2.8.2). Bei 2 Prozessoren mit 4 Summanden pro Prozessor erhalten wir die Teilsummen $2\epsilon + 1$ und 2. Bei einer Aufteilung von 3:5 ergeben sich stattdessen $2\epsilon + 1$ und $2\epsilon + 2$.

[3] Meta–Computing bezeichnet ganz allgemein das Rechnen im Internet.

Diese Zahlenspiele sollten genügen, um die Problematik aufzuzeigen. Die eingeschränkte Genauigkeit im Rechner kann zur Verletzung des Kommutativ- und des Assoziativgesetzes führen. Als Folge davon können sich Ergebnisse in Abhängigkeit von der Reihenfolge der Ausführung von Operationen unterscheiden. Dies gilt insbesondere für die Summenbildung auf Parallelrechnern. Es bedeutet nicht, dass ein unterschiedliches Ergebnis zwangsweise auch falsch ist. In unserem obigen Beispielchen war keines der Ergebnisse mathematisch korrekt. Was ist nun zu tun, wenn sich Ergebnisse unterscheiden – liegt es am Rundungsfehler oder liegt ein Programmierfehler vor?

Diese Frage lässt sich leider ohne eine genaue Analyse nicht beantworten. Die Mathematik kennt eine Reihe von Methoden, um Algorithmen auf Rundungsfehler zu analysieren oder gegen numerisch stabilere auszutauschen. Hier sei exemplarisch auf das Werk von N. Higham [70] verwiesen, in dem Rundungsfehler und Genauigkeit in numerischen Algorithmen ausführlich untersucht werden.

2.5 Optimierung der Einzelprozessorperformance

Paralleles Rechnen in der hier verwendeten Bedeutung wird eingesetzt, um die Echtzeit für die Ausführung eines Programms zu reduzieren. Bevor wir dieses Ziel mit Hilfe von Parallelität erreichen, sollen einige Techniken erklärt werden, um die Effektivität eines Programms auf einem einzelnen Prozessor zu optimieren. Diese Optimierungen wirken sich dann bei der Nutzung mehrerer Prozessoren vielfach aus.

Das Geschehen in einem Rechner wird durch die Taktrate bestimmt. Sie regelt die Geschwindigkeit als solches. Da sich diese Taktrate nicht beliebig steigern lässt, suchen Computerhersteller nach anderen Möglichkeiten, um die Leistung zu steigern. Eingeschlagene Wege sind die Erhöhung der Packungsdichte und Einführung von Parallelität innerhalb eines Prozessorkerns und der Übergang zu Mehrkernarchitekturen (s. Kap. 3) oder die Einführung von Beschleunigerkarten (s. Kap. 8).

Am Anfang einer Performancesteigerung von Programmen sollte die Analyse und Optimierung eines sequentiellen Programms stehen. Einen Großteil dieser Optimierung fängt bei der richtigen Wahl des benutzten Betriebssystems und der Programmiersprache an. Hier ist leider zu beobachten, dass sich die Diskussion an dieser Stelle von der sachlichen Ebene entfernt hat. Hier wird die Programmiersprache C in den Programmierbeispielen verwendet, da in dieser Programmiersprache Hochleistungsrechnen möglich ist. Aber selbst mit einer Programmiersprache kann sich die Laufzeit je nach Variante und eingesetztem Compiler bis zu einem Faktor 2 und mehr unterscheiden [73].

Die Performance eines Programms hängt natürlich nicht nur vom Programm als solches, der Programmiersprache und dem Compiler ab, sondern auch vom Rechner auf der es läuft. Um diese Zusammenhänge besser verstehen zu können und aus diesem Veständnis heraus effektivere Programme schreiben zu können oder gegebenenfalls beim Kauf eines neuen Rechners fundierte Entscheidungen zu treffen, ist ein kurzer Einblick in den Computer notwendig. Deswegen beginnt dieser Abschnitt mit der Diskussion einiger prinzipieller Besonderheiten in der Architektur von Rechnern. Auf detaillierte Darstellung aktuellster Neuigkeiten wird dabei bewusst verzichtet.

2.5.1 Fließbandverarbeitung

Stellen Sie sich vor, es ist Weihnachtszeit und Zeit zum Kekse backen. Dieses Jahr sollen drei Bleche Terassenkekse gebacken werden. Dazu werden die Kekse ausgestochen, ein volles Blech abgebacken, dann müssen die Kekse abkühlen und schließlich gefüllt werden. Jeder dieser vier Arbeitsschritte braucht in etwa 20 Minuten. Leztes Jahr haben Sie die Arbeit mit einem Backblech wie beschrieben erledigt. Doch die dreimal 80 Minuten Zeit, die die ganze Aktion gedauert hat, ist Ihnen zu lang. Deswegen haben Sie zwei weitere Backbleche gekauft und stechen jetzt die Kekse für Blech 2 aus, während das erste Blech im Ofen ist. Im Anschluss werden gleich die Kekse für Blech 3 vorbereitet, während Blech 2 gebacken wird und Blech 1 abkühlt.

Dies ist das Prinzip der Fließbandverarbeitung. Durch kluge Organisation der Arbeitsabläufe verbringen Sie nun statt 4 Stunden nur noch 2 Stunden in der Küche. Bei dieser Zeitersparnis hat sich allerdings die Zeit für die Fertigstellung eines Blechs voller Kekse nicht geändert, sondern dauert nach wie vor 80 Minuten.

Fließbandverarbeitung hilft nicht nur beim Kekse backen, sie revolutionierte die industrielle Fertigung und insbesondere die Automobilindustrie. Auch heutige Prozessoren setzen Fließbandtechniken zur Effektivitätssteigerung ein. Im Allgemeinen unterscheidet man hierbei 5 logische Phasen [10]:

- Befehlsholphase (BH), in der die nächste Instruktion geholt und abgelegt wird,
- Dekodierphase (DK), in der Steuersignale aus dem Operationscode gebildet werden und die Adressen der Operanden vorbereitet werden,
- Operandenholphase (OH), in der die Operanden in der Regel aus Register gelesen werden,
- Ausführungsphase (AF), in der die Operation ausgeführt wird und
- Speicherungsphase (SP), in der das Ergebnis zurückgeschrieben wird.

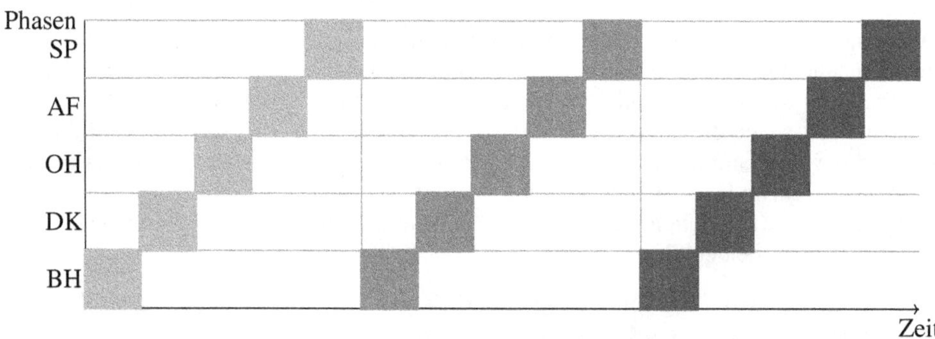

Abbildung 2.2: *Abfolge gleich langer Phasen ohne Fließbandverarbeitung.*

Ohne Fließbandverarbeitung laufen diese Phasen wie in Abb. 2.2 hintereinander ab, so dass eine Instruktion nach der anderen abgearbeitet wird. Wenn statt dessen jede Verarbeitungseinheit so schnell wie möglich mit der nächsten Instruktion beginnt, erhalten wir ein Bild wie in Abb. 2.3.

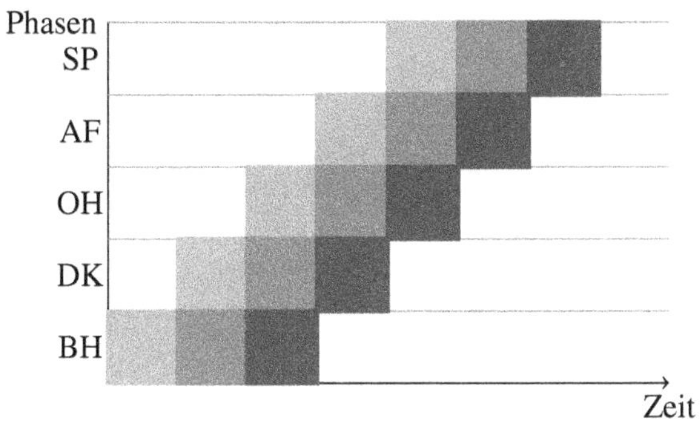

Abbildung 2.3: *Abfolge gleich langer Phasen mit Fließbandverarbeitung.*

Der Erfolg der Fließbandverarbeitung ist klar ersichtlich, obwohl nach wie vor jede Instruktion gleich lange benötigt, bis sie beendet wird.

Unglücklicherweise ist das Leben komplizierter, als diese einfachen Bilder implizieren. Es können Verzögerungen beim Holen der Operanden, Abhängigkeiten zweier aufeinanderfolgenden Schritte und im Vorfeld unbekannte Folgeinstruktionen bei Verzweigungen auftreten (vgl. [38, 56, 111]). Diese Probleme haben letztendlich zur Folge, dass das Fließband leer läuft und dass das eigentliche Rechenwerk sehr häufig ungenutzt ist. Als Folge davon nutzen die wenigsten Programme mehr als einen Bruchteil der möglichen Performance eines Rechners. Die meisten dieser Problematiken werden nach und nach von immer ausgefeilteren Chip–Designs und Compilern beseitigt und bieten kaum Anlass zur aktiven Einflussnahme beim Programmieren. Auf diese Details soll hier nicht näher eingegangen werden, sondern nur auf die Aspekte, die beim Programmieren berücksichtigt werden können.

Ein Punkt, der gelegentlich zu unnötigen Verzögerungen führt, tritt bei Sprüngen in andere Programmeinheiten auf, wie etwa in folgendem Beispiel, das den größten Wert in einem Vektor x findet.

```
double mymax(double a,double b) {
 return (a>b ? a : b);
}
.
for(xmax=x[0],i=1;i<n;i++) {
 xmax=mymax(x[i],xmax);
}
```

Bei konservativer Übersetzung des Programms kennt der Compiler die Funktion mymax nicht. Um auf keinen Fall einen Fehler zu erzeugen, muss das Programm beim Sprung in diese Funktion einen vollständig definierten Zustand besitzen, was letztendlich bedeutet, dass Daten und Programmzustand abgesichert sein müssen und insbesondere, dass alle ausstehenden Instruktionsphasen abgeschlossen sind; d.h., das Fließband steht. In unserem Einführungsbeispiel würde das bedeuten, dass ein anderes Familienmitglied in die Küche kommt und verkündet, dass als Nächstes das Mittagessen zubereitet wird. Also muss die Arbeit an den Keksen vollständig unterbrochen werden.

Ein Sprung in eine Funktionseinheit bedeutet, dass das Fließband neu anläuft. Das Mittagessen verlangt nach anderen Abläufen für eine effektive Zubereitung. Der Sprung aus der Funktion zurück bewirkt wiederum, dass alles im Zusammenhang mit dieser Funktion abgeschlossen sein muss. Das Fließband läuft leer und wird nach dem Rücksprung wieder neu angefahren. Im Endeffekt ergibt sich für dieses kleine Beispiel eine Situation wie in Abb. 2.2. Die Hardware für das Fließband kann praktisch nicht genutzt werden.

Obiges Beispiel kann einfach verbessert werden. Zunächst einmal erkennen moderne Compiler in verschiedenen Optimierungsstufen kleine Funktionseinheiten und ersetzen den Aufruf direkt mit dem Funktionsaufruf. Man nennt dies Inlining. Eine andere Möglichkeit bietet die Verwendung von Makros, die vom Präprozessor an die Stelle des Aufrufs eingesetzt werden:

```
#define MAX(x,y) ((x)<(y)?(y):(x))
 .
 for(xmax=x[0],i=1;i<n;i++) {
  xmax=MAX(x[i],xmax);
 }
```

Obiges Beispiel wird aber auch so noch nicht besonders schnell laufen, da innerhalb der Schleife eine sogenannte Datenabhängigkeit vorliegt, das soll heißen, dass die Variable `xmax` aus Schleifendurchlauf `i` fertig berechnet und gespeichert sein muss, bevor es für den Maximumstest mit `x[i+1]` benutzt werden kann. Hier hilft ein Abrollen der Schleife (engl.: *loop unrolling*), das Compilern zwar erledigen können sollen, was aber erfahrungsgemäß nicht immer denselben Effekt bewirkt wie programmiertes Abrollen. Dies gilt insbesondere für längere Programmstücke. Unser Beispiel liest sich bei 4-fachem Abrollen wie folgt:

```
#define MAX(x,y) ((x)<(y)?(y):(x))
 .
 m1=x[0]; m2=x[1]; m3=x[2]; m4=x[3];
 for(i=4;i<n-3;i+=4) {
  m1=MAX(x[i],m1);
  m2=MAX(x[i+1],m2);
  m3=MAX(x[i+2],m3);
  m4=MAX(x[i+3],m4);
 }
 m1=MAX(m1,m2);m3=MAX(m3,m4);xmax=MAX(m1,m3);
```

Innerhalb der Schleife finden sich nun vier verschiedene Anweisungen, die zwar in sich Datenabhängigkeiten zeigen, aber untereinander nicht. Somit kann aus diesen Anweisungen ein funktionierendes Fließbandsystem aufgebaut werden.

Es gibt eine Reihe unterschiedlicher Varianten von Mikroprozessoren, die sich z.B. in der Fließbandtiefe, d.h. mehr als 5 Phasen, und in der Existenz mehrerer Fließbänder nebeneinander unterscheiden [10, 78]. Unabhängig von der genauen Architektur eines heutigen Prozessors besteht das Hauptproblem bei allen Programmen darin, das oben beschriebene Fließband möglichst effektiv zu nutzen und nicht leer stehen zu lassen. Wir haben oben, neben dem Hinweis auf eine adequate Programmiersprache und gute Compiler mit angepassten Optionen zur Optimierung, zwei kleine Tricks gesehen, wie der Rechner durch wissendes Programmieren bei der Organisation der Fließbandverarbeitung unterstützt werden kann.

Im nächsten Abschnitt wird kurz ausgeführt, wie diese Performance im Parallelen Rechnen gemessen wird. Viel stärker als kleine Manipulationen an Schleifen wirkt sich jedoch die Organisation des Daten- und Instruktionsflusses auf die Auslastung des Fließbands aus. Was passiert, wenn die nächste Instruktion, die bearbeitet werden soll, nicht nahe genug am Prozessor ist und deswegen die Befehlsholphase `BH` verzögert wird? Was, wenn die Operandenholphase keine Operanden in den Registern vorfindet oder wenn der Datentransport der Operandenholphase und der Speicherungsphase sich gegenseitig behindern? An diesen Stellen kann wissendes Programmieren viel stärker die Leistungsfähigkeit eines Rechners unterstützen, weswegen Speicherarchitekturen und deren Auswirkungen auf die Fließbandverarbeitung in Abschnitt 2.6 ausführlicher behandelt werden.

2.5.2 GFLOPs und Co.

Nun da wir im vorangegangenen Abschnitt gesehen haben, dass die Leistung heutiger Prozessoren von der effektiven Auslastung ihres bzw. ihrer Fließbänder abhängt, und dass es verschiedene Möglichkeiten seitens der Hardware gibt, diese Auslastung zu unterstützen, stellt sich die Frage, wie diese Hardware bewertet und miteinander verglichen werden kann.

Eigentlich haben wir in Kapitel 2.2 bereits das entscheidende Leistungsmaß definiert: Die Zeit. Sie ist das einzige objektive Maß beim Vergleich zweier Rechner und beim Vergleich verschiedener Programmiertechniken. Dummerweise hilft uns diese Aussage nichts beim Kauf eines neuen Rechners, da wir nicht die Gelegenheit haben, alle Programme, die auf einem Rechner laufen sollen, auf mehreren Vergleichsrechnern auszuführen und die Ergebnisse zu vergleichen.

Da wir uns beim Parallelen Rechnen mit dem Rechnen als solchem befassen, liegt es nahe, die Rechenoperationen pro Zeiteinheit als Maß für die Leistungsfähigkeit zu verwenden. Da diese Rechnungen in Gleitkomma–Arithmetik, d.h. für reellen Zahlen, stattfinden, sind FLOPs die für uns interessante Maßeinheit. Ein FLOPs ist eine *FLoating point OPeration per second.*

Die Maximalzahl an FLOPs, die ein Prozessor leisten kann, berechnet sich aus der Zahl der Fließbänder, der Operationen pro Fließband und der durchschnittlichen Zeiteinheit pro Fließbandphase[4]. Die Zahl der Fließbänder lässt sich am Einfachsten aus der Zahl der `ALU`s (arithmetic logic unit)[5] erkennen. Sie kann als Fließbandkomponente in den meisten Fällen zwei arithmetische Funktionen (Multiplizieren und Addieren von Gleitkommazahlen) in einer Zeiteinheit fertigstellen. Entsprechendes gilt natürlich auch für Multiplizieren und Subtrahieren in beliebiger Reihenfolge, aber nicht für zwei Additionen. Divisionen sind, wie das Wurzelziehen, Spezialfälle, die als Reihenentwicklung mehrere Grundoperationen benötigen oder, was seltener vor-

[4] Die Zeiteinheit muss für alle Phasen weder gleich noch konstant sein.

[5] Elektronisches Rechenwerk und verantwortlich für die Ausführungsphase.

kommt, in spezialisierten ALUs berechnet werden. Die durchschnittliche Zeiteinheit ergibt sich aus der Taktrate des Prozessors, d.h. die einzelnen Phasen in einem mit $4[\text{GHz}] = 4 \cdot 10^9[1/\text{sec}]$ getakteten Prozessor dauern $1/(4 \cdot 10^9)[\text{sec}] = 250[psec]$. Mit diesen Informationen können wir nun die Maximalleistung (R_{peak}) (engl. Peak Performance) eines 4 GHz Prozessors mit 2 ALUs berechnen:

$$R_{peak} = \frac{\#\text{ALUs} \cdot \#\text{OPs per ALU}}{Zeiteinheit} = \frac{2 \cdot 2}{250\text{psec}} = 8 \text{ GFLOPs}\,, \tag{2.7}$$

sprich, dieser Prozessor kann maximal 8 Milliarden Gleitkommaoperationen pro Sekunde ausführen.

Was sagt uns nun diese Zahl? Als solches nicht viel, außer, dass wir auf keinen Fall mehr als diese Zahl von Operationen pro Sekunden erreichen können. Aber bei Weitem nicht, wieviele Operationen wir normalerweise fertigstellen können. Etwas realistischer sind die mit dem LINPACK–Benchmark gemessenen Werte R_{max}. Dieser wohl im Bereich des Parallelen Rechnens am häufigsten zitierte Benchmark besitzt seine Vor- und Nachteile, die hier nicht weiter ausgeführt werden sollen. Wichtiger als die absoluten Werte in der Liste der schnellsten Rechner ist das Verhältnis zwischen der theoretischen Hardware Peak Performance R_{peak}, die sich aus (2.7) ergibt, und der gemessenen Performance des Benchmarks R_{max}. Dieses Verhältnis gibt die Ausgewogenheit und die Qualität im Gesamtdesign des Rechners wieder. Liegen die beiden Werte für einen Rechner weit auseinander, dann besitzt der Rechner langsame Bestandteile, die sich ständig bei der eigenen Programmierarbeit störend auswirken werden.

Neben dem LINPACK–Benchmark gibt es eine Fülle weiterer Benchmarks. Im Bereich des Paralleln Rechnens und des Hochleistungsrechnens sind vor allem zu nennen:

- Die SPEC–Benchmarks[6].
- Die NAS Parallel Benchmarks[7].

Es gibt daneben eine Fülle von Benchmarks, die andere Eigenschaften eines Rechners testen.

Spätestens nachdem Gartner Inc. veröffentlichten, dass 2% des weltweiten Ausstoßes an CO_2 auf den Energieverbrauch von Rechnern zurückzuführen ist, die somit als Treibhaus–Sünder auf einer Stufe mit dem Flugverkehr stehen, ist die Performancemetrik Leistung pro Kilowatt in aller Munde. Alternativ zur Liste der 500 schnellsten Rechner[8] wird eine Green 500 Liste[9] geführt, in der die energieeffizientesten Supercomputer der Welt aufgeführt sind.

2.6 Speichertechnologien und Speicherhierarchien

Seit den Anfängen der ersten Computer verlangen ihre Nutzer stets nach größerem und schnellerem Speicher. Unglücklicherweise wird dabei die Kluft zwischen der Geschwindigkeit von Prozessoren und dem Speicher immer größer, was beispielsweise J.D. McCalpin mit seinem

[6] http://spec.org
[7] http://science.nas.nasa.gov/Software/NBP
[8] http://top500.org
[9] http://www.green500.org

STREAM–Benchmark[10] zum Ausdruck bringt. In diesem Abschnitt werden zunächst vorhandene Speichertechnologien als solches beschrieben, bevor verdeutlicht wird, wie das Gefühl, unendlich viel Speicher zur Verfügung zu haben, vermittelt wird und wie sich dies auf unsere Programmiertätigkeit auswirkt.

2.6.1 Speichertechnologien

Nahezu alle schnellen Speichermedien erlauben einen beliebigen Zugriff auf jede Speicherposition (random access memory – RAM). Das günstigste Preis–Leistungsverhältnis und die höchste Dichte besitzt das dynamische RAM (DRAM) [39], das mit elektrischen Ladungen arbeitet, die sich mit der Zeit verflüchtigen. Daher müssen diese Ladungen periodisch aufgefrischt werden. In diesen Auffrischphasen kann auf den Speicher nicht zugegriffen werden.

In RAM Chips werden die Informationen in einer Matrix gespeichert. Der beliebige Zugriff auf jede Speicherposition erfolgt über einen Zeilen- und einen Spaltenindex, wobei zunächst eine vollständige Zeile (oder Spalte) gelesen wird und in dieser Zeile dann die zum Spaltenindex gehörige Position. Dabei wird nicht nur auf ein Bit, sondern auf mehrere aufeinanderfolgende Daten zugegriffen und diese dann übertragen, wobei der Zugriff an einer Wort- (32 bit) oder Doppelwortgrenze (64 bit) beginnt. Die Menge der Daten entspricht dabei meist der Breite des Buses, mit dem die Daten vom bzw. zum Speicher transportiert werden. Bei DDR (double data rate) Speicher wird diese Anzahl verdoppelt, indem beide Spannungsflanken benutzt werden, so dass DDR Speicher zusammenhängende Daten mit der doppelten Bandbreite transportieren kann wie einfaches DRAM. Bei DDR2 Speicher kann die Übertragung mit doppelter Geschwindigkeit erfolgen, bei DDR3 Speicher sogar mit vierfacher, d.h. ein 400 MHz DDR3–Speicherriegel kann mit einem mit 1600 MHz getakteten Speicherbus eingesetzt werden, wodurch die Bandbreite um einen entsprechenden Faktor erhöht werden kann. Allerdings gilt dies nur für zusammenhängende Daten.

Neben dem traditionellen DRAM sind nächste Rechnergenerationen mit eingebettetem DRAM (eDRAM) angekündigt, bei dem mehrere Busse für schnelleren Datentransport sorgen sollen. In den Labors wird an magneto-resistivem RAM (MRAM) geforscht, das neben schnelleren Speicherzugriffen auch eine permanente Datenhaltung im Hauptspeicher erlauben würde.

Im Unterschied zum dynamischen RAM benötigt die Speicherinformation im statischen RAM (SRAM) keine Auffrischung. SRAM ist schneller, teurer und besitzt eine geringere Packungsdichte als DRAM, kommt daher nur in kleinen schnellen Speichern vor.

Eine Art Kompromiss bietet SDRAM, bei dem kleinere Speicher in SRAM Technologie ggf. auch mit höheren Taktraten verwendet werden und die eigentliche Datenmenge in DRAM realisiert wird. Der oben angeführte DDR Speicher ist in SDRAM realisiert. Es ist dabei inzwischen üblich, DDR Speicher mit der Taktrate des SRAMs anzugeben. Ein DDR3-800 Chip besitzt daher genau so schnelles DRAM wie ein DDR-200 Chip, das bei 200 MHz getaktet wird. Die SRAM Komponente im DDR3-800 Chip wird allerdings bei 800 MHz betrieben und an einem mit 800 MHz getakteten Bus angeschlossen.

Wichtig für das Parallele Rechnen sind im Wesentlichen folgende Zusammenhänge, die hier für das Lesen eines Datums (DRAM) formuliert sind [111]:

[10] http://www.cs.virginia.edu/stream/

1. Adressen werden über das Bussystem in einem Takt zum Speicher transportiert. Hier ist die Geschwindigkeit des Speicherbuses maßgebend.
2. Zwischen Eingang der Adresse und dem Erhalt der Daten vergeht die sogenannte Speicherlatzenzzeit. Sie beträgt ca. 4 Takte der Speichergeschwindigkeit.
3. Nach dem Lesen/Schreiben von Speicherdaten muss dieser aufgefrischt werden. Dies benötigt in etwa 20–40 Takte der Speichergeschwindigkeit.
4. Der Transport der Daten vom Speicher erfordert einen Takt in der Geschwindigkeit des Buses.

DDR3-1600 Speicher aus dem Handel mit einem 1600 MHz Bus basiert auf 400 MHz getaktetem DRAM und benötigt daher für das wiederholte Lesen eines Wortes in etwa:

$$\frac{1+1}{1600\cdot 10^6}+\frac{8}{400\cdot 10^6}+\frac{30}{400\cdot 10^6}\mathrm{sec}\approx 96\mathrm{nsec}\,. \tag{2.8}$$

Wichtig ist nun, dass diese kurze Zeit der Prozessorgeschwindigkeit gegenübergestellt werden muss. Und dann bedeuten diese 96 nsec bei einem mit 4 GHz getakteten Prozessor 384 Prozessortakte (vgl. (2.7)) oder 1536 Operationen.

Eine Möglichkeit [111], um den Zugriff etwas zu verkürzen, ist der Einsatz verschiedener Speicherbänke (sog. *interleaving*). Bei einem Zugriff auf mehrere Worte muss die Adresse einmal übertragen werden, notwendige Initialisierungen, die zur Speicherlatenzzeit führen, und das Auffrischen kann auf den Speicherbänken gleichzeitig stattfinden, so dass diese Wartezeiten sich gegenseitig verdecken. Dadurch wird die effektive Speicherbandbreite deutlich erhöht.

2.6.2 Speicherhierarchien

Um Speicherzugriffszeiten zu reduzieren, werden mehrere Speicherebenen in unterschiedlichen Größen und Geschwindigkeiten benutzt, um den Eindruck zu vermitteln, unendlich viel Speicher zur Verfügung zu haben. Zunächst einmal soll jedoch an einem kleinen Beispiel das Prinzip erläutert werden.

Stellen Sie sich vor, ein Student müsste eine Seminararbeit zum Thema Datenbanken schreiben. Um sich gründlich vorzubereiten, begibt sich unser Student, wir wollen ihn Karl nennen, in die Bibliothek des Instituts, greift sich ein Buch und setzt sich damit an einen Tisch. Beim Lesen stellen sich Karl neue Fragen. Er steht auf und holt sich ein zweites, ein drittes Buch aus dem gleichen Regal, denn die Bücher stehen thematisch geordnet. So arbeitet Karl eine ganze Weile, bis er in einem der Texte auf einen interessanten Verweis auf ein anderes Buch stößt. Dieses Buch steht leider nicht im Regal. Karl begibt sich daher zu einem der PCs zur Recherche und findet einen Hinweis auf das Buch in der größeren Universitätsbibliothek. Er macht sich auf den 500m langen Weg, um das Buch zu holen.

Karl besitzt praktisch die Möglichkeit auf alle Informationen der Hochschule zuzugreifen, über die Möglichkeit der Fernleihe sogar darüber hinaus. Hat er ein Buch erst einmal auf seinem Arbeitstisch, kann er schnell auf die Informationen darin zugreifen. Er benötigt für sein Studium allerdings nicht jedes zur Verfügung stehende Buch mit der gleichen Wahrscheinlichkeit und er liest auch nicht gleichmäßig in vielen Büchern, sondern sein Informationshunger weist starke zeitliche Schwankungen auf.

Ein Programm arbeitet ähnlich, wie Karl während seines Studiums mit Informationen umgeht. Auch in Programmen zeigen sich Lokalitäten auf zwei Arten:

- Räumliche Lokalität. Wird eine bestimmte Information benötigt, so ist es sehr wahrscheinlich, dass auch auf verwandte Informationen zugegriffen wird. Beim Stöbern nach einem Buch entdeckte Karl gleich mehrere Bücher mit ähnlichen Titeln und nahm gleich alle mit an seinen Tisch. In Programmen sind viele Daten in Feldern organisiert. Wird ein Feldelement angesprochen, dann ist es sehr wahrscheinlich, dass auch umliegende Elemente gebraucht werden.
- Zeitliche Lokalität. Da Karl nicht alle Informationen am selben Tag verarbeiten kann, wird er morgen wieder kommen und sich wieder in die gleichen Bücher vertiefen. In Programmen ist ein Großteil der Instruktionen in Schleifen organisiert, die in kurzen Abständen auf die gleichen oder benachbarte Daten zugreifen.

An hand von Karls Studien können wir eine hierarchische Organisation identifizieren. Da ist zunächst der Tisch, auf dem Karl schnell das richtige Buch findet, denn soviele Bücher passen nicht auf den Tisch. Daher muss sich Karl auch überlegen, dass ein neues Buch ein länger benutztes auf dem Tisch ersetzen muss. Der Zugriff auf Informationen in der Institutsbibliothek ist verhältnismäßig schnell verglichen zu der Zeit, die ein Gang in die Universitätsbibliothek kostet, dafür stehen dort aber mehr Bücher. Noch länger dauert es mit der Fernleihe, aber da ist der Datenbestand praktisch unendlich. Diese Hierarchie ist in Abb. 2.4 dargestellt. Im Rechner übernimmt die langsamste Ebene die Festplatte oder ein ausgelagerter Hintergrundspeicher, gefolgt vom Hauptspeicher bis hin zum kleinen Zwischenspeicher, dem sog. *Cache*, der heutzutage meist auch noch in mehreren Ebenen vorliegt.

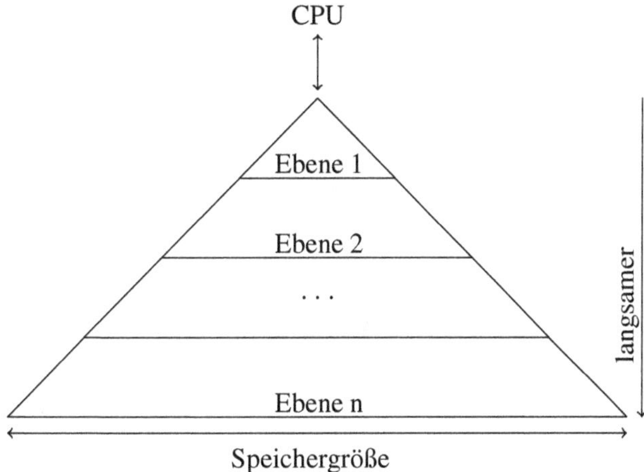

Abbildung 2.4: *Schematischer Aufbau einer Speicherhierarchie. Mit der Entfernung von der CPU werden die Hierarchieebenen zwar größer (mehr Kapazität), dafür aber langsamer.*

Nun bleibt noch die Frage zu klären, wie Daten im Cache wiedergefunden werden. Wenn die Speicheradresse eines Datums direkt die einzige Position dieses Datums im Cache bestimmt, ist das Wiederfinden einfach. Die einfachste Realisierungsmöglichkeit hierfür ist die Division mit Rest, wobei die Speicheradresse durch die Cachegröße dividiert wird. Der Rest entspricht dann der Position im Cache. Man spricht in diesem Zusammenhang von *direct mapped* cache.

Ist der Cache etwa eine Zweierpotenz groß, so wird das Auffinden noch leichter, da dann der rechte Teil einer Speicheradresse direkt der Position im Cache entspricht [111]. Ist ein Cache etwa 8 Byte groß, so gelangen wir für die Adresse 01110101 zur Positition im Cache aus den 3 rechten Bits, d.h. 101. Gleichzeitig wird sofort klar, dass auch die Adresse 10001101 in der selben Position im Cache gespeichert wird und daher werden sich bei wechselseitigem Zugriff auf diese beiden Adressen diese beiden Daten im Cache ständig ersetzen (vgl. Abb. 2.5). Dies ist der Nachteil eines *direct mapped* Cache. In diesem Fall erzeugt jeder Zugriff einen sogenannten *cache miss*. Ein *cache miss* wirkt sich so aus, dass der Prozessor für die Zeit bis das angefragte Element im Cache steht, eingefroren ist.

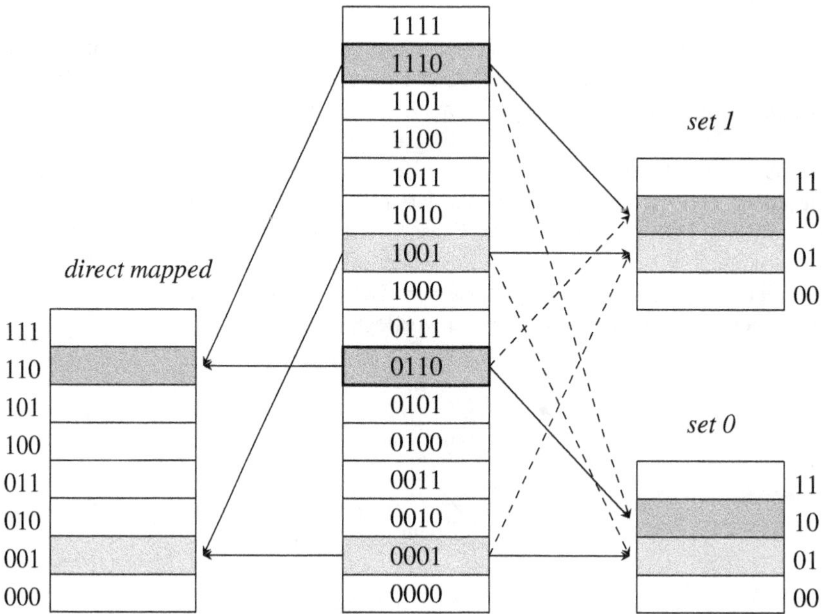

Abbildung 2.5: *Exemplarisches Zuordnungsschema von einem Speicher mit 16 Worten in einen 8 Worte großen direct mapped Cache (links) und einen 2-fach set associative Cache (rechts). Beim direct mapped Cache wird der Divisionsrest durch Abschneiden des linken Bits gebildet. Adressen mit gleichem Rest (z.B. 0001 und 1001) werden daher in die gleiche Position (001) im Cache abgelegt. Im 2-fach set associative Cache können diese beiden Adressen wahlweise ohne cache miss in set 0 oder set 1 abgelegt werden.*

Eine Alternative zum *direct mapped* Cache sind sogenannte *set associative* Caches, bzw. *full associative* Caches. Beim 2-fach *set associative* Cache ist der Cache in 2 Blöcke unterteilt (vgl. Abb. 2.5). Beiden Blöcken wird die Speicherposition entsprechend dem Divisionsrest bei Division durch die Blockgröße zugewiesen. Zur Speicherung wird dabei der Block ausgewählt, der entweder diese Position frei hat oder dort den Wert hält, der am längsten nicht benutzt wurde (Ausnutzung der zeitlichen Lokalität). *Set associative* Caches zeigen i.A. weniger *cache misses*. Ein *full associative* Cache entspricht einem *set associative* Cache mit Blockgröße 1, d.h. hier kann jede Speicheradresse in jeder Position abgelegt werden und ersetzt dabei das am längsten nicht benutzte Datum. Die Vorteile von *set associative* Caches gegenüber *direct mapped* Caches werden bei zunehmender Cachegröße geringer. Daher sind große Caches i.A. *direct mapped*.

Etwas komplizierter ist es beim Schreiben von Daten in den Cache, da dadurch Cache und Speicher inkonsistent werden [111]. Eine Möglichkeit, diese Inkonsistenz zu umgehen, ist ein sogenannter *write through* Cache, bei dem die neue Information sowohl in den Cache als auch den Speicher geschrieben wird. Dies bedeutet allerdings, dass der Prozessor bis zum Schreiben in den Speicher eingefroren ist und das kann, wie oben (s. S. 18) ausgeführt, mehrere hundert Prozessortakte dauern.

Eine Alternative zum *write through* Cache bietet ein zusätzlicher *write buffer*, in dem veränderte Werte zwischengehalten werden, bis das Datum im Speicher den neuen Wert erhalten hat. Diese Alternative geht praktisch in den *write through* Cache über, wenn schneller geschrieben wird, als der Puffer geleert werden kann. Eine weitere Alternative ist der sogenannte *write back* Cache, bei dem die Inkonsistenzen erst bereinigt werden, wenn das entsprechende Element im Cache ersetzt wird. Diese Alternative verlangt allerdings eine sehr komplexe Implementierung.

Cache misses erzeugen beim Verarbeiten von Daten Verzögerungen, aber beim Lesen von Instruktionen sind die Auswirkungen noch gravierender, da vor dem Holen und Dekodieren der nächsten Instruktion keine weiteren Operationen möglich sind und das Fließband folglich vollkommen stillsteht (vgl. Abschnitt 2.5.1). Um dies möglichst zu vermeiden, verfügen die meisten Prozessoren über zwei für Daten und Instruktionen getrennte Pfade aus dem Speicher zu zwei verschiedenen Caches, so dass Datencaches und Caches für Instruktionen entkoppelt sind.

Eine weitere Möglichkeit *cache misses* zu reduzieren, ist das Einführen verschiedener Cache Ebenen, wie in Abb. 2.4 angedeutet. Die Caches der niedrigsten Ebene dienen vor allem der kurzen Antwortzeit, die der nächst höheren Ebene sind deutlich schneller als der Hauptspeicher, wodurch die Zeit für einen *cache miss* in der niederen Ebene reduziert wird.

Bei hoher Datenlokalität gibt es eine weitere Möglichkeit, die effektive Speicherzugriffszeit zu verringern, ohne schnellere Komponenten verwenden zu müssen, indem breitere Datenpfade benutzt werden [38]. Anstelle eines Wortes werden mehrere Worte, in der Regel sind es 4 Worte mit je 64 Bit, in derselben Zeit transportiert. Dadurch kann die effektiver Speicherzugriffszeit pro Wort auf ein Viertel reduziert werden. Die höhere Speicherebene, ein Cache, besitzt dann meist an die Breite des Datenbusses angepasste Zellen, man sagt auch, dass der Cache in Zeilen, sogenannten *cache lines* organisiert ist. Werden nun Daten aus dem Speicher transportiert, so erfolgt dies prinzipiell in Portionen (vgl. Abb. 2.6), die so groß sind wie eine *cache line*, bzw. so breit wie der Speicherbus. Allerdings werden ausschließlich kontinuierliche Datenbereiche transportiert, auch dann, wenn aus diesem Datenbereich nur ein Wort gebraucht wird. Daraus folgt sofort: Programme, die auf kontinuierliche Datenbereiche zugreifen, sind schneller. Programme, die auf diskontinuierliche Datenbereiche zugreifen, zeigen eine verringerte effektive Speicherbandbreite (vgl. Abb. 2.18).

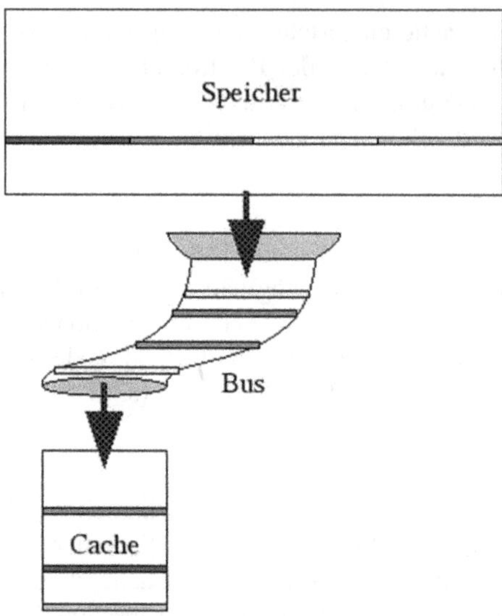

Abbildung 2.6: *Vereinfachtes Schema für das Zusammenspiel zwischen Speicher, Speicherbus und Cache. Aus dem Speicher werden zusammenhängende Datenbereiche, deren Länge der Busbandbreite entsprechen, übertragen und in einer cache line gespeichert, deren Breite ebenfalls der Busbandbreite entspricht.*

2.7 Parallelrechnerarchitekturen

In diesem Kapitel steht nicht der einzelne Prozessor im Vordergrund, sondern der Parallelrechner als Ganzes, wie er sich aus Teilen zusammensetzt und wie diese Teile interagieren.

Im Wesentlichen können wir derzeit drei Typen von Parallelrechnern beobachten:

- Parallelrechner mit einem gemeinsamem Speicher, sogenannte *shared memory processing* (SMP) Systeme[11],
- Parallelrechner mit verteiltem Speicher, sogenannte *distributed memory* Systeme, bei denen alle Daten zwischen den Prozessoren über ein Verbindungsnetzwerk ausgetauscht werden müssen und
- Parallelrechner mit inhärenter Parallelität in Beschleunigerkarten, die gesondert behandelt werden (vgl. Kap. 8).

2.7.1 SMP Systeme

SMP Systeme gehören heute gewissermaßen zum Alltag, denn Mehrkernprozessoren sind SMP Rechner [1]. In Abb. 2.7 ist ein SMP Rechner schematisch dargestellt. Das Besondere daran ist das Bussystem, das die einzelnen Komponenten miteinander verbindet. Es ist gewissermaßen

[11] SMP steht ursprünglich für *symmetric multiprocessing*.

der Flaschenhals, durch den alle Daten, vom Speicher zu den Kernen und ggf. auch zu den Ein- /Ausgabekomponenten, transportiert werden. Speicheranforderungen der Kerne konkurrieren um diese eine Verbindungslinie, wodurch die effektive Busbandbreite entsprechend verringert wird. Da in parallelen Programmen auf SMP Rechnern mehrere Prozessorkerne an denselben Daten arbeiten, müssen diese häufiger zwischen den Kernen pendeln, wodurch die Datenlokalität, sowohl zeitlich als auch örtlich, verringert wird. Dies bedeutet gleichzeitig, dass *cache misses* (vgl. Abschnitt 2.6) häufiger werden, es sei denn, dass mehrere Kerne sich einen Cache teilen [134].

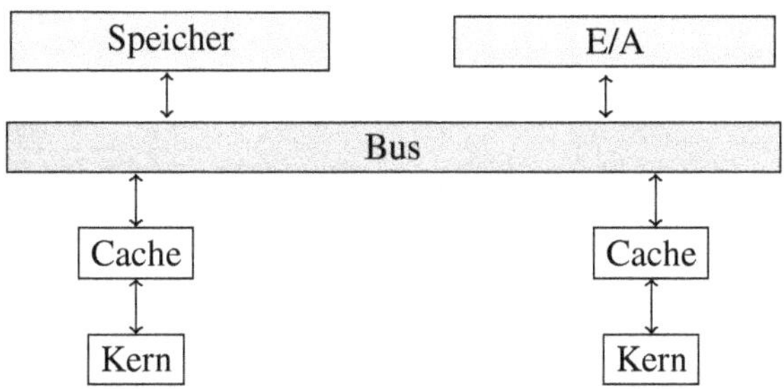

Abbildung 2.7: *SMP System mit 2 Kernen und einem Cache pro Kern. An den Datenbus sind außerdem Ein-/Ausgabekomponenten angeschlossen.*

Was passiert nun in den beiden Caches, wenn wir davon ausgehen, dass die *cache line* 4 Worte fassen kann und in beiden Caches eine identische *cache line* liegt, in der einer der beiden Prozesse ein Wort ändert? Diese Änderung bewirkt, dass die Information im Rechner inkonsistent wird, d.h. die sogenannte Cache Kohärenz ist verletzt. Um diese Verletzung möglichst störungsfrei zu beseitigen, lauschen beide Caches gewissermaßen ständig am Bus (sog. *snooping*), ob einer ihrer *cache lines* von einem anderen Prozessor verändert wird und dadurch im eigenen Cache für ungültig erklärt werden muss, um dann die eigene Kopie so schnell wie möglich auf den neuesten Stand zu bringen.

Folgende Schleifen zeigen die Problematik der Cache Kohärenz und die dadurch verursachte Reduzierung der effektiven Bandbreite auf:

```
start=proz_nummer;
for(S=0;S<S_max;S++)
 parallel for(i=start;i<N;i+=S+proz_zahl)
  x[i]=2.;
```

Hierbei wird `x` neu beschrieben und zwar mit der Schrittweite `S+proz_zahl`. Dabei steht `proz_zahl` für den Parallelitätsgrad. Für `S=0` bedeutet das nichts anderes, als dass bei `2` Threads abwechselnd `x(0,2,4,...)` durch Thread 0 und `x(1,3,5,...` durch Thread 1 verändert wird. Umfasst die *cache line* 4 Worte, bedeutet dies also einen Konflikt bei jedem Schreibzugriff. Das Ergebnis einer Messung mit bis zu 4 Threads ist in Abb. 2.8 dargestellt. Ohne die parallele Laufzeitumgebung *OpenMP* (vgl. Kap. 3) ist die Bandbreite bedeutend höher als mit paralleler Laufzeitumgebung und einer Thread (gestrichelte Kurve), da Locks angefordert und freigegeben werden müssen [63, 136]. Mit steigender Anzahl von Threads nimmt die effektive Speicherbandbreite deutlich ab. Diese parallele Programmversion ist daher aufgrund der Locks und der dauernden Verletzung der Cache Kohärenz deutlich langsamer als die nicht parallele Version. Da der Zugriff der Prozessoren auf einen gemeinsam genutzten Datenbereich dieses Problem verursacht, spricht man in diesem Zusammenhang auch von *false sharing* [1].

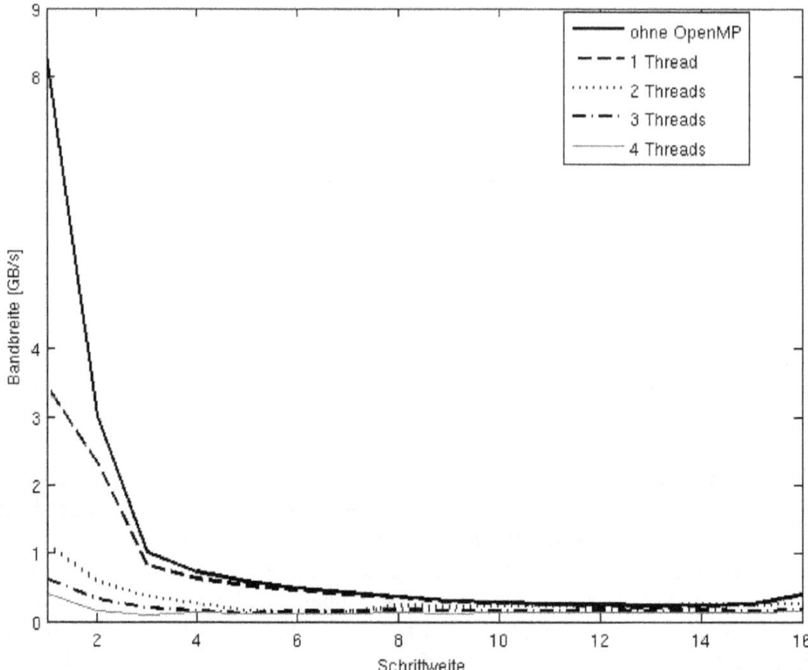

Abbildung 2.8: *Gemessene effektive Speicherbandbreite bei verschiedenen Schrittweiten, d.h. Schleifeninkrementen, für bis zu* 4 *Threads.*

An dieser kleinen Ausführung lässt sich bereits erkennen, dass eine Parallelisierung des inneren Produkts

$$s = \Sigma_i x(i) \cdot y(i)$$

(vgl. 2.8.2) mit Hilfe des gemeinsamen Speichers in Mehrkernprozessoren besonderer Vorkehrungen bedarf, denn wie sollen mehrere Kerne gleichzeitig die gemeinsame Variable s in verschiedenen Caches gleichzeitig effektiv verändern? Zur Beantwortung dieser Frage, vgl. Kap. 3.10.

In SMP Systemen wie in Abb. 2.7 können nicht beliebig viele Prozessorkerne mit einem einzigen Bus sinnvoll miteinander verbunden werden. Dies liegt sowohl an

- der Konkurrenz der Kerne um die Busbandbreite,
- der Erhöhung der Reaktionszeit des Buses bei seiner Verlängerung und
- der mit der Anzahl und Größe der Caches wachsenden Problematik der Cache Kohärenz.

Neben diesem einfachen Ansatz zur Bildung eines SMP Systems verfolgt die Fa. Silicon Graphics einen anderen Weg zum Bau der derzeit größten SMP Systeme, indem die Prozessorkerne durch ein annähernd skalierendes Spezialnetzwerk miteinander verbunden sind. Durch eine Virtualisierung der Speicheradressen und eine komplizierte Lokalisierungsstrategie wird dabei die Summe aller verteilt vorliegenden Hauptspeicher als ein einziger gemeinsamer Speicher adressierbar. Auch in diesen bis zu mehreren Tausend Prozessorkernen großen Rechnern muss Cache Kohärenz herrschen. Da der Hauptspeicher verteilt vorliegt und zwingenderweise die Zugriffszeiten auf den eigenen Speicher und entfernten Speicher unterschiedlich sind, spricht man in dem Zusammenhang von einer *cc–NUMA* Architektur (*cache coherent non uniform memory access*) (vgl. Abb. 2.9).

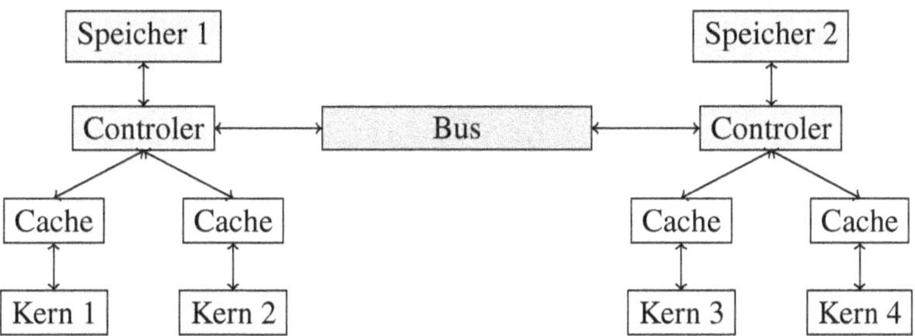

Abbildung 2.9: *Schematischer Aufbau eines SMP Rechners mit* non uniform memory access *(NUMA). Die Kerne* 1 *und* 2 *können auf ihren lokalen Speicher* 1 *mit geringerer Latenz und größerer Bandbreite zugreifen als auf den entfernten Speicher* 2.

Neuere SMP Systeme, die auch als *chip multiprocessor* (CMP) Systeme bezeichnet werden, besitzen auch vermehrt cc–NUMA Architekturen, wobei, abweichend von Abb. 2.9, auch eine Cacheebene von mehreren Kernen gemeinsam genutzt werden kann, was zu einer Reduktion von *cache misses* und somit einer Performancesteigerung führen kann. Da bei diesen Architekturen zwischen lokalem und nicht lokalem Hauptspeicher unterschieden werden muss, spielt die Affinität von Speicherbereich und ausführendem Prozessorkern eine entscheidende Rolle [86, 100, 131]. Prozesse, die überwiegend auf nicht lokalen Speicher zugreifen, benötigen mehr Zeit als solche, die auf lokalem Speicher arbeiten. Kann Speicher mit hoher Affinität allokiert und verwendet werden, dann kann die cc-NUMA Architektur durchaus auch Geschwindigkeitsvorteile bringen [15].

2.7.2 Parallelrechner mit verteiltem Speicher

In Abb. 2.10 ist ein Parallelrechner mit verteiltem Speicher schematisch dargestellt. Das Verbindungsmedium, das Netzwerk, verbindet die beteiligten Rechner, die in diesem Zusammenhang meist Knoten genannt werden. Der entscheidende Unterschied zum SMP System ist dabei, dass die einzelnen Knoten selbständige Rechner sind, d.h. es gibt keine andere Gemeinsamkeit als das Verbindungsnetzwerk zwischen ihnen. Gemeinsame Hauptspeicherdaten kann es daher in einem derartigen System nicht geben (außer virtuell, vgl. die Ausführungen zu Rechner der Fa. Silicon Graphics oben), und Informationsaustausch zwischen diesen Rechnern bedeutet daher explizite Datenkommunikation mit einem *Sender* und einem *Empfänger*. Man nennt derartige

Rechner daher auch *message passing* Systeme mit dem *message passing interface* (MPI) als häufigste Kommunikationsplattform (vgl. Abschnitt 4.2).

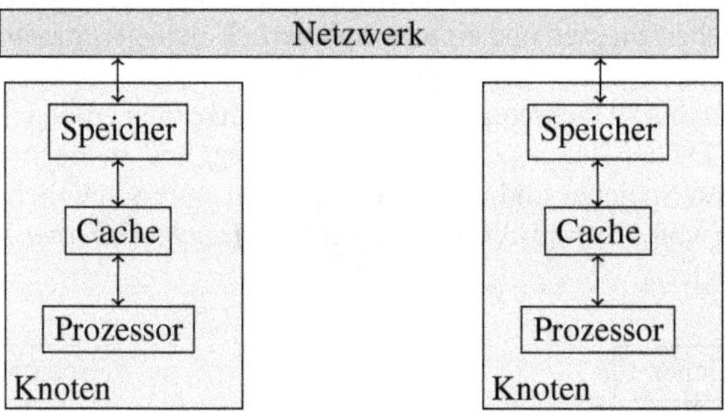

Abbildung 2.10: *Schematischer Aufbau eines Parallelrechners mit verteiltem Speicher. Im Unterschied zu Abb. 2.7, wo das Verbindungssystem (Bus) die Prozessoren mit dem Speicher verbindet, dient das Netzwerk hier zur Verbindung von Knoten untereinander.*

Mit der Verbreitung der *personal computer* (PC) begannen sich sogenannte Cluster aus verbundenen PCs durchzusetzen. Das erste bekanntere Cluster dieser Art wurde von T. Sterling und D. J. Becker [132] unter dem Namen *Beowulf* gebaut. Seither werden derartige Cluster auch häufig Beowulf Cluster bezeichnet. Mit der Mehrkerntechnologie werden aus diesen Systemen sog. *constellations*, das sind Cluster aus SMP Systemen.

Unterschiede in der Architektur von Rechenclustern beruhen neben Unterschieden in den Prozessoren auf unterschiedlichen Netzwerken. In SMP Systemen (s. Abschnitt 2.7.1) dominieren einfache Busse. Eine erste einfache Verbesserung zu einem Bus ist eine Ringtopologie (vgl. Abb. 2.11). Die *Bisektionsbandbreite* eines Ringes entspricht der doppelten Bandbreite des Buses. Die Bisektionsbandbreite ergibt sich dadurch, dass das Netzwerk gedanklich halbiert wird, d.h. in jeder Hälfte liegen die Hälfte der Knoten, und dann die Verbindungen gezählt werden, die die beiden Hälften miteinander verbinden. Da nicht alle Knoten direkt miteinander verbunden sind, müssen einige Mitteilungen gewissermaßen durch einen Knoten (engl. *hop*), wodurch sich die Netzwerklatenz erhöht (vgl. Abschnitt 2.8). Die Maximalzahl der notwendigen *hops* wächst in einem Ring linear mit der Zahl der Knoten.

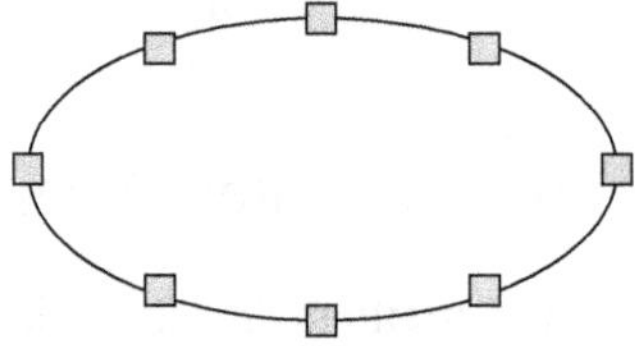

Abbildung 2.11: *Ringtopologie.*

Das ideale Netzwerk mit voller Bisektionsbandbreite und ohne *hops* ist ein Netzwerk, in dem jeder Knoten mit jedem verbunden ist. Mit den heutigen Switchtechniken lassen sich auf diese Weise einige hundert Knoten problemlos miteinander verbinden, aber alleine schon die Kosten verbieten es, dieses ideale Netzwerk für zehntausende von Knoten zu bauen. Dies verlangt nach

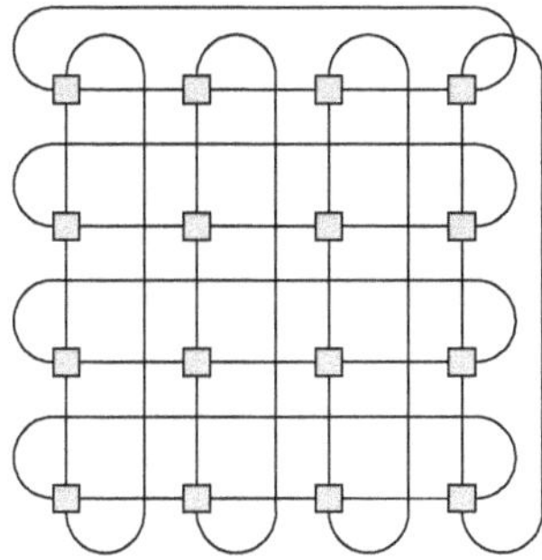

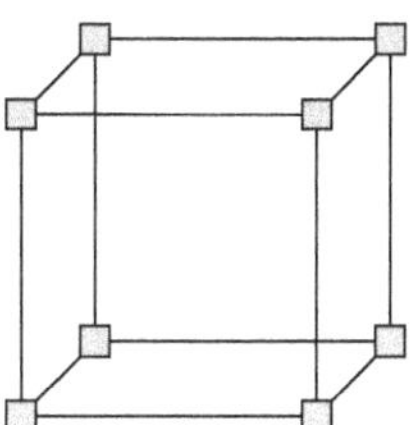

Abbildung 2.12: *Links: Ein zweidimensionales Torusnetzwerk mit 16-facher Bisektionsbandbreite im Vergleich zum Bus und maximal* $4 = \log_2 16$ *hops. Rechts: Ein Hypercubenetzwerk mit 4-facher Bisektionsbandbreite im Vergleich zum Bus und maximal* $3 = \log_2 8$ *hops.*

Alternativen. Zwei der bekanntesten Alternativen sind in Abb. 2.12 dargestellt. Es handelt sich zum einen um einen sogenannten Torus, mit einer deutlich höheren Bisektionsbandbreite als der Ring. Wird der Torus noch in der dritten Dimension fortgesetzt, so steigt die Zahl der maximal notwendigen *hops* nur logarithmisch mit der Zahl der Knoten.

Qualitativ vergleichbar mit dem Torus ist das Hypercube-Netzwerk, das in Abb. 2.12 exemplarisch 3-dimensional für 8 Knoten dargestellt ist. Für 16 Knoten muss man sich den Hypercube 4-dimensional vorstellen. Bezüglich der Zahl der notwendigen *hops* entsprechen sich Torus und Hypercube. Die Bisektionsbandbreite ist beim Torus aufgrund der zusätzlichen Schleife verdoppelt.

In Rechnern sind diese Netzwerke meist leicht abgewandelt, indem beispielsweise anstelle von Knoten Netzkomponenten verwendet werden, an die beispielsweise zwei Knoten mit mehreren Kernen angeschlossen sind.

Ersetzt man die Knoten im Netzwerk vollständig durch Netzwerkkomponenten (meist Switche), gelangt man zu mehrstufigen Netzwerken, wie etwa in Abb. 2.13 dargestellt. Bei einem Omega–Netzwerk entspricht die Bisektionsbandbreite bei P Prozessoren dem P-fachen eines Buses und die Zahl der *hops* hängt, wie beim Torus und Hypercube, logarithmisch von der Zahl der Prozessoren ab. Ein Crossbar besitzt nahezu voll durchlässige Switche, so dass jeder Prozessor mit jedem anderen nur die Verzögerung eines *hops* erfährt. Dafür benötigt der Crossbar P^2 Switche, was ihn für zehntausende von Rechnern unbezahlbar macht. In heutigen Switchen werden meist Crossbars eingesetzt, um jeden Switch–Port mit jedem anderen mit voller Bandbreite und nur einem *Hop* zu verbinden.

Neben der Bisektionsbandbreite und der Latenzzeit, die stark von der Zahl der *hops* abhängt, spielt auch die Frage eine Rolle, ob das Netzwerk blockierend ist oder nicht, ob die Blockade statisch oder dynamisch ist und in welchem Ausmaß das Netzwerk blockiert. In einem blockadefreien Netzwerk schließen sich zwei Kommunikationswege zu unterschiedlichen Partnern weder aus, noch behindern sie sich. Ein Crossbar ist beispielsweise blockadefrei. Jede disjunkte Paarbildung erlaubt eine ungestörte Kommunikation mit der vollen Bandbreite. Anders verhält es sich beim Omega–Netzwerk, bei dem sich Paarbildungen mit den gleichen Ein- und

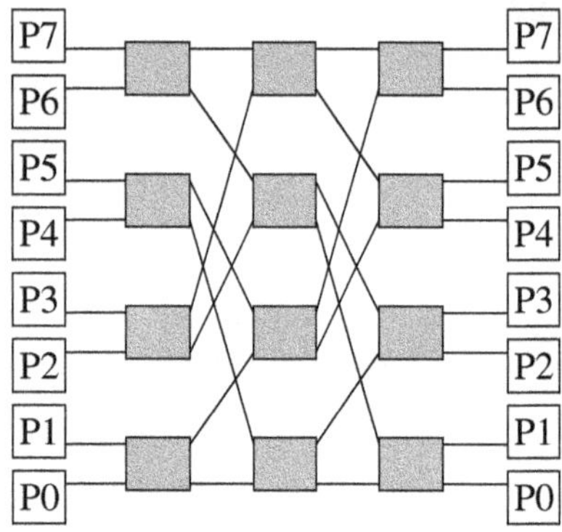

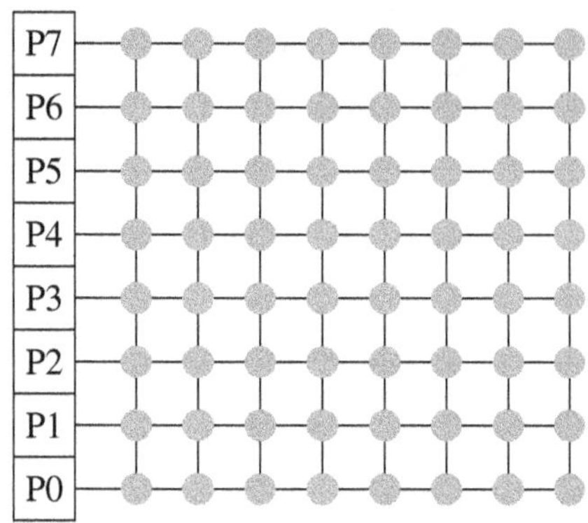

Abbildung 2.13: *Links: Ein 3-stufiges Omega–Netzwerk zur Verbindung von 8 Prozessoren. Rechts: Ein Crossbar zur Verbindung von 8 Prozessoren.*

Ausgangsswitchen blockieren. So ist eine gleichzeitige Kommunikation von $P0$ mit $P6$ und $P1$ mit $P7$ nicht möglich, denn es gibt nur genau einen Pfad für diese Kommunikation.

Zu größeren Systemen gelangt man beispielsweise, indem mehrere Switche mit Crossbars hierarchisch kombiniert werden. Bei deren Kombination ist auf eine andere Art der Blockierung zu achten, die dann auftritt, wenn beispielsweise zwei Switche mit 12 Eingängen 22 Rechner (je 11) verbinden und der jeweils freie Eingang zur Verbindung der Switche dient. Diese eine Verbindung reduziert die Bisektionsbandbreite und blockiert mehr als eine Paarbildung zwischen Rechnern an beiden Switchen. Daher kommt hier meist die sog. *fat tree* Topologie zum Einsatz, bei der die Verbindungen in höhere Hierarchieebenen breiter sind als zu niederen Ebenen. Praktisch kann dies durch andere Techniken auf verschiedenen Ebenen, wie beispielsweise Infiniband mit *double data rate* für die unterste Ebene und *quadruple date rate* für die darüberliegende Ebene, oder durch mehrere Verbindungen der gleichen Technologie realisiert werden.

2.8 Einfaches Performancemodell

Die Speedupformeln von Amdahl (2.4) und Gustafson (2.6) erlauben grobe Vorhersagen für das Verhalten eines Programms bei Änderung der Prozessorzahl und der Problemgröße. Daneben gibt es eine Vielzahl detaillierterer Vorhersagemodelle, wie das PRAM-Modell[12] [82] oder das BSP-Modell[13] [118, 144] und andere wichtige theoretische Arbeiten, die die Komplexität paralleler Algorithmen detailliert analysieren.

Bestechend in seiner Einfachheit und Praxisnähe ist das einfache Timing-Model von Van der Velde [145], das hier als Ausgangspunkt formuliert wird, um auf ein Performancemodell unter Einbeziehung von Speicherzugriffszeiten (vgl. Abschnitt 2.9) erweitert zu werden. Es geht von den Annahmen aus, dass:

[12] PRAM: Parallel Random Access Machine.

[13] BSP: Bulk-synchronous parallel.

- alle Tasks ungestört voneinander laufen können und gleichzeitig beginnen,
- alle Prozessoren identisch sind,
- alle Arten von Rechenoperationen die gleiche Zeit t_a benötigen,
- jeder Datenaustausch in einer Einheitswortlänge stattfindet,
- sich Kommunikationen und Berechnungen nicht überlappen können,
- sich Kommunikationen gegenseitig nicht störend beeinflussen und
- es keine globalen Kommunikationsarten gibt, sondern nur Punkt-zu-Punkt-Kommunikationen.

Die Zeit für einen Datenaustausch, d.h. eine Kommunikation mit Senden und Empfangen, zwischen Prozessoren wird explizit mit einem linearen Ansatz

$$t_K(L) = t_S + \beta L \tag{2.9}$$

berücksichtigt. Dabei ist L die Länge einer Mitteilung (in Worten), t_S ist die Startzeit für die Kommunikation, auch Latenzzeit genannt, und β entspricht in etwa der reziproken Bandbreite des zugrundeliegenden Kommunikationsnetzwerkes in Worten. Werden zwischen zwei Rechnern Daten untschiedlicher Länge ausgetauscht, etwa mit einem `ping`, erhält man in etwa eine lineare Kurve, wie in (2.9) formuliert. Die Latenzzeit ergibt sich aus dieser Kurve durch Extrapolation auf die Mitteilungslänge $L = 0$. In Kommunikationsnetzen wird in t_S die Zeit zusammengefasst, die benötigt wird, um ein Datenpaket zu „schnüren“, mit den relevanten Addressierungsinformationen zu versehen und wieder „auszupacken“, kurzum, um die Protokollschichten beim Sender und Empfänger zu durchlaufen, wie es für die Zustellung in einem bestimmten Datennetz notwendig ist.

Mit diesem Modell als Rüstzeug wollen wir nun zwei typische parallele Anwendungen explizit untersuchen.

2.8.1 Beispiel 1: Summation zweier Vektoren

Zur Einführung in die Handhabung des Modells wollen wir die folgende Schleife parallelisieren:

```
for(i=0;i<N;i++) z[i]=  a*x[i] + b*y[i];
```

Zunächst einmal können wir die Zeit angeben, die diese Schleife in unserem Modell mit einem Prozessor benötigt:

$$T_1 = 3 \cdot N \cdot t_a \, .$$

Dazu zählen wir einfach die Operationen in der Schleife (`* + *`) und multiplizieren dieses Ergebnis mit der Schleifenlänge `N` und der Zeit für eine Operation t_a.

Eine Parallelisierung der Schleife ist möglich, da die einzelnen Schleifendurchläufe voneinander unabhängig, das heißt gleichzeitig, berechnet werden können. Sinnvollerweise wird die Arbeit in der Schleife so auf verschiedene Prozessoren verteilt, dass zusammenhängende Stücke der Schleife berechnet werden[14]. Die einzelnen Portionen bezeichnen wir mit N_p. Vor der Abschätzung der Zeit auf einem Parallelrechner müssen wir uns erst noch über die Datenverteilung unterhalten. Der Einfachheit halber wird vorausgesetzt, dass `a, b` für alle Prozessoren (repliziert) zur Verfügung stehen und dass die Felder `x, y` und `z` schon auf alle Prozessoren entsprechend den ihnen zugeteilten Portionen verteilt sind und bleiben, d.h. der Prozess, der etwa von `4` bis `9` rechnet, hat auch kommunikationslosen Zugriff auf die zugehörigen Elemente der drei Vektoren. Somit können wir die Rechenzeit auf jedem einzelnen Prozessor zu $3 \cdot N_p \cdot t_a$ sofort angeben. Zur Bestimmung der parallelen Zeit auf dem Gesamtsystem benötigen wir noch die Definition von

$$\hat{N} = \max_p N_p \,,$$

d.h., des größten Teilstücks. Nun können wir T_p angeben:

$$T_p = 3 \cdot \hat{N} \cdot t_a \,.$$

Es sei nochmals ausdrücklich darauf hingewiesen, dass alle Prozessoren gleichzeitig starten und dass das Ende durch den Prozessor bestimmt wird, der als Letzter fertig ist, d.h. in unserem Fall mit identischen Prozessoren, durch den Prozessor, der das größte Teilstück zur Berechnung hat. Damit ist auch die Frage nach der bestmöglichen Aufteilung von N auf die Prozessoren beantwortet: Sie sollte so sein, dass alle Prozessoren möglichst gleich große Stücke haben, d.h. wir wählen $N_p = N/p$ und verteilen den Divisionsrest möglichst gleichmäßig, so dass sich die einzelnen N_p maximal um 1 unterscheiden. Als Speedup für die Parallelisierung erhalten wir

$$S = \frac{T_1}{T_p} = \frac{N}{\hat{N}} \,,$$

wobei wir bei gleichmäßiger Verteilung, d.h. $\hat{N} = N/p$, idealen Speedup $S = p$ erhalten. Ist N nicht durch p teilbar (oder p größer als N), dann hängt der Speedup stark vom Verhältnis p zu N ab. Ist $N \gg p$ spielt es keine Rolle, wenn sich die N_p etwas unterscheiden. Ist dagegen $N \approx p$, etwa $N = 32$ und $p = 16$, führen selbst kleine Unterschiede in den N_p zu großen Unterschieden im Speedup. Ist etwa in diesem Fall eines der $N_p = 3$, sinkt der Speedup deutlich vom Idealwert 16 auf unter 11.

Neben der Vorgehensweise bei der Verwendung unseres Modells hilft uns dieses einfache Beispiel auch zur Verdeutlichung wichtiger Zusammenhänge des Parallelen Rechnens:

- Paralleles Rechnen bedeutet (meistens)[15], dass wir uns Gedanken zur Aufteilung und Zuordnung von Daten machen müssen.
- Die Effektivität eines parallelen Programms hängt von der möglichst gleichmäßigen Verteilung der Arbeit auf die einzelnen Prozessoren ab. Man spricht in dem Zusammenhang von Lastverteilung (engl. load balancing).
- Die Größe der einzelnen Teilstücke pro Prozessor bestimmt die optimale bzw. maximale Prozessorzahl, die sinnvoll eingesetzt werden kann. Man spricht in dem Zusammenhang von Granularität. Je größer die Arbeit pro Prozessor ist, desto leichter fällt eine ausgeglichene Aufteilung.

[14] Zusammenhängend oder nicht spielt an dieser Stelle allerdings keine Rolle.

[15] Eine gewisse Ausnahme bilden die Rechner mit gemeinsamem Speicher, die in Kap. 3 behandelt werden.

2.8.2 Beispiel 2: Bildung eines inneren Produkts

Als zweites Beispiel soll die einfache, aber häufig vorkommende Schleife

```
for (i=0,s=0.;i<N;i++) s += x[i]*y[i];
```

betrachtet werden[16]. Da in jedem Schleifendurchlauf die Operationen + * ausgeführt werden, dauert dieses Programmstück auf einem Prozessor $T_1 = 2 \cdot N \cdot t_a$. Bei der Aufteilung der Schleife für die parallele Variante gelten ähnliche Überlegungen zu N_p und $\hat{N}$ und zur Datenaufteilung wie in Beispiel 1. Hier stellt sich nun aber die Frage: Wie können p Prozessoren ihr Ergebnis in eine einzige Variable s abspeichern? Da s nicht nur links vom Gleichheitszeichen steht, sondern implizit auch rechts, bedeutet dies, dass die p Prozessoren nicht nur in eine einzige Variable s speichern, sondern diese Variable auch synchronisiert lesen müssen.

Die erste Idee, die zumindest das synchronisierte Lesen verhindert, ist, s auf allen p Prozessoren zu replizieren. Jeder Prozessor wiederholt die Initialisierung s=0 und summiert seinen Teil in diese replizierte (lokale) Variable. Nun verbleibt nur noch das Problem, alle lokalen s zu einem globalen s zu addieren und diese globale Information allen Prozessoren verfügbar zu machen.

Variante 1:
Als ersten Ansatz wollen wir die lokalen s an alle anderen Prozessoren verteilen, die dann jeweils alle Werte der anderen Prozessoren summieren. Dies liest sich dann in etwa folgendermaßen, wobei in unserem Modell dieses Programmstück auf allen Prozessoren ausgeführt werden muss:

```
s=0.;
for (i=0;i<Np;i++) s += x[i]*y[i];
for(i=0;i<p;i++) if(i!=selbst) sende (s an Proz. i);
for(i=0;i<p;i++) if(i!=selbst) s += empfange (von Proz. i);
```

Der Einfachheit halber indizieren alle Prozessoren ihre lokalen Stücke von x und y von 0 bis N_p. Diese parallele Variante dauert $2 \cdot N_p \cdot t_a$ für die lokale Summenbildung, $(p-1) \cdot t_K(1)$ für die zweite und dritte Schleife, da jeder Prozess $(p-1)$-mal ein Wort verschickt und empfängt, was in unserem Modell als eine Kommunikation gerechnet wird, und schließlich $(p-1)t_a$, da die empfangenen Werte addiert werden müssen. Somit ergibt sich:

$$T_p = 2\hat{N} \cdot t_a + (p-1)t_K(1) + (p-1)t_a$$

und für den Speedup:

$$S = \frac{2N \cdot t_a}{(2\hat{N} + p - 1)t_a + (p-1)t_K(1)} = \frac{2N}{(2\hat{N} + p - 1) + (p-1)t_R}, \tag{2.10}$$

mit $t_R = t_K(1)/t_a$. Um eine Vorstellung zu gewinnen, welche Performance diese Variante

[16] Operationen, bei denen Vektoren auf eine Zahl reduziert werden, werden auch Reduktion genannt. Dies gilt sowohl für arithmetische Operationen wie die Summenbildung als auch für z.B. das Auffinden des größten Elements.

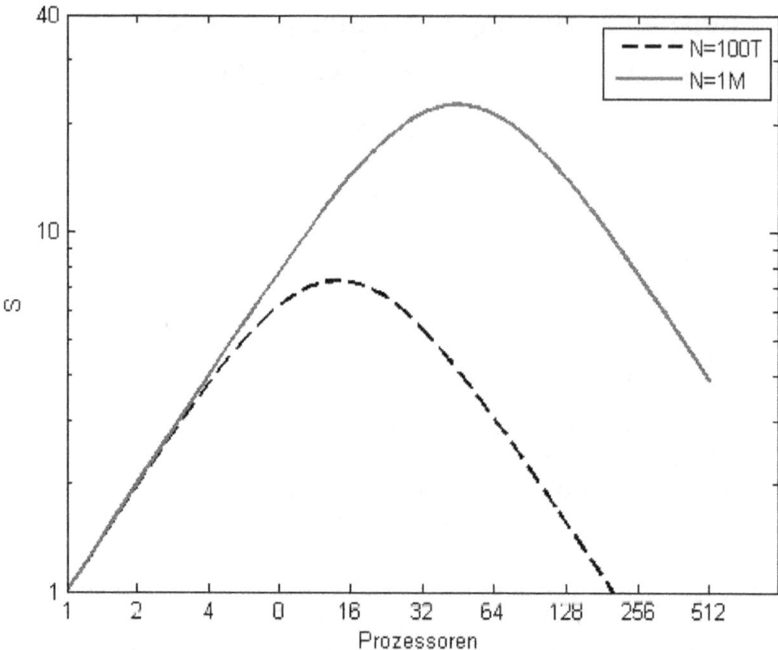

Abbildung 2.14: *Speedup für die erste Variante zur Bildung eines inneren Produkts für verschiedene Problemgrößen N und einem Hochgeschwindigkeitsnetzwerk mit $t_R = 1000$.*

des inneren Produkts auf heutigen Rechnern ergeben würde, benötigen wir eine Abschätzung von t_R. Ein mit 1 GHz= $10^9[1/sec]$ getakteter Rechner kann in einem Takt eine Operation ausführen, d.h. $t_a \approx 10^{-9}$sec. Bei einem handelsüblichen LAN bewegt sich $t_K(1)$ bei etwa 1 msec= 10^{-3}sec. Hochgeschwindigkeitsnetzwerke in Hochleistungsrechner sind da deutlich leistungsfähiger und kommen auf etwa 1μsec= 10^{-6}sec. Zu beachten ist dabei, dass es sich bei diesen Zahlen nicht um Netzgeschwindigkeiten, d.h. Bandbreiten, handelt, sondern diese Zahlen beziehen sich i.W. auf die Latenzzeiten der Netzwerke. Mit diesen Abschätzungen liegt t_R im besten Fall bei einem Hochgeschwindigkeitsnetzwerk bei etwa 1000. Im LAN wäre t_R zwischen 10^5 und 10^6.

In Abb. 2.14 sind zwei Kurven für $t_R = 1000$, d.h. einem Hochgeschwindigkeitsnetzwerk, und verschiedenen Problemgrößen $N = 100.000$ und $N = 1.000.000$ dargestellt. Charakteristisch für diese Variante ist, dass der Speedup bereits bei ziemlich wenigen Prozessoren ein Maximum aufweist, dann abfällt und sogar die x-Achse schneidet. Die x-Achse entspricht dabei der Zeit für die sequentielle Programmversion, d.h., die nach Variante 1 parallelisierte Bildung eines inneren Produkts kann sogar langsamer werden als ohne Parallelisierung. In miteinander verknüpften PCs in einem LAN ist es fast aussichtslos, mit dieser Variante mit mehreren PCs schneller zu werden.

Dies liegt daran, dass T_p linear von der Zahl der Prozessoren abhängt, insbesondere dem Ausdruck $(p-1)(t_K + t_a)$. Dieser Ausdruck wird für große p dominierend und kann, wie wir

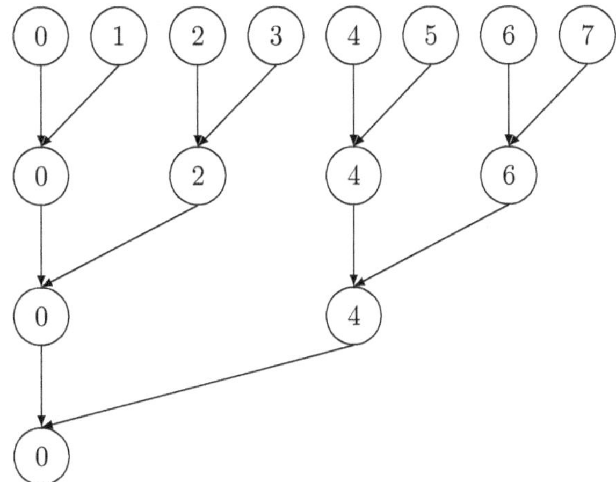

Abbildung 2.15: *Schematischer Baum für die rekursive Verdopplung für* 8 *Prozessoren.*

in Abb. 2.14 erkennen können, dazu führen, dass die parallele Version langsamer ist als die sequentielle.

Eine weitere Variante zur Bildung eines inneren Produkts besteht darin, die lokalen Teilsummen s zu einem „Master“ zu schicken, der diese Teilsummen zur globalen Summe addiert und das Ergebnis an alle wieder verteilt. Auch diese Variante krankt daran, dass der Ausdruck $(p - 1)(t_K + t_a)$ in T_p auftritt.

Variante 2:
Eine Möglichkeit, um zu einem effektiven inneren Produkt zu gelangen, bietet die sog. rekursive Verdopplung, bei der in Form eines Baumes paarweise rekursiv die lokalen Summen gebildet werden (vgl. Abb. 2.15). Wenn wir 8 Prozessoren von 0 bis 7 nummerieren, bilden im ersten Schritt die Prozessoren $\{0, 2, 4, 6\}$, im zweiten Schritt $\{0, 4\}$ und schließlich noch Prozessor 0 die Teilsummen der mit ihnen nach oben verbundenen Prozessoren. Zum Verteilen des Endergebnisses an alle wird die Baumstruktur entsprechend von unten nach oben durchlaufen. Auf diese Weise sind $3 = \log_2 8$ Schritte für einen Durchlauf nötig.

Beim Durchlauf von oben, von den Zweigen zur Wurzel, wird pro Schritt die Zeit $t_a + t_K(1)$ benötigt und nochmals $t_K(1)$ beim umgekehrten Durchlauf zur Übermittlung von s. Somit ergibt sich, wenn wir der Einfachheit halber nur Prozessorzahlen in 2er-Potenzen betrachten:

$$T_p = 2 \cdot \hat{N} \cdot t_a + \log_2 p \cdot (t_a + 2t_K(1)) .$$

Diese Variante zeigt für T_p nur noch logarithmische Abhängigkeit von p und besitzt daher, insbesondere bei größeren Prozessorzahlen, ein entschieden günstigeres Verhalten als Variante 1.

Variante 3:
Variante 2 kann noch leicht verbessert werden, wenn wir das Durchlaufen des Baumes in Abb. 2.15 von den Zweigen zur Wurzel und umgekehrt miteinander kombinieren. Dazu werden

in $\log_2 p$ Schritten jeweils $p/2$ unterschiedliche Paare gebildet, die ihr lokales s miteinander austauschen und entsprechende Teilsummen bilden (vgl. Abb. 2.16). Das sich ergebende Kommunikationsschema ist von der schnellen Fouriertransformation (FFT) wohl bekannt.

Mit Hilfe des Operators für das exklusive logische Oder (in der Programmiersprache C: ^) erhalten wir hier das folgende Programm für eine Zweierpotenz von Prozessoren:

```
s=0.;
for (i=0;i<Np;i++)   s += x[i]y[i];
for (i=0;i<(int)log2(p) ;i++) {
    k=1<<i;             /* Folge 1, 2, 4, ... */
    j = myself^k;
    sende(s an Proz. j);
    s += empfange(von Proz. j);
}
```

Dieses Programmstück wird von allen Prozessoren ausgeführt. Für die parallele Zeit T_p erhalten wir

$$T_p = 2 \cdot \hat{N} \cdot t_a + \log_2 p(t_K(1) + t_a)$$

und für den Speedup:

$$S = \frac{2 \cdot N \cdot t_a}{2 \cdot \hat{N} \cdot t_a + \log_2 p(t_K(1) + t_a)} = \frac{2 \cdot N}{2 \cdot \hat{N} + \log_2 p(t_R(1) + 1)}. \tag{2.11}$$

In Abb. 2.17 sind für $N = 100.000$ Variante 1 mit Variante 3 (FFT) unter Verwendung eines Hochgeschwindigkeitsnetzwerks verglichen. Ferner ist noch Variante 3 für diese Problemgröße

$s(0)$	$s(0)+s(1)$	$s(0:3)$	$s(0:7)$
$s(1)$	$s(0)+s(1)$	$s(0:3)$	$s(0:7)$
$s(2)$	$s(2)+s(3)$	$s(0:3)$	$s(0:7)$
$s(3)$	$s(2)+s(3)$	$s(0:3)$	$s(0:7)$
$s(4)$	$s(4)+s(5)$	$s(4:7)$	$s(0:7)$
$s(5)$	$s(4)+s(5)$	$s(4:7)$	$s(0:7)$
$s(6)$	$s(6)+s(7)$	$s(4:7)$	$s(0:7)$
$s(7)$	$s(6)+s(7)$	$s(4:7)$	$s(0:7)$

Abbildung 2.16: *FFT-Schema zur Summation von 8 lokalen Werten.* $s(0:3)$ *bedeutet dabei* $\sum_{i=0}^{3} s(i)$.

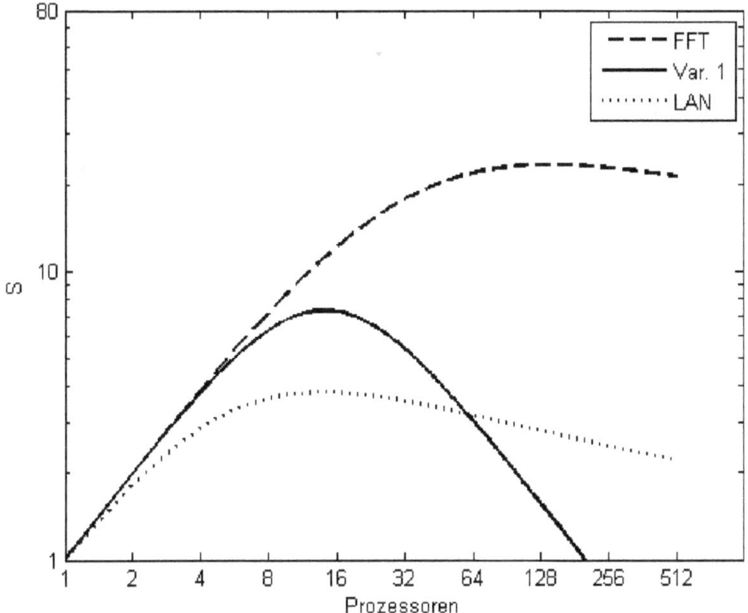

Abbildung 2.17: *Speedupvergleich zwischen der FFT–Variante für ein Hochgeschwindigkeitsnetzwerk und eine übliche LAN–Verbindung und Variante 1 für ein Hochgeschwindigkeitsnetzwerk.*

in einem LAN aufgetragen. Der Unterschied für beide Netze liegt im Wert $t_R = t_K/t_a$. Er liegt für das Hochgeschwindigkeitsnetzwerk bei etwa 1000 und für das LAN wird 10^5 angenommen.

Der entscheidende Vorteil der FFT-Variante gegenüber Variante 1 ist der, dass es nur bei sehr hohen Prozessorzahlen und sehr langsamen Netzen zu einer Verlangsamung durch Parallelisierung kommt. Dies liegt an der logarithmischen Abhängigkeit der Zeit T_p von p, wodurch der Kommunikationsanteil in T_p deutlich langsamer ansteigt als in Variante 1.

Wie an diesen beiden Beispielen zu erkennen ist, kann dieses einfache Performancemodell zum Vergleich paralleler Programmversionen durchaus hilfreich sein. Wir haben an Beispiel 1 gesehen, dass Lastbalanzierung und Granularität wichtige Kenngrößen sind, um ein effektives Programm zu beurteilen. Das Beispiel der inneren Produktbildung hat ferner gezeigt, dass eine lineare Abhängigkeit der parallelen Rechenzeit von der Anzahl der eingesetzten Prozessoren den Einsatz massiver Parallität verhindert, ja sogar zu einer Verlangsamung des parallelen Programms führen kann. Abhilfe erhält man durch rekursive Verdopplung in Baumstruktur (vgl. Abb. 2.15) oder einer Übertragung des FFT–Schemas auf dieses Kommunikationsmuster. Beide Techniken führen zu einer logarithmischen Abhängigkeit der Zeit T_p von p und damit zu deutlich effektiveren Algorithmen.

2.9 Erweitertes Performancemodell

In der Praxis kommen neben Zugriffen auf kontinuierliche Speicherbereiche auch relativ häufig Zugriffe auf Elemente eines Vektors mit einem festen Abstand vor; z.B. jedes 2. Element. Bei diesen Zugriffen sinkt mit steigender Schrittweite zwischen den Vektorelementen zwangsläufig die effektive Speicherbandbreite, da das Speichersystem, insbesondere die neue DDR–Technologie, auf kontinuierliche Adressen ausgelegt ist und beginnend bei der angeforderten Adresse stets mehrere direkt hintereinander folgende Worte transportiert (vgl Abschnitt 2.6.1). Wird davon nur jedes 2. Element benötigt, dann muss sich folglich die effektive Speicherbandbreite halbieren. Die gemessene effektive Bandbreite ist in Abb. 2.18 für zwei verschiedene Compiler in Abhängigkeit von der Schrittweite S zwischen zwei aufeinanderfolgenden Elementen in einem Vektor wiedergegeben. Zu erkennen ist der rapide Abfall der effektiven Bandbreite bei steigender Schrittweite, die bei sehr großen Schrittweiten in etwa der in (2.8) berechneten Zugriffszeit auf ein Wort entspricht.

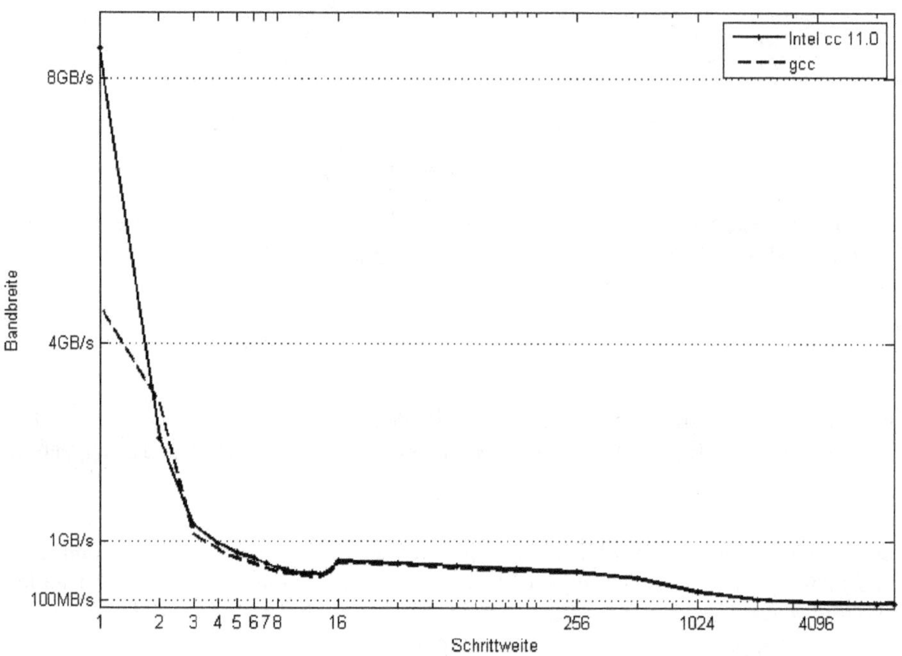

Abbildung 2.18: *Gemessene Speicherbandbreite beim schreibenden Zugriff auf ein Feld mit unterschiedlicher Schrittweite, d.h. Schleifeninkrement. Bei einer Schrittweite von* 2 *wird nur auf jedes 2. Element im Feld zugegriffen. Man erkennt die Bedeutung unterschiedlicher Compiler bei kleinen Schrittweiten. Bei großen Schrittweiten entspricht die Bandbreite von* 70 *MB/s einer Zugriffszeit von ca.* 14 ns *auf ein Byte und* 112 ns *auf eine Zahl.*

Um Speicherzugriffszeiten auf Vektoren mit einem Inkrement bis zu 16 bei der Modellierung von Algorithmen zu berücksichtigen, können wir das einfache Performancemodel aus Abschnitt 2.8 um folgende Zeit erweitern:

$$t_M(S,L) = t_L + t_B * S * L \ . \tag{2.12}$$

Dabei ist S die Schrittweite in Worten, L die Vektorlänge und t_L die Speicherlatenzzeit. Für $S = 1$ entspricht t_B dem Kehrwert der maximalen Bandbreite bei kontinuierlichem Zugriff.

Für Vektoren, auf die mit größeren Inkrementen zugegriffen wird, wird die Zeit nahezu unabhängig vom Inkrement S und erhöht sich auf

$$t_M(\infty, L) \approx (t_L + t_B) * L \,. \tag{2.13}$$

Nochmals zur Verdeutlichung der hier vorgestellten Zahlen und Kurven in Abb. 2.18: Die Bandbreite von 8 GB/s für $S = 1$ bedeutet, dass in diesem Experiment 10^9 doppelt genaue Worte pro Sekunde beschrieben werden können. Diese Leistung wäre auch mit der vorliegenden modernen Speichertechnologie mit einem veralteteten Prozessor, der mit 1 GHz getaktet ist, möglich.

Aus den Messungen zu Abb. 2.18 kann für Modellbetrachtungen für großes L das Verhältnis von mittlerer Speicherzugriffszeit $t_M(S, L)/L$ zur Zeit für die Ausführung einer Operation t_a (vgl. Abschnitt 2.8), die mit Taktraten von mehr als 2 GHz ausgeführt werden, wie folgt abgeschätzt werden: $\frac{t_M(S,L)}{Lt_a} \geq 2$, d.h. selbst kontinuierliche Speicherzugriffe dauern asymptotisch mindestens doppelt so lange wie eine arithmetische Operation. Die Leistungsfähigkeit moderner hoch getakteter Prozessoren verpufft mangels Speicherbandbreite.

Bei einer Schrittweite $S = 4$ liegt die gemessene Bandbreite unterhalb von 1 GB/s. Ein mit weniger als 125 MHz getakteter Prozessor reicht für diese Leistung aus und führt uns zum Verhältnis $\frac{t_M(L)}{Lt_a} \geq 2 \cdot S$. Dies entspricht in etwa der Leistung von Rechnern von vor 20 Jahren [122]. Und die Situation verschlimmert sich nochmals um mehr als eine Zehnerpotenz, wenn Schrittweiten von mehreren 1000 notwendig werden, d.h. die effektive Leistung des Rechners liegt dann unterhalb eines einhundersechzigstels der Maximalleistung R_{peak}, d.h. unterhalb von $0,6\%$.

Für eine Erweiterung des Performancemodells aus Abschnitt 2.8 können wir somit aus den Ergebnissen in Abb. 2.18 folgende Abschätzungen treffen:

$$\begin{array}{lll} \text{für } S \leq 16 & \frac{t_M(S,L)}{Lt_a} & \approx 2 \cdot S \\ \text{für sehr große Schrittweiten S} & \frac{t_M(\infty,L)}{Lt_a} & = \frac{t_L + t_B}{t_a} > 160 \end{array} \tag{2.14}$$

Das erweiterte Performancemodell wird im Folgenden vielfach eingesetzt werden, um insbesondere die Effektivität verschiedener Algorithmen für die MVM von dünn besetzten Matrizen zu vergleichen und zu bewerten. Dabei arbeiten wir mit asymptotischen relativen Größen t_M/t_a, um Ergebnisse zu erhalten, die von der aktuellen Prozessortaktung unabhängig sind.

3 Parallele Programmierung mit OpenMP

If ... programmers make more intensive use of multithreading, the next generation of computers will become nearly unusable.

(Edward A. Lee in "The Problem with Threads" [84])

3.1 Einleitung

Paralleles Rechnen mit gemeinsamen Variablen bietet sich neben datenparalleler Programmierung, wie sie etwa mit High Performance Fortran (HPF) [52, 80] möglich ist, insbesondere auf Rechnern mit modernen Mehrkernprozessoren an. Während sich datenparallele Programmierung bisher nicht durchsetzen konnte, stellen die Programme mit gemeinsamen Variablen und die Message Passing Programmierung (s. Kap. 4.2) die am häufigsten benutzten parallelen Programmiertechniken dar.

Die Programmierung mit gemeinsamen Variablen beruht auf dem Modell,dass mehrere Threads in unabhängigen Programmstücken während ihrer Abarbeitung auf eine gemeinsame Adresse zugreifen können, d.h. in diesem Adressraum können Daten von mehreren parallelen Threads gelesen und verändert werden. Operationen zur Kommunikation von Daten sind daher bei dieser Programmiertechnik nicht notwendig. Stattdessen müssen die Speicherzugriffe auf den gemeinsamen Adressraum koordiniert werden, um zu verhindern, dass eine Variable mehrfach gleichzeitig verändert wird.

Paralleles Rechnen mit gemeinsamen Variablen wird bereits seit über zwei Jahrzehnten eingesetzt und entsprechend vielfältig sind die Konzepte und Erfahrungen im Umgang mit dieser Programmiertechnik. Im Folgenden wird eine dieser Techniken, das Programmieren mit OpenMP vorgestellt. Im Unterschied zu anderen Konzepten für das Rechnen mit gemeinsamen Variablen, wie *Pthreads* (vgl. [116, 117]), *Linda* [21, 89], *Unified Parallel C* [143] u.a., erfreut sich OpenMP seit seiner Standardisierung einer weiten Verbreitung im wissenschaftlichen Rechnen und Hochleistungsrechnen.

3.2 Eigenschaften von OpenMP

Die OpenMP API (application program interface) ist für die Programmiersprachen FORTRAN, C und C++, unabhängig von der Rechnerhardware und nahezu unabhängig vom Betriebssystem, verfügbar [23, 24]. Der Vorteile von OpenMP Programmen liegen dabei nicht nur in der semantischen Einfachheit und der scheinbar spielerischen Leichtigkeit, mit der es benutzt werden kann, sondern auch im Konzeptionellen. OpenMP lässt sich bequem in serielle Programme einbauen, ja, OpenMP lässt sich so in Programme einbauen, dass die Angabe oder das Weglassen einer Option beim Übersetzen darüber entscheidet, ob das Programm mit oder ohne parallele Unterstützung laufen soll.

So einfach und attraktiv diese Vorgehensweise ist, so problematisch und falsch ist nach Lee [84] das auf Threads basierende Konzept von OpenMP. Tatsächlich scheint es sich auch hier zu beweisen, dass es zwar einfach ist, ein paralleles Programm zu schreiben, dass es aber sehr schwer ist, ein effektives paralleles Programm zu schreiben und Letzteres umso mehr, je einfacher das Einführen von Parallelität auf den ersten Blick scheint. Allerdings bietet OpenMP den entscheidenden Vorteil, dass selbst Anfänger schnell Erfolge beim Parallelisieren auch komplizierter Algorithmen erzielen können. Und ist auf diese fast spielerische Art der Grundstein für das Interesse am Parallelen Rechnen gelegt, fällt der Umstieg und das Verständnis für das meist effektivere Message Passing viel leichter.

In den folgenden Abschnitten wird die Programmierung mit gemeinsamen Variablen mit Hilfe von OpenMP und Performancegesichtspunkte im Zusammenhang mit OpenMP etwas ausführlicher behandelt als das Message Passing Interface (MPI) in Kap. 4.2, das insbesondere bei der Programmierung von Rechnern mit verteiltem Speicher eingesetzt wird. Der Hauptgrund für diese ungleiche Gewichtung liegt darin, dass die in den Kapiteln 5 und 6 folgenden Ausführungen zu Algorithmen mit Hilfe von OpenMP exemplarisch parallelisiert werden. Allerdings erfolgt die Beschreibung von OpenMP bewusst nicht erschöpfend. Dazu sei z.B. auf die Spezifikation durch das OpenMP architectural review board (ARB)[1] und ausführliche Fachliteratur speziell zu OpenMP [23, 24, 72] verwiesen.

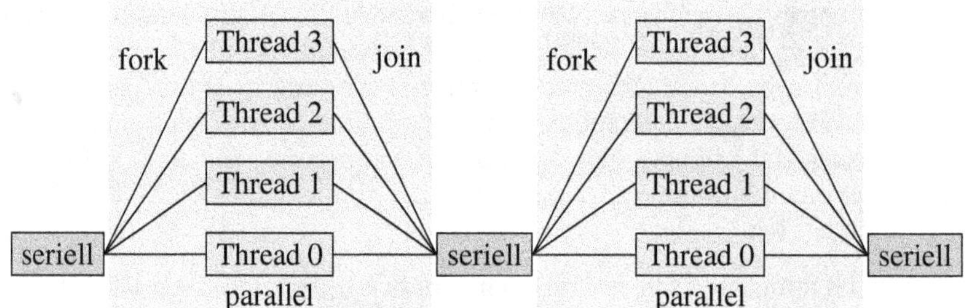

Abbildung 3.1: *Eine serielle Task kann sich wiederholt in parallele Threads verzweigen (fork), die sich nach Beendigung wieder in der seriellen Task vereinen (join).*

OpenMP basiert auf POSIX[2] Threads (auch Pthreads) und arbeitet nach dem *fork–join* Prinzip (vgl. Abb. 3.1). Ein Programm startet seriell mit einer Task, die in diesem Zusammenhang *Master Thread* genannt wird. Trifft der serielle Ablauf in dieser Task auf eine parallele Umgebung, werden zusätzliche Threads erzeugt, bzw. die *Master Thread* verzweigt (fork) sich in ein Team von Threads. Entscheidend für das Verständnis ist dabei, dass sich die *Master Thread* verzweigt und somit gewissermaßen ausgesetzt wird. Erst wenn die erzeugten Threads wieder

[1] http://openmp.org/wp/openmp-specifications/

[2] Portable Operating System Interface (for Unix): IEEE Standard 1003.1c (1995).

zusammenlaufen (join), wird der Ablauf in der *Master Thread* wieder aufgenommen. Wie in Abb. 3.1 angedeutet, kann dieser Vorgang wiederholt ablaufen. Ausgangspunkt in diesem Bild ist eine serielle Task. Diese kann aber gedanklich durch eine der Threads im gebildeten Team ersetzt werden und diese Thread kann als *Master Thread* selbst ein neues Team von Threads erzeugen.

Eine Thread ist dabei gewissermaßen ein unabhängiger Ablauffaden (daher die Bezeichnung Thread) von Anweisungen, der in dem selben Adressbereich der ursprünglichen seriellen Task verbleibt. Diesen Adressbereich besitzen alle Tasks im Team und eventuelle andere Teams, die von Teammitglieder gegründet werden, gemeinsam. Dies macht das Parallelisieren auf den ersten Blick so einfach: Daten zwischen Threads müssen nicht kommuniziert werden, da in diesem Modell jede Thread auf jedes Datum zugreifen kann. Dies ist aber gleichzeitig das Problem der Parallelisierung mit Threads (vgl. [84]). Jede Thread kann auf jedes Datum zugreifen und damit unkontrolliert verändern und lesen. Es bleibt die alleinige Verantwortung des Programmierers, diese fehlerhaften Zugriffe zu vermeiden.

Ein wichtiger Punkt bei der Vermeidung von ungewollten fehlerhaften Zugriffen ist, dass Funktionen als selbständige Programmeinheiten sicher sein müssen. Man sagt: Funktionen müssen *thread safe* sein. Eine Funktion ist *thread safe*, wenn ihr Aufruf durch unabhängige Threads zu keinen ungewünschten Seiteneffekten führen kann. So ist etwa der folgende Auszug aus einem Programm nicht *thread safe*:

```
int called=0,*dat;
void nicht_thread_safe(n) {
 if(called==0) {
  called=1;
  dat=(int *)malloc(sizeof(int)*n);
}}
```

Aufgabe dieser Funktion ist es, nur beim erstmaligen Aufruf durch eine einzige Thread Speicher zu allokieren. Wird diese Funktion von mehreren Threads gleichzeitig aufgerufen, kommt es zu einer sogenannten Wettlaufsituation (engl. *race condition*). Alle Threads lesen die gemeinsame Variable `called`, aber nur eine soll die Variable verändern und Speicher allokieren. Ist eine der Threads etwas früher als alle anderen in dieser Funktion, dann funktioniert das Programm wie es soll. Lesen mehrere Threads gleichzeitig `called`, dann ist für jede dieser Threads die Bedingung `if(called==0)` erfüllt und diese Threads werden alle fälschlicherweise auch Speicher für `dat` allokieren. Der Name Wettlaufsituation stammt daher, dass das Ergebnis dieser Funktion von der relativen Geschwindigkeit der einzelnen Threads abhängt. *Race conditions* sind typische Fehler in Programmen mit Threads und sie sind schwer zu finden, da die Threads u.U. nur sehr selten ein Geschwindigkeitsverhalten aufweisen, das zur fehlerhaften Abarbeitung führt. Wird durch dieses unerwartete Verhalten die Weiterführung von Threads an eine nie auftretende Bedingung geknüpft oder warten dadurch Threads gegenseitig aufeinander, so dass dieses gegenseitige aufeinander Warten nicht aufgelöst werden kann, dann spricht man von *dead lock*. Wird obiges Beispiel leicht abgewandelt, dann erhalten wir durch die Wettlaufsituation eine *dead lock* Situation:

```
int called=0;
omp_lock_t *lock;
void prog_1() {
 if(called==0) {
  omp_init_lock(lock);
  omp_set_lock(lock);
}}
```

Die Wettlaufsituation kann dazu führen, dass mehrere Threads den Lock initialisieren und dass daher verschiedene, d.h. ungültige, Werte für die Variable `lock` gleichzeitig existieren. Der Versuch einen Lock auf eine der ungültigen Werte in `lock` zu erhalten, kann dazu führen, dass die entsprechende Thread diesen Lock nie bekommt – *dead lock.*

Anfänger im Parallelen Rechnen begehen oft die Fehleinschätzung, dass parallele Threads gleichzeitig auf verschiedenen Prozessoren ablaufen. Diese Einschätzung stimmt keinesfalls mit der Realität überein. Eine Thread ist für das Betriebssystem nichts anderes als ein neu er Prozess, der mit allen anderen Prozessen um vorhandene Ressourcen konkurriert. Je nach Auslastung des Rechners kann dies dazu führen, dass einige der Threads vorgezogen werden, dass Threads in ihrer Ausführung unterbrochen und durch andere Threads ersetzt werden, d.h., dass die Threads nicht weiterarbeiten, dass Threads nach der Unterbrechung auf anderen Kernen, eventuell sogar auf einer anderen CPU, fortgesetzt werden, ja sogar, dass alle Threads eines Teams hintereinander auf einem einzigen Prozessorkern ausgeführt werden, obwohl das Betriebssystem meist mit sogenanntem *gang scheduling* [74] ein simultanes Ausführen auf verschiedenen Kernen anstrebt. Dieses mögliche Wandern der Threads innerhalb des Rechners führt insbesondere bei *cc–NUMA*–Architekturen (s. Abschnitt 2.7.1) zu nicht vorhersehbaren Speicherzugriffszeiten [15, 86].

Nach einem einführenden Beispiel werden die einzelnen Direktiven, die die Parallelisierung steuern und einige Funktionen der Laufzeitbibliothek beschrieben. Dieses Kapitel wird durch Performancebetrachtungen abgeschlossen.

3.3 Adressraumverwaltung

Der Adressraum eines OpenMP Programms entspricht dem Adressraum der *Master Thread.* In ihm sind alle Datenfelder und alle Variablen enthalten und der Bestand dieses Adressraums entspricht der Lebensdauer der *Master Thread.*

Jede Thread hat in diesem Adressraum ihren eigenen privaten Stack, auf dem beispielsweise lokale Variable in aufgerufenen Funktionen angelegt werden. Somit können mehrere Funktionen unabhängig voneinander Speicher auf ihrem eigenen privaten Stack allokieren und Funktionen aufrufen, ohne dass sich der Ablauffluss oder die Stacks der einzelnen Threads gegenseitig stören. Natürlich gilt dies nur so lange, wie diese Funktionen lokalen und keinen globalen Speicher ansprechen.

Für alle anderen Variablen, die nicht auf den privaten Stacks angelegt werden, kann frei entschieden werden, ob diese Variablen im gemeinsamen Speicher der *Master Thread* gehalten werden, auf den von allen Threads zugegriffen werden kann oder ob sie in privaten Bereichen der Threads angelegt werden, die mit dem Ende der Lebensdauer dieser Thread wieder automatisch freigegeben werden. Eine gemeinsame Variable, engl. *shared variable*, besitzt genau eine einzige Speicheradresse in diesem Adressraum und alle Threads benutzen genau diese einzige Adresse. Datenkommunikation zwischen Threads lässt sich daher als einfaches Lesen/Schreiben derartiger gemeinsamer Variabler realisieren. Eine Variable auf dem privaten Stack einer Thread besitzt dagegen so viele verschiedene Speicheradressen wie Threads und auf diese Variable kann von unterschiedlichen Threads nicht zugegriffen werden. Dies gilt für `Thread 0` in Abb. 3.1 genauso wie für jede andere Thread, d.h. aber auch, dass der private Stack von `Thread 0` nach dem Ende von `Thread 0` auch freigegeben wird und die *Master Thread* keinen Zugriff auf diese Daten besitzt, wie auch umgekehrt, dass private Variable in parallelen Threads, inklusive `Thread 0`, nicht die Werte besitzen wie die Variable gleichen Namens in der *Master Thread*. Initialisierungen in der *Master Thread* außerhalb einer parallelen Umgebung werden folglich nicht per se an das Team von Threads weitergegeben.

Globale Variable[3] werden oft dazu benutzt, Informationen zwischen Funktionseinheiten auszutauschen (räumliche Nutzung) oder um zeitlich versetzt auf Informationen zuzugreifen. Die Notwendigkeit, globale Variable zu benutzen, ist dabei nicht nur auf die *Master Thread* beschränkt, sondern durchaus auch auf parallele Threads übertragbar, die globale Variable nutzen wollen, um einmal gewonnene Informationen räumlich oder zeitlich an anderer Stelle zu benutzen, gegebenenfalls auch über das Ende einer Thread hinaus. Dies leistet die Direktive

```
#pragma omp threadprivate(list),
```

mit der globale Datenbereiche für eine Thread privat erklärt werden. Trifft die *Master Thread* auf eine parallele Umgebung, werden in `list` spezifizierte Daten als private Kopien pro Thread angelegt. Diese Daten werden, falls sich die Zahl der Threads im Programmlauf nicht verändert[4], nach Beendigung der parallelen Threads nicht freigegeben, sondern können von diesen in der nächsten parallelen Umgebung wieder verwendet werden. Beim Erzeugen der Kopien werden diese mit den Initialwerten belegt. Eventuelle Änderungen dieser Initialwerte durch die *Master Thread* vor dem ersten Erzeugen der Threads bleiben unberücksichtigt. Ändert sich die Zahl der Threads im Programmlauf, werden die Kopien freigegeben und jeweils neu mit den Initialwerten erzeugt.

3.4 Beispiele

Im ersten Beispiel werden Laufzeitfunktionen von OpenMP benutzt, um die Zahl der vorhandenen Prozessoren in einem SMP System abzufragen, genau soviele Threads zu erzeugen, wie Prozessorkerne vorhanden sind und um den einzelnen parallelen Threads unterschiedliche Identifikationszahlen zuzuweisen.

[3] COMMON-Blöcke in FORTRAN.

[4] Wenn die Implementierung es zulässt, kann die Zahl der Threads während des Programmlaufs mit einer Funktion der Laufzeitbibliothek dynamisch verändert werden.

```
#ifdef _OPENMP
#include <omp.h>
#endif
main(int argc, char **argv)
{
 int nummer=0, kerne=1;
#ifdef _OPENMP
 kerne=omp_get_num_procs();
 omp_set_num_threads(kerne);
#endif
 printf("Der Rechner besitzt %d Kerne\n",kerne);
#pragma omp parallel private(nummer) num_threads=kerne
{
#ifdef _OPENMP
 nummer=omp_get_thread_num();
#endif
 printf("Hallo - Ich bin Thread %d\n",nummer);
}
}
```

Das Makro `_OPENMP` wird vom Compiler automatisch bei Angabe der Option zur Aktivierung von OpenMP gesetzt. So lassen sich in Abhängigkeit vom Makro `_OPENMP` Funktionen aus der OpenMP Laufzeitbibliothek benutzen und das Programm bleibt dennoch seriell und mit Compilern ohne OpenMP Unterstützung übersetzbar und lauffähig.

Mit `omp parallel` beginnt der parallele Bereich. Hier wird die *Master Thread* verlassen und ein Team von `kerne` Threads erzeugt. Alle diese Threads besitzen eine private Variable `nummer`, die nicht initialisiert ist. Die Initialisierung von `nummer` in der *Master Thread* ist für das Team von Threads ohne Belang. Beginnend mit dem parallelen Bereich werden alle Folgezeilen sequentiell bis zum Ende des Bereichs von allen Threads bearbeitet. Da jede Thread ihre Nummer in die Variable `nummer` speichern möchte, muss diese Variable im privaten Stack der Threads liegen. Das folgende `printf` wird von allen Threads ausgeführt. Da die Ausgabe aber nicht synchronisiert ist, ist sie nicht geordnet. Mit dem Ende des parallelen Bereichs werden die Threads zur *Master Thread* vereinigt, die dann beendet wird.

3.5 Ein Team von Threads

Zentrale Direktive zur Definition eines parallelen Bereichs und damit für die Existenz eines Teams von Threads ist die `parallel` Direktive, die hier mit ihren Optionen beschrieben wird.

```
#pragma omp parallel [Optionen ...]
```

leitet einen parallelen Bereich ein. Mit dieser Zeile wird ein Team von Threads gebildet, wobei jede Thread jede der folgenden Zeilen ausführt. Mögliche Optionen sind u.a.:

- `copyin(list)` bezieht sich auf `threadprivate` Variable (vgl. S. 43). Die mit `copyin` spezifizierten Variablen erhalten die aktuellen Werte der Master Thread.
- `firstprivate(list)`: Die privaten Variablen in `list` werden mit den Werten der Master Thread initialisiert.
- `if(Ausdruck)` ermöglicht es, in Abhängigkeit vom Wahrheitsgehalt von `Ausdruck` den folgenden Bereich parallel oder seriell ausführen zu lassen.
- `num_threads(int)` entscheidet über die Zahl der erzeugten Threads im Team.

Aus Performancegründen ist insbesondere die bedingte Erzeugung eines Teams von Threads wichtig. Wie in Kap. 3.10 ausgeführt, verursacht diese Erzeugung einen beträchtlichen Mehraufwand (vgl. auch [15, 16]). Ist beispielsweise erst zur Laufzeit bekannt, wie groß die zu berechnende Aufgabe ist, verhindert
`#pragma omp parallel if(Aufgabe > Limit)`
bei zu kleinen Problemen die Erzeugung von parallelen Threads und vermeidet so den ansonsten anfallenden Mehraufwand, der bei kleinen Problemen größer ist als der Laufzeitgewinn durch Parallelität.

3.6 Arbeitsverteilung auf Threads

Die `parallel` Direktive kennzeichnet eine parallele Umgebung, in der alle Folgezeilen von allen Threads im Team sequentiell ausgeführt werden. In diesem Abschnitt werden Direktiven vorgestellt, die der Verteilung anstehender Aufgaben auf einzelne Threads dienen.

3.6.1 Parallelisierung von Schleifen

Da üblicherweise die meiste Zeit in einem Programm in Schleifen verbracht wird, liegt ein Schwerpunkt in OpenMP auf der Parallelisierung und damit auf der Aufsplittung von Schleifen mit Hilfe der Direktive:

```
#pragma omp for [Optionen ...] .
```

Mögliche Optionen sind u.a.:

- `collapse(s)`: Bei geschachtelten Schleifen können `s` folgende Schleifen als eine zusammen behandelt werden und gemeinsam auf das Team von Threads verteilt werden.
- `lastprivate(list)`: Der bei einer sequentiellen Rechnung letzte Wert in den in `list` spezifizierten privaten Variablen ist nach Beendigung der Schleife in der Master Thread verfügbar.
- `nowait`: Die nach der Schleife implizite Barriere entfällt.
- `reduction(Op:list)`: Auf der Variablen `list` soll die Reduktionsoperation `Op` ausgeführt werden.
- `schedule(Art[,Block])` bestimmt die Art der Aufteilung der Schleife auf die einzelnen Threads.

Normalerweiese stellt eine implizite Barriere am Ende der Schleife sicher, dass die Schleife vollständig abgearbeitet ist, bevor eine der Threads die Bearbeitung fortsetzt. Dies kann mit `nowait` verhindert werden, um so weniger beschäftigten Threads Gelegenheit zu geben, weitere Arbeit zu verrichten.

Bei den Diskussionen zur Bildung eines inneren Produkts (vgl. Kap. 2.8.2) haben wir durch Bildung von Partialsummen, die anschließend addiert werden, zur Lösung gefunden. OpenMP sieht für derartige Operationen die Option `reduction` als eine Möglichkeit neben einer *critical region* und atomaren Speicherzugriffen (s. Abschnitt 3.7) vor. Hierbei wird eine verdeckte private Kopie für die lokale Bildung des Teilergebnisses benutzt. Nach Abschluss der Schleife wird aus dieser privaten Kopie in der `shared` Variablen `list` das Ergebnis synchronisiert gebildet.

Mit der Option `schedule` kann die Art der Aufteilung der Schleife auf das Team von Threads verändert werden. Als Voreinstellung wird die Schleifenlänge durch die Anzahl der Threads dividiert und es werden entsprechend große Blöcke gebildet. Die Größe der Blöcke kann durch `Block` beschränkt werden. Diese Blöcke werden blockzyklisch von den Threads bearbeitet. Dies ist die statische Aufteilung (`Art=static`). Bei der dynamischen Aufteilung wird die Schleife in `Block` große Blöcke aufgeteilt, wobei als Voreinstellung `Block=1` definiert ist (`Art=dynamic`). Gibt es mehr Blöcke als Threads, wird der nächste Block jeweils der Thread zugewiesen, die ihren Block gerade beendet hat.

Als weitere Aufspaltungstechnik kann `Art=guided` gewählt werden. Hierbei wird die Blockgröße aus dem Quotienten der Zahl der noch nicht abgearbeiteten Iterationen und der Zahl der Threads im Team berechnet. So werden die zugewiesenen Blockgrößen im Verlauf der Abarbeitung immer kleiner.

Diese unterschiedlichen Strategien ermöglichen Flexibilität für den Programmierer, um eine Lastbalanzierung bei Schleifen zu ermöglichen, bei denen die Dauer der Schleifendurchläufe unterschiedlich und unbekannt ist. Prinzipiell ist jedoch zu sagen (vgl. S. 56 und [15]), dass der Mehraufwand für die einzelnen Strategien sehr unterschiedlich ist und dass dieser Mehraufwand um so größer ist, je

- kleiner die Blöcke sind und
- je komplizierter die Strategie

ist. Es braucht also gute Gründe, um die Strategie `dynamic,1` oder die `guided`-Strategie zu wählen.

Die Direktiven `parallel` und `for` können zu einer `parallel for` Direktive kombiniert werden, bei der gleichzeitig ein Team von Threads gebildet und die folgende Schleife aufgeteilt wird.

3.6.2 Weitere Direktiven zur Arbeitsverteilung

Eine Möglichkeit zur Verteilung von nicht iterativen Berechnungen auf Threads bietet

```
#pragma omp sections [Optionen ...] .
```

Hiermit können strukturierte Blöcke von einzelnen Threads bearbeitet werden. Da die Zahl der Abschnitte fest programmiert wird und somit feststeht, wieviele Threads beschäftigt werden können, ist dieses Konstrukt sehr unflexibel.

Gelegentlich kann es vorkommen, dass nicht alle Anweisungen in einem parallelen Bereich von allen Threads ausgeführt werden soll, sondern nur einmal. Dafür ist die

```
#pragma omp single [Optionen ...]
```

Direktive vorgesehen, die dann benutzt wird, wenn es keine Rolle spielt, welche der Threads den zugehörigen Anweisungsblock ausführt. Alternativ dazu kann auch explizit gewünscht sein, dass die Master Thread einen Block ausführt. Dazu dient

```
#pragma omp master .
```

Diese Direktve sieht keine weiteren Optionen vor. Ein gravierender Unterschied zur `single` Direktive besteht darin, dass diese Direktive keinerlei Synchronisation der Master Thread mit den anderen Threads impliziert, wohingegen am Ende der `single` Direktive eine implizite Barriere dafür sorgt, dass alle Threads auf die Beendigung des Blocks warten. Diese Barriere kann mit der `nowait` Option unterdrückt werden.

3.6.3 Verteilung unstrukturierter Arbeit

Die bisherigen Methoden zur Arbeitsverteilung auf Threads waren im Wesentlichen dazu geeignet, einfache Schleifen zu parallelisieren. Bereits etwas kompliziertere Schleifen, wie sie beim Abarbeiten von Dreiecksmatrizen vorkommen, in denen sich das Arbeitsaufkommen schrittweise verändert, werfen Probleme auf. Diese können zwar mit verschiedenen Scheduling Strategien bei der `for` Direktive abgemildert werden, erzeugen aber durch den erhöhten Mehraufwand komplizierterer Scheduling Strategien neue Probleme.

Die aktuelle OpenMP Version 3.0 [23] ist um die Möglichkeit erweitert, explizite Tasks zu bilden. Somit können auch unstrukturierte und unbekannte Arbeitsverteilungen, z.B. in rekursiven Algorithmen, parallelisiert werden. Trifft eine Thread auf die

```
#pragma omp task [Optionen ...]
```

Direktive, dann wird für den folgenden Anweisungsblock eine Task erzeugt. Je nach Option wird die Task von der erzeugenden Thread sofort ausgeführt oder die Ausführung verschoben. In diesem Fall, kann jede andere Thread im Team die Ausführung dieser Task übernehmen. Wird unstrukturierte Arbeit in derartigen Tasks organisiert, können diese beliebig auf verfügbare Threads verteilt werden, so dass eine optimale Balanzierung des Arbeitsaufkommens auf die Threads möglich wird.

Neben Optionen zur Datenorganisation besitzt die `task` Direktive die `if(Ausdruck)` Option und die `untied` Option. Ist der `Ausdruck` in der `if` Option unwahr, dann muss die erzeugende Thread sofort die Arbeit an der Task übernehmen und abschließen.

Eine Thread kann die Arbeit an einer Task an einem sogenannten *task scheduling point* unterbrechen. Derartige Punkte sind direkt nach der Erzeugung und am Ende einer Task vorhanden. Wird die Task mit der Option `untied` gestartet, dann kann jede andere Thread diese Task fortsetzen. Normalerweise sind Tasks an die einmal ausführende Thread gebunden. Neben diesen beiden *task scheduling points* sind derartige Punkte implizit bei einer `taskwait` Direktive, die zur Synchronisation der Beendigung einer Task dient, und bei Barrieren vorhanden.

3.6.4 Beispiele für die Arbeitsverteilung

Das folgende Beispiel berechnet durch numerische Integration das Integral

$$\int_0^1 F(x)dx = \int_0^1 \frac{4,0}{1+x^2}dx = \pi$$

als Summe von Rechtecken

$$\sum_{i=0}^{N} F(x_i)\Delta x \ ,$$

wobei jedes Rechteck in der Mitte des Intervalls i die Höhe $F(x_i)$ und die Breite Δx besitzt.

Zur parallelen Berechnung dieser Summation teilt das vor der Schleife erzeugte Team von Threads die Schleifenlänge 10000 gleichmäßig unter sich auf und passt implizit den Schleifenanfang und die Länge der Schleife für jede Thread entsprechend an. Da `x` in jedem Schritt verändert wird, muss `x` in jeder Thread als private Kopie vorliegen. Das Ergebnis wird in der gemeinsamen Variablen `sum` berechnet, wobei die Threads i.A. die Zwischenergebnisse als private Teilsumme bilden. Diese Teilsummen werden synchronisiert, d.h. für jede Thread mit exklusivem Zugriff, in `sum` addiert. Dieser exklusive Zugriff wird durch die Option `reduction` für die Addition in `sum` garantiert. Am Ende der parallelen Umgebung sorgt eine implizite Barriere dafür, dass alle Threads mit ihren Berechnungen fertig sind, bevor das Endergebnis `pi` berechnet wird.

```
#ifdef _OPENMP
#include <omp.h>
#endif
#define Intervalle 10000
void main(int argc, char **argv) {
 int i;
 double step,x,pi,sum;
 step=1./Intervalle;
 /* Beginn der parallelen Umgebung mit Arbeitsverteilung */
#pragma omp parallel for private(x,i) shared(sum) \
                         reduction(+:sum)
   for(i=0,sum=0.;i<Intervalle;i++) {
      x=(i+0.5)*step;
      sum+=4.0/(1.0+x*x);
   } /* Ende der Parallelen Umgebung */
 pi=step*sum;
}
```

Im folgenden Beispiel, das mit Tasks arbeitet, wird eine Fibonacci–Zahl rekursiv parallel berechnet[5]:

```
int fibonacci(int n) {
 int i,j;
 if(n<2) return(n);
 else
 {
#pragma omp task untied shared(i)
   i=fibonacci(n-1);
#pragma omp task untied shared(j)
   j=fibonacci(n-2);
#pragma omp taskwait
   return(i+j);
 }
}
```

In dieser nicht sehr effektiven Variante zur Berechnung einer Fibonacci–Zahl werden rekursiv immer zwei weitere Tasks erzeugt, die von einer beliebigen Thread ausgeführt werden können. Ein Rücksprung in eine höhere Ebene ist erst möglich, wenn beide Tasks auf derselben Ebene beendet sind.

3.7 Direktiven zur Synchronisation

In Abschnitt 3.6.1 werden Zugriffskonflikte in Schleifen, die durch den Einsatz einer gemeinsamen Variablen möglich werden, durch die Option `reduction` aufgelöst. Derartige Zugriffskonflikte, in denen eine Thread nach der anderen exklusiven Zugriff auf ein Datum oder eine Anweisungsfolge benötigt, kommen häufiger vor und führen unsynchronisiert zu Wettlaufsituationen. Um diese auch außerhalb von Schleifen zu verhindern, sieht OpenMP ferner die Direktive

```
#pragma omp critical
```

vor, die genau einer Thread exklusiv die Ausführung des nachfolgenden Bereichs gestattet. Mit Hilfe eines `critical` Bereichs nach der Schleife kann die Option `reduction` in Schleifen ersetzt werden, was aus Performancegründen (vgl. Abschnitt 3.10) meist jedoch nicht ratsam ist. Das Integrationsbeispiel auf S. 48 lautet mit `critical`:

[5] vgl. http://openmp.org/wp/openmp-specifications/

```
#pragma omp parallel shared(sum)
 {
#pragma omp for private(i,sp,x) nowait
   for(i=0,sp=0.;i<Intervalle;i++) {
     x=(i+0.5)*step;
     sp+=4.0/(1.0+x*x);
   }
#pragma omp critical
   sum+=sp;
 }
 pi=step*sum;
```

Bei diesem Beispiel kann die `nowait` Option der `for` Direktive sinnvoll eingesetzt werden. Eine Thread, die mit ihrer Schleife schneller fertig ist, kann sobald als möglich `sum` verändern. So kann ein Stoppen aller Threads nach der Schleife verhindert und die Konkurrenz um den ersten Eintritt in den kritischen Bereich vermindert werden.

Eine `critical` Direktive ist hauptsächlich für ein kritisches Programmsegment gedacht. Liegt der Fokus wie in diesem Beispiel auf der Auflösung von Speicherzugriffskonflikten, kann alternativ die Direktive

```
#pragma omp atomic
```

eingesetzt werden. Dadurch wird garantiert, dass in der nachfolgenden Anweisung die angesprochenen Speicheradressen nur explizit von einer Thread verändert werden können. Ein typisches Anwendungfeld ist die Aufdatierung von Feldelementen, wie in
`a[ind[i]]=x[j];`
wobei der Zugriff nicht geordnet erfolgt, d.h. das Feld `ind` ist nicht sortiert und es können auch gleiche Einträge vorkommen. Um diese Anweisung parallel ausführen zu können, muss das Aufdatieren der Feldelemente von `a` synchronisiert werden, was effektiv durch atomaren Zugriff auf die Speicherpositionen mit Hilfe der Direktive `atomic` umgesetzt werden kann. Die Direktive

```
#pragma omp barrier
```

verhindert, dass eine Thread diesen Punkt passiert, bevor nicht alle Threads eines Teams auch eine Barriere aufrufen und alle abgesetzten zugehörigen Tasks beendet sind.

3.8 OpenMP und Cache Kohärenz

Die Architektur von SMP Systemen (vgl. Abschnitt 2.7.1) sieht meist mehrere hierarchische Speicherebenen (vgl. Abb. 2.4) pro Prozessorkern vor. Dies hat zur Folge, dass temporäre Dateninkonsistenzen auftreten, wenn ein in mehreren Caches vorhandenes Datum in einem der

Caches geändert wird. Nun sorgen meist, da es sich um Architekturen mit kohärenten Caches handelt, Cache Kohärenz Protokolle für die schnelle Behebung dieser Dateninkonsistenzen. Jede Inkonsistenz führt aber automatisch zu einem Cache *miss*, worunter die Performance leidet.

Um die Performanceprobleme etwas abzumildern, verlangt OpenMP nur eine schwache Cache Kohärenz, d.h. es dürfen in OpenMP inkonsistente Daten benutzt werden. Da inkonsistente Daten in einigen Fällen dramatische Auswirkungen auf die Korrektheit des Programms haben, d.h., die Berechnung ist schlicht und einfach falsch, sind Konsistenzpunkte definiert, an denen die Inkonsistenzen ausgeglichen sein müssen. Dies steht im Zusammenhang mit folgender Direktive:

```
#pragma omp flush[(list)] .
```

Nach dieser Direktive besitzt die entsprechende Thread konsistente Daten. Sehr eindrucksvoll ist ein Beispiel aus der OpenMP API 3.0[6]:

```
Fehlerhaftes Beispiel:   a=b=0
      Thread 1                              Thread 2
      b=1;                                  a=1;
      #pragma omp flush(b)                  #pragma omp flush(a)
      #pragma omp flush(a)                  #pragma omp flush(b)
      if (a==0) {                           if (b==0) {
```

In Thread 1 kann `flush(b)` vom Compiler beispielsweise an eine andere Stelle verschoben werden, da auf `b` nicht zugegriffen wird und ein Verschieben der Anweisung den Ablauf in Thread 1 nicht beeinflusst. Damit kann aus Sicht von Thread 1 die Auflösung der Inkonsistenz in der Variablen `b` an beliebiger Stelle behoben werden. Entsprechendes gilt für `flush(a)` in Thread 2. Die Behebung der Cache Inkohärenz in der Variablen `a` durch `flush(a)` behebt nur Inkonsistenzen zwischen dem Cache von Thread 1 und dem Hauptspeicher. Inkonsistenzen zu Thread 2 bleiben davon unberücksichtigt. Somit kann eine Inkonsistenz in `b` für Thread 2 und eine Inkonsistenz in `a` für Thread 1 auftreten und beide Inkonsistenten sind innerhalb der OpenMP Spezifikation zulässig. Diese Inkonsistenzen können durch die `flush` Direktiven der jeweils anderen Thread nicht behoben werden. Dies verdeutlicht die von Lee [84] formulierten Probleme bei der Thread–Programmierung. Durch Cache Inkonsistenzen auftretende Fehler entsprechen Wettlaufbedingungen, die in Programmen sehr schwer zu durchblicken und kaum zu finden sind.

Richtig wird dieses Beispiel durch eine Kombination der beiden `flush` Direktiven zu einer, d.h. `flush(a,b)`.

Ein `flush` ohne Argument bewirkt einen vollständigen Abgleich zwischen dem Hauptspeicher und den Caches einer Thread. Damit die Problematik mit Inkonsistenzen nicht zu groß wird, ist für einige der Direktiven implizit ein `flush` vorgeschrieben, insbesondere für explizite und implizite `barrier` Direktiven. Zu Beginn von Direktiven zur Arbeitsaufteilung und zu Beginn und zum Ende einer `master` Direktive findet dagegen kein implizites `flush` statt.

[6] vgl. http://openmp.org/wp/openmp-specifications/

3.9 Funktionen der Laufzeitbibliothek

Hier werden nur einige der wichtigsten Funktionen der Laufzeitbibliothek beschrieben. Auch an dieser Stelle sei auf ausführlichere Dokumentation verwiesen [23, 24].

Zur Ablaufsteuerung und Synchronisation mehrerer Threads enthält die Laufzeitbibliothek u.a. auch Funktionen, die die Nutzung von Locks zulassen. Ein Lock und seine Nutzung ist vergleichbar mit einer Tür und einem einzigen dazu passenden Schlüssel. Hinter der Tür befindet sich ein Raum, der nur von einer Person maximal betreten werden darf. Die Person, die zuerst nach dem Schlüssel greift, behält diesen, bis sie den Raum wieder verlässt und dabei den Schlüssel wieder zurück an das Schlüsselbrett hängt. Die nächste Person, es kann auch wieder dieselbe sein, erhält den Schlüssel usw. Auf diese Weise wird ein geregelter Zugang zu diesem Raum gewährleistet.

Ein OpenMP Lock kann in einem der Zustände *nicht initialisiert*, *unlocked* oder *locked* sein. Im Zustand *unlocked* kann eine Task den Lock setzen (`omp_set_lock` oder `omp_test_lock`), wodurch sich der Zustand nach Erhalt des Locks in *locked* ändert. Diese Task besitzt dann gewissermaßen den Lock und kann den Lock wieder freigeben (`omp_unset_lock`). Bei Aufruf von`omp_set_lock` wird die wartende Task blockiert, wohingegegen bei einem „kurzen Rütteln an der Tür", dem `omp_test_lock`, die Task wieder frei ist, um andere Aufgaben wahrzunehmen. Locks sind stets speicherkonsistent, d.h. in Verbindung mit Locks findet ein `flush` statt.

Im Unterschied zur `critical` Direktive (vgl. Kap. 3.7) kann ein Lock von einer beliebigen Anzahl von Tasks gesetzt werden, ja sogar wiederholt von derselben Task. Ein Lock ist daher flexibler. Neben der Flexibilität in der Benutzung erlaubt ein Lock noch eine räumliche Flexibilität, d.h. ein Lock kann auch in einer Funktion, die zwar in einem parallelen Bereich aufgerufen wird, aber nicht selbst Teil eines parallelen Bereichs ist, verwendet werden. Hierzu ein Beispiel:

```
#include <omp.h>
int main(int argc, char **argv)
{
 int id;
 omp_lock_t lock,leer;
 //Aufruf von work ausserhalb eines parallelen Bereichs
 work(-1,&leer);       //
 omp_init_lock(&lock); // Initialisieren durch Master Thread
                       // lock muss shared sein
#pragma omp parallel shared(lock) private(id)
 {
  id=omp_get_thread_num();   // Nummer der Thread

  while(!omp_test_lock(&lock)) // Ist Lock verfügbar?
        was_anderes(id);       // Lock nicht frei
  work(id,&lock);            // Lock erhalten, exklusiver Zugang
 }                             // Ende des parallelen Bereichs
 omp_destroy_lock(&lock);      // Vernichten des Locks
}
```

```
void work(int id, omp_lock_t *lock) {
    kritisch();
    if(omp_in_parallel()) { // Nur falls parallel -
     omp_unset_lock(lock);  // Freigabe des Locks
    }
    unkritisch();
}
```

Vor dem parallelen Bereich wird die Funktion `work` zu Initialisierungszwecken von der Master Thread aufgerufen. Deswegen wird in dieser Funktion mit `omp_in_parallel` zunächst geprüft, ob diese Funktion in einem parallelen Bereich aufgerufen wird oder nicht. Davon abhängig wird der Lock freigegeben.

Im parallelen Bereich versucht jede Thread den Lock zu erhalten. Erhält sie ihn nicht, kann sie `was_anderes` tun. Die Thread mit dem Lock beginnt mit Funktion `work`, in der zu Beginn Anweisungen abzuarbeiten sind, die einen exklusiven Zugriff verlangen. Sobald dieser Teil erledigt ist, wird der Lock freigegeben.

Der Einsatz von Locks erlaubt es, die Funktion `work` ohne große Programmiertätigkeit sowohl parallel als auch nicht parallel zu benutzen und bietet die Flexibilität, einen kleinen kritischen Bereich zu kapseln und dabei sicherzustellen, dass dieser Bereich exklusiv von einer Thread bearbeitet wird.

3.10 Performancebetrachtungen

Trotz seiner häufigen Benutzung wird OpenMP kaum in großem Stil massiv parallel eingesetzt, was hauptsächlich auf seine schlechte Performance zurückzuführen ist, wie beispielsweise in [15] ausgeführt wird. In Abb. 2.8 auf S. 24 ist ein Grund für diese Einschätzung dargestellt. Der gemeinsame Zugriff auf Speicheradressen, der den Grundstock für die Einfachheit in der Benutzung von OpenMP legt, muss durch Locks abgesichert werden, so dass oft bereits ein einfaches Übersetzen von Programmen mit „eingeschaltetem" OpenMP zu einer Verlangsamung gegenüber Programmen ohne OpenMP führt. Und dieser Leistungsverlust muss dann erst wieder durch Gewinne in der Parallelisierung aufgeholt werden.

In diesem Abschnitt werden Ergebnisse des EPCC OpenMP Microbenchmarks von J.M. Bull [16] vorgestellt und diskutiert. Diese Microbenchmarks können einige Leitlinien an die Hand geben, um Performanceprobleme richtig einschätzen zu können und gegebenenfalls etwas abzumildern.

Ein wichtiger Gesichtspunkt bei der Parallelisierung auf SMP Systemen, insbesondere dann, wenn es sich dabei um cc–NUMA Architekturen handelt (vgl. Abschnitt 2.7.1) ist die Affinität einer Thread zu einem Prozessorkern [15, 100]. Auf SMP Systemen werden einzelne Tasks vom Betriebssystem einzelnen Ausführungseinheiten zugeordnet. Diese Zuordnung erfolgt ohne besondere Vorkehrungen in Abhängigkeit von der Zahl der Tasks und deren Wartezeit in Zeitscheiben auf freie Ressourcen [75] und nur bedingt mit Rücksicht auf andere Tasks (vgl. Diskussion zum *gang scheduling* auf S. 42 und [74]) und üblicherweise ganz ohne Rücksicht auf die Speicherallokierung. Dies kann insbesondere in NUMA Architekturen zu vermehrten

Zugriffen auf nicht lokalen Speicher führen, wenn Threads von einem Kern zum anderen wandern und dadurch die räumliche Nähe zum allokierten Speicher verloren geht. Erste Versuche mit automatischer *page migration* durch das Betriebssystem zeigten dabei i.A. eher eine Performanceverschlechterung. Um dies zu vermeiden, kann mit Umgebungsvariablen[7] das UNIX–Kommando `numactl` bzw. der *hwloc*–Bibliothek[8] die Affinität von Prozessen zu dem von ihnen allokierten Speicher beeinflusst werden.

In Abb. 3.2 ist der Mehraufwand für OpenMP Konstrukte mit und ohne Affinität dargestellt. Bei den Messungen wird die Umgebungsvariable KMP_AFFINITY verändert. Bis auf `atomic` und `order` ist der Mehraufwand bei kompakter Platzierung der Threads, d.h. bei Nutzung der Kerne und dem Hauptspeicher eines Sockels am günstigsten. Teilweise betragen die Unterschiede über 20%, so dass die Berücksichtigung der Affinität zu einer deutlich spürbaren Verbesserung der Performance führen kann.

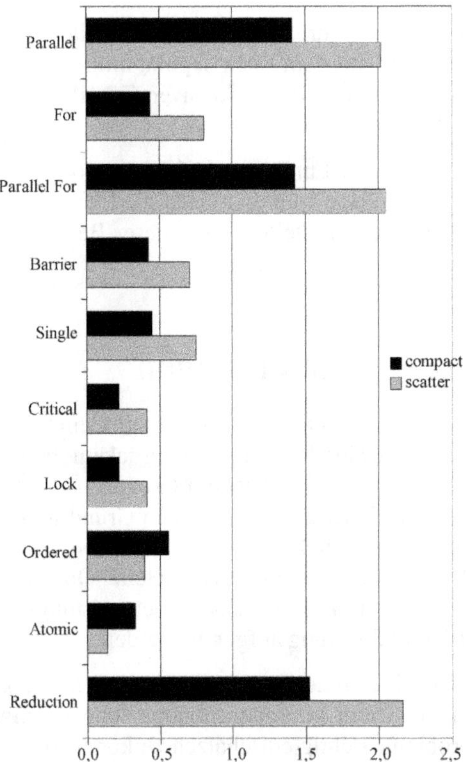

Abbildung 3.2: *Mehraufwand von OpenMP Konstrukten unter Nutzung der halben Zahl verfügbarer Kerne in* μ*s mit* (`compact`) *und ohne Affinität* (`scatter`) *der Threads auf einem cc–NUMA Rechner mit zwei Sockeln mit jeweils vier Kerne.*

[7] KMP_AFFINITY in Verbindung mit Intel Compiler, GOMP_CPU_AFFINITY in Verbindung mit gcc.
[8] http://www.open-mpi.org/projects/hwloc/

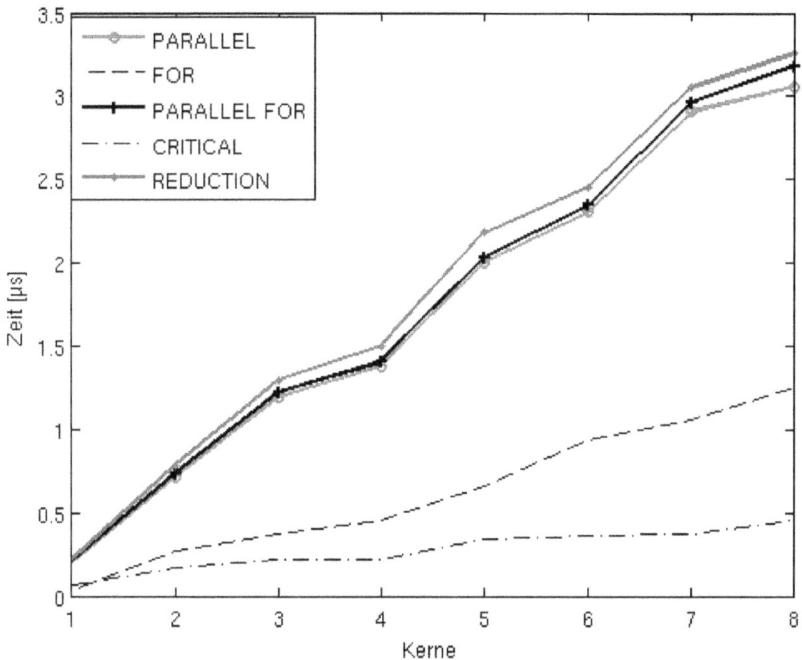

Abbildung 3.3: *Zeit für einige OpenMP Konstrukte in Abhängigkeit von der Zahl der benutzten Prozessorkerne.*

In Abb. 3.3 sind Ergebnisse des EPCC Microbenchmarks[9] für einige OpenMP Konstrukte in Abhängigkeit von der Zahl der Kerne dargestellt. Deutlich zu erkennen ist der überproportionale Anstieg der Zeit für `parallel`, `parallel for` und `reduction` verglichen zu `for` und `critical`. Dabei ist weniger die absolute Zeit von über $3\mu s$ für das Aufsetzen eines Teams von 8 Threads von Bedeutung als vielmehr, dass in dieser Zeit jeder der Kerne über 30.000 Operationen ausführen kann. D.h., dass sehr fein granulare Parallelisierung mit OpenMP nicht möglich ist und dass auf ein wiederholtes Erzeugen eines Teams von Threads möglichst verzichtet werden sollte, und stattdessen parallele Bereiche zusammengefasst werden sollten. Wenn wiederholtes Erzeugen von Threads notwendig ist, sollte abgewogen werden, ob der geringere Mehraufwand für das Erzeugen kleinerer Teams den damit verbundenen geringeren Parallelisierungsgrad nicht überwiegt.

Von praktischer Bedeutung ist ferner ein Vergleich der absoluten Zahlen von `critical` und `reduction`, da `critical` und eventuell auch `atomic` Direktiven nach Schleifen alternativ zur Option `reduction` bei Schleifen eingesetzt werden können (vgl. Abschnitt 3.7). Die Zeiten in Abb. 3.3 sprechen eindeutig dafür, besonders bei hoher Zahl von Kernen die Option `reduction` anstelle von `critical` oder `atomic` zu benutzen, da der Mehraufwand für die Option `reduction` zur `parallel for` Direktive vernachlässigbar gering ist.

[9] http://www2.epcc.ed.ac.uk/computing/research_activities/openmpbench/openmp_index.html

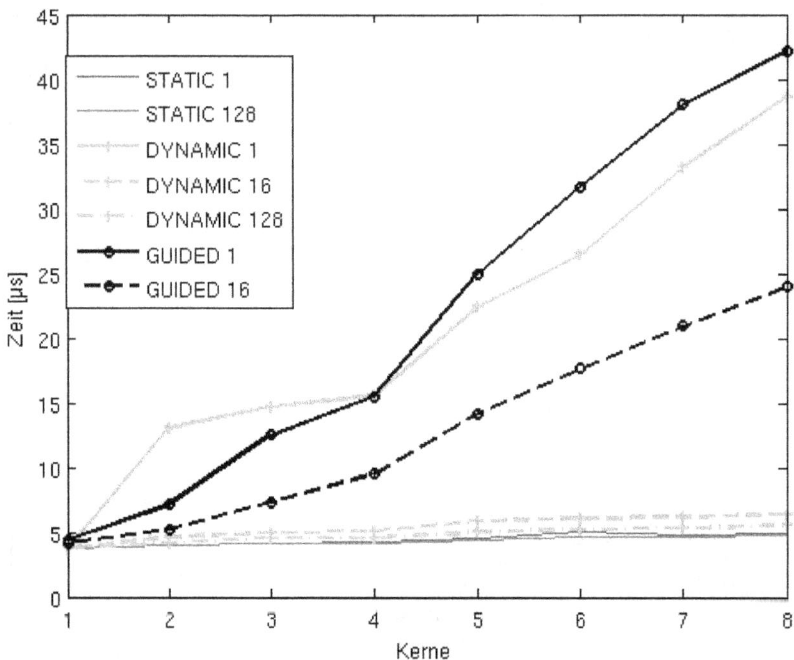

Abbildung 3.4: *Zeit für verschiedene Scheduling Strategien bei der Arbeitsverteilung mit* `for` *in Abhängigkeit von der Zahl der Prozessorkerne.*

In Abb. 3.4 sind die Messergebnisse für verschiedene Scheduling Strategien und verschiedene Blockgrößen, wie sie bei der Arbeitsaufteilung von Schleifen mit `for` als Optionen spezifiziert werden können, aufgetragen. Statische Aufteilungen, d.h. Aufteilung mit fester Zuordnung der Arbeitsblöcke, zeigen praktisch keine Abhängigkeit von der Zahl der Prozessorkerne und der Blockgröße, d.h. statische Aufteilungen lassen sich unproblematisch einsetzen. Bei einer dynamischen Aufteilung ist der Mehraufwand für die Aufteilung bereits stärker von der Blockgröße abhängig. Je kleiner die Blöcke sind, d.h. je häufiger entschieden werden muss, welche Thread welches Arbeitspaket zugewiesen bekommt, desto größer der Mehraufwand. Die in Abb. 3.4 dargestellten Ergebnisse für die `guided` Strategie mit unterschiedlichen Blockgrößen lassen dagegen nur die Schlussfolgerung zu, dass man auf diese Strategie möglichst verzichten sollte, da der Mehraufwand dieser Strategie den Nutzen dieser Direktive selten ausgleichen dürfte.

Ähnliche Messergebnisse und Schlussfolgerungen werden beispielsweise auch von Bronevetsky et al. [15] erzielt. Die Messungen mit den EPCC Microbenchmarks sind schnell durchgeführt und ausgewertet und sollten vor jedem Wechsel auf eine neue Rechnerarchitektur oder einen neuen Compiler ausgeführt werden, um Überaschungen zu vermeiden (vgl. etwa [73]).

4 Message Passing für Rechner mit verteiltem Speicher

> We are witnessing a dramatic change in computer architecture due to the multicore paradigm shift, as every electronic device from cell phones to supercomputers confronts parallelism of unprecedented scale [154].

4.1 Einleitung

In einem klassischen Parallelrechner mit verteiltem Speicher verbindet ein Verbindungsnetzwerk die beteiligten Rechenknoten (vgl. Kap. 2.7.2). Dieses klassische Bild kommt abgewandelt in vielen Varianten vor, die sich in der Art der Rechenknoten, dem eingesetzten Betriebssystem, dem Verbindungsnetzwerk, usw. unterscheiden. Wenn wir uns auf die Programmiertechnik konzentrieren, ist aber allen diesen Varianten gemeinsam, dass private Speicherdaten eines Prozesses einem anderen Prozess nur durch einen expliziten Infomationsaustausch, d.h. Message Passing, zugänglich gemacht werden können. Diese Aussage ist selbstverständlich, wenn wir uns unter einem derartigen Rechner einen Übungsraum mit PCs vorstellen, die alle an das LAN angeschlossen sind, das als Kommunikationsnetzwerk dient.

Natürlich können auch auf einem oder mehreren Mehrkernrechnern, die jeder für sich in die Kategorie der SMP Systeme fallen, mehrere Tasks mit exklusiv durch sie nutzbaren privaten Speicheradressbereich gestartet werden, die zur Kommunikation untereinander explizit Daten austauschen. Dabei würden wir uns aus Performancegründen wünschen, dass die Daten in einem Mehrkernrechner über den Speicherbus ausgetauscht werden und nicht über die *loopback* Schnittstelle des Kommunikationsnetzwerks und dass in einem Cluster aus SMP Systemen die Daten innerhalb eines SMP Systems über den Speicherbus und zwischen ihnen über das Datennetz kommuniziert werden. Denn der Speicherbus kann dies natürlich mit kürzeren Latenzen und höherer Bandbreite als jedes Kommunikationsnetzwerk leisten.

Die genaue Art der Implementierung und ihre Details interessieren für das Parallele Rechnen aber nur insofern, als sie die Performance betreffen. Ansonsten soll hier nicht näher auf die eigentliche Kommunikationsschicht, auf verschiedene Netzwerktechnologien oder Kommunikationsprotokolle eingegangen werden, sondern, abstrahiert davon, vorhandene Softwareimplementationen kurz vorgestellt werden.

Die mit Abstand am weitesten verbreitete Programmierumgebung für die Message Passing Programmierung ist das *Message Passing Interface*, MPI. Die Funktionalität von MPI ist inzwischen vielfach in Lehrbüchern [60, 61, 93, 94, 126, 130] dokumentiert, so dass hier nur verhältnismäßig kurz das Wichtigste angesprochen wird. Dazu beginnen wir mit einem einführenden Beispiel, an dem die Grundkonzepte von MPI erläutert werden, wobei insbesondere auf den Kommunikationskontext und seine Bedeutung eingegangen wird. Daran anschließend werden paarweise Kommunikationen, sowohl in blockierender wie in nicht blockierender Funktionalität, und deren jeweilige Einsatzgebiete diskutiert. Abgeleitete Datentypen spielen in Spezialsystemen und als Konzept für die Ein-/Ausgabe eine gewisse Rolle, weswegen sie kurz angeführt werden, bevor der Einsatz und die Besonderheiten der kollektiven Kommunikationsfunktionen diskutiert wird. Der Begriff des *communicator*s spielt im Zusammenhang mit diesen kollektiven Kommunikationsfunktionen eine zentrale Rolle. Abgeschlossen werden die Ausführungen zu MPI mit Diskussionen zur Prozesserzeugung und zum Zusammenspiel von MPI mit Threads, zu Konzepten zur einseitigen Kommunikation und zu Ein-/Ausgabemöglichkeiten mit einem gemeinsamen Dateisystem und dem Versuch eines Ausblicks zur weiteren Nutzung und möglichen Veränderungen von MPI.

Programmierumgebungen für das verteilte Parallele Rechnen existieren seit der Verbreitung des Internets. Einige der bekannteren sind LINDA [21, 89], P4 [18], PARMACS [110], PICL [54], PVM [53] und TCGMSG [135]. Mit Ausnahme von PVM (Parallel Virtual Machine), dessen Funktionsweise in Abschnitt 4.3 an zwei Beispielen kurz erläutert wird, werden sie heute nur noch vereinzelt eingesetzt.

4.2 Message Passing Interface – MPI

Im Unterschied zu anderen Standardisierungen, vgl. etwa die Standardisierung von *High Performance Fortran* HPF [80], schrieb MPI seit der Veröffentlichung im April 1994 eine Erfolgsgeschichte. Dieser Erfolg basierte zum großen Teil darauf, dass sich das Standisierungskommitee von MPI nicht nur aus Wissenschaftlern aus Universitäten und Forschungseinrichtungen zusammensetzte, sondern dass von Beginn an Vertreter aller namhaften Hardwarehersteller aktiv vertreten waren, die in ihren Softwareschmieden den Ehrgeiz entwickelten, schnellere MPI–Implentationen als die Konkurrenz zu besitzen. Gleichzeitig wetteiferten mehrere freie Implementationen miteinander, allen voran MPICH [65] und LAM [17], die neuesten Entwürfe des Standardisierungskommitees sofort effektiv umzusetzen, so dass freie Softwareversionen des aktuellen Standards stets zur Verfügung standen und so die weltweit verbreitete Gemeinschaft an Entwicklern paralleler Umgebungen aktuell mitarbeiten konnte (vgl. etwa [99]).

Neben diesen eher strategischen Gesichtspunkten spielte natürlich auch das Design von MPI für seinen Erfolg und seine Akzeptanz bei den Anwendungsprogrammiern eine entscheidende Rolle. Die erste Version von MPI war eine reine Bibiliothek, die nur eine Softwareschnittstelle für den Anwendungsprogrammierer definierte und einige Hinweise und Erläuterungen für die Implementierung gab. Von Details zum Kommunikationsnetzwerk, zum Betriebssystem, zu Speichertechnologien wurde vollständig abstrahiert so dass eine effektive Umsetzung auf Kommunikationsprimitive verschiedenster Hersteller und Technologien möglich war. Diese Abstraktion zog allerdings nicht nur Vorteile, sondern auch einige Nachteile mit sich, die bereits 3 Jahre nach der Verabschiedung von MPI-1 zu einem neuen Standard, MPI-2 führten, in dem einige dieser Mängel ausgeglichen wurden. Die wohl wichtigsten Defizite von MPI-1 sind:

- MPI-1 kennt keinerlei Interaktion mit Prozessen. Daher sind keinerlei Schnittstellen für das Management laufender Tasks, den dynamischen Umgang mit Tasks oder auch nur zum Starten von Tasks vorhanden. So muss das Starten eines MPI–Programms und das Verteilen der einzelnen Tasks auf unterschiedlichen Prozessoren meist durch ein zusätzliches Skript erfolgen.
- In MPI-1 sind keinerlei Schnittstellen für die Unterstützung zusätzlicher Werkzeuge, wie das Debuggen oder das Profiling, vorgesehen.
- In MPI-1 Programmen stehen nur die standardisierten Funktionen der Programmiersprachen für die Ein-/Ausgabe zur Verfügung. Aus mehreren Tasks heraus eine gemeinsame Datei in einem parallelen Dateisystem zu Lesen oder zu Schreiben ist nicht möglich.

In MPI-2 wurde bewusst die Nähe zu spezieller Hardware und Betriebssysteminteraktionen gesucht. Als Konsequenz sind vollständige MPI–Implementierungen, insbesondere solche, die viele der neuen Gesichtspunkte effektiv implementiert haben, erst verhältnismäßig spät verfügbar geworden. Aktuelle besonders verbreitete *open source* Implementationen sind MPICH2[1] [65] und OpenMPI[2] [49].

Auch mit der aktuellen MPI-2 Version ist der Endpunkt der Standardisierung noch nicht erreicht. Gegenwärtig wird an MPI-3 gearbeitet, das insbesondere für die Benutzung von hybriden Rechensystemen, sprich Cluster von SMP Systemen und Rechner mit Beschleunigerkarten, Neuerungen und Verbesserungen bringen wird. Dabei werden Fragen nach dem Zusammenwirken von Threads und Tasks im Vordergrund stehen [63, 136], aber auch neue Schnittstellen für die einseitige Kommunikation [138], nicht blockierende kollektive Kommunikationsfunktionen und weitere Funktionen und Schnittstellen zu Werkzeugen rund um die Performancemessung und Fehlerbehandlung von MPI Programmen.

4.2.1 Ein einführendes Beispiel

Ein typisches Kommunikationsmuster paralleler Programme ist der Datenaustausch zwischen zwei Tasks. Dabei sendet eine Task die Daten und die andere empfängt sie. Diese Kommunikationsart wird Punkt–zu–Punkt oder paarweise Kommunikation genannt und ausführlicher in Abschnitt 4.2.2 behandelt. Wie dieser Datenaustausch im einfachsten Fall funktioniert, wird in diesem Abschnitt an einem Beispiel vorgestellt. Anhand dieses Beispiels werden weitere Grundbegriffe und die Vorgehensweise in MPI erläutert. Hier nun das Beispiel:

[1] http://www.mcs.anl.gov/research/projects/mpich2/

[2] http://www.open-mpi.org/

```
#include "mpi.h"
/* Einfaches Beispiel für zwei Tasks */

main(int argc,char **argv)
{
  char text[20];
  int  myrank, size, sender=0, adressat=1, tag=99;
  MPI_Status status;

  MPI_Init(&argc,&argv);                    /* Initialisierung */
  MPI_Comm_rank(MPI_COMM_WORLD,&myrank);/* Eindeutige Kennung*/
  MPI_Comm_size(MPI_COMM_WORLD,&size);  /* Anzahl Tasks */
  if(size > 2) {
     printf("Beispiel für 2 Tasks\n");
     MPI_Finalize();
     exit(1);
  }
  /* Aufgabenverteilung */
  if(myrank == 0) {
    strcpy(text,"Hallo zusammen");
    MPI_Send(text,strlen(text),MPI_CHAR,adressat,
             tag,MPI_COMM_WORLD);              /* Senden */
  } else {
    MPI_Recv(text,20,MPI_CHAR,sender,
             tag,MPI_COMM_WORLD,&status);  /* Empfangen */
    printf("Task %d empfing:%s:\n",myrank,text);
  }
  MPI_Finalize();                            /* Schluss */
}
```

Alle Bezeichnungen, die mit MPI zusammenhängen, beginnen mit `MPI_` gefolgt von einem Großbuchstaben (in einer Programmiersprache, die zwischen Groß- und Kleinschreibung unterscheidet).

Zunächst einmal fällt auf, dass das Beispiel nur ein Hauptprogramm und ein `main` enthält. Prinzipiell kennt MPI-1 ausschließlich das SPMD Programmiermodell (*single programm with multiple data*), d.h. alles, was gleichzeitig stattfinden soll, ist in diesem einen Programm zu finden. Sollen zwei Tasks parallel an einer Aufgabe arbeiten, so kann dies dadurch erfolgen, dass

- die beiden Tasks die gleichen Instruktionen auf unterschiedliche Daten ausführen oder
- dass sich das Programm verzweigt und beide Tasks unterschiedlichen Zweigen folgen.

In diesem einfachen Beispiel schlagen wir den zweiten Weg ein und verzweigen mit
`if(myrank == 0)` .

Dazu muss myrank eine eindeutige Zuordnung einer Zahl pro Task enthalten. Diese Zuordnung erfolgt in

```
MPI_Comm_rank(MPI_COMM_WORLD, &myrank) .
```

Dabei wird in myrank eine Zahl zwischen 0 und size-1 zurückgegeben, wobei size der Anzahl der benutzten Tasks entspricht.

Wie aber erfährt das Programm, wieviele Tasks benutzt werden sollen? Auf welchen Prozessoren wird das Programm gestartet? Zu diesen beiden Fragen gibt es im Sprachstandard für MPI-1 keine Antwort. Verantwortlich für das Starten der gewünschten Taskzahl auf den gewünschten Prozessoren ist ein externes ausführbares Skript oder ein externes Programm, das i.A. mpiexec oder mpirun heißt. Die Zahl der zu startenden Prozesse und die Liste der Prozessoren, meist hosts genannt, können neben vielen anderen Optionen beim Aufruf spezifiziert werden. Die Liste der Prozessoren erlaubt dabei auch, mehrere Tasks auf demselben Rechner zu starten, falls es sich etwa um ein Mehrkernsystem handelt. Da MPI-1 keinerlei Interaktionen mit Prozessen enthält, gibt es auch keine Möglichkeit nachzufragen, ob tatsächliche alle angeforderten Tasks gestartet wurden, auf welchem Prozessor wieviele Tasks laufen usw.

Zur Weiterleitung von Kommandozeilenargumenten dient

```
MPI_Init(&argc,&argv)
```

das intern alles Notwendige zur Initialisierung bewerkstelligt. Bis zum Aufruf von MPI_Init ist nicht definiert, wieviele Tasks bereits gestartet sind. Erst ab MPI_Init entspricht das parallele Programm der Vorstellung, dass auch tatsächlich die gewünschte Anzahl von Instanzen dieses Programms in Tasks gestartet sind und nun miteinander interagieren können.

Der eigentliche Datenaustausch zwischen den beiden Tasks setzt sich aus einem Senden der Daten

```
MPI_Send(text,strlen(text),MPI_CHAR,adressat,tag,MPI_COMM_WORLD)
```

durch die Task mit myrank 0 und einem Empfangen der Daten

```
MPI_Recv(text,20,MPI_CHAR,sender,tag,MPI_COMM_WORLD,&status)
```

zusammen. Die Argumente beider Funktionsaufrufe bedürfen einiger Erklärung. Beim Austausch einer Mitteilung muss natürlich angegeben werden,

- was versendet wird,
- wie groß die Datenmenge ist, die versendet wird, und
- wer der Adressat bzw. Sender ist.

Diese Informationen tragen die Argumente text, strlen(text) und adressat bzw. sender. Bei der Datenmenge stellt sich die Frage nach der Zählweise: In Bits, Bytes oder Worten. Der Einfachheit halber benutzt MPI Worte zum Zählen, so dass auch der Sinn des

Arguments `MPI_CHAR` als Maß dafür, wieviele Bytes ein Wort hat, deutlich wird. Der Angabe des Datentyps kommt noch eine weitere Bedeutung zu, wie wir später sehen werden (vgl. Abschnitt 4.2.3).

Eine paarweise Kommunikation setzt voraus, dass Sender und Empfänger zueinander passende Argumente in den Funktionsaufrufen benutzen und diese Übereinstimmung der Argumente muss selbst programmiert werden. Es gibt keine Überprüfung zur Zeit des Übersetzens oder zur Laufzeit, die mangelnde Übereinstimmung der Argumente anzeigt oder Warnungen ausgibt. Dies ist auch nicht ohne weiteres möglich, da MPI die Verwendung unterschiedlicher Datentypen auf der Sender- und der Empfängerseite durchaus vorsieht (vgl. Abschnitt 4.2.3).

Das Argument `tag` lässt sich als zusätzliche Identifikationsmöglichkeit begreifen, um den Fall abzudecken, dass zwei Mitteilungen zwischen demselben Paar unterschiedlich behandelt werden sollen oder für den Fall, dass es nötig wird, intern über das Senden bzw. Empfangen von Mitteilungen Buch zu führen. Auch die Funktionalität von `status` auf Empfangsseite lässt sich leicht erklären, da offensichtlich (Argument `20`) beim Empfänger nur die Größe des Adressbereichs der Mitteilung spezifiziert wird und die tatsächliche Mitteilungsgröße in der Struktur `status` vermutet werden kann. Nehmen wir außerdem an, dass anstelle eines Senders oder eines `tags` beliebige Platzhalter benutzt werden können, erschließt sich die Funktionalität von `status` völlig, um alle diese Informationen nach dem Empfang einer Mitteilung nötigenfalls auswerten zu können.

Bleibt nur noch die Erklärung des häufig benutzten Arguments `MPI_COMM_WORLD`. MPI verwendet für seine Datenkommunikation einen Kommunikationskontext und Mitteilungen, die in einem Kommunikationskontext verschickt wurden, können nur in diesem Kontext empfangen werden. Der sog. *communicator* `MPI_COMM_WORLD` bildet den zentralen Aspekt dieses Kommunikationskontextes. Zusammen mit entsprechenden Funktionen zur Bildung von *communicators* für Gruppen von Tasks und zur Duplizierung bestehender *communicators* (vgl. Abschnitt 4.2.5) erlaubt uns die konfliktfreie Kommunikation in verschiedenen Kontexten

- die Bildung von Gruppen und die konfliktfreie Überlagerung von Kommunikationen bei verschiedenen Gruppenbildungen und

- die Einbindung von paralleler Software von dritter Seite, da Kommunikationen der eigenen Software konfliktfrei neben Kommunikationen innerhalb der Fremdsoftware existieren können.

Die Tragweite des letzten Gesichtspunktes kann nicht überbewertet werden, da dadurch die Möglichkeit geschaffen wird, Software zwischen Arbeitsgruppen auszutauschen bzw. Software aus dem Public Domain Bereich problemlos in eigene Programme einzubauen, ohne sich Gedanken machen zu müssen, ob Sendungen in der eigenen Software ungewollt in der Fremdsoftware empfangen werden oder umgekehrt.

Alles in Allem besitzt der Austausch von Mitteilungen sehr viel Ähnlichkeiten mit der traditionellen Post, vgl. Abb. 4.1. Adressat und Sender sind obligatorische Informationen, eine Briefmarke (`tag`) hilft bei der Durchsicht und die Form und Farbe des Umschlags bestimmen, ob es sich beim Inhalt um einen Liebesbrief, eine Todesanzeige usw. handelt.

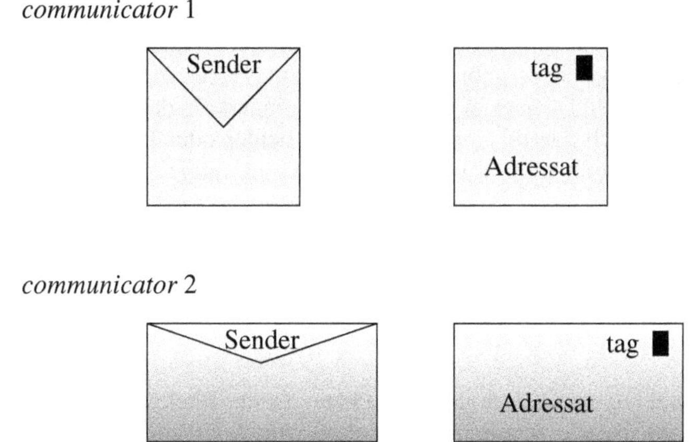

Abbildung 4.1: *Communicators beeinflussen die Umschlagform und -farbe von Briefen.*

4.2.2 Paarweise Kommunikation

In diesem Abschnitt werden paarweise Kommunikationen, die in obigem Beispiel zum Datenaustausch verwendet werden, etwas näher untersucht und die verschiedenen Varianten und Einsatzbereiche dieser Kommunikationsart diskutiert.

Bei den Erläuterungen zu obigem Beispiel wird beim Empfangen der Mitteilung natürliches Verhalten vorausgesetzt: Etwas, das ich empfangen habe, kann ich direkt nach dem Empfangen lesen. Das muss aber nicht zwangsweise so sein. Man kann sich durchaus Situationen vorstellen, bei denen es sinnvoll ist, wie z.B. bei einem Buchkauf im Internet, erst verbindlich zu bestellen, wohingegen die eigentliche Lieferung erst später erfolgt.

Die Vorteile einer späteren asynchronen Lieferung liegen auf der Hand. Sollen die Daten stattdessen direkt nach dem Empfang bearbeitet werden, dann

- muss gegebenenfalls gewartet werden, bis die Daten vom Sender eingetroffen sind und
- sendet der Sender nicht, entweder aufgrund eines Programmierfehlers oder weil das Verbindungsnetzwerk oder der Sender selbst nicht mehr funktionsfähig sind, bleibt dem wartenden Prozess nichts anderes übrig, als zu warten, bis der Prozess von außen beendet wird.

Eine asynchrone Datenbestellung mit anschließendem Empfang wird in MPI durch die Funktion

```
MPI_Irecv(text,20,MPI_CHAR,sender,tag,MPI_COMM_WORLD,&request)
```

eingeleitet. Das im Vergleich zum Empfangen, das in obigem Beispiel eingesetzt wird, neue Argument `request` dient zur späteren Überprüfung, ob die erwartete Sendung tatsächlich ankam. Ferner ermöglicht `request` den Zugriff auf `status` und die darin enthaltenen Informationen (s. S. 62). In Kombination mit einer Zeitschaltung lässt sich mit dieser Funktion beispielsweise eine gewisse Fehlertoleranz in MPI programmieren, indem eine maximale

Wartezeit zwischen Bestellung und Empfang eingestellt wird und bei der Überschreitung dieser Zeit von einem Fehler ausgegangen wird und entsprechende Maßnahmen eingeleitet werden, um zumindest Zwischenergebnisse zu speichern. Neben dieser rudimentären Empfangskontrolle gibt es in MPI-1 keinerlei Möglichkeiten, innerhalb des Programms einen Fehler zu bemerken und eventuell darauf zu reagieren. Ein Fehler oder Fehlverhalten kann ansonsten nur von außen festgestellt werden und oft ist der vollständige Programmabbruch die einzige Eingriffsmöglichkeit.

Dieser rudimentäre Ansatz zu einem fehlertoleranten Programm lässt sich mit der Funktion

```
MPI_Test(&request,&zeichen,&status)
```

umsetzen, die beliebig oft wiederholt werden kann. Ist der Rückgabewert für `zeichen` `wahr`, dann ist die entsprechende Kommunikation abgeschlossen. Wird die Funktionalität der asynchronen Kommunikation nur dazu verwendet, Wartezeiten durch anstehende Arbeiten zu überbrücken, kann auch

```
MPI_Wait(&request,&status)
```

eingesetzt werden, um sicherzustellen, dass die zu `request` gehörende Operation abgeschlossen ist.

In der Dokumentation von MPI wird in diesem Zusammenhang zwischen *blockierender* und *nicht blockierender* Kommunikation unterschieden, um zwischen verschiedenen Varianten in der zeitlichen Abfolge von Kommunikationsmechanismen zu differenzieren. Nach einem blockierenden Empfangen, `MPI_Recv`, ist der Mitteilungsinhalt beim Adressaten vollständig verfügbar. Bei einem nicht blockierenden Empfangen, `MPI_Irecv`, muss dies erst durch Aufruf zusätzlicher Hilfsfunktionen, wie `MPI_Test` bzw. `MPI_Wait` sichergestellt werden. Dafür bietet das nicht blockierende Empfangen die Möglichkeit, eine gewisse Fehlertoleranz einzubauen bzw. die Wartezeit bis zum Ankommen der Mitteilung für Berechnungen zu nutzen.

Schreiben wir einen Brief von Hand, dann beschreiben wir einen Bogen Papier, stecken den gefalteten Bogen in einen Umschlag und bringen den Brief zum Briefkasten. Alternativ dazu könnten wir, insbesondere dann, wenn viele Briefe zu schreiben sind, nach jedem beschriebenen Bogen Papier einen Dienstboten beauftragen, die weiteren notwendigen Schritte zum Absenden des Briefes zu übernehmen. Jetzt muss aber vor dem Schreiben des nächsten Briefes kontrolliert werden, ob der gerade beschriebene Bogen schon vom Dienstboten entfernt wurde. Sonst könnte der beschriebene Bogen überschrieben werden.

Dieses Beispiel ist eine Analogie zum nicht blockierenden Senden:

```
MPI_Isend(text,textlen,MPI_CHAR,adressat,tag,MPI_COMM_WORLD,
&request).
```

Wie in der Analogie beim Briefe schreiben ist auch hierbei wichtig, dass `text` nicht in der Folgezeile verändert wird. Beim Programmieren muss davon ausgegangen werden, dass das nicht blockierende Senden `MPI_Isend` sofort ins aufrufende Programm zurückspringt, weswegen eine direkt folgende Änderung von `text` dazu führen kann, dass die darin enthaltene Information verändert wird, bevor das Senden tatsächlich stattfindet, bzw. vollständig abgeschlossen ist. Ganz so wie es unserem Briefeschreiber ergeht.

Wie in der Analogie mit dem Briefeschreiber bedeutet die Beendigung eines blockierenden `MPI_Send` nicht, dass der Brief bereits beim Adressaten angekommen ist, d.h., ob das Senden der Mitteilung tatsächlich vollständig abgeschlossen ist. Genau genommen bedeutet es noch nicht einmal, dass der Adressat überhaupt noch existiert. Dies hängt von der genauen Implementierung ab. Um hier als Programmierer etwas genauer zu wissen, wie Mitteilungen behandelt werden, gibt es neben `MPI_Send` weitere genauer spezifiziertere Arten, um eine Mitteilung zu senden, so dass aus diesen Varianten situationsbedingt gezielt die effektivste gewählt werden kann:

`MPI_Bsend` Beim sogenannten gepufferten Senden (*buffered send*) wird die Mitteilung zunächst in den lokalen Speicher kopiert. Nach dem Kopiervorgang kehrt die Funktion i.A. zurück, bevor die Übertragung der Mitteilung begonnen hat.

`MPI_Ssend` Bei der Rückkehr aus dieser synchronen Sendefunktion kann der Sender davon ausgehen, dass der Adressat zumindest mit dem Empfangen der Mitteilung begonnen hat. Dies ist im Allgemeinen auch die Funktionsweise des generischen `MPI_Send`.

`MPI_Rsend` Ist die Variante für das Verschicken großer Datenmengen, oder wie ich es mir anschaulich vorstelle, eines Elefanten. Niemand denkt daran, einen Elefanten zu verschicken, ohne vorher sicherzustellen, dass der Empfänger tatsächlich zu Hause ist, genug Platz hat, etc. Da die Netzwerkkomponenten zwischen Prozessoren i.A. nicht beliebig große Daten zwischenspeichern können, würde das Verschicken großer Datenmengen ohne Empfangsbereitschaft auf Seiten des Adressaten dazu führen, dass der Sender wiederholt versuchen wird, immer wieder zu senden und dass der Zwischenspeicher in Netzwerkkomponenten auf dem Weg dazwischen völlig überläuft und es zu einem Stau (`congestion`) kommt. Mit dieser Sendevariante, bei der der Adressat zuerst seine Bereitschaft erklären muss, bevor das Senden stattfinden kann, soll dies möglichst verhindert werden.

Diese drei Varianten für das Senden von Mitteilungen gibt es sowohl blockierend als auch nicht blockierend.

Datenkommunikation erfordert zwar prinzipiell das Zusammenspiel mehrerer Prozesse, aber `MPI_Bsend` benötigt keine Mitwirkung eines anderen Prozesses zur Beendigung, ist also eine lokale Funktion. Dagegen sind die anderen blockierenden Funktionen zum Senden von Daten nicht lokale Funktionen. Sie erfordern zu ihrer Beendigung in irgendeiner Form eine Interaktion mit dem empfangenden Prozess.

Je nach Länge der Mitteilungen können unterschiedliche Protokolle zur Übertragung eingesetzt werden. Ganz kurze Mitteilungen können in Einem verschickt werden, d.h. Mitteilungsinhalt und Umschlag (*short protocol*) [64]. Dies gilt für Mitteilungslängen, die problemlos im Pufferspeicher der Netzwerkkarten und -komponenten zwischengelagert werden können. Bei größeren Mitteilungen wechseln die Implementierungen i.A. zum sog. *eager protocol*, bei dem zunächst nach störungsfreiem Empfang des Umschlags die Mitteilung in Einem verschickt wird. Für große Mitteilungen ist ein Rendevouz beider Kommunikationspartner notwendig, um Verstopfungen und Überfüllungen von Pufferspeichern im Netzwerk zu verhindern. Diese Protokollwechsel finden transparent für das Anwendungsprogramm innerhalb von MPI statt. Nur bei

Messungen zur Bandbreite sind die unterschiedlichen Protokolle an verschiedenen Steigungen im Graphen zu erkennen.

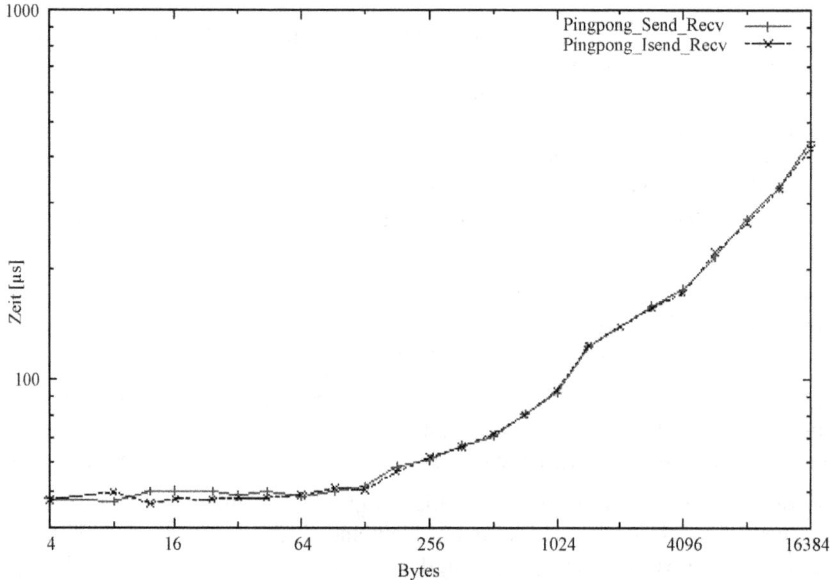

Abbildung 4.2: *Vergleich von* `MPI_Send` *und* `MPI_Isend` *im PingPong–Test. Die Messungen werden mit SKaMPI (*`http://liinwww.ira.uka.de/~skampi/`*), dem Special Karlsruhe MPI Benchmark, durchgeführt.*

So ist in Abb. 4.2 die Kommunikationsdauer gegen die Mitteilungslänge für ein blockierendes und ein nicht blockierendes Senden dargestellt. Für beide Varianten zeigen die Kurven beim Wechsel der verwendeten Protokolle eine Veränderung in der Steigung der Kurven. Der erste derartige Knick liegt bei etwa 128 Byte und der zweite zwischen 1024 und 4096 Byte. Es wird außerdem deutlich, dass das blockierende Senden genauso schnell ist, wie das nicht blockierende. Der Einsatz von nicht blockierendem Senden lohnt sich also erst dann, wenn eine Task während des Sendens weitere Berechnungen durchführen kann oder wenn bewusst größerer Wert auf Fehlertoleranz gelegt wird. Die Kurven in Abb. 4.2 wird zwischen zwei mit 1 Gbit Ethernet verbundenen Knoten durch einen PingPong–Test gemessen. Die Latenzzeit für eine Kommunikation beträgt hierbei über $20\mu\ sec$, was zu einem t_R von über 50.000 führt (vgl. Abschnitt 2.8.2).

Zum Abschluss der paarweisen Kommunikation hier noch ein Beispiel, für den Einsatz von asynchronem nicht blockierendem Empfangen:

```
...
MPI_Comm_rank(comm,&myrank);                /* Eindeutige Kennung */
MPI_Comm_size(comm,&anz);                        /* Anzahl Tasks */
if(myrank==0) {                       /* Spezialtask = Mastertask */
 /* Definition eines Speicherbereichs und Requests pro Task */
 for(i=1;i<anz;i++)
   MPI_Irecv(&puffer[i],MAX,MPI_DOUBLE,i,tag,comm,&req[i]);
 i=1;
 for(j=1;j<anz;j++) {
  for(info=0;!info;i=i%(anz-1)+1)  /* Sind Daten verfügbar? */
     MPI_Test(&req[i],&info,&status);
  MPI_Get_count(&status,MPI_DOUBLE,&ndat);/*Wieviele Daten? */
  Arbeite(&puffer[i],ndat);
 }
} else {                                          /* Slavetasks */
 viel_Arbeit(Ergebnis,&ndat);
 MPI_Send(Ergebnis,ndat,MPI_DOUBLE,0,tag,comm);
}
...
```

Obiges Beispiel steht für eine für das Parallele Rechnen typische Aufgabe, die im Master–Slave Programmierstil (vgl S. 87) umgesetzt wird. Berechnungen unterschiedlicher Dauer sollen parallel von mehreren Tasks (*slaves*) in `viel_Arbeit` bearbeitet werden. Die Ergebnisse werden auf einer Spezialtask (`myrank==0`, *master*) eingesammelt und ggf. weiterverarbeitet. Da nicht bekannt ist, welche der Tasks zuerst ihre Arbeit beendet hat, soll zuerst das Ergebnis der Task bearbeitet werden, die am schnellsten fertig ist. Die alternative Implementierung mit einem einzigen `MPI_Irecv` mit beliebigem Sender, das wiederholt aufgerufen wird, würde das Risiko bergen, dass eintreffende Mitteilungen der *slaves* auf internem Speicherplatz der MPI Bibliothek zwischengespeichert werden müssen, was bei vielen Tasks zu einem Engpass führen kann. Um dies zu vermeiden, wird in diesem Beispiel gleich zu Beginn ein `MPI_Irecv` pro Task mit explizit allokiertem Speicherplatz im Anwenderprogramm abgesetzt.

4.2.3 Gepackte Strukturen und konstruierte Datentypen

In den bisher angeführten Beispielen werden Mitteilungen durch Angabe des Speicherbereichs und der Größe dieses Bereichs unter Verwendung fundamentaler Datentypen spezifiziert. Oft genug sind Daten aber in Strukturen organisiert oder es soll etwa aus einem Feld nicht jedes Element sondern nur jedes zweite Element übertragen werden. Eine ausgesprochen schlechte Lösung für diese Aufgaben bietet die Übermittlung jedes einzelnen Elements für sich. Denn die Zeit für eine Kommunikation von L Bytes kann wie in Abschnitt 2.8 näherungsweise durch Gl. (2.9) beschrieben werden:

$$t_K(L) = t_S + \beta L \; .$$

Dabei ist t_S die Startzeit für die Kommunikation oder Latenzzeit und β die reziproke Bandbreite der Netzverbindung. Beim Datenaustausch einer größeren Mitteilung in kleinen Portionen ändert sich der Beitrag durch βL zwar nicht, d.h. die Bandbreite einer Netzverbindung ist näherungsweise unabhängig davon, ob das Netzwerk durch eine große oder viele kleine Mitteilungen belegt wird. Dagegen fällt die Latenzzeit t_S, d.h. die Zeit für das Durchlaufen von Protokollschichten auf Sender- und Empfängerseite, für jede derartige Übertragung erneut an, wodurch das Übermitteln vieler kleiner Datenpakete sehr viel ineffektiver ist, als das Verschicken einer größeren Mitteilung.

Als Alternative zum Verschicken vieler kleiner Mitteilungen können die zu übermittelnden Daten in einen zusammenhängenden Bereich kopiert werden, der dann mit den bekannten Funktionen in einer Mitteilung übertragen werden kann.

```
MPI_Pack(in,inzahl,intyp,aus,ausmax,&pos,comm)
```

kopiert `inzahl` Worte vom Typ `intyp` des Feldes `in` auf die Speicherposition `pos` (in Bytes) des Feldes `aus`, das die Gesamtgröße von `ausmax` Bytes besitzt. Dabei wird `pos` entsprechend verändert, so dass wiederholte Aufrufe von `MPI_Pack` zum gewünschten Ergebnis führen. Eine so verpackte Mitteilung wird dann wie üblich verschickt und empfangen und muss dann vom Gegenstück `MPI_Unpack` ausgepackt werden. Diese Alternative für das Verschicken von Strukturen oder Ausschnitten aus größeren Feldern ist in den meisten Fällen die schnellste und effektivste Variante.

Vor der Erläuterung des folgenden Beispiels, in dem ein Vektor einer Struktur gepackt und versendet wird, noch ein kleiner Hinweis zur Effektivität. Folgende Definition der Struktur würde wesentlich zur besseren Performance, nicht nur der Kommunikation, sondern wahrscheinlich des ganzen Programms, beitragen:

```
struct Tstruct{
 char name[Anzahl];     /* Name der Teilchensorte */
 double k[3*Anzahl];    /* Koordinaten */
 int ladung[Anzahl];    /* Ladung */
};
struct Tstruct Teilchen;
```

Mit dieser Struktur können Daten effektiver als Datenstrom kopiert und verpackt werden und die Struktur eröffnet die Möglichkeit z.B. die Koordinaten ohne zu Packen direkt auszutauschen. Da Strukturen gewissermaßen Datentypen mit Lücken erzeugen (s.u.) wird der belegte Speicherplatz mit dieser Variante sogar verringert und damit werden Speicherzugriffe auf das Teilchenfeld als solches effektiver.

Hier nun das Beispiel für die Verwendung von `MPI_Pack`:

```
struct Tstruct{
 char name;    /* Name der Teilchensorte */
 double k[3]; /* Koordinaten */
 int ladung;   /* Ladung */
};
struct Tstruct Teilchen[Anzahl];
...
if(myrank==0) {
  /* Ermitle die Länge der Struktur für MPI */
  MPI_Pack_size(1,MPI_CHAR,comm,&kc);
  MPI_Pack_size(3,MPI_DOUBLE,comm,&kd);
  MPI_Pack_size(1,MPI_INT,comm,&ki);
  kges=kc+kd+ki;  /* Extent für ein Teilchen */
  kges*=Anzahl;
  /* Allokiere passende Speichermenge */
  puffer=(char *)malloc(kges);
  pos=0;
  for(i=0;i<Anzahl;i++) { /* Packen der Teilchenstruktur */
   MPI_Pack(partikel[i].name,1,MPI_CHAR,puffer,kges,&pos,comm);
   MPI_Pack(partikel[i].k,3,MPI_DOUBLE,puffer,kges,&pos,comm);
   MPI_Pack(partikel[i].ladung,1,MPI_INT,puffer,kges,
            &pos,comm);
  }
  MPI_Send(puffer,kges,MPI_PACKED,1,tag,comm); /* Senden */
} else if(myrank==1) {
  MPI_Probe(0,tag,comm,&status);  /* Ist eine Mitteilung da ?*/
  MPI_Get_count(status,MPI_PACKED,&kges);       /* Wie groß ?*/
  /* Allokiere passende Speichermenge */
  puffer=(char *)malloc(kges);
  /* Empfange die Daten */
  MPI_Recv(puffer,kges,MPI_PACKED,0,tag,comm,&status);
  pos=0;
  /* Auspacken der Information */
  for(i=0;i<Anzahl;i++) {
     MPI_Unpack(puffer,kges,&pos,&(partikel[i].name),1,
                MPI_CHAR,comm);
     MPI_Unpack(puffer,kges,&pos,&(partikel[i].k),3,
                MPI_DOUBLE,comm);
     MPI_Unpack(puffer,kges,&pos,&(partikel[i].ladung),1,
                MPI_INT,comm);
  }
}
```

In diesem Beispiel wird zunächst in drei Aufrufen der Funktion `MPI_Pack_size` festgestellt, wieviel Platz ein einzelnes Element der Struktur gepackt benötigt und entsprechend für alle Teilchen Speicher allokiert. Dann wird ein Element nach dem anderen in diesen Pufferspeicher gepackt und alles mit einem `MPI_Send` verschickt.

Auf der Empfängerseite wird blockierend mit `MPI_Probe` kontrolliert, ob eine passende Mitteilung vorliegt. Blockierend bedeutet, wie in MPI üblich, dass der Empfänger wartet, bis die Mitteilung vollständig verfügbar ist. Im Anschluss wird die Größe des Pakets ausgelesen (`MPI_Get_count`) und der notwendige Speicherplatz allokiert bevor die Mitteilung schließlich empfangen wird. Zum Abschluss wird dann ein Element nach dem anderen ausgepackt.

MPI bietet allerdings noch eine weitere Möglichkeit für den Austausch von Strukturen oder ähnlichen nicht zusammenhängenden Datenmengen. Diese Möglichkeit kann aber nur in Ausnahmefällen auf Spezialrechnern zu einer größeren Bandbreite führen als das oben angeführte Verpacken [141]. Neben dem rein prinzipiellen wissenschaftlichen Interesse spielt diese Variante aber auch bei der in MPI-2 formulierten Ein-/Ausgabe auf ein gemeinsames Dateisystem eine zentrale Rolle (vgl. Abschnitt 4.2.8). Sie basiert auf der Konstruktion eigener Datentypen, die hier kurz angeführt ist, damit wir später auf diese Definitionen zurückgreifen können. Aus Perfomancegründen ist die Nutzung derartig konstruierter abgeleiteter Datentypen bei der Kommunikation i.A. nicht zu empfehlen.

In MPI wird ein allgemeiner Datentyp durch eine sogenannte *type map* definiert, die sich aus

- einer Folge fundamentaler Datentypen und
- einer Folge von ganzzahligen Positionsangaben

zusammensetzt. Einfache *type maps* für die Struktur

```
typedef struct{
 double x;
 char c;
} Typ1;
```

sind beispielsweise

$$\{(double, 0), (char, 8)\} \text{ oder } \{(char, 9), (double, 1)\} \text{ oder } \{(double, 8), (char, 0)\}\,.$$

Erzeugt wird dieser neue Datentyp, dem der Bezeichner `MT` zugeordnet wird, für die erste *type map* wie folgt:

```
MPI_Type_create_struct(2,{1,1},{0,8},{MPI_DOUBLE,MPI_CHAR},&MT) .
```

Der neu erzeugte konstruierte Datentyp `MT` enthält zwei Datenblöcke, die aus `{1,1}` Elementen der fundamentalen Datentypen `{MPI_DOUBLE,MPI_CHAR}` zusammengesetzt sind. Der Vektor `{0,8}` gibt die relativen Positionen dieser Datenblöcke an.

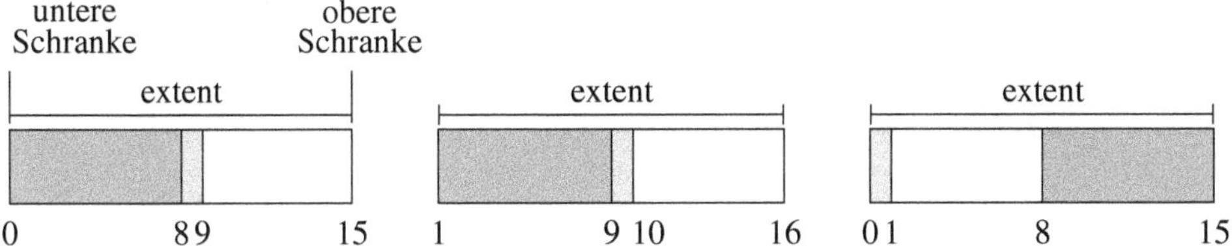

Abbildung 4.3: *Konstruierte Datentypen (links Typ MT) aus einem* `double` *und einem* `character`. *Die Ausdehnung (extent), die sich aus der Differenz von oberer und unterer Schranke ergibt, ist in allen Fällen gleich* 16, *aber die relativen Positionsangaben sind unterschiedlich.*

Positionsangaben können beliebige relative Werte annehmen (vgl. Abb. 4.3 Mitte). Entscheidend sind nur die untere und die obere Schranke und deren Abstand (*extent*), um konstruierte Datentypen miteinander kombinieren zu können und natürlich die relative Lage der Positionsangaben. Ein Datentyp { `(double,0)`, `(char,7)` } ist beispielsweise formal auch korrekt. Allerdings liegt dabei der `character` auf dem 7. Byte des 8 Byte großen Werts vom Typ `double`, so dass die Information dieses konstruierten abgeleiteten Datentyps fehlerhaft wird.

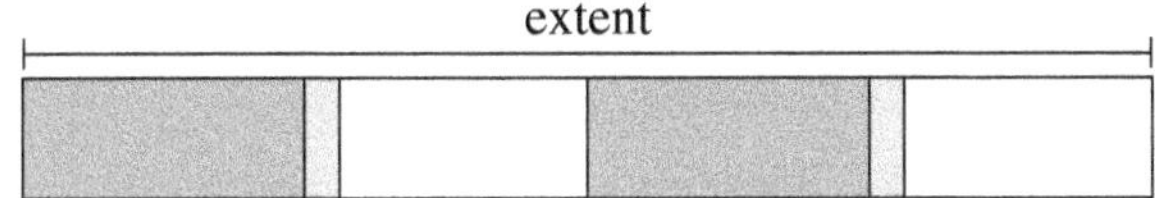

Abbildung 4.4: *Vektor aus 2 konstruierten Datentypen MT. Der extent ergibt sich als Summe der einzelnen extents.*

Positionsangaben müssen nicht monoton wachsend sein (vgl. Abb. 4.3 rechts). Es kann dadurch auch die Anordnung der Daten verändert werden. Der *extent* spielt bei der Wiederholung des Datentyps oder bei der Kombination mit anderen Datentypen eine Rolle, da hierbei Positionsangaben nur als Vielfaches von 8 zulässig sind (8 Byte stehen für einen doppelt genauen Wert). Dadurch können Lücken in den konstruierten Datentypen entstehen. So besitzt ein Vektor mit zwei Elementen des konstruierten Datentyps mit dem Bezeichner `MT` die *type map* { `(MT,0)`, `(MT,16)` } und einen *extent* von 32 (vgl. Abb. 4.4).

Neben diesen Lücken, die sich durch den Unterschied zwischen *extent* und sinnvollen Daten im Datentyp ergeben, können Lücken auch bewusst erzeugt werden. So generiert der Aufruf

```
MPI_Type_vector(2,3,6,MT,&VT)
```

den neuen Datentyp `VT` mit 2 Blöcken, bestehend aus jeweils 3 Einheiten des Basistyps `MT` (vgl. Abb. 4.5). Der zweite Block beginnt dabei nach 6 Einheiten des Basistyps, so dass zwischen dem ersten und dem zweiten Datenblock eine Lücke für insgesamt 3 Einheiten entsteht. Damit haben wir bereits den Grundstein für die parallele Ein-/Ausgabe gelegt, die später in Abschnitt 4.2.8 detailliert ausgeführt wird. Legt eine zweite Task nämlich einen Vektor an, der mit einer Lücke für 3 Einheiten anfängt, bevor ein Block mit Daten folgt, dann können die Datentypen der beiden Tasks miteinander verschränkt werden. Lücken und Datenblöcke alternieren

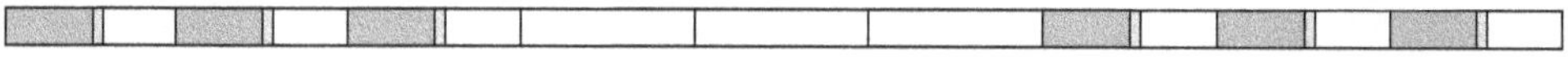

Abbildung 4.5: *Vektor mit einer Lücke für* 3 *Datentypen* `MT` *zwischen dem ersten und dem zweiten Block aus je drei Datentypen* `MT`*.*

in den beiden Tasks und beim Verschränken entsteht ein neuer Datentyp ohne Lücken (außer denen im Ausgangstyp `MT`).

4.2.4 Kollektive Kommunikationen

Bisher haben wir nur paarweise Kommunikationen betrachtet, bei denen eine Task an eine andere Task Informationen übermitteln möchte. Wie im täglichen Leben, etwa in einer Schulstunde (einer übermittelt an alle) oder einer Volksbefragung (Sammeln von Teilergebnissen zu einem Ganzen) gibt es aber viele Situationen, in denen dieses Kommunikationsmuster nicht ausreichen bzw. versagen. Als Erweiterung sind daher sogenannte kollektive Kommunikationsfunktionen in MPI enthalten, an denen einzelne oder alle Tasks beteiligt sind. Wie bereits oben bei der Diskussion von Kommunikationskontexten angedeutet (vgl. S. 62), hängt das Kollektiv, das an einer Kommunikation beteiligt ist, mit dem Kommunikator zusammen. Da auch Untermengen aller Tasks betrachtet werden können, wird daher auch die Bezeichnung kollektiv und nicht global verwendet.

MPI sieht i.W. folgende kollektive Kommunikationen vor:

- Synchronisation aller Tasks (Barriere).
- Verteilen einer zentralen Information an alle (*broadcast*).
- Einsammeln von verteilten Informationen (*gather*).
- Aufteilen zentraler Informationen in dezentrale Teile (*scatter*).
- Einsammeln und Zusammenführen von Teilinformationen durch z.B. eine arithmetische Operation (*reduction*). Diese Funktionalität ist auch in Kombination mit einer Aufteilung des Ergebnisses (*reduction* und *scatter* kombiniert) möglich.

Einige Besonderheiten sind bei der Verwendung dieser Funktionen zu beachten:

1. Alle beteiligten Tasks rufen dieselbe Funktion auf, d.h. etwa für die *broadcast* Funktionalität, dass alle Tasks diese Funktion aufrufen und nicht wie im Sprachgebrauch (Schulstunde) üblich, dass eine Task den *broadcast* ausführt und alle anderen die Daten entgegennehmen.
2. Im Unterschied zur paarweisen Kommunikation, bei der der Sender die genaue Datenmenge angibt und der Adressat nur die maximale Größe spezifiziert, muss bei kollektiven Kommunikationen von allen Tasks die genaue Datenmenge angegeben werden.
3. In einem Kollektiv kann nur eine Kommunikation unterwegs sein[3]. Eine Identifikation durch ein *tag* ist daher unnötig, weswegen dieses Argument entfällt.

[3] MPI Kommunikationen können sich prinzipiell nicht überholen. Es können aber in paarweisen Sendefunktionen mehrere Mitteilungen von einer Task zu einer anderen verschickt werden und vom Adressaten anhand des *tags* in beliebiger Reihenfolge bearbeitet werden.

4. Alle kollektiven Kommunikationen sind blockierend.
5. Mit Ausnahme der Synchronisation durch eine Barriere bewirken kollektive Kommunikationen keine Synchronisation der Tasks, d.h. verschiedene Tasks können aus kollektiven Kommunikationsfunktionen zu unterschiedlichen Zeiten zurückkehren. Dies ist in Abb. 4.6 mit Hilfe des Analysewerkzeugs Vampir[4] für ein *broadcast* veranschaulicht.

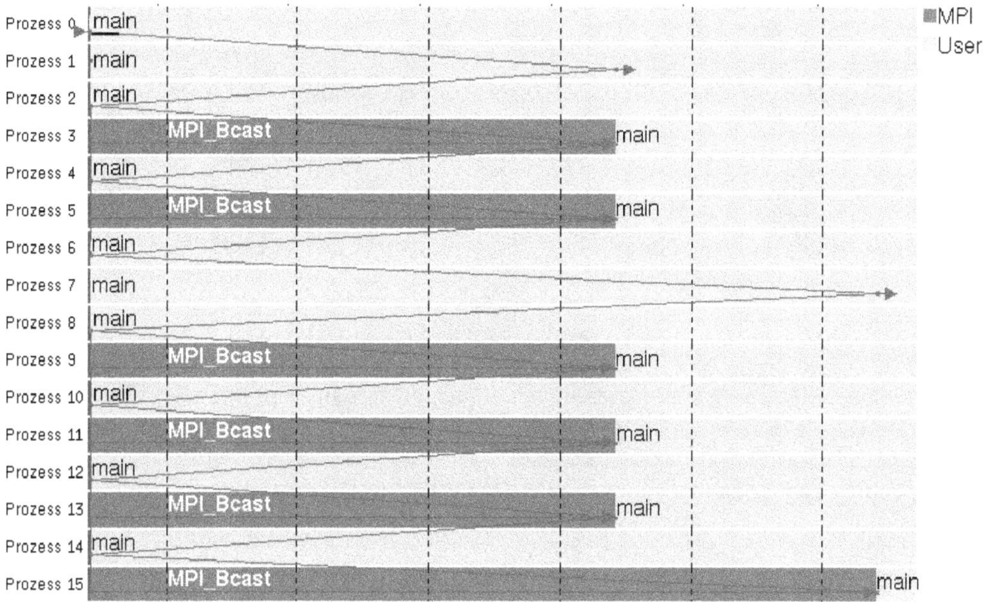

Abbildung 4.6: *Mit Vampir visualisierter Programmablauf einer broadcast Operation ausgehend von Task 0. Zu erkennen sind die durch kleine schwarze Dreiecke angedeuteten stark unterschiedlichen Endzeiten für die einzelnen Tasks. Tasks mit geradzahliger Kennung beenden das broadcast nahezu gleichzeitig, die Tasks {1,3,5,9,11,13} beenden dann diese Operation nochmals deutlich vor den Tasks {7,15}.*

Folgende Aufgabenstellung ist für den Einsatz von *scatter* typisch: Eine Task mit *myrank=0* liest Daten ein, nimmt eine Arbeits- und Datenaufteilung vor und verschickt die einzelnen Teile der eingelesenen Daten entsprechend an die Tasks. Dabei sollen die inneren Ränder jeweils um eine zusätzliche Gitterzelle erweitert werden (zur Diskussion von *ghost cells* s. S. 112). Dies kann beispielsweise folgendermaßen realisiert werden:

[4] `http://www.vampir.eu/`

```
double *gdaten,*ldaten;
int root=0;
...
MPI_Comm_rank(comm,&myrank);              /* Eindeutige Kennung */
MPI_Comm_size(comm,&zahl);                      /* Anzahl Tasks */
if(myrank==root) {                                /* Eine Task */
/* Einlesen der Daten */
fread(gdaten,sizeof(double),anzahl,stream);
 rest=anzahl%zahl;
 for(i=0;i<zahl;i++) {/* Aufteilen der Arbeit und der Daten */
  n[i]=anzahl/zahl;
  if(i<rest)n[i]++;
  m[i]=n[i];                         /* zusätzliche Gitterzellen */
  if(i!=0&&i!=zahl-1) m[i]++;
 }
 pos[0]=0;
 for(i=1;i<zahl;i++) pos[i]=pos[i-1]+n[i-1]-1;
}                                       /* Ende von myrank==root */
MPI_Bcast(m,zahl,MPI_INT,root,comm);           /* Broadcast m[] */
ml=m[myrank];
MPI_Scatterv(gdaten,m,pos,MPI_DOUBLE,/* Verteilen der Daten */
             ldaten,ml,MPI_DOUBLE,root,comm);
```

Um eine möglichst gleichverteilte Arbeitslast zu erhalten, wird die Problemgröße `anzahl` durch die Zahl der Tasks dividiert und ein eventueller Rest auf entsprechend viele Tasks verteilt, so dass sich die Problemgrößen pro Task maximal um 1 unterscheiden. Diese Aufteilung, die um eventuelle zusätzliche Randzellen ergänzt wird, wird im Beispiel von der Task *root* in einem *broadcast* an alle anderen Tasks verschickt. Der Aufruf von

```
MPI_Bcast(m,zahl,MPI_INT,root,comm)
```

verteilt, ausgehend von der Task mit *myrank=root*, die durch das Triple `m,zahl,MPI_INT` spezifizierte Information. Dieser Aufruf ist eine kollektive Funktion und alle beteiligten Tasks im Kollektiv müssen die gleichen Argumente verwenden. Die Effektivität der Implementierung von `MPI_Bcast` besitzt deutliche Analogien zu der in Abschnitt 2.8 diskutierten Bildung eines inneren Produkts. Einigen Aufschluss zur Implementierung liefert die Analyse mit Vampir in Abb. 4.6. In der zugehörigen Anwendung erreichen alle Tasks gleichzeitig den Aufruf von `MPI_Bcast` mit Ausnahme von Task 1 und Task 7, die um 1 sec bzw. 2 sec versetzt diesen Funktionsaufruf absetzen. Wie Abb. 4.6 deutlich macht, wird die Information an die Tasks mit gerader Kennung unabhängig von den Tasks mit ungerader Kennung übertragen. Dies spricht dafür, dass ein binärer Baum (vgl. Abb. 2.15) bei der Implementierung benutzt wird. Alle Tasks mit ungerader Kennung können erst weiterarbeiten, nachdem Task 1 den *broadcast* beendet hat.

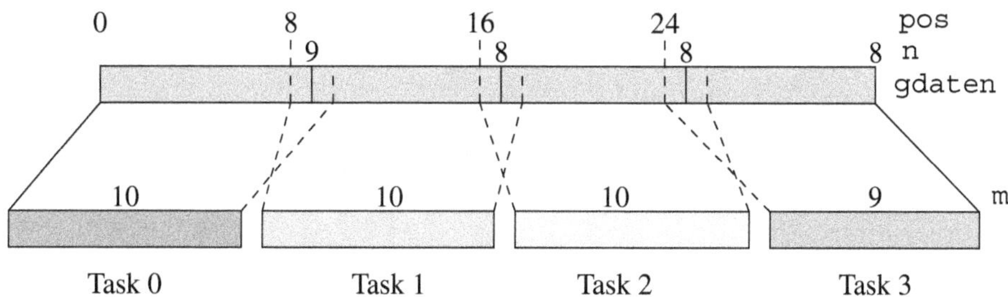

Abbildung 4.7: *Funktionsweise von `MPI_Scatterv` bei einer gleichmäßigen Aufteilung eines Vektors `gdaten` mit 33 Elementen auf 4 Tasks unter Berücksichtigung zusätzlicher sich überlappender Gitterzellen.*

Dies verdeutlichen die dicken schwarzen Balken bei diesen Tasks. Die Task mit der Nummer 15 muss auf Task 7 warten. Anders ist die lange Wartezeit bei Task 15 nicht zu erklären.

Zurück zu unserem Beispiel. Nach dem *broadcast* der Datenverteilung `m` an das Kollektiv müssen die eingelesenen Daten entsprechend verteilt werden (s. Abb. 4.7). Diese Aufteilung erfolgt durch die Funktion

```
MPI_Scatterv(gdaten,m,pos,MPI_DOUBLE,ldaten,ml,MPI_DOUBLE,
root,comm).
```

Die durch `gdaten,MPI_DOUBLE` spezifizierten Daten werden, da nicht alle Tasks notwendigerweise die gleiche Datenmenge erhalten (s. Diskussion oben zu `n`), in Paketlängen, die in `m` gespeichert sind, ggf. auch überlappend aufgeteilt, wobei die einzelnen Pakete an den in `pos` abgelegten Indizes beginnen (vgl. Abb. 4.7). Die erhaltenen Daten werden in den Speicherbereich `ldaten`, der `ml` Daten vom Typ `MPI_DOUBLE` aufnehmen kann, abgelegt. Letzteres gilt für alle Tasks, insbesondere auch für die `root` Task, d.h. auf `root` werden i.A. die Daten in ein neues Feld kopiert[5].

Als Beispiel für eine Reduktion greifen wir das Bilden des inneren Produkts aus Abschnitt 2.8.2 auf. Bei der Summation addieren die einzelnen Tasks zunächst ihre Beiträge in ein lokales Zwischenergebnis `spuf`. Diese Zwischenergebnisse werden mit der MPI Funktion

```
MPI_Allreduce(spuf,rpuf,anz,type,op,comm)
```

in eine Variable (`rpuf`) addiert, so dass alle beteiligten Tasks das Endergebnis kennen. Dabei müssen wir uns keinerlei Gedanken zur Organisation dieser Addition machen. Die in Abschnitt 2.8.2 diskutierten effektiven Algorithmen, eine Baumstruktur, falls das Ergebnis bei einer Task bleibt bzw. ein Kommunikationsmuster wie in der FFT, falls alle Tasks das Endergebnis kennen sollen, sind bereits in MPI implementiert. Zusammengefasst führt der Programmausschnitt

---

[5] Bei der Ziel- bzw. Ausgangsadresse `MPI_IN_PLACE` unterbleibt das Kopieren.

```
...
for(spuf=0.,i=0;i<Np;i++)
    spuf+=x[i]*y[i];
MPI_Allreduce(MPI_IN_PLACE,spuf,1,MPI_DOUBLE,MPI_SUM,comm);
```

zu einer Summation über alle Tasks. Das Endergebnis dieser Summation ist für alle Tasks in `spuf` verfügbar. Zur weiteren Effektivitätssteigerung wird hier `MPI_IN_PLACE` als Sendepuffer spezifiziert, so dass `spuf` sowohl die lokale Teilsumme als auch die Endsumme enthält. Wir machen dabei Gebrauch von der vordefinierten Operation `MPI_SUM`, einer von mehreren vordefinierten Funktionen, für die Reduktion. Daneben sind auch eigene Funktionsdefinitionen möglich.

In MPI-3 [96] werden die kollektiven Funktionen um nicht blockierende Varianten erweitert. Interessant ist dabei, dass auch `MPI_Barrier` zur Synchronisation aller Tasks um eine nicht blockierende Variante `MPI_Ibarrier` ergänzt wird. Diese Funktion kehrt wie alle nicht blockierenden Funktionen sofort zurück, ist also eine lokale Funktion, und das Erreichen der Barriere durch alle Tasks des Kollektivs muss durch `MPI_Wait` geprüft werden. Hier ist zwar im Entwurfsvorschlag der Fokus auf das Überlappen von Berechnungen mit den nicht blockierenden Funktionen gelegt, aber auch hier dürfte eine interessante und wichtige Anwendung darin bestehen, Fehlertoleranz zu implementieren, denn eine Task, die auf Grund eines Fehlers eine Barriere nicht mehr erreichen kann, führt gegenwärtig unweigerlich zum Absturz des gesamten Programms.

4.2.5 Communicator

Der mit einem *communicator* verbundene Kommunikationskontext ist, wie auf S. 62 ausgeführt, ein ganz zentraler Begriff in MPI. Bisher haben wir den *communicator* dazu genutzt, um

- die Portabilität paralleler Programme zu erhöhen, indem nun auch Bibliotheken anderer Arbeitsgruppen problemlos eingebunden werden können und
- Kollektive für den Einsatz in kollektiven Kommunikationen (s. Abschnitt 4.2.4) zu definieren.

Die wohl wichtigste Funktion zur Manipulation von *communicator*s ist `MPI_Comm_dup`, mit der ein Kommunikationskontext vollständig dupliziert wird. Dies ist, wie gesagt, für die Nutzung fremder Bibliotheken unumgänglich.

Ein *communicator* ist ganz allgemein mit der Vorstellung einer Gruppe von Prozessen verknüpft. Gruppen werden aber i.A. nicht unbedingt explizit benötigt, um eigene *communicator*s zu definieren. Denn mit Hilfe der bereits vordefinierten *communicator*s `MPI_COMM_WORLD`, `MPI_COMM_SELF` und `MPI_COMM_NULL` lassen sich neue Kommunikationskontexte für Teilgruppen definieren:

```
MPI_Comm_size(MPI_COMM_WORLD,&zahl);
MPI_Comm_rank(MPI_COMM_WORLD,&myrank);
i=myrank%3;
j=zahl-myrank;
if(i==0) MPI_Comm_split(MPI_COMM_WORLD,MPI_UNDEFINED,0,
                        &newcomm);
else     MPI_Comm_split(MPI_COMM_WORLD,i,j,&newcomm);
```

Im vorliegenden Programmausschnitt werden zwei Untergruppen $\{1, 4, 7, 10, \ldots\}$ und $\{2, 5, 8, 11, \ldots\}$, die beim Aufruf von `MPI_Comm_split` jeweils denselben Wert $i = 1$ bzw. $i = 2$ besitzen, gebildet. Die verbleibenden Tasks bilden keine neue Gruppe. Da `MPI_Comm_split` eine kollektive Funktion ist, muss sie aber von allen Tasks aufgerufen werden. Die Werte von j sind in jeder der Gruppe fallend. Dies beeinflusst die Ordnung der *ranks* in den neuen Gruppen. Die Tasks mit hohem *rank* in `MPI_COMM_WORLD` besitzen nun in `newcomm` kleine *ranks*. In jedem *communicator* werden die Tasks von 0 bis `zahl`-1 nummeriert, wobei `zahl` der Anzahl von Tasks innerhalb der jeweiligen Gruppe entspricht.

Bei allen bisher angesprochenen *communicator*s handelt es sich um sogenannte *intracommunicator*s. Sie beschreiben Kommunikationskontexte innerhalb einer Prozessgruppe. Um auch Kontexte für die Kommunikation zwischen Prozessgruppen zur Verfügung zu haben, kennt MPI daneben noch `intercommunicators`. Diese können gebildet werden, indem

- zwei Gruppen innerhalb von `MPI_COMM_WORLD` sich über einen Brückenkopf, bestehend aus je einem Prozess aus jeder Gruppe, einen *intercommunicator* bilden, oder
- ein Prozess dynamisch neue Tasks startet und die Brückenkopffunktion übernimmt, um Kommunikationen zwischen diesen neuen Tasks und den bereits bestehenden Prozessen weiterzuleiten.

In dieser Formulierung wird bewusst das Wort Brückenkopf verwendet, da es eine der Hauptfunktionen eines *intercommunicator*s anschaulich macht: Ein *intercommunicator* wird vornehmlich dann eingesetzt, wenn es nur einen (dünnen) Pfad zwischen zwei Gruppen gibt.

Beispiele für den Einsatz sind etwa ein Parallelrechner mit einem Spezialkommunikationsnetz, der über einem *intercommunicator* mit einem PC zusammenarbeitet, oder zwei Parallelrechner, die über eine lange Netzverbindung mit geringer Bandbreite miteinander verbunden sind. Eine kollektive Operation mit einem *intercommunicator* sollte nun so implementiert sein, dass der Brückenkopfprozess die kollektiven Operationen für seine Gruppe durchführt und dann die gesammelten Informationen über die Brücke zur anderen Gruppe weitergibt. So wird verhindert, dass die Brücke, die gedanklich den Flaschenhals zwischen den Gruppen darstellt, mehrfach belastet wird. Daher sollten *intercommunicator*s innerhalb eines Rechnersystems vermieden werden, da ansonsten die Brückenkopfprozesse unnötigerweise zum Engpass werden.

4.2.6 Prozesserzeugung, Prozessmanagement und Threads

Üblicherweise werden MPI Programme durch ein externes ausführbares Skript oder ein externes Programm, das im Allgemeinen `mpiexec` oder `mpirun` heißt, gestartet (vgl. S. 61).

Daneben erlaubt das mit MPI-2 eingeführte dynamische Prozessmanagement die Erzeugung neuer Prozesse nach dem Start einer MPI Anwendung (`MPI_Comm_spawn`). Zur Kommunikation zwischen diesen neuen Prozessen wird ein *intercommunicator* bereitgestellt (s. Kap. 4.2.5). Allerdings verzichtet die Standardisierung zugunsten der Portabilität explizit auf eine enge Verzahnung mit der Laufzeitumgebung von MPI Prozessen. Daher ist eine direkte Zuordnung von dynamisch gestarteteten Prozessen zu Prozessoren oder beispielsweise eine Interaktion mit einem Batchsystem und möglichen Restriktionen zum Starten von Prozessen nicht direkt möglich. Auch die Verwendung eines *intercommunicators* schränkt die Nutzung dieser Art der Prozesserzeugung aus Effektivitätsgründen weiter ein.

Eine weitere Form der Prozessdynamik erlaubt es, dass zwei voneinander unabhängige MPI Anwendungen, die über keinen gemeinsamen Kommunikationskontext verfügen, einen neuen Kommunikationskanal öffnen. Dies könnte beispielsweise eingesetzt werden, um eine Verbindung zwischen einer laufenden Anwendung und einem Werkzeug zur Visualierung herzustellen. Zu diesem Zweck wird explizit ein Port geöffnet, zu dem ein anderer Prozess verbinden kann. Der dann zur Verfügung gestellte *intercommunicator* kann dann wie üblich benutzt werden.

Der gegenwärtige Trend mit immer mehr Kernen in einer CPU verlangt nach neuen Antworten, da immer mehr MPI Prozesse pro CPU zwangsläufig zu Problemen mit der Skalierbarkeit führen. Wird alternativ dazu nur ein MPI Prozess mit mehreren Threads gestartet, wobei nur eine der Threads die MPI Aufrufe umsetzt, dann kann diese eine MPI Thread zum Flaschenhals werden. Können mehrere Threads MPI Aufrufe absetzen, dann muss MPI sicher für Threads [63] sein, was zu schlechterer Performance als bei einer Implementation ohne Locks führt. Der Synchronisationsaufwand wächst auch dann, wenn zwar verschiedene Threads MPI Funktionen aufrufen können, diese aber untereinander serialisiert stattfinden, so dass immer nur eine Thread gleichzeitig offene MPI Kommunikationsfunktionen besitzen kann. Diese Problematiken lassen es fraglich erscheinen, ob hybride Programmierung mit MPI und Threads effektiver sein kann als reine MPI Programmierung [69].

Neben Gesichtspunkten für die Performance werden durch die Kombination von MPI und Threads auch die Fehlerquellen für derartige hybride Programme vervielfacht. Eine Diskussion dazu und ein Vorschlag für eine Erweiterung des Werkzeugs Marmot [81] zur Korrektheitsüberprüfung von MPI Programmen und weitere Hinweise zu diesem Gesichtspunkt finden sich in [71].

In der Diskussion zum neuen Standard MPI-3 wird darüber nachgedacht [96], auf SMP Rechnern mehrere MPI Endpunkte zu definieren, an die sich Threads zur MPI Kommunikation wenden können. Dabei darf jede Thread nur einem MPI Endpunkt zugeordnet sein, um Probleme mit den Locks zu verhindern. Dieser Ansatz verspricht auch für größere SMP Systeme zumindest eine gewisse Skalierbarkeit.

4.2.7 Einseitige Kommunikation

Stellen Sie sich vor, Sie wären einer von sechs Freunden, die jedes Jahr hunderte von Klausuren für das 2. Staatsexamen in Medizin korrigieren müssen. Die Aufgaben sind so gestellt, dass jede Aufgabe ein Blatt füllt und deshalb erhält jeder der Freunde einen Stapel mit genau einer Aufgabe. Die Korrekturen müssen aus rechtlichen Gründen in einem abgeschlossenen Trakt der Universität erfolgen und jeder der Freunde sitzt in einem nur von innen zu öffnenden verschlossenen Büro. Das Ende der Korrektur, die an einem Nachmittag erledigt sein soll, wird anschließend durch gemeinsames Ausgehen gefeiert.

Aus der Erfahrung der letzten Jahre wissen Sie, dass die Aufgaben unterschiedlich lange zur Korrektur benötigen, wobei es immer wieder eine andere Aufgabe ist, die besonders anspruchsvoll ist. Vorletztes Jahr hatte derjenige, der mit seinem Stapel fertig war, bei seinen anderen Kollegen angerufen und den aktuellen Stand abgefragt. Hatte einer der Freunde noch viel Arbeit, rief dieser den Pförtner an. So konnte der Pförtner sich einen Stapel unbearbeiteter Aufgaben von einem Kollegen holen und zum anderen ins Büro bringen. Dies war nicht sonderlich effektiv, da nicht immer dem geholfen wurde, der tatsächlich noch am meisten zu tun hatte. Ferner kostete das wiederholte Anrufen, das Warten auf den Pförtner und das Öffnen der Türe beträchtliche Zeit.

Im letzten Jahr waren Kontrollleuchten an jedem Büro. Sobald einer mit seiner Aufgabe fertig war, wurden die Leuchten auf grün gestellt und der Pförtner wusste dann selbständig, von wem er noch unerledigte Aufgaben abholen konnte. Mit der Lösung waren Sie aber auch nicht ganz zufrieden.

Dieses Jahr steht vor jedem Büro ein Tisch. Auf diesen Tischen werden die Aufgabenblätter in kleinere Stapel zu je 50 Aufgaben abgelegt. Der Pförtner hat die Tische im Blick und vermeidet den Zugriff durch nicht autorisierte Personen. Jeder der Freunde beginnt mit seinen Korrekturen, indem er einen der kleineren Stapel von seinem Tisch nimmt und bearbeitet. Der Pförtner führt darüber Buch. Ist nun einer der Freunde mit allen seinen Stapeln fertig, genügt eine kurze Nachfrage beim Pförtner, um zu erfahren, auf welchem Tisch noch die meisten Stapel liegen. Von diesem Tisch wird ein Stapel genommen und bearbeitet. Am Abend ist die Feier besonders ausgelassen, denn so schnell waren die sechs Freunde mit ihren Korrekturen noch nie fertig.

Die einzelnen Entwicklungsstadien in diesem Beispiel entsprechen unterschiedlichen Programmiertechniken und unterschiedlichen Kommunikationsarten. Im ersten Versuch wird das Problem mit einer direkten paarweisen Kommunikation angegangen. Auf MPI übertragen bedeutet dies die Kommunikation mit einem `MPI_Send` und `MPI_Recv` Paar. Die Effektivität dieses Ansatzes leidet darunter, dass

1. manchmal mehr als ein Anruf notwendig ist, um zu erfahren, wem geholfen werden soll, dass
2. vor dem Austausch der Aufgaben eine Synchronisation stattfinden muss, die insbesondere auch den behindert, der sowieso schon Probleme mit dem Bearbeiten seiner Korrekturen hat und dass
3. nicht immer zuerst dem geholfen wird, der tatsächlich am längsten für seine Arbeit benötigt.

Der nächste Ansatz, der dem Pförtner eine Kontrollfunktion zuweist, vermeidet den 1. Punkt in obigem Ablauf und verringert den Aufwand für den 2. Punkt etwas. Er enthält aber noch das Muster einer paarweisen Kommunikation. Die Veränderung des Kommunikatinsmusters brachte letztendlich den Durchbruch. Jeder bietet im Vorfeld seine Aufgabenblätter allen frei zur Mitnahme an, so dass die dazu notwendige Kommunikation nun nicht mehr paarweise erfolgen muss, sondern gewissermaßen nur noch einseitig von demjenigen, der sich einen Stapel mitnimmt.

Die hier erfolgte einseitige Kommunikation, auch *remote memory access* (RMA) genannt, ist auch für das Parallele Rechnen ein vielversprechender Ansatz zur Perfomancesteigerung [62, 109]. Wie obiges konstruierte Beispiel zeigt, fehlt der intuitive Bezug zu einer einseitigen Kommunikation. Vielleicht einer der Gründe, weswegen einseitige Kommunikation nicht so häufig in parallelen Anwendungen eingesetzt wird. Deswegen sind auch bei den einseitigen Kommunikationsfunktionen mit MPI-3 einige Neuerungen zu erwarten [138], nicht zuletzt deswegen, da Unvereinbarkeiten mit *partitioned global address space languages* wie UPC [143] und *co-Array Fortran* [103], aber auch den *shmem*-Funktionen [8], insbesondere bei der Definition des bei einseitiger Kommunikation nutzbaren Speicherbereichs und den Synchronisationsmöglichkeiten, den Einsatz von MPI als Kommunikationsschicht behindern.

Neben einem *accumulate* zur Reduktion, kennt MPI die beiden einseitigen Kommunikationsfunktionen

```
MPI_Put(u_Addr,u_Anz,u_Typ,ziel,z_Pos,z_Anz,z_Typ,Fenster)
```

und `MPI_Get`. `MPI_Put` bewirkt ein Senden von `u_Anz` Daten von der Adresse `u_Addr` (im Speicher des Senders) vom Datentyp `u_Typ` an die Task `ziel`. Diese speichert die Daten im `Fenster`, beginnend bei der Position `z_Pos`. Der Datentyp des Empfängers `z_Typ` muss dabei in den beiden beteiligten Prozessen gleichartig definiert sein, damit eine eventuell notwendige Umkodierung der Information auch durch den Sender möglich ist. Das `Fenster` wird in einer kollektiven Funktion erzeugt und `ziel` bezieht sich auf den `rank` in dem dabei verwendeten *communicator*.

Alle RMA Kommunikationsfunktionen sind nicht blockierend. Um die Kommunikation abzuschließen, bedarf es daher einer Synchronisation und zwar nicht nur auf Seiten des Senders, sondern auch auf Seiten des Empfängers. Genauso wie ein Containerlieferant den Liefertermin des leeren Containers zur Beladung mitteilt und den Abholtermin koordiniert, so dass auch wirklich alle Güter verladen sind, genauso muss der Empfänger der Daten den Speicherplatz freigeben und der Empfänger darf erst wieder auf diesen Bereich zugreifen, wenn die Operation durch den Sender abgeschlossen ist.

Synchronisationen sind mit der kollektiven Funktion `MPI_Win_fence` möglich, das als *fence* sicher stellt, dass alle ausstehenden Speicheroperationen auf das entsprechende `Fenster` abgeschlossen sind. Daneben können exklusive Locks für `Fenster` verwendet werden. Paarweise Synchronisation ermöglichen die vier Funktionen `MPI_Win_start`, `MPI_Win_post`, `MPI_Win_complete` und `MPI_Win_wait`, bei denen zunächst ein `Fenster` von seinem Besitzer frei gegeben wird (`Post`), bevor eine mit `Start` eingeleitete RMA Funktion auf den Speicher zugreifen kann. Der Abschluss dieser Operation wird beim ausführenden Prozessor durch `Complete` synchronisiert und beim Besitzer des `Fensters` durch ein `Wait`.

Als Beispiel für den Einsatz einseitiger Kommunikationsfunktionen soll das Programm auf S. 67 so umgestellt werden, dass die einzelnen Tasks per RMA Funktion ihre Informationen auf die Task mit `myrank=0` übertragen. Es handelt sich dabei um ein für MPI typisches SPMD Programm, das nach dem Master–Slave Programmierstil (vgl. Abschnitt 4.3.4) arbeitet, bei dem die Slavetasks ihre Berechnungsergebnisse der Mastertask direkt in den Speicher schreiben. In Abschnitt 5.4.5 werden einseitige Kommunikationsfunktionen am Beispiel einer Fallstudie zur Implementierung einer Taskfarmstrategie eingesetzt.

Im Beispiel erzeugt der Masterprozess (`myrank=0`) für jeden Slaveprozess ein eigenes Speicherfenster. Da `MPI_Win_create` eine kollektive Funktion ist, müssen die Slaves jeweils ebenfalls so viele Speicherfenster erzeugen. Diese Slavefenster besitzen die Größe `0`, da diese Speicherfenster nicht benutzt werden. Alternativ dazu, kann die Mastertask mit jeder Slavetask eine eigene Gruppe bilden und Master- und Slaveprozess jeweils ein Speicherfenster in dieser Gruppe öffnen.

```
...
MPI_Comm_rank(comm,&myrank);
MPI_Comm_size(comm,&anz);
MPI_Comm_group(comm,&group);
/* Mastertask */
if(myrank==0) {
  for(i=1;i<anz;i++) { /* Öffne für jeden Slave ein Fenster */
   MPI_Win_create(&puffer[i],MAX*sizeof(double),
                  sizeof(double),MPI_INFO_NULL,comm,&win[i]);
   MPI_Win_post(group,0,win[i]);    /* Freigabe des Fensters */
  }
  i=0;
  for(j=1;j<anz;j++) {
  /* Überprüfe, welches Fenster frei ist */
     for(info=0;!info;i=i%(anz-1)+1)
        MPI_Win_test(win[i],&info);
     Arbeite(&puffer[i],ndat);
     /* Daten in puffer[i] sind freigegeben */
  }
 }else{
  for(i=1;i<anz;i++)        /* Öffne anz Fenster der Größe 0 */
    MPI_Win_create(&puffer[i],0,1,MPI_INFO_NULL,comm,&win[i]);
  viel_Arbeit(Ergebnis,&ndat);
  /* Blockierender Zugriff auf das Fenster */
  MPI_Win_start(group,0,win[myrank]);
  MPI_Put(Ergebnis,ndat,MPI_DOUBLE,0,0,ndat,MPI_DOUBLE,
          &win[myrank]);
  /* Blockierende Freigabe des Fensters */
  MPI_Win_complete(win[myrank]);
 }
 for(i=1;i<anz;i++)
     MPI_Win_free(win[i]); /* Schließen des Fensters */
```

Direkt nach ihrer Erzeugung gibt der Master seine Speicherfenster (`MPI_Win_post`) zur Nutzung frei. Nach erfolgter Freigabe durch den Master können die Slaves aus der blockierenden Synchronisationsfunktion `MPI_Win_start` zurückkehren und den zum Fenster gehörenden Speicher beschreiben (`MPI_Put`). Das folgende `MPI_Win_complete` blockiert den Slave so lange, bis `MPI_Put` und alle zugehörigen Speicheroperationen vollständig beendet sind. Damit ist die Kommunikationsepoche für die Slavetask abgeschlossen. Nach der Beendigung von

`MPI_Win_complete` (Slavetask) kann die Funktion `MPI_Win_test`, das nicht blockierende Gegenstück zu `MPI_Win_wait`, auf dem Masterprozess einen von Null verschiedenen Wert für `info` liefern. Damit ist die Kommunikationsepoche für die Mastertask abgeschlossen und der Master kann beliebig auf den Speicher in diesem Fenster zugreifen.

4.2.8 Ein-/Ausgabe

Wie bereits in Abschnitt 4.2.3 angedeutet, wird parallele Ein-/Ausgabe in MPI mit Hilfe von eigens konstruierten Datentypen [94, 95] verwirklicht. Zunächst wird eine Datei kollektiv geöffnet. Innerhalb dieser Datei wird eine absolute Postition in Byte definiert, die Versetzung genannt wird, um sie von Positionsangaben in konstruierten Datentypen unterscheiden zu können. Da Ein-/Ausgabe mit konstruierten Datentypen verwirklicht wird, bilden konstruierte Datentypen die Grundeinheit für den Datenzugriff und die Positionierung innerhalb einer Datei. In einer für parallele Ein-/Ausgabe geöffneten Datei kann nur genau ein Datentyp als Grundeinheit benutzt werden. Wie im Beispiel auf S. 72 nutzen wir auch in Abb. 4.8 den Datentyp `MT` als Grundeinheit.

Wenn der Zugriff auf eine Datei gewissermaßen zwischen Prozessen aufgeteilt werden soll, benötigt jeder Prozess noch einen Datentyp für die Datei, den sogenannten Dateityp. Dieser kann für verschiedene Prozesse unterschiedlich sein, die unterschiedlichen Dateitypen müssen aber in ihrer Länge (*extent*) übereinstimmen. In Abb. 4.8 sind mögliche Dateitypen für zwei Prozesse und eine entsprechende Aufteilung der Datei dargestellt. Zur endgültigen Definition wird noch der Blick auf eine Datei benötigt, der für jeden Prozess verschieden sein kann und sich aus der Versetzung, der Grundeinheit und dem Dateityp zusammensetzt, und ein *offset*, das der Position in der Datei relativ zum Blick entspricht. Beim *offset* werden Datenlöcher nicht mitgezählt, so dass *offset* 1 für Prozess 0 in Abb. 4.8 nach der 3. Grundeinheit ab der Versetzung in der Datei und für Prozess 1 direkt nach der Versetzung beginnt.

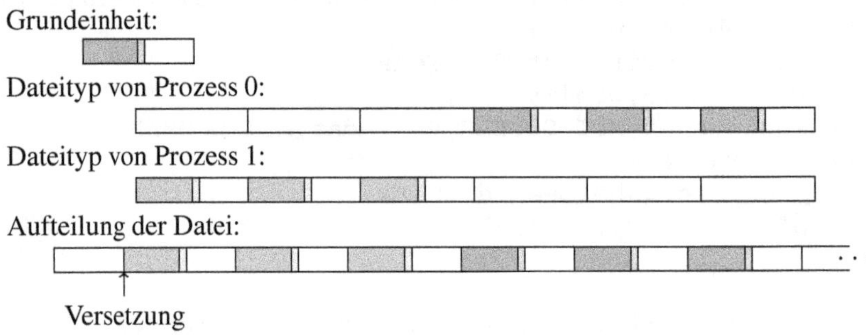

Abbildung 4.8: *Aufteilung einer Datei auf zwei Prozesse.*

Der Blick auf eine Datei kann explizit ohne Schließen der Datei verändert werden. In Abb. 4.8 könnte beispielsweise in einer laufenden Anwendung ein Vektor aus 3 Blöcken des Datentyps `MT` als neue Grundeinheit gewählt werden.

Daten zu und von Dateien werden über Lese- bzw. Schreibefunktionen bewegt. Dabei unterscheidet MPI zwischen nicht blockierenden und blockierenden Zugriffen, die kollektiv bzw.

nicht kollektiv erfolgen können und es dabei erlauben, mit expliziten *offsets*, mit individuellen Dateipointern pro Prozess oder auch gemeinsamen Dateipointern zu arbeiten. Bei blockierenden Zugriffen kehrt die Funktion nicht zurück, bevor die Ein-/Ausgabe-Operation abgeschlossen ist. Bei nicht blockierenden Funktionen muss bei nicht kollektiven Funktionen die Beendigung mit `MPI_Wait` synchronisiert werden. Bei kollektiven Funktionen wird diese Funktionalität in zwei Schritten realisiert:

```
MPI_File_read_all_begin(fh,puf,anz,datentyp)
```

benutzt beispielsweise einen individuellen Dateipointer `fh`, den jeder Prozess unabhängig von den anderen Prozessoren verändern kann. Ein gemeinsamer Dateipointer für diese Datei bleibt von der Veränderung der individuellen Dateipointer unbeeinflusst. Dieser Funktionsaufruf folgt den Regeln von kollektiven Kommunikationen und beginnt mit dem Lesen von `anz` Daten des entsprechenden Datentyps in den Speicherbereich `puf`. Synchronisiert wird die Beendigung dieses Zugriffs durch die kollektive Funktion

```
MPI_File_read_all_end(fh,puf,status).
```

Da der Zugriff auf die Datei kollektiv stattfindet, beeinflussen sich die einzelnen Prozesse, da sie bei unterschiedlichen Dateipointern miteinander konkurrierend auf dieselbe Datei zugreifen. Bei identischen Dateipointern kann sich die Benutzung von caches in Plattencontrollern stattdessen positiv auf die Performance auswirken.

Bei gemeinsamen Dateipointern wird der Dateizugriff gewissermaßen serialisiert, indem zunächst die Task mit dem kleinsten *rank* zuerst zugreift und dabei den gemeinsamen Dateipointer bewegt. Die nächste Task beginnt dann bei dieser neuen Position des Dateipointers usw.

4.2.9 MPI – Versuch eines Ausblicks

MPI ist gegenwärtig die am häufigsten eingesetzte Programmierumgebung für das Parallele Rechnen und dies bereits seit über 10 Jahren. Alleine diese Tatsache spricht für das Konzept und das Softwaredesign hinter MPI. Daneben spielt natürlich, besonders im Hochleistungsrechnerumfeld, die Effektivität der vorhandenen Implementierungen, sowohl auf Spezialrechnern, wie auf einfachen Clusters aus Standardkomponenten, wie auf Windows-PCs, eine entscheidende Rolle.

Für den weiteren Erfolg und Bestand von MPI wird mitentscheidend sein, inwieweit Funktionalitäten des Message Passing, gegegebenenfalls mit eigenen Protokollen, in den neuen Hybridrechnern eine Rolle spielen werden und welche technische Realisierungen dafür gewählt werden. Mit Hybridrechner sind dabei Rechner mit den auf den Markt drängenden Beschleunigerkarten, wie die Graphics Processing Units [104] und die Cell–Prozessoren [22], gemeint, deren Programmierung in Kap. 8 beschrieben wird. Gegenwärtig benötigen diese Systeme traditionelle CPUs zum Datenaustausch zwischen den Beschleunigerkarten untereinander, was dazu führt, dass Daten von den Beschleunigerkarten in den Speicher der CPU kopiert werden müssen, bevor die Daten mit MPI versendet werden können. Diese Kopiervorgänge verringern die Effektivität für die Parallelisierung von Anwendungen auf diesen Karten beträchtlich. Ferner ist einseitige Kommunikation (s. Abschnitt 4.2.7), d.h. RMA zu den Karten, praktisch nicht möglich. Eine weitere Art von Hybridrechner stellen die Cluster von SMP–Systemen dar, die sich noch stärker auf dem Markt ausbreiten werden als bisher. Bei diesen Systemen ist davon auszugehen, dass das MPI–Forum eine passende Lösung finden wird, um den veränderten Kommunikationsanforderungen dieser Systeme (vgl. Abschnitt 4.2.6 und Diskussion zu MPI-3 dort) gerecht zu werden.

Andere wichtige Anforderungen an eine neue Version von MPI, wie nicht blockierende kollektive Kommunikationsfunktionen zur Performancesteigerung und zur Ermöglichung einer Fehlertoleranz (vgl. Abschnitt 4.2.4) und Veränderungen bei der einseitigen Kommunikation (vgl. Abschnitt 4.2.7), sind zwar für die weitere Akzeptanz und den weiteren Einsatz von MPI von Bedeutung, werden aber, im Unterschied zur Interaktion zwischen MPI und Threads, nicht über den weiteren Fortbestand von MPI entscheiden.

4.3 Parallel Virtual Machine – PVM

> PVM ... is a software system that permits a network of heterogeneous Unix computers to be used as a single large parallel computer.
>
> *(PVM 3 User's Guide)*

4.3.1 Einleitung

Mit der Verbreitung von Workstations und deren Vernetzung begann auch die Blütezeit für Message Passing Systeme. Allen voran ist dabei Parallel Virtual Machine (PVM) zu nennen, das vor der Standisierung von MPI das am weitesten verbreitete Message Passing System war. Aus historischen Gründen, und da immer noch einige Software mit PVM programmiert ist, sollen die prinzipielle Funktionsweise und die Unterschiede zu MPI hier kurz erläutert werden.

Wie obiges Zitat aus dem Nutzerhandbuch [53] deutlich macht, unterscheidet sich PVM grundsätzlich von MPI, dadurch dass

- PVM ein Softwaresystem ist, nicht nur eine Standardisierung wie MPI. Tatsächlich interagiert PVM stark mit dem Betriebssystem und der Laufzeitumgebung (vgl. Abb. 4.9), indem es beispielsweise dynamisches Prozessmanagement und Grundfunktionalität zur Fehlererkennung enthält.
- PVM ist für den Einsatz auf Netzwerken mit heterogenen Rechnern entworfen worden. Es behandelt daher ausdrücklich das Problem unterschiedlicher binärer Zahlendarstellungen[6] auf verschiedenen Rechnern und geht in seiner Konzeption von verhältnismäßig langsamen und unsicheren Netzwerken aus und kann unterschiedliche Taktraten und Ausstattungen von Rechnern berücksichtigen.

[6] Dieses Problem existiert heute dank der Marktbereinigung kaum noch.

4.3.2 Aufbau und Funktionsweise von PVM

PVM besteht im Wesentlichen aus drei Teilen (vgl. Abb. 4.9):

- Das Herzstück ist ein Daemon–Prozess, pvmd3, der hauptsächlich für die Interaktion mit dem Betriebssystem und der Laufzeitumgebung zuständig ist.
- Eine Konsole, pvm, dient als interaktive Schnittstelle zu diesem Daemonprozess.
- Die Schnittstellen für den Benutzer sind Bibliotheken, die beispielsweise intern eine Schnittstelle zu der *eXternal Data Representation* XDR–Bibliothek zur Behandlung unterschiedlicher Zahlendarstellungen enthalten.

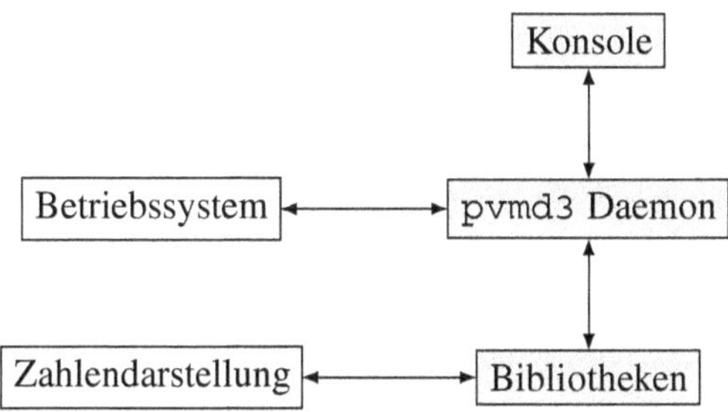

Abbildung 4.9: *Struktur von PVM.*

PVM kann entweder über die Konsole oder durch Aufruf des Masterdaemons gestartet werden. Beim Aufruf des Masterdaemons wird üblicherweise eine Datei als Argument angegeben, die Rechnernamen und zusätzliche Optionen enthält. In Abb. 4.10 ist ein Beispiel für eine derartige Datei mit einigen Optionen angeführt.

```
# Standardinstallation
Knoten1
# Daemon ist an anderer Stelle installiert
Knoten2 dx=/home/user/pvm3/lib/pvmd
# unterschiedlicher Benutzer mit Passwortabfrage
Knoten3.neue-domäne.de lo=user2 so=pw
# unterschiedlicher Ausführungspfad
Knoten4 ep=/home/user2/bin:/system_install.bin
# optionaler Rechner
&Knoten5
```

Abbildung 4.10: *Beispiel für eine Steuerungsdatei für den direkten Start des Masterdaemons.*

An den verfügbaren Optionen in der Steuerungsdatei für pvmd3 ist die mögliche Heterogenität in PVM deutlich zu erkennen. Es können Rechner in anderen Domänen, mit anderer Benutzerkennung eingesetzt werden, der Installationsort von PVM ist auf Benutzerebene wählbar und es lassen sich bequem unterschiedliche Pfade zur Suche nach ausführbaren Programmen definieren. Daneben ist aber auch eine Möglichkeit der Prozessdynamik ersichtlich, denn zu Beginn der Rechnung wird `Knoten5` nicht eingesetzt, er kann aber im Verlauf der Rechnung zusätzlich eingebunden werden.

Die oben angeführte Eingabedatei kann auch in Verbindung mit dem Konsolprogramm `pvm` benutzt werden. Daneben bietet die Konsole eine Reihe vordefinierter Kommandos zur interaktiven Steuerung, wie:

add: Fügt einen neuen Rechner zu PVM hinzu.

delete: Entfernt einen Rechner aus PVM.

mstat: Erlaubt eine Kontrolle, ob der Daemon auf einem Rechner läuft.

setenv: Erlaubt das Setzen und die Abfrage von Umgebungsvariablen.

sig: Sendet ein Signal an eine der Tasks.

spawn: Startet ein Anwendungsprogramm innerhalb von PVM.

Auch aus diesem Auszug an Kommandos zeigt sich die Ausrichtung von PVM als Softwaresystem für heterogene Umgebungen. So können dynamisch, d.h. beispielsweise in Abhängigkeit von der Auslastung eines Rechners, Rechner aus dem Verbund entfernt oder hinzugefügt werden. Auf diese Weise ist PVM in der Lage, aus allen Arbeitsplatzrechnern eines Instituts einen virutellen Parallelrechner aufzubauen, der Mittagspausen und Besprechungen genauso berücksichtigt (dann werden Rechner hinzugefügt) wie intensive Arbeitsphasen der Kollegen (dann werden Rechner entfernt).

4.3.3 Ein einführendes Beispiel

Anstelle Funktionen in der zugehörigen Bibliothek zu erläutern, soll hier an zwei Beispielen typische Vorgehensweisen in PVM verdeutlicht werden.

Auch dieses Beispiel ist im SPMD Programmiermodell (vgl. S. 60) gehalten. Dies ist aber im Unterschied zu MPI keine Notwendigkeit in PVM. Im Unterschied zu den üblichen MPI–Programmen wird bei PVM im Allgemeinen zunächst nur eine Instanz des Anwenderprogramms gestartet. Aus der heraus werden dann weitere Instanzen desselben oder anderer Programme ausgeführt (`pvm_spawn`). Deswegen spricht man in diesem Zusammenhang von Elter- bzw. Kind–Prozessen. Beim Aufruf der Funktion `pvm_parent` erhält der Eltern–Prozess als erste aufgerufene Instanz eine ungültige Task–ID `tid` zurück.

Das hier eingesetzte Kommunikationsmuster entstammt einem der Haupteinsatzgebieten von PVM, dem Zusammenführen von Arbeitsplatzrechnern in einem LAN zu einem Parallelrechner. Deswegen wird jede Mitteilung vor dem Senden in einen internen Speicher gepuffert, bevor sie verschickt wird. Dies entspricht dem Einpacken bei MPI (vgl. Abschnitt 4.2.3), das i.A. die effektivste Variante darstellt, um nicht zusammenhängende Daten zu übermitteln. Gerade in LANs spielt das Vermeiden von Latenzzeiten (vgl. Gl. (2.9)) eine entscheidende Rolle. Dabei können zwischen `pvm_initsend` und `pvm_send` mehrere Nachrichtenbestandteile unterschiedlicher Datentypen gepackt werden. Auf der Empfängerseite wird die Nachricht (blockierend) empfangen und ausgepackt. Die Funktion `pvm_exit` schließt das parallele PVM Programm ab.

```
#include <stdio.h>
#include "pvm3.h"
main(int argc, char **argv)
{
 int mytid;                   /* Meine Task Id */
 int tid;                     /* Task Id */
 char nachricht[20];
 int  numt, tag=2;
 FILE *f_ptr;
 mytid = pvm_mytid();         /* Initialisierung */
 tid=pvm_parent();            /* Task ID der Elter-Task */
 /* Vaterprozess, da keine Elter-Task existiert */
 if(tid < 0) {
   /* starte ein Kind */
   numt=pvm_spawn("spmd",(char **)0,0,"",1,&tid);
   if(numt<=0) {
      printf("Konnte Kind nicht starten\n");
      exit();
   }
   strcpy(nachricht,"Hallo von PVM");
   pvm_initsend(PvmDataDefault); /* Initialisierung */
   pvm_pkstr(nachricht);         /* ... Packen ...*/
   pvm_send(tid,tag);            /* ... Senden */
 } else {                        /* Kind-Task */
   pvm_recv(tid,tag);            /* Empfange Nachricht ... */
   pvm_upkstr(&nachricht);       /* ... Auspacken */
   f_ptr=fopen("ausgabe","w");
   fprintf(f_ptr,"Task %d empfing %s:\n",mytid,nachricht);
   fclose(f_ptr);
 }
 pvm_exit();                     /* verlasse PVM */
}
```

In jüngeren PVM–Versionen ist es auch möglich, verschiedene Kommunikationskontexte zu verwenden. Diese wurden nach der Standardisierung von MPI eingeführt, um wie dort, die Verwendung von parallelen Bibliotheken zu ermöglichen. PVM kennt nur paarweise Kommunikationsfunktionen und kollektive Funktionen.

4.3.4 Beispiel eines Master–Slave Programms

Da in PVM üblicherweise eine Elter–Task mit `pvm_spawn` Kinder–Tasks erzeugt, liegt neben dem in obigem Beispiel vorgestellten SPMD–Programmiermodell das sogenannte Master–Slave–Programmiermodell nahe, bei dem die Eltern–Task als Masterprozess fungiert und die

Kinder vollständig andere (auch untereinander verschiedene) Programme sind, die als Slaveprogramme dem Masterprozess zuarbeiten.

```
/* Master Programm */
...
#include "pvm3.h"
#define SLAVENAME "slave"
#define MAXSLAVES 32
main(int argc, char **argv)
{
    int mytid, tids[MAXSLAVES];
    int nproc, numt, i,n=100, who, tag=5, nhost, narch;
    float data[100], result[MAXSLAVES];
    struct pvmhostinfo *hostp;

    mytid = pvm_mytid();
    /* Wieviele Rechner in PVM */
    pvm_config( &nhost, &narch, &hostp );
    nproc = nhost - 1;
    if(nproc>MAXSLAVES) nproc=MAXSLAVES;
    printf("Starte %d Slaves ... ",nproc);
    numt=pvm_spawn(SLAVENAME, (char**)0, 0, "", nproc, tids);
    if( numt < nproc ){
        ...
    }

    /* Broadcast von initialisierten Daten */
    pvm_initsend(PvmDataDefault); /* mit XDR falls notwendig */
    pvm_pkint(&nproc, 1, 1);
    pvm_pkint(tids, nproc, 1);
    pvm_pkint(&n, 1, 1);
    pvm_pkfloat(data, n, 1);
    pvm_mcast(tids, nproc, 0);  /* Multicast */

    /* Warte auf Antworten */
    for( i=0 ; i<nproc ; i++ ){
        pvm_recv( -1, tag);      /* beliebiger slave */
        pvm_upkint( &who, 1, 1 );
        pvm_upkfloat( &result[who], 1, 1 );
        printf("Antwort %f von %d\n",result[who],who);
    }
    pvm_exit();
}
```

Typische Beispiele für das Master–Slave–Programmiermodell sind Programme zur Lösung von Multiphysics–Problemen, bei denen der Master die Kopplungsaufgabe zwischen den Teilproblemen wahrnimmt, oder genetische Algorithmen, bei denen der Masterprozess die genetische Auswahl zu Parametersätzen trifft und die Slaves die Konditionierung der Parametersätze überprüfen.

Hier sind zwei Programmauszüge wiedergegeben, die einmal das Masterprogramm und einmal das Slaveprogramm enthalten (nach [53]). Im Master Programm wird zunächst die Konfiguration von PVM abgefragt, um zu erfahren, wieviele `slaves` zur Verfügung stehen. Kann die gewünschte Anzahl von `slaves` nicht mit `pvm_spawn` gestartet werden, werden bereits gestartete Slaves beendet. Das Slaveprogramm muss dabei auf dem Zielrechner im Ausführungspfad zu finden sein.

Nach dem Start der Slaves werden initialisierte Daten an diese verschickt. Die Verwendung der Option `PvmDataDefault` garantiert dafür, dass im Fall von heterogenen Systemen mit unterschiedlichen Zahlendarstellungen die Daten in das XDR–Format (*eXternal Data Representation*) transformiert werden. Der mit `pvm_initsend` begonnene Block zum Verpacken der Daten wird durch die Funktion `pvm_mcast` abgeschlossen. Diese Multicastfunktion verschickt, ohne einen Gruppenzusammenhang zu bemühen, den es in PVM auch gibt, die Daten an alle Tasks in der `tids`–Liste. Beim anschließenden Einsammeln der Ergebnisse wird stellvertretend für einen beliebigen `slave` im Aufruf von `pvm_recv` der Parameter `-1` als Absender benutzt. So können zuerst die Daten vom schnellsten `slave` verarbeitet werden.

Das Slave Programm muss in diesem Fall `slave` heißen, um gestartet zu werden. Es ist ein völlig eigenständiges Programm:

```
#include "pvm3.h"
#include MAXSLAVES 32

main(int argc, char** argv) {
    int mytid, tids[MAXSLAVES];
    int n, me, i, nproc, master, tag=5;
    float ergebnis;
...
    mytid = pvm_mytid();    /* Eigene Task-ID */
    /* Ermitteln der Task-ID des Masters */
    master = pvm_parent();

    /* Empfange Daten vom Master */
    pvm_recv(master, 0);
    pvm_upkint(&nproc, 1, 1);
    pvm_upkint(tids, nproc, 1);
    pvm_upkint(&n, 1, 1);
    pvm_upkfloat(data, n, 1);
```

```
    /* Der wievielte slave bin ich? */
    for( i=0; i<nproc ; i++ )
       if( mytid == tids[i] ){ me = i; break; }

    ergebnis = arbeit( me, n, data, tids, nproc );

    /* Sende Daten zum Master */
    pvm_initsend( PvmDataDefault );
    pvm_pkint( &me, 1, 1 );
    pvm_pkfloat( &ergebnis, 1, 1 );
    pvm_send( master, tag);
    pvm_exit();
}
```

```
float arbeit(me, n, data, tids, nproc )    /* Arbeitsfunktion */
/* Slaves tauschen untereinander Daten aus */
{
...
    for( sum=0.,i=0 ; i<n ; i++ ) sum += me * data[i];

    ziel = (me+1)%nproc;  /* Austausch im Kreis */
    pvm_initsend( PvmDataDefault );
    pvm_pkfloat( &sum, 1, 1 );
    pvm_send( tids[ziel], 22 );  /* Senden nach rechts */
    quelle = (nproc+me-1)%nproc;
    pvm_recv( quelle, 22 );      /* Empfangen von links */
    pvm_upkfloat( &psum, 1, 1 );

    return( sum+psum );
}
```

Im Slave Programm werden die Daten vom Master empfangen. Im Unterschied zu MPI ist das vom Master verwendet `pvm_mcast` keine kollektive Funktion. Der Master nutzt das Multicast und die slaves empfangen mit dem zu einer paarweisen Kommunikation passenden `pvm_recv`. In der Funktion `arbeit` kommunizieren die `slaves` untereinander. Dies wäre in MPI kompliziert, da ein *intercommunicator* benutzt werden müsste (vgl. Abschnitt 4.2.5). Hier in PVM ist es einfach nur ein Senden zu einer Task-ID. Nach Beendigung von `arbeit`, sendet jeder `slave` sein Ergebnis zum Master.

Besonders das letzte Beispiel zeigt den Charme von PVM gegenüber MPI. Das Master–Slave Programmiermodell entspricht zunächst natürlicher unserem „Alltagsempfinden“ für Parallelität. Kommunikationsmuster sind über die Task–IDs schnell hergestellt. Es bleibt ein entscheidender Nachteil für PVM – es ist deutlich langsamer als MPI und wird daher im Hochleistungsbereich nur noch selten eingesetzt. Im Institutseinsatz, mit der Möglichkeit, flexibel auf die Arbeitsgewohnheiten von Kollegen etc. zu reagieren, ist PVM dem Message Passing Interface MPI, das für ein verlässliches Netzwerk mit homogenen verfügbaren Rechnern konzipiert ist, überlegen, genauso wie in der Kopplung unterschiedlicher Anwendungen, wie beispielsweise zwischen einem Graphikprogramm am Arbeitsplatz und einem parallelen Anwendungsprogramm auf einem Hochleistungsrechner, das für die interne Kommunikation MPI einsetzt. Von daher erwarte ich, dass PVM als Softwaresystem in Nischenbereichen erhalten bleiben wird.

5 Performance der Gaußelimination und das Design paralleler Programme

Ob ich die Mathematik auf ein Paar Dreckklumpen anwende, die wir Planeten nennen, oder auf rein arithmetische Probleme, es bleibt sich gleich, die letztern haben nur noch einen höhern Reiz für mich.

(Carl Friedrich Gauß (1777-1855))

5.1 Einleitung

Die Lösung linearer Gleichungssysteme ist eine der zentralen Aufgaben in numerischen Simulationen, da viele physikalische und ingenieurwissenschaftliche Phänomene durch partielle Differentialgleichungen modelliert werden, deren Lösung meist auf lineare oder linearisierte Gleichungssysteme zurückgeführt wird. In diesem und den nächsten zwei Kapiteln werden grundlegende Verfahren zur Lösung linearer Gleichungssysteme beschrieben, wobei nicht die Verfahren als solches untersucht werden, sondern die Verfahren benutzt werden, um Techniken für die Parallelisierung dieser Algorithmen exemplarisch zu diskutieren und Probleme und mögliche Lösungen für das Parallele Rechnen aufzuzeigen. Dementsprechend sind von diesen Kapiteln weder tiefgreifende mathematische Analysen zu erwarten, noch können sie die Fülle der möglichen Algorithmen abdecken. Das ist, wie gesagt, auch nicht das Ziel dieser Arbeit. Im Vordergrund steht vielmehr ein Vergleich verschiedener Algorithmen im Hinblick auf deren effektive Umsetzung auf einem parallelen Hochleistungsrechner.

Herzstück dieses Kapitels ist jedoch das als Exkurs formulierte Design paralleler Programme in Abschnitt 5.4. Das hier vorgestellte und entwickelte Konzept basiert auf einer Designschleife, die aus Programmzerlegung und Analyse von Abhängigkeiten verbunden mit einer quantifizierbaren Abschätzung des Kommunikationsaufkommens besteht, an die sich die Zuweisung auf physikalische Prozessoren anschließt. Dieser Designentwurf wird an Beispielen aus den Ingenieur- und Naturwissenschaften ausführlich erläutert. Eine Fallstudie zu wechselwirkenden Teilchen, in der die einzelnen Designschritte exemplarisch umgesetzt werden, schließt diesen Abschnitt ab.

5.2 Lösungsverfahren für Gleichungssysteme

Bei den Lösungsverfahren für lineare Gleichungssysteme wird zwischen direkten und iterativen Verfahren unterschieden. Direkte Verfahren erlauben eine bis auf Rundungsfehler exakte Berechnung der Lösung in einer von der Matrixgröße und dem Besetzungsgrad der Matrix abhängigen Anzahl von Berechnungsschritten. Bei iterativen Verfahren wird ausgehend von einem Startvektor eine Folge von Näherungslösungen berechnet, die üblicherweise gegen die Lösung des Gleichungssystems konvergiert. So unterschiedlich diese Lösungsverfahren sind, so unterschiedlich sind die Techniken und Methoden zur Performancesteigerung und zur Parallelisierung bei den traditionellen Verfahren, die dann gewissermaßen in den Gebietszerlegungsmethoden in Kap. 7 technisch und methodisch konvergieren.

In diesem Kapitel wird zunächst das Gaußsche Eliminationsverfahren als ein Beispiel für ein direktes Lösungsverfahren behandelt. Wir beginnen dabei mit der klassischen Lehrbuchversion und analysieren dessen Performance. Dabei wird auf die Ausführungen zu Speicherarchitekturen und -techniken aus Kapitel 1 zurückgegriffen. Auf dieser Grundlage wird das Gaußsche Eliminationsverfahren in einen Blockalgorithmus umformuliert, wie er speziell für Rechnerarchitekturen mit hierarchischer Speicherorganisation geeignet ist. Der Blockalgorithmus bietet sich ferner als exzellente Ausgangsbasis für die Parallelisierung des Verfahrens an, mit der dieses Kapitel abgeschlossen wird.

Wir beschäftigen uns hier ausschließlich mit dicht besetzten Matrizen. Für direkte Verfahren mit dünnbesetzten Matrizen und Matrizen mit besonderen Eigenschaften sei auf weiterführende Literatur verwiesen [12, 31, 57, 112, 133]. Die Grundlagen dieses Verfahrens finden sich in Standardwerken der Mathematik, weswegen hier auf jegliche Ausführungen und Diskussionen zum Verfahren verzichtet wird. Hier steht alleine die Implementation und deren Performance im Vordergrund. Um das Augenmerk auf die Effizienzsteigerung nicht zu verlieren, wird hier im Weiteren sogar auf die für einen stabilen Algorithmus unabdingbare Pivotierung verzichtet.

Das Gaußsche Elimnationsverfahren ist eines der best untersuchten mathematischen Verfahren. Dementsprechend vielfältig ist die Literatur. Hier eine kleine Auswahl: Dongarra et al. [36], Gallivan et al. [50]: Performancebetrachtungen auf Vektorrechnern, A. Frommer [48]: Algorithmisches auf Vektor- und Parallelrechnern, J.W. Demmel [31]: Blockalgorithmen, Rauber und Rünger [116]: Parallelisierung mit MPI.

5.3 Vom Lehrbuch- zum Blockalgorithmus

Zu lösen ist das lineare Gleichungssystem

$$Ax = b \tag{5.1}$$

mit einer vorgegebenen $n \times n$-Matrix A und einer rechten Handseite b. Das klassische Verfahren basiert auf einer Zerlegung der Matrix A in eine linke Dreiecksmatrix mit Einsen auf der Diagonalen, L, und eine obere Dreiecksmatrix, R:

$$A = LR\,. \tag{5.2}$$

Nach dieser Zerlegung lässt sich der Lösungsvektor durch Vorwärtseinsetzen

$$Ly = b \tag{5.3}$$

gefolgt vom Rückwärtseinsetzen

$$Rx = y \tag{5.4}$$

einfach lösen. Wir betrachten zunächst nur den Schritt der LR–Zerlegung (5.2), der wie folgt in den gängigen Lehrbüchern zu finden ist:

ALGORITHMUS 5.1 : Klassische LR–Zerlegung

```
for(i=0;i<n-1;i++) {
    /* Zeilen-, Spaltentausch so dass A[i][i]!= 0 */
    permute(A,i);
    permute(L,R,i);     /* permutieren von L und R */
    /* Berechne Spalte L[j][i]                    */
    for(j=i+1;j<n;j++) L[j][i] = A[j][i] / A[i][i];
    /* Kopiere Zeile A[i][j] in R[i][j]           */
    for(j=i;j<n;j++)     R[i][j] = A[i][j];
    /* Ändere Rest von A                          */
    for(j=i+1;j<n;j++)
        for(k=i+1;k<n;k++)
            A[j][k] = A[j][k] - L[j][i]*R[i][k];
}
```

Dieser Algorithmus wird üblicherweise so abgewandelt, dass die L und R Dreiecksmatrizen denselben Speicherplatz benutzen wie die A Matrix[1].

Zur Abschätzung der Performance dieses Algorithmus genügt es, das Schleifennest zu betrachten, das für die Veränderung des Restes von A zuständig ist, d.h. in der

$$A = A - L[.][i]R[i][.]$$

ausgeführt wird. In dieser Schreibweise deuten die Punkte an, dass von den Matrizen L und R im Schleifennest praktisch nur Vektoren benutzt werden und zwar der i-te Spatenvektor von L und der i-te Zeilenvektor von R. Somit handelt es sich bei dieser Operation nicht um ein Produkt zweier Matrizen, sondern um das Produkt zweier Vektoren in einem sogenannten dyadischen Produkt, das für die Komplexität $\mathcal{O}(\frac{2}{3}n^3)$ des Gesamtalgorithmus verantwortlich ist. Bei beliebig großen Matrizen kann auch die Komplexität von $\mathcal{O}(\frac{2}{3}n^{2,38})$ erreicht werden [27]. Dieser Algorithmus spielt aber bei den hier betrachteten Matrixgrößen keine praktische Rolle.

Wie in Abschnitt 2.9 ausgeführt, benötigt eine Folge von Speicherzugriffen zwischen 5 und 50 Takten und mehr pro Zugriff auf ein Wort. Diese Spanne bringt zum Ausdruck, ob der Speicherzugriff kontinuierlich erfolgen kann oder ob die benötigten Elemente der Folge voneinander entfernt im Speicher liegen. Wie aber werden mehrdimensionale Felder im Speicher angelegt und wie wirkt sich das auf die Speicherzugriffe aus? Diese Fragen, werden im nächsten Abschnitt als Exkurs behandelt, bevor wir mit der Entwicklung der Gaußschen Elimination zu einem parallelen Algorithmus fortfahren.

---

[1] Dabei wird die aus Einsen bestehende Diagonale der L Matrix weggelassen.

5.3.1 Exkurs: Zugriff auf mehrdimensionale Felder

Es gibt verschiedene Möglichkeiten, mehrdimensionale Felder zu verwenden. Die einfachste Variante ist, sie als `a[n][n]` anzulegen, wodurch aber jegliche Flexibilität verloren geht. Die am häufigsten gelehrte Methode ist

```
a=(double **) malloc(n*sizeof(double *));
for(i=0;i<n;i++) a[i]=(double *)malloc(n*sizeof(double));
```

Mit dieser Variante wird kein eigentliches zweidimensionales Feld angelegt, sondern eine Liste von eindimensionalen Feldern `a[i]`. Sie benötigt daher $n+n^2$ Speicherplätze – n für die Liste und jeweils n für die n Felder. Diese n Felder können dabei an beliebigen Stellen im Speicher liegen, d.h. sie werden im Allgemeinen nicht geordnet, eines nach dem anderen, in aufeinanderfolgenden Speicherpositionen angelegt. Die Funktion `malloc` belegt zwar kontinuierlichen Speicherplatz, aber bei aufeinanderfolgenden Aufrufen dieser Funktion können diese Speicheranforderungen zu beliebigen Speicheradressen führen.

Bei einem Zugriff auf ein Feldelement `a[i][j]` muss in dieser Variante daher zunächst das Listenelement `a[i]` geladen und interpretiert werden, bevor dann mit Hilfe der Adresse, auf die `a[i]` zeigt, die eigentliche Speicherposition von `a[i][j]` mit der einfachen Arithmetik

$$(\text{Pointer } a[i] = \text{Adresse von } a[i][0]) + j * \text{sizeof(double)}$$

berechnet wird. Somit besitzt diese Variante folgende Nachteile:

- Es werden n Worte mehr als notwendig benötigt.
- Vor jedem Zugriff auf ein Element muss das Listenelement geladen werden und dann erst kann das eigentliche Feldelement geladen werden. Dadurch wird die Fließbandverarbeitung behindert.
- Manchmal kann erst zur Laufzeit entschieden werden, ob Zugriffskonflikte vorliegen:
  `a[i][j]=a[i+1][j]+a[i][j];`
  könnte eine Rekursion sein, falls etwa der Pointer `a[i+1]` auf die selbe Adresse wie `a[i]-sizeof(double)` zeigt. In dem Fall, würde praktisch in obiger Zeile
  `a[i][j]=a[i][j-1]+a[i][j];`
  ausgeführt werden. Da derartige Konflikte bei jeder Verwendung dieser Programmiertechnik vorliegen könnten und diese möglichen Konflikte nur zur Laufzeit aufgelöst werden können, kann die in Abschnitt 2.5.1 beschriebene Fließbandverarbeitung dadurch massiv gestört werden.

Daher sollte diese Variante der Feldallokierung im Hochleistungsrechnen nicht angewendet werden. Zur Verwendung von Pointern in Berechnungsschleifen vgl. auch [38, 56].

Eine weitere Methode, die mit der Speicherallokierung in `a[n][n]` ebenso wie mit FORTRAN konform geht[2], ist folgende Variante:

[2] Abgesehen davon, dass FORTRAN spaltenweise arbeitet.

```
a=(double *)malloc(sizeof(double)*n*n);
```

Hierbei wird das zweidimensionale Feld a in Einem allokiert, d.h. hier liegt praktisch nur ein eindimensionales Feld vor. Um damit beispielsweise Element a[i][j] auf 1 zu setzen, bietet sich folgende Schreibweise an:

```
#define A(i,j) a[(i)*lda+(j)]
A(i,j)=1.;
```

Hierbei wird der Präprozessor verwendet, um die mathematische Matrixschreibweise in eine Adressierungsberechnung in C umzuwandeln. Die Variable lda, die für die *leading dimension in a* steht, hat dabei ihren Ursprung in der Dokumentation der BLAS–Routinen, auf die später (s. Abschnitt 5.3.4) noch eingegangen wird.

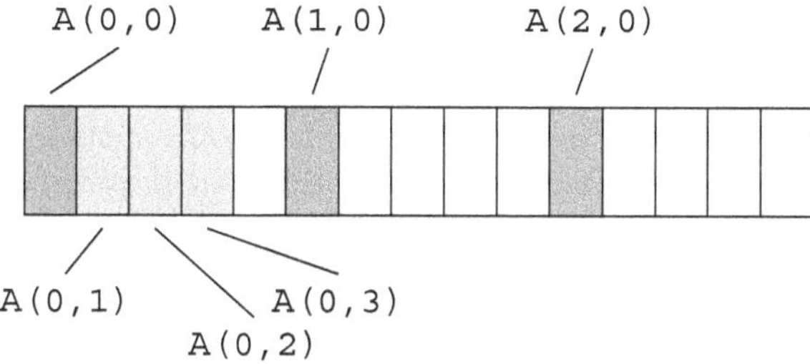

Abbildung 5.1: *Lineare Adressierung in einer* 3×5 *Matrix. Elemente in einer Matrixspalte sind* 5 *Worte voneinander entfernt. Elemente innerhalb einer Zeile folgen direkt aufeinander.*

In Abb. 5.1 ist die Speicherbelegung für $A(3,5)$ bei linearer Allokierung dargestellt. In diesem Fall ist $lda = 5$. Elemente in einer Zeile haben im Speicher kontinuierliche Adressen im Abstand sizeof(double), wohingegen Zugriffe auf Elemente einer Spalte mit einer Schrittweite von $(lda = 5)$*sizeof(double) stattfinden. Diese Art der linearen Adressierung wird beispielsweise auch in der GNU Scientific Library[3] verwendet.

Die Nachteile dieser linearen Adressierung für mehrdimensionale Felder liegt in der notwendigen Adressberechung i*lda+j. Da dies aber nur Ganzzahlarithmetik ist, wird die ALU für die Fließkommaberechnungen dadurch nicht belastet, so dass keine wesentlichen Performanceeinbußen zu erwarten sind. Die Vorteile dieser Methode sind:

- Die Verträglichkeit im Adressierungsschema mit FORTRAN erlaubt die Mischung von Programmiersprachen und die Kombination mit numerischen Bibliotheken beider Programmiersprachen.
- Wie in Abb. 5.2 dargestellt, lassen sich Teilmatrizen einfach durch Pointerzuweisungen addressieren.

[3] http://www.gnu.org/software/gsl/

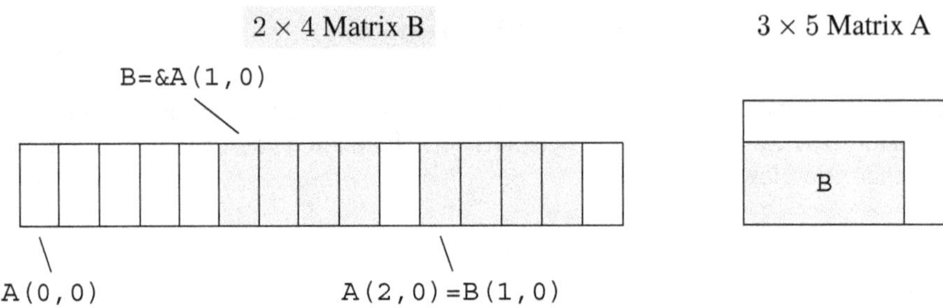

Abbildung 5.2: *Überlagerung zweier Matrizen im Speicher bei linearer Adressierung. Wichtig ist dabei, dass `ldb=lda`. Links: Speicherorganisation, Rechts: Mathematische Vorstellung.*

Die Beeinflussung der effektiven Bandbreite durch die Schrittweite beim Zugriff auf Feldelemente ist in Abb. 2.18 auf S. 36 dargestellt. Aus dieser Abbildung geht klar hervor, dass zeilenweises Adressieren[4] eine wesentlich höhere effektive Speicherbusbandbreite erzielt als spaltenweises Adressieren, d.h. Adressieren mit einer großen Schrittweite. Algorithmen sollten daheraus Performancegründen in Schleifenkernen möglichst zeilenweise fortschreiten. Der Unterschied in der Bandbreite, und damit in der Geschwindigkeit des Algorithmus bei langen Schleifen, kann so stark ausfallen, dass oft vor kritischen Programmteilen eine Transponierung in ein temporäres Feld vorgenommen wird, da sich die Mehrkosten für die Transponierung (=Speicherkopie) schnell wieder auszahlen[5].

5.3.2 Performanceanalyse von Algorithmus 5.1

Da Speicheroperationen deutlich mehr Zeit benötigen als Rechenoperationen, konzentriert sich diese Analyse auf die Speicheroperationen. Die Zahl der Operationen wird sich, wenn wir später diesen Algorithmus in eine um ein Vielfaches schnellere Variante verwandeln, nicht ändern. Die Gaußsche Eliminiation benötigt in allen hier diskutierten Varianten stets $\mathcal{O}(\frac{2}{3}n^3)$ Operationen. Auf Algorithmen, die mit einer veränderten Matrix–Multiplikation arbeiten und dadurch zu einer theoretischen Komplexität von $\mathcal{O}(\frac{2}{3}n^{2,38})$ gelangen [27], wird hier nicht eingegangen.

Der zeitintensivste Teil dieses Algorithmus ist das Schleifennest zur Änderung von A im dyadischen Produkt. In diesen Schleifen werden $\mathcal{O}((n-i)^2)$ Worte der Matrix A lesend und schreibend bearbeitet, wobei die innerste `k`–Schleife dafür sorgt, dass dabei `n-i`-mal `n-i` Speicherelemente benötigt werden, die auf kontinuierlichen Speicheradressen liegen. Der lesende Zugriff auf R erfolgt ebenfalls auf kontinuierlichen Adressen. Da `i` im `j,k`–Schleifennest konstant bleibt, wird die Matrix R wie ein Zeilenvektor benutzt. Der Zugriff auf L erfolgt dagegen spaltenweise, d.h. hierbei müssen Elemente mit einer Schrittweite, die der Problemgröße n entspricht, aus dem Speicher geladen werden. Dies ist zwar ungünstig, wirkt sich aber in diesem Fall nicht ganz so dramatisch aus, da dieser spaltenweise Zugriff nicht in der innersten `k` Schleife erfolgt.

---

[4] Dies gilt für C; in FORTRAN gilt dies für spaltenweises Adressieren.

[5] So arbeitet beispielsweise auch die Matrix–Multiplikation in der ATLAS Bibliothek: http://math-atlas.sourceforge.net/

Mit dieser Betrachtungsweise, kann die k Schleife auch als

```
y[.]=a * x[.] + y[.]
```

gelesen werden, mit einer Konstanten a=L[j][i] und den Vektoren y[.]=A[j][.] und x[.]=R[i][.]. Diese Operation wird in der BLAS–Nomenklatur (s. Abschnitt 5.3.4) AXPY–Operation (Alpha X plus Y) genannt. Sie ist deswegen hier erwähnt, da die AXPY–Operation als zentrale Operation im LINPACK–Benchmark[6] eine gewisse Berühmtheit erlangt hat.

Der Algorithmus benötigt folglich in den j,k Schleifen für zwei numerische Operationen ($*$ und $+$) ein Element von A und dazu noch einen Spaltenvektor L und einen Zeilenvektor R. Bei Matrizen, die vollständig in den Cache der untersten Ebene passen, erhält man mäßige Ergebnisse, da die Problemgröße nicht ausreicht, um den Prozessor hinreichend zu beschäftigen.

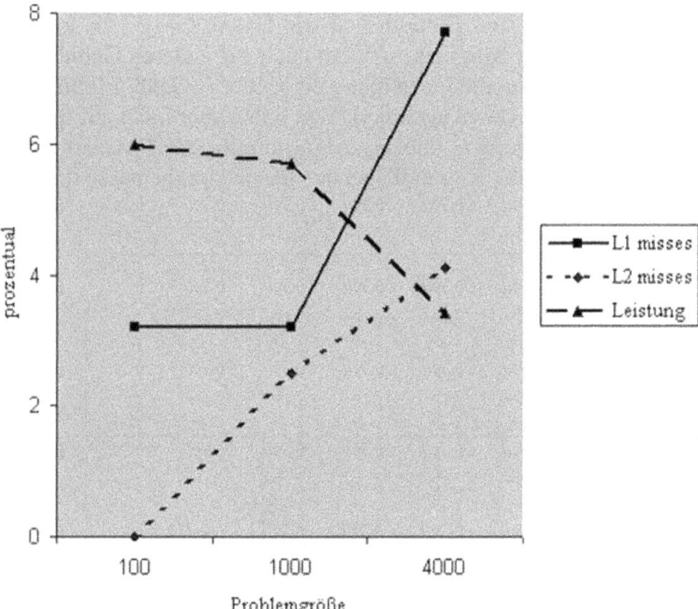

Abbildung 5.3: *Anstieg der Cache misses und relativer Leistungsabfall für verschiedene Problemgrößen für Algorithmus 5.1.*

Das Problem mit diesem Algorithmus wird deutlich, wenn die Problemgröße n erhöht wird (vgl. Abb. 5.3): Die Anzahl der *cache misses*[7] wächst mit n beträchtlich an und gleichzeitig fällt die Leistung ab. So sinkt die Leistung von $n = 100$ zu $n = 1000$ auf 95%, während es bei $n = 4000$ nur noch 57% der ohnehin geringen Leistung für $n = 100$ sind. Dagegen wachsen die *cache misses* der untersten Ebene von $3,2\%$ über $4,2\%$ auf $7,7\%$ und auf der zweiten Cache

[6] s. http://top500.org

[7] Die *Cache misses* werden mit *cachegrind* aus dem *valgrind* Paket gemessen; s. http://valgrind.org/.

Ebene von $0,0\%$ über $2,5\%$ auf $4,1\%$. Dieses Verhalten ist nicht weiter verwunderlich. Bei großen Matrizen muss bei jedem Durchlauf der `i` Schleife die im `j,k` Schleifennest bearbeitete Matrix A vollständig neu in den Cache geladen werden. Das heißt n mal durchschnittlich etwa $n^2/2$ Daten bei insgesamt $\frac{2}{3}n^3$ Operationen. Somit ist dieser Algorithmus extrem speicherlastig und daher nicht für das Hochleistungsrechnen geeignet.

Wie kann dieser Algorithmus verbessert werden? Die Antwort liefert der nächste Abschnitt, in dem Blockalgorithmen, die algorithmische Antwort auf Architekturen mit hierarchischen Speicherebenen, exemplarisch an diesem Beispiel vorgestellt werden.

5.3.3 Blockalgorithmus: Weniger Speicherzugriffe, mehr Performance

Blockalgorithmen werden seit dem Vormarsch der Rechnerarchitekturen mit hierarchischen Speicherebenen untersucht [31, 36, 57] und bilden seit langer Zeit die grundlegenden Algorithmen in wichtigen numerischen Bibliotheken wie LAPACK [3][8]. Sie können nicht nur in der Behandlung dicht besetzter Matrizen, sondern auch auf anderen Gebieten eingesetzt werden. In diesem Abschnitt werden die Ideen hinter einer Block–Gauß–Elimination erläutert und an Beispielen veranschaulicht. Das Augenmerk liegt dabei aber nicht auf diesem Algorithmus als solchem, weswegen nur der *right–looking* Algorithmus ohne Pivotierung vorgestellt wird (vgl. [36, 37, 57])[9]. Ziel ist es, die zugrundliegenden Ideen darzulegen, so dass diese auf andere Verfahren übertragbar bleiben.

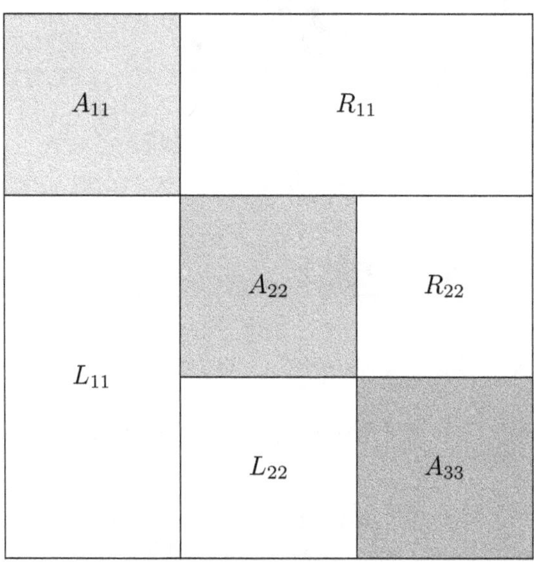

***Abbildung 5.4:** Aufteilung einer Matrix in drei Blöcke.*

[8] http://www.netlib.org/lapack/

[9] Der *right–looking* Algorithmus, mit einem sehr großen Anteil an Matrix–Operationen [4], zeigt in der Blockvariante (s. Abschnitt 5.3.5) eine hohe Effektivität.

Bei der Gaußschen Elimination wird die aktuelle Zeile, geeignet multipliziert, von der restlichen Matrix abgezogen; und das in jedem Schritt. Das Problem in Algorithmus 5.1 ist dieses immer wiederkehrende Abziehen des dyadischen Produkts von der restlichen Matrix. Dies ist zwar notwendig, da die Gaußsche Elimination rekursiv ist, d.h. Folgeschritte hängen von vorherigen Veränderungen der Matrix ab, es kann aber für weiter unten in der Matrix stehende Elemente verzögert werden und auf diese Weise können mehrere dyadische Produktbildungen kombiniert werden [31, 36, 37]. Dies ist die Idee hinter dem Blockalgorithmus.

Zunächst wird eine Blockgröße `block` eingeführt und die Matrix entsprechend unterteilt (vgl. Abb. 5.4). Die Teilmatrix A_{11} ist jetzt eine $block \times block$ Matrix, die nach Algorithmus 5.1 behandelt wird. Allerdings nur A_{11}. Die Teilmatrix L_{11} ist eine $(n - block) \times block = nr \times block$ Matrix. Um die richtigen Ergebnisse zu erzielen, muss in dieser Matrix zunächst die erste Spalte mit dem reziproken Diagonalelement multipliziert werden, um anschließend die erste Zeile im dyadischen Produkt von der $nr \times (block - 1)$ Restmatrix abzuziehen. Darauf wird die zweite Spalte entsprechend multipliziert und die $nr \times (block - 2)$ Restmatrix verändert usw. Die $block \times nr$ Matrix R_{11} wird entsprechend behandelt, indem zunächst das dyadische Produkt mit der ersten Zeile von R_{11} von der $(block - 1) \times nr$ Restmatrix abgezogen wird usw. Die Änderung der Matrizen L_{11} und R_{11} können in den beiden folgenden Funktionen umgesetzt werden.

```
// L-Matrix im Blockgaußverfahren
#define A(i,j) a[(i)*lda+(j)]
#define L(i,j) L[(i)*lda+(j)]
void Lmatrix(a,lda,block,nr) {
 int i,j,k;
 double *L;
 L=&a[block*lda];
 for(i=0;i<block;i++)
  for(j=0;j<nr;j++) {
   L(j,i)*=A(i,i);
   for(k=i+1;k<block;k++)
    L(j,k)-=A(i,k)*L(j,i);
  }
}
```

Wie zu erkennen ist, laufen die Schleifenindizes, die für `A` verwendet werden, in beiden Funktionen im Intervall $[0, block)$. Die Matrix `L` wird in der Funktion `Lmatrix` definiert. Dazu genügt in einem eindimensionalen Feld `a` das Setzen der Startadresse von `L`; hier auf das Element `A(block,0)=a[block*lda]`. Dabei haben wir die Möglichkeiten der Teilmatrizenadressierung bei der linearen Adressierungsmethode ausgenutzt (vgl. Abb. 5.2). In `Rmatrix` ist die Matrix `R` entsprechend als Teilmatrix definiert, die in der ersten Zeile nach `block` Elementen beginnt. In beiden Funktionen ist zu beachten, dass die *leading dimensions* von `L` und `R` der von `A` entsprechen, da `L` und `R` Teilmatrizen von `A` sind.

```
// R-Matrix im Blockgaußverfahren
#define A(i,j) a[(i)*lda+(j)]
#define R(i,j) R[(i)*lda+(j)]
void Rmatrix(a,lda,block,nr) {
 int i,j,k;
 double *R;
 R=&a[block];
 for(i=0;i<block;i++)
  for(j=i+1;j<block;j++)
  for(k=0;k<nr;k++)
   R(j,k)-=R(i,k)*A(j,i);
}
```

Nun fehlt noch die Aufdatierung der Restmatrix, die sich in Abb. 5.4 aus den Blöcken A_{22}, A_{33}, L_{22} und R_{22} zusammensetzt. Der Einfachheit halber bezeichnen wir diese Restmatrix hier mit `B`. `B` ist eine Teilmatrix von `A` und somit gilt `ldb=lda` (vgl. Abb. 5.2). `B` beginnt links oben auf dem Diagonalelement `A(block,block)` und `B` ist eine `n-block`×`n-block=nr`×`nr` große Matrix. Mit diesen Informationen lässt sich nun eine Funktion zur Aufdatieren dieser Restmatrix formulieren:

```
// Aufdatieren der Restmatrix - ungünstige Version
#define A(i,j) a[(i)*lda+(j)]
#define B(i,j) B[(i)*lda+(j)]
#define L(i,j) L[(i)*lda+(j)]
#define R(i,j) R[(i)*lda+(j)]
void restmatrix(a,lda,block,nr) {
 int i,j,k;
 double *B,*L,*R;
 B=&A(block,block);
 L=&A(block,0);
 R=&A(0,block);
 for(i=0;i<block;i++)
  for(j=0;j<nr;j++)
   for(k=0;k<nr;k++)
    B(j,k)-=L(j,i)*R(i,k);
}
```

Bei etwas genauerem Betrachten lässt sich im letzten Schleifennest eine Multiplikation einer `nr`×`block= (n-block)`×`block` Matrix (`L`) mit einer `block`×`nr` Matrix (`R`) zu einer `nr`×`nr` Matrix, die von `B` abgezogen wird, erkennen. Dies ist nicht weiter verwunderlich, da die Aufdatierung einer Matrix durch `block` dyadische Produkte einer Aufdatierung in Form einer Matrix–Matrix–Multiplikation entspricht.

Welche Auswirkungen kann diese Blockbildung auf die Performance haben, denn, es sei nochmals wiederholt, die Zahl der Operationen ändert sich dadurch nicht. Im Original (Algorithmus

5.1, S. 95) muss an Stelle eines Aufrufs der Funktion `restmatrix` die Matrix `B` `block`-mal in den Speicher geladen werden. Daran ändert sich zunächst nichts in der hier formulierten Version. Da es sich durch die Umformulierung aber um eine Multiplikation von Matrizen handelt, wissen wir, dass die drei Schleifen in `restmatrix` beliebig vertauscht werden können. Ein guter Compiler erkennt dies sofort und ordnet die Schleifen entsprechend für maximale Performance um. Ohne einen guten Compiler müssen wir Schleife `i` als innerste Schleife tauschen und vorher noch `R` in ein temporäres Feld `T` transponieren. Dann steht in der innersten Schleife ein Skalarprodukt (`s-=L[j][.]*T[k][.]`) und die große Matrix `B` wird nun genau einmal in den Cache geladen, verändert und wieder gespeichert. Dadurch werden die Speicherzugriffe drastisch reduziert und entsprechend steigt die Performance des Programms und wir erhalten das Ergebnis in deutlich geringerer Zeit.

Bevor die Performancesteigerung näher diskutiert wird, hier noch der Vollständigkeit halber das Steuerprogramm für die Gaußsche Elimination, genauer gesagt die LR–Zerlegung:

ALGORITHMUS 5.2 : LR–Zerlegung in Blöcken

```
#define BLOCK xx
#define A(i,j) a[(i)*lda+(j)]
void blockgauss(a,lda,n) {
 int block,i,len;
 for(i=0;i<n;i+=BLOCK) {
  block= (n-i<BLOCK) ? n-i:BLOCK;   /* Restbehandlung */
  gauss(&A(i,i),lda,block);
  len=n-i-block;
  Lmatrix(&A(i,i),lda,block,len);
  Rmatrix(&A(i,i),lda,block,len);
  restmatrix(&A(i,i),lda,block,len);
 }
}
```

Darin steht `gauss` für eine entsprechend leicht modifizierte Version von Alg. 5.1 zur Gaußschen Elimination einer quadratischen Matrix. Die optimale Größe von `BLOCK` ist abhängig vom jeweiligen Rechner und muss empirisch bestimmt werden.

Für `i=0` haben wir den Ablauf bereits durchgesprochen. Als nächster Schritt ist der Block A_{22} in Abb. 5.4 zu berechnen. Dieser Block ist eine Teilmatrix von `A`, die bei `A(block,block)` beginnt. Somit genügt es, den Beginn dieser Teilmatrix an `gauss` zu übergeben, um auf diesen Block das klassische Verfahren anzuwenden. Und dies wiederholt sich mit fortschreitendem `i`, bis die vollständige Matrix `A` in `L` und `R` faktorisiert ist.

In Tab. 5.1 wird die Performance der beiden Algorithmen für zwei Problemgrößen gegenübergestellt. Algorithmus 5.2 ist bereits für ein für den verwendeten Rechner mittelgroßes Problem mit dem frei verfügbaren GNU–Compiler *gcc* doppelt so schnell wie die klassische Lehrbuchversion. Fast noch entscheidender ist jedoch, dass für ein größeres Problem ($n = 4000$) Alg. 5.2 nicht langsamer wird, sondern die Performance sogar noch etwas ansteigt, wohingegen die Lehrbuchversion mit steigender Problemgröße langsamer wird und fast 4-mal so lange benötigt

Tabelle 5.1: *Performancezahlen in MFLOPs für einen Vergleichsrechner für die Algorithmen 5.1 und 5.2 (letztere unter Verwendung der Compiler gcc und icc).*

Problemgröße	Alg. 5.1	Alg. 5.2	
		gcc	icc
n=1000	550	1105	1887
n=4000	320	1206	2060

wie der Blockalgorithmus. Dies spiegelt sich auch in den *cache misses*[10] wieder. Unabhängig von der Problemgröße kommen mit Alg. 5.2 keine `L2` *misses* vor und die `L1` *misses* bleiben, nahezu unabhängig von `n`, prozentual unter den `L1` *misses*, die mit Alg. 5.1 bereits für ein winziges Problem (`n=100`) anfallen.

In Tab. 5.1 sind für Alg. 5.2 zusätzlich die erzielten Leistungsdaten mit dem Intel–Compiler *icc* angeführt. Die Zahlen sprechen für sich. Wenn über Green–IT und Leistung pro Kilowatt als Qualität für Rechner gesprochen wird, sollte dies insbesondere auch für Software und die verwendeten Compiler gelten. In dieser Metrik verbraucht Alg. 5.2 mit dem *icc* weniger als 16% der Stromkosten, wie der heute noch in vielen Numerikvorlesungen gelehrte Alg. 5.1 mit dem falschen Compiler; gar nicht zu reden von einem Vergleich zu anderen Programmiersprachen[11].

Und selbst diese Programmversion kann noch beschleunigt werden. Doch dazu mehr nach folgendem Abschnitt, der sich mit numerischen Bibliotheken beschäftigt.

5.3.4 Exkurs: Basic Linear Algebra Subprograms – BLAS

Bereits 1979 wurde die erste Sammlung numerischer Operationen für Vektoren unter dem Namen *Basic linear algebra subprograms* – BLAS veröffentlicht [83]. Diese Sammlung wurde 1988 um Operationen von Matrizen mit Vektoren erweitert [35] und 1990 durch Operationen von Matrizen mit Matrizen abgerundet [34]. Diese drei Veröffentlichungen, die auch die Begriffe BLAS1, BLAS2 und BLAS3 geprägt haben, bilden die Ausgangsbasis für die ursprünglich in FORTRAN geschriebene BLAS–Bibliothek, die heute auch in anderen Programmiersprachen vorhanden bzw. einsetzbar ist. In Tab. 5.2 sind die verschiedenen Entwicklungsstufen und ihre Charakteristika jeweils an einem Beispiel dargestellt.

Die BLAS–Funktionen der verschiedenen Entwicklungsstufen unterscheiden sich in ihrem Verhältnis q von numerischen Operationen zu Speicherzugriffen. Dieses Verhältnis entscheidet darüber, ob die CPU–Geschwindigkeit der Flaschenhals für den Algorithmus ist (q groß) oder ob Speicherzugriffe limitierend sind (q klein) [37]. Somit verdeutlicht die Aufstellung in Tab. 5.2, dass

- BLAS1–Funktionen, d.h. Operationen auf Felder in einfachen Schleifen, nur von der Geschwindigkeit der Speicherzugriffe abhängen.
- BLAS2–Funktionen, d.h. Operationen auf Felder mit zweifachen Schleifen, noch von der Geschwindigkeit der Speicherzugriffe dominiert werden.

[10] Die *cache misses* werden mit *cachegrind* im *valgrind* Paket gemessen; s. http://valgrind.org/.

[11] Vergleiche dazu aber auch unsere Ergebnisse in [73], bei denen der `gcc` teilweise am besten abschneidet

Tabelle 5.2: *Aufstellung der Entwicklungsstufen der* BLAS*–Bibliothek mit jeweils einem Beispiel, der Zahl der Operationen (Ops), der Speicherzugriffe (Mem) und des Quotienten q aus Ops und Mem.*

Operation	Algorithmus	Ops	Mem	q=Ops/Mem
AXPY BLAS1	$y = \alpha \cdot x + y$ i=1,..., n	2n	2n+1	<1
GEMV BLAS2	$y = A \cdot x + y$ $y_i = \sum_{j=1}^{n} a_{ij}x_j + y_i$	$2n^2$	n^2+3n	2
GEMM BLAS3	$C = A \cdot B + C$ $c_{ij} = \sum_{k=1}^{n} a_{ik}b_{kj} + c_{ij}$	$2n^3$	$4n^2$	n/2

- BLAS3–Funktionen mit Operationen in tief geschachtelten Schleifen so programmiert werden können, dass sie nur von der Geschwindigkeit der CPU abhängen[12].

Mit der Verbreitung von Rechnern mit hierarchischen Speicherebenen zeichnte sich die Notwendigkeit einer Anpassung der Programme an diese Architekturen ab [3, 36] und damit auch der Programme, wie die in diesem Kapitel behandelte LR–Zerlegung, die auf BLAS–Funktionen aufbauend Gleichungssysteme und Eigenwertprobleme etc. behandelten. Dies liegt weniger an der Hierarchie der Speicherebenen als solches, sondern an den technischen und ökonomischen Entwicklungen, die diese Hierarchien notwendig machten: Großer schneller Speicher ist zu teuer und nur mit einer hierarchischen Organisation mit viel langsamem und wenig schnellem Speicher können Rechner mit einem für Verbraucher akzeptablen Preis-/Leistungsverhältnis gebaut werden (vgl. Kap. 2.6). Diese Anpassungen führten zu optimierten kommerziellen BLAS–Bibliotheken, wie die *Engineering Scientific Subroutine Library* (ESSL)[13], die *Math Kernel Library* (MKL)[14] und die *AMD Core Math Library* (ACML)[15], um nur einige zu nennen. Ganz besonders hervorzuheben ist in diesem Zusammenhang das *Automatically Tuned Linear Algebra Software* Projekt (ATLAS)[16] [151], das frei verfügbar und auf viele Systeme portierbar ist. Es liefert mit empirischen Techniken eine FORTRAN und C Schnittstelle für eine sehr effektive BLAS Implementierung, die vergleichbare und teilweise auch bessere Performance zeigt, als die BLAS Implementierungen in den oben angeführten kommerziellen Herstellerbibliotheken.

5.3.5 Nahezu Peak Performance mit ATLAS

Zurück zur Gaußschen Elimination: Im Ausgangsalgorithmus 5.1 auf S. 95 fallen die meisten Operationen in der Bildung des dyadischen Produkts, einer BLAS2 Operation, an. Die Blockung in Algorithmus 5.2 führt dazu, dass diese Operation als Multiplikation zweier Matrizen formuliert werden kann: Einer BLAS3 Operation. Das ist der entscheidende Punkt in der in Tab. 5.1 angeführten Leistungssteigerung, die durch einfache Lehrbuchversionen für die Multiplikation

[12] Die hier getroffenen Aussagen lassen sich direkt auf die Programmierung mit GPGPUs übertragen [149]. Auch dort ist nur von BLAS3–Funktionen hohe Performance zu erwarten.

[13] http://www.ibm.com/systems/p/software/essl/

[14] http://software.intel.com/en-us/intel-mkl/

[15] http://www.amd.com/acml

[16] http://math-atlas.sourceforge.net/

zweier Matrizen und Verwendung der *unroll*–Option für den Compiler (vgl. Abschnitt 2.5.1) erreicht werden kann. Man kann aber noch einen Schritt weitergehen, und die handgeschriebene Funktion durch eine Funktion der optimierten ATLAS-3iothek ersetzen. Die entsprechenden Änderungen in Alg. 5.2 lauten:

```
#include <cblas.h>

 cblas_dgemm(CblasRowMajor,CblasnoTrans,CblasNoTrans,len,len,
             block,-1.,&A(i+block,i),lda,&A(i,i+block),lda,1.,
             &A(i+block,i+block),lda);
```

Die verwendete Funktion dgemm steht dabei für die Version in *D*oppelter Genauigkeit der *GEneral Matrix Multiplication.*

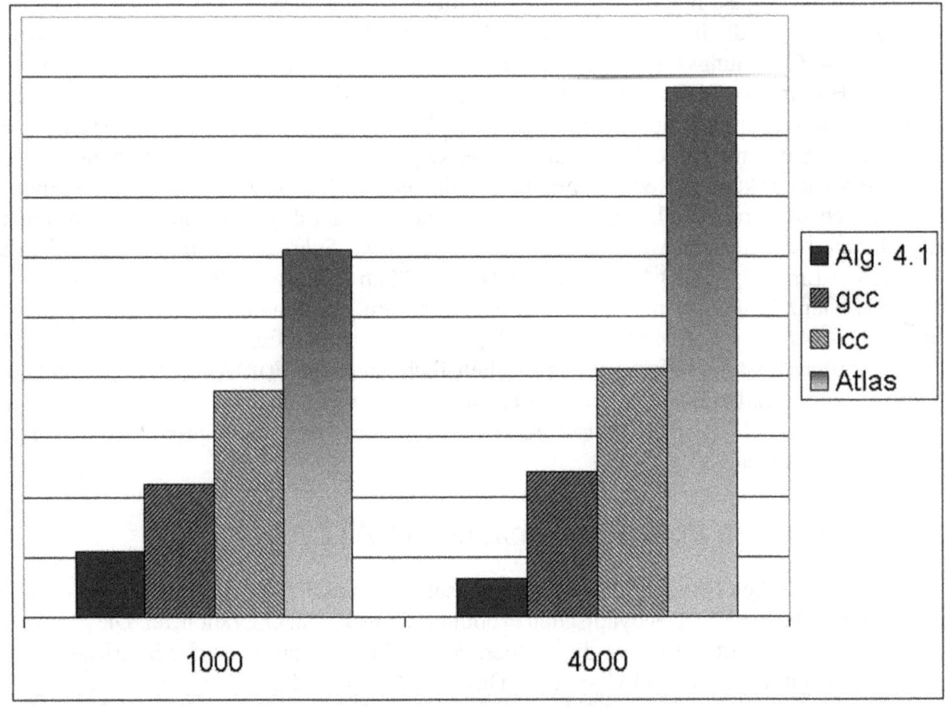

Abbildung 5.5: *Relative Performancesteigerung beim Algorithmenwechsel, bei verschiedenen Compilern und beim Einsatz von* ATLAS.

Die in Abb. 5.5 dargestellte Performancesteigerung durch Einsatz der dgemm–Funktion aus der ATLAS–Bibliothek ist beeindruckend. Für $n = 4000$ ist das Programm mehr als 13–mal schneller als zu Beginn mit der Lehrbuchversion und selbst die sehr gute Variante mit der handgeschriebenen Matrizen–Multiplikation mit dem *icc* Compiler kann nochmals um einen Faktor 2 beschleunigt werden.

Im Folgenden wird das Gaußsche Eliminationsverfahren mit OpenMP parallelisiert. Mit der in den vorigen Abschnitten ausgeführten Umformung des Lehrbuchalgorithmus zum Blockalgorithmus ist bereits der erste wichtige Schritt zur Parallelisierung eingeleitet. Da die meisten Operationen in der Multiplikation der Matrizen auftreten, beginnen wir mit der Parallelisierung dieser Multiplikation. Dazu muss einfach nur die parallele Version der ATLAS–Bibliothek eingebunden werden und schon erhöht sich die Leistung auf das 1,5fache bei einem symmetrischen Multikernrechner mit zwei Kernen. Dies ist jedoch noch deutlich steigerungsfähig.

Welche Strategien und Techniken eingesetzt werden können, um parallele Programme zu designen, wird in den nächsten Abschnitten ausgeführt, bevor wir in Abschnitt 5.5 zu einer mit OpenMP parallelisierten Version des Gaußschen Eliminationsverfahrens gelangen.

5.4 Design paralleler Programme

In diesem Abschnitt wird ein Designentwurf für die Entwicklung paralleler Programme vorgestellt. Er greift den Designvorschlag aus dem Buch von I. Foster [47] auf, wird hier aber aus mehrjähriger Lehrerfahrung [126] an entscheidenden Stellen abgewandelt. Nach I. Foster lässt sich das Design paralleler Programme in vier Schritte unterteilen, die hier zu drei Schritten verkürzt werden, wobei die Schritte 1 und 2 außerdem in einer Designschleife kombiniert werden (vgl. Abb. 5.6). Andere Konzepte, wie das von Carriero and Gelernter [20], eignen sich für einführende Betrachtungen mit Bezug zum Alltagsleben, sind aber weniger flexibel und allgemein einsetzbar.

Im ersten Schritt des Designprozesses wird das Programm analysiert und mögliche parallele Einheiten identifiziert. Dabei werden meist ganz natürlich kleinere Einheiten zu Blöcken zusammengefasst. Deswegen werden in diesem Schritt in einer Designschleife, auf Basis möglicher Abhängigkeiten zwischen Programmteilen und notwendigen Kommunikationen zwischen diesen Teilen, neue Programmblöcke gebildet oder Blockbildungen verworfen. Diese Designschleife wird beendet, falls genügend parallele Blöcke identifiziert sind. Im abschließenden Schritt werden diese Programmblöcke auf die physikalischen Prozessoren abgebildet.

Im Folgenden werden die einzelnen Designschritte detailliert ausgeführt und mit zahlreichen Beispielen aus verschiedenen Anwendungsgebieten erläutert.

5.4.1 Programmzerlegung an Beispielen: Meereströmungen und Gaußelimination

Bei der Berechnung von Meeresströmungen und weiterer physikalischer Eigenschaften der See sind partielle Differentialgleichungen zu lösen, die zu nicht linearen Gleichungssystemen führen [153]. Zur Berechnung wird die See mit einem oder mehreren Gittern überzogen, wobei die unbekannten Größen in Gitterzellen bzw. auf Gitterpunkten berechnet werden. Die unterschiedliche Seetiefe kann durch eine angepasste Anzahl von vertikalen Gitterzellen berücksichtigt werden.

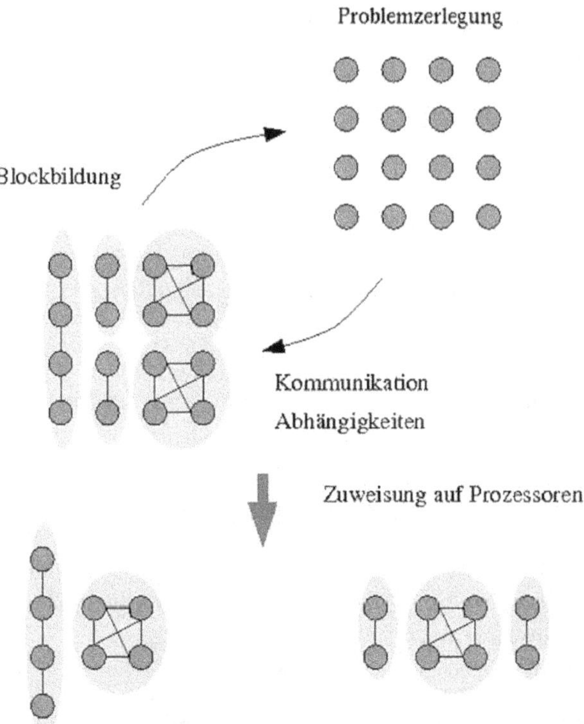

Abbildung 5.6: *Schritte im Design paralleler Programme. Nach einer ersten Problemzerlegung zur Identifikation möglicher paralleler Einheiten werden Kommunikationen und Abhängigkeiten mit dem Ziel analysiert, durch Blockbildung Abhängigkeiten zu entfernen. Diese Schritte erfolgen in einer Designschleife, bevor die Arbeitsblöcke auf Prozessoren verteilt werden.*

Bei der Parallelisierung dieser Berechnungen führt der sogenannte datenparallele Ansatz zu einer Zerlegung des betrachteten Gebiets in Teilgebiete. Diese Teilgebiete sind praktischerweise Quader, da sich Gebiete mit glatten Kanten einfacher und effektiver in linearisierten Datenfeldern organisieren lassen (vgl. Abschnitt 5.3.1).

Eigentlich führt ein strikter datenparalleler Ansatz zu einzelnen Gitterpunkten als kleinste parallele Einheit (vgl. [47]), aber die Zusammenfassung zu Teilgebieten erfolgt meist natürlich und birgt keine weitere Einschränkungen, solange dabei die genaue Form und Größe der Gebiete und deren Anzahl nicht festgelegt wird. Eine derartige Festlegung verringert unnötigerweise die Flexibilität beim weiteren Vorgehen und erzwingt entweder ein mehrfaches Durchlaufen der Designschleife oder schlimmstenfalls sogar ein vollständiges neues Design.

Da große Simulationsprogramme ganz allgemein mit Disktretisierungen von Gebieten einhergehen, spricht man im Zusammenhang mit einer datenparallelen Zerlegung auch von Gebietszerlegung. Diese bloße Analysetechnik hat allerdings nichts mit der mathematischen Methode der Gebietszerlegung zu tun (vgl. Kap. 7).

Falls die einzelnen Diskretisierungspunkte identische Beiträge zur Berechnung beitragen, ist eine geometrische Zerteilung des Gebiets meist auch der Schlüssel zu einer balanzierten Aufteilung der Arbeit. Sind die Beiträge in Teilgebieten stark unterschiedlich, wie beispielsweise bei der Berechnung der Meeresströmungen in der Ostsee zur Winterzeit oder aufgrund unterschiedlicher Quadergrößen, die durch Änderungen in der Seetiefe bedingt sind [153], dann muss dieser datenparallele Ansatz in mehreren Designschleifen weiter verfeinert werden.

Bei der Berechnung der Strömungen in der Ostsee, wie im *High Resolution Ocean Model of the Baltic sea* (HIROMB) Projekt, stellt uns die Winterzeit vor eine weitere Herausforderung. Da die Ostsee über weite Teile des Jahres zugefroren ist, kommt der Berechnung des Eises eine wichtige Rolle zu [128, 153]. Die Eigenschaften des Eises werden in drei voneinander unabhängigen Modulen, Berechnungen zur Eisdicke, zur Kompaktheit des Eises und zur Schneedicke, vorgenommen. Eine Zerlegung in diese unabhängigen Module ist prinzipiell möglich [125]. Sie stellt eine weitere Technik bei der Programmzerlegung in diesem Designprozess dar, die als funktionelle Zerlegung bezeichnet wird.

Wie dieses Beispiel zeigt, ist eine funktionelle Zerlegung oft nur in relativ wenige Teile möglich. Allerdings sind diese Teile meist vollständig unabhängig voneinander und erlauben eine grob granulare Parallelisierung, in der u.U. weitere parallele Einheiten identifiziert werden können.

Im Fall vieler voneinander unabhängiger Funktionseinheiten spricht man auch von glücklicher Parallelisierung (*embarrisingly parallel*), die, wie der Name andeutet, zu sehr effektiven hoch skalierenden parallelen Programmen führt.

Wenn wir die Gaußsche Elimination betrachten (vgl. Alg. 5.2 auf S. 103), dann legt die Multiplikation der Matrizen in `restmatrix` eine datenparallele Zerlegung nahe. Da alle drei Schleifen unabhängig voneinder ablaufen können, kann jedes einzelne Matrixelement als kleinste parallele Einheit gesehen werden. Eine funktionelle Zerlegung wäre dagegen eine Aufspaltung in die Funktionen zur Berechnung von L_{11} und R_{11} (vgl. Abschnitt 5.3.3), denn diese beiden Teilmatrizen können unabhängig voneinander berechnet werden.

Bevor hier allerdings detailliert ausgeführt wird, wie eine Matrix–Multiplikation parallelisiert wird, hier noch ein weiterer Ansatz für die Parallelisierung: Schlüssel für die serielle Performance ist die Aufteilung der Gesamtmatrix in Blöcke. Diese Blöcke können auch als Ausgangsbausteine für eine funktionelle Zerlegung dienen.

Zum Abschluss der Programmzerlegungsphase ist auf Folgendes zu achten:

- Die Zerlegung muss genügend Teile ergeben, um diese später geeignet auf Prozessoren verteilen zu können und um das Programm flexibel auf unterschiedliche Prozessoranzahlen anpassen zu können.
- Bei einer Vergrößerung des Problems soll nicht die Größe der einzelnen Teile, sondern die Anzahl der möglichen Teile wachsen. Dann können größere Probleme auf entsprechend mehr Prozessoren skalierend berechnet werden.
- Besonders günstig ist es, wenn die einzelnen Teile in etwa den gleichen Berechnungsaufwand verursachen, so dass sie leicht kombiniert und auf Prozessoren verteilt werden können. Damit können Probleme bei der Lastbalanzierung zur optimalen Auslastung aller Prozessoren vermieden werden.

- Bei der Parallelisierung eines vorhanden Programmcodes sind die Softwareentwicklungskosten in Betracht zu ziehen. Zerlegungen, die zu geringen Programmeingriffen führen, sind gegenüber Zerlegungen, die großflächiger Veränderungen bedürfen, vorzuziehen.

5.4.2 Schritt 2: Kommunikation und Abhängigkeiten

Die Programmzerlegung im ersten Schritt führt zu Programmteilen, die üblicherweise nicht vollständig unabhängig voneinander ablaufen können, sondern in zeitlicher Abhängigkeit zueinander stehen, wobei die Abhängigkeit häufig darin besteht, dass ein Programmteil ohne Daten aus benachbarten Teilen nicht weiter arbeiten kann, die gegebenenfalls kommuniziert werden müssen oder kollektive Operationen notwendig sind. Prinzipiell kann in folgende Abhängigkeitstypen unterschieden werden:

- Lokale bzw. globale Abhängigkeit.
- Strukturierte bzw. unstrukturierte Abhängigkeit.
- Statische bzw. dynamische Abhängigkeit.
- Synchrone bzw. asynchrone Abhängigkeit.

5.4.2.1 Färbetechniken und zusätzliche Randzellen: Techniken zur Vermeidung lokaler Abhängigkeiten

Lokale Abhängigkeiten sind typisch für die Lösung partieller Differentialgleichungen mit finiten Differenzen, wie sie auch beim oben angeführten HIROMB Projekt eingesetzt werden [153]. Partielle Differentialgleichungen werden bei der Diskretisierung häufig in Taylorreihen entwickelt, was z.B. zum sogenannten Differenzenstern mit 5 Punkten führt (s. auch Abschnitt 6.2). Bei zweidimensionalen Problemen ergibt sich dabei der folgende Ausdruck für den Punkt mit den Koordinaten $(x_i, y_i) = (x_0, y_0) + (i, j) * h$ bei konstanter Schrittweite h (vgl. Abb. 5.7 links):

$$u_{i,j} = \frac{1}{8}(4u_{i,j} - u_{i,j+1} - u_{i,j-1} - u_{i+1,j} - u_{i-1,j}) \,. \tag{5.5}$$

Zu erkennen ist, dass der Punkt (i, j) von den vier Nachbarpunkten abhängt. Liegt dieser Punkt an einer Grenzfläche eines der Teilgebiete, die bei der Programmzerlegung gebildet werden, dann kann u_{ij} nur mit Informationen aus dem Nachbargebiet berechnet werden.

Das Entscheidende bei lokalen Abhängigkeiten ist, dass sie oftmals aufgelöst werden können. Häufig eingesetzte Techniken zum Auflösen der Abhängigkeiten sind die Färbetechnik (vgl. Abb. 5.7 rechts) und die Verwendung zusätzlicher Gitterzellen[17] (vgl. Abb. 5.8), die um das eigentliche Berechnungsgebiet herum eingeführt werden.

Mit Färbetechniken lassen sich Abhängigkeiten dadurch auflösen, dass alle unterschiedlich eingefärbten Punkte nacheinander seriallisiert behandelt werden. Allerdings gewinnt man dadurch eine Unabhängigkeit zwischen allen Punkten einer Farbe, so dass diese frei parallel bearbeitet

[17] Im Englischen meist *ghost cells* oder *halo region* genannt.

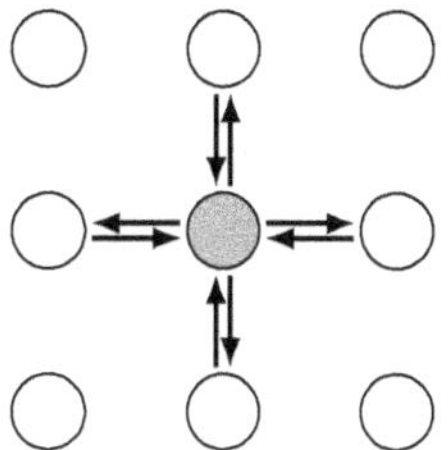

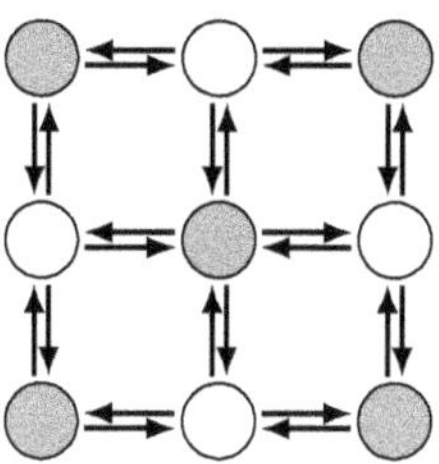

Abbildung 5.7: *Links: Abhängigkeiten bei einem zweidimensionalen Differenzenstern mit 5 Punkten. Jeder Punkt benötigt Informationen seiner 4 Nachbarpunkte. Rechts: Auflösung von Datenabhängigkeit durch Einfärben. Hier in Zweifarbentechnik, weswegen man auch von einem Schachbrettverfahren spricht. Zwischen den Punkten gleicher Farben bestehen keine Abhängigkeiten, sondern nur zwischen Punkten unterschiedlicher Farben. So kann die Berechnung für alle weißen Punkte parallelisiert werden, bevor alle schwarzen Punkte parallel behandelt werden und umgekehrt.*

werden können. Ein Beispiel dafür ist das Gauß–Seidel Verfahren zur iterativen Gleichungslösung (vgl. die Diskussion in Abschnitt 6.3 und [57, 133]). Dieses Verfahren führt beim Differenzenstern mit 5 Punkten zum Iterationsverfahren

$$u_{i,j}^{m+1} = \frac{1}{8}(4u_{i,j}^{m} - u_{i,j+1}^{m} - u_{i,j-1}^{m+1} - u_{i+1,j}^{m} - u_{i-1,j}^{m+1})$$

und ist somit rekursiv. Die hochgestellten Indizes bezeichnen dabei die Werte aus entsprechenden Iterationsschritten. Daher ist das Verfahren in dieser klassischen Formulierung nicht parallelisierbar. Wendet man jedoch das Schachbrettverfahren darauf an und werden zunächst die weißen und dann die schwarzen Punkte berechnet, löst sich die Rekursion für jede Farbe auf:

$$\begin{aligned}
\text{weiß}: u_{i,j}^{m+1} &= \frac{1}{8}(4u_{i,j}^{m} - u_{i,j+1}^{m} - u_{i,j-1}^{m} - u_{i+1,j}^{m} - u_{i-1,j}^{m}) \\
\text{schwarz}: u_{i,j}^{m+1} &= \frac{1}{8}(4u_{i,j}^{m} - u_{i,j+1}^{m+1} - u_{i,j-1}^{m+1} - u_{i+1,j}^{m+1} - u_{i-1,j}^{m+1})\ .
\end{aligned}$$

Wie zu erkennen ist, werden die weißen Punkte in der Iteration $m + 1$ aus Werten schwarzer Punkte der vorangegangenen Iteration berechnet und schwarze Punkte aus den aktuellen weißen Werten derselben Iteration. Mit einem alternierenden Wechsel der Farben lassen sich die Konvergenzeigenschaften des Gauß–Seidelverfahrens mit der Parallelisierbarkeit des Jacobi–Verfahrens kombinieren.

Eine andere häufig eingesetzte Technik zum Entfernen lokaler Abhängigkeiten ist die Einführung zusätzlicher Randzellen [33, 127, 137] um Teilgebiete. In Abb. 5.8 sind zwei Differenzensterne in zwei Gebieten eingezeichnet. Die zusätzlichen Randzellen erlauben die Berechnung aller inneren (weißen) Punkte ohne direkte Abhängigkeit zwischen den Gebieten. Erst für einen späteren Zeitschritt müssen die zusätzlichen Randzellen aktualisiert werden. Diese Aktualisierung kann dann aber für den gesamten Randstreifen erfolgen. Somit werden mit dieser Technik auch viele Kommunikationen von einzelnen Zellen durch eine Kommunikation für den Streifen ersetzt. Dadurch wird die parallele Effektivität erhöht, da ein wiederholtes Anfallen der Latenzzeit (vgl. Gl. (2.9)) vermieden wird.

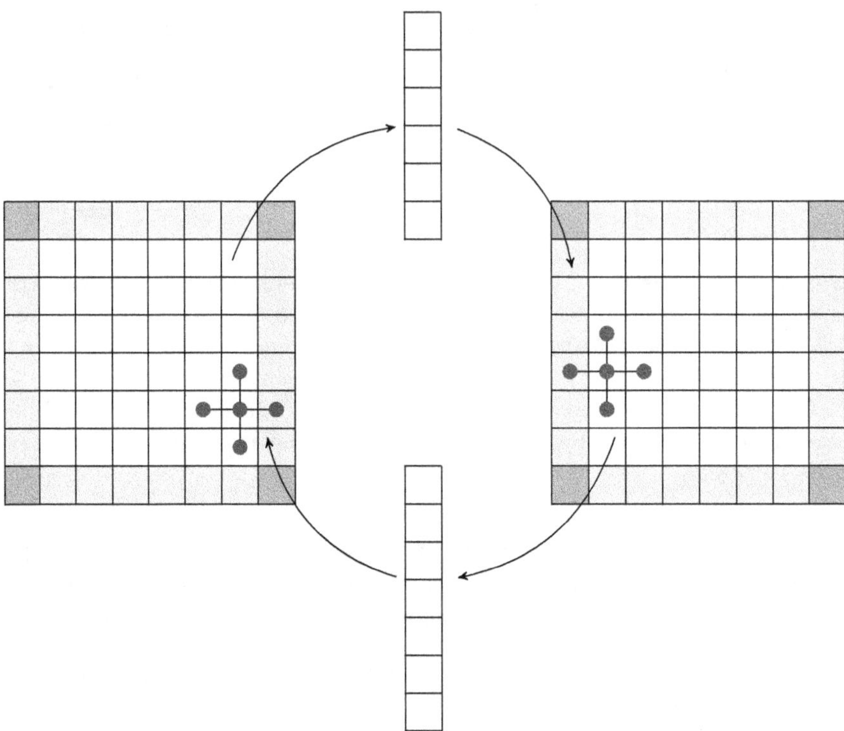

Abbildung 5.8: *Die Randzellen des inneren Bereichs (weiß) von Nachbargebieten werden als zusätzliche Gitterzellen (grau) zu den Rechengebieten hinzugefügt. Auf diese Weise kann bei lesendem Zugriff auf diese Zellen die lokale Abhängigkeit aufgelöst werden. Meist sind die Eckzellen (dunkler gefärbt) dabei gesondert zu behandeln, da diese Zellen in den diagonal angrenzenden Gebieten beheimatet sind. Durch geschickte Organisation und Datenaustausch in zwei Schritten, etwa Nord–Süd vor Ost–West [152], kann die Kommunikation mit den diagonal angrenzenden Gebieten vermieden werden.*

Globale Kommunikationen, darunter fällt beispielsweise die Bildung eines inneren Produktes, sind dagegen stets sehr aufwändig (vgl. Abschnitt 2.8.2) und erfordern eine Interaktion aller beteiligten Tasks.

5.4.2.2 Beschleunigung durch strukturierte Abhängigkeiten bei Leitfähigkeitsberechnungen

Strukturierte Abhängigkeiten führen im Unterschied zu unstrukturierten Abhängigkeiten zu gleichmäßigen Abhängigkeiten für alle Teilgebiete (vgl. Abb. 5.9). Eine gleichmäßige Abhängigkeit kann dabei helfen, Wartezeiten auf Tasks, die benachbarte Teile bearbeiten, zu verringern bzw. verhindert die Bildung von Häufungspunkten bei einigen Tasks und dadurch bedingte Flaschenhalsbildung. Strukturierte Abhängigkeiten lassen sich ferner einfacher programmieren und optimieren.

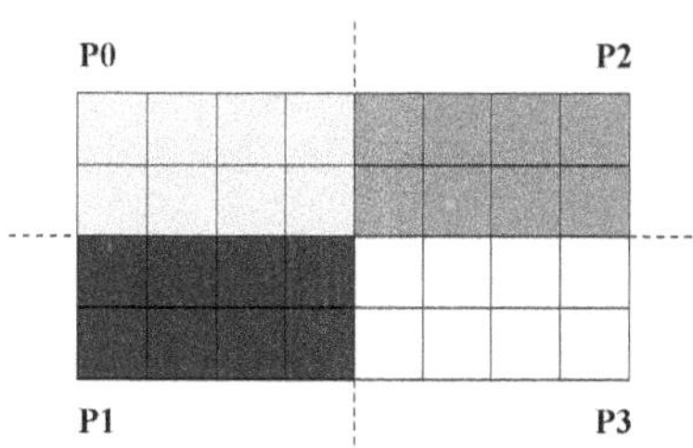

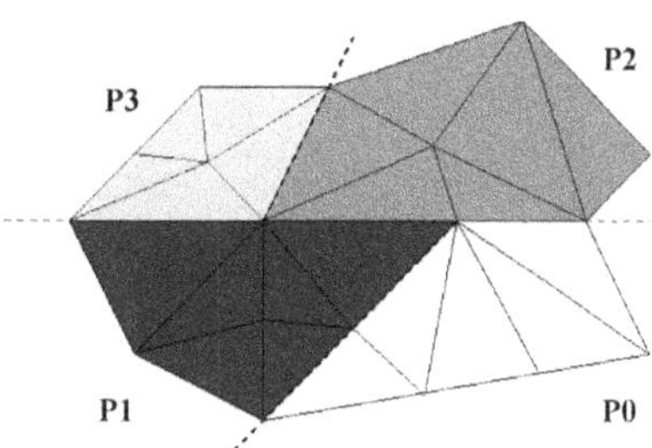

Abbildung 5.9: *Links: Beispiel für ein einfaches strukturiertes Gitter. Die Gebietszerlegung führt zu einer gleichmäßigen Abhängigkeit: Jeder Teil hat 2 Nachbarn und die Randlinien sind gleich lang. Rechts: Beispiel für ein unstrukturiertes Gitter. Die Gebietszerlegung führt zu unterschiedlichen Abhängigkeiten:* `P0` *und* `P3` *besitzen zwei Nachbarn, wohingegen* `P1` *und* `P2` *drei Nachbarn haben.*

Ein Beispiel für eine unstrukturierte Abhängigkeit aus der Chemie [40] führt zur dünn besetzten Matrix in Abb. 5.10 [124]. Zur Untersuchung der Leitfähigkeit von Wolframbronzen kann die Elektronenverteilung und der Energiesprung zwischen Elektronen führenden und Elektronen freien Zuständen quantenmechanisch im sogenannten *nearest neighbour* Ansatz berechnet werden. Dieser Ansatz führt zu einer Systemmatrix A mit Einträgen für jedes Atom (Diagonalelement) und Kopplungseinträgen zu den nächsten Nachbarn. Mit Hilfe der Eigenwerte und Eigenfunktionen dieser Matrix lassen sich Aussagen zur Leitfähigkeit eines Materials treffen.

Bei der Berechnung der Eigenwerte und Eigenfunktionen wird das Lanczos Verfahren verwendet [30], dessen Schlüsselschritt die Multiplikation der Matrix A mit einem Vektor x ist. Eine erste gleichmäßige Aufteilung der Matrix ist in Abb. 5.10 skizziert. Zur Berechnung von Block 0 des Ergebnisvektors y müssen beispielsweise die Blöcke 0,2,3,4 und 7 mit den entsprechenden Blöcken von x multipliziert werden. Die resultierenden Abhängigkeiten sind auf der rechten Seite von Abb. 5.10 dargestellt. Für Task 0 ergibt sich ein Häufungspunkt, da hier Abhängigkeiten zu 4 weiteren Tasks bestehen. Dahingegen bestehen für die Tasks 3 und 5 nur jeweils eine Abhängigkeit. Als Folge davon ist für die Häufungspunkte ein großer Anteil der Zeit in Kommunikatonsfunktionen zu beobachten und die anderen Tasks verbringen einen Großteil der Zeit damit, auf die Tasks mit den Häufungspunkten zu warten [123, 124].

Das schlechte Laufzeitverhalten der Parallelisierung mit der in Abb. 5.10 dargestellten Matrix erzwingt eine andere Nummerierung der Atome im Kristall [123]. Anstelle einer Nummerierung nach Atomsorten führt eine Nummerierung entlang der Kristallschichten zu der in Abb. 5.11 dargestellten Matrix, die, wie angedeutet, in Blöcke unterteilt wird. In dieser Aufteilung ist das Arbeitsaufkommen pro Task zwar nicht gleichmäßig möglich, dafür ist die Abhängigkeit klar strukturiert und balanziert. Jede Task besitzt nun ausschließlich eine lokale Abhängigkeit zu zwei Nachbarn. Dadurch kann in diesem Fall der Flaschenhals in den Häufungspunkten und die Wartezeit der anderen Tasks soweit reduziert werden, dass sich die Gesamtlaufzeit des Problems auf 70% verringern lässt [123, 124].

5.4.2.3 Dynamische und asynchrone Abhängigkeiten

Bei statischer Abhängigkeit verändert sich das Abhängigkeitsschema während der Berechnung nicht. Dies ist für die Programmierung vorteilhaft, da gezielt auf dieses eine Schema optimiert

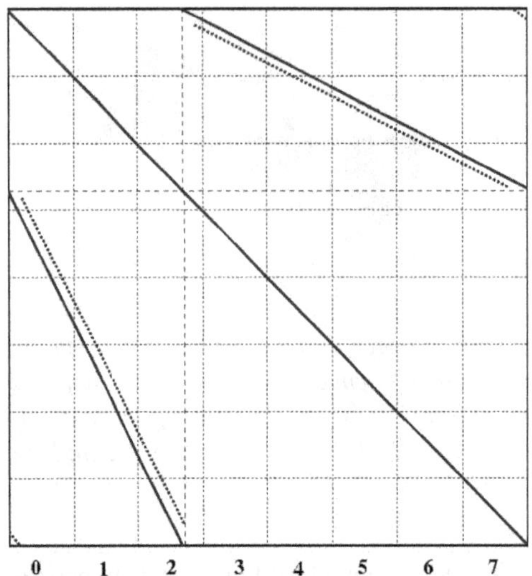

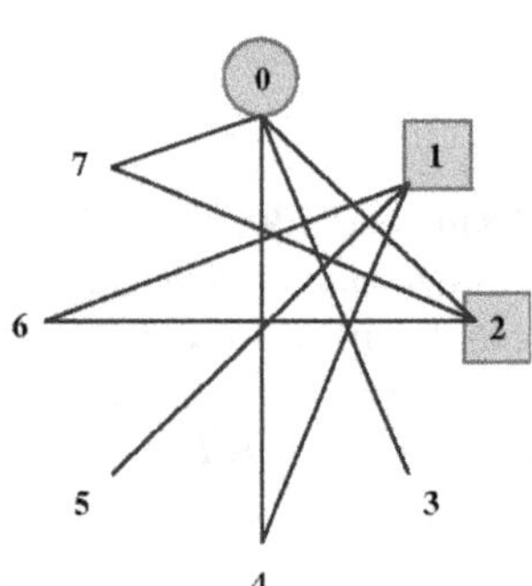

Abbildung 5.10: *Links: Dünnbesetzte Matrix einer Fallstudie aus der Strukturchemie [124]. Die eingezeichneten Blöcke von* 0 *bis* 7 *deuten eine gleichmäßige Aufteilung auf* 8 *Tasks an. Rechts: Abhängigkeitsmuster bei dieser Aufteilung. Markiert sind die Häufungspunkte bei* 0, 1 *und* 2.

werden kann. Bei dynamischer Abhängigkeit, wie etwa in
`y[i]=x[ind[i]];`
bei der ein a priori nicht bekanntes Feld `ind` darüber entscheidet, welches Element von `x` auf welches Element von `y` abgebildet wird, wobei die Dimensionen von `x` und `y` nicht übereinstimmen müssen, kann es dagegen leicht zu Engpässen und längeren Wartezeiten kommen. Falls möglich, sollten derartige Abhängigkeiten durch Änderung der anfänglichen Aufteilung vermieden werden.

Die oben in Abschnitt 5.4.2.2 angeführte Parallelisierung der Eigenwertberechnung in der Strukturchemie ist ein Beispiel für statische Abhängigkeiten. Eine einmal durchgeführte Zerlegung des Problems verändert sein Abhängigkeits- und Kommunikationsmuster während der Berechnung nicht. Dies trifft auch für die in Abschnitt 5.4.1 beschriebene Parallelisierung im HIROMB–Projekt zu. Da dieses Programm zur täglichen Wettervorhersage benutzt wird und daher nur relativ kurze Perioden berechnet, verändern sich die physikalischen Randbedingungen, d.h. die Temperatur und damit die Eisdecke, nur geringfügig und nicht dynamisch [153].

Synchrone Abhängigkeiten liegen vor, wenn eine oder mehrere Tasks ohne Kenntnis von der Änderungen eines Datums in einer anderen Task nicht weiterarbeiten können. Das oben behandelte Beispiel der finiten Differenzen zur Lösung partieller Differentialgleichungen besitzt synchrone Abhängigkeiten. Ein weiteres Beispiel für synchrone Abhängigkeit ist ein Telefongespräch, bei dem beide Parteien gleichzeitig am Telefon sein müssen. Bei asynchronen Abhängigkeiten werden Informationen zeitlich deutlich früher fertiggestellt, als sie benötigt werden. Das zum Telefongespräch analoge Beispiel ist hier das Briefe schreiben. Die Task mit der Information kann diese zur Verfügung stellen und kann, während die Information abgeholt wird,

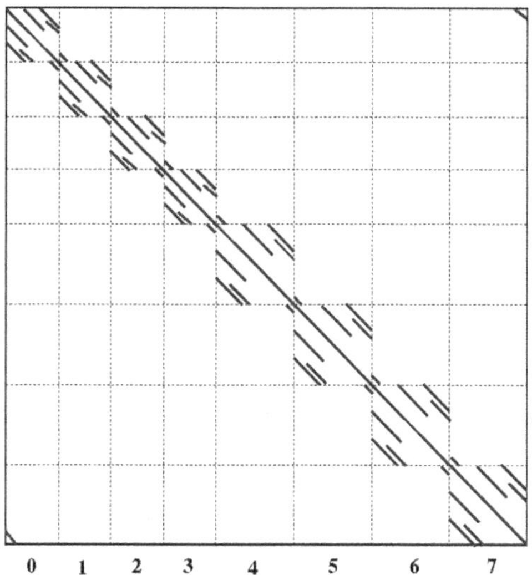

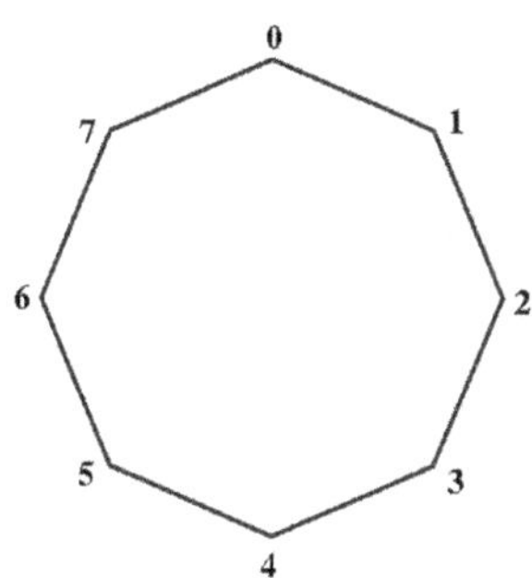

Abbildung 5.11: *Links: Matrixstruktur und Aufteilung in Blöcke mit einem veränderten Nummerierungsschema. Die Aufteilung führt diesmal zwar nicht zu einer gleichmäßigen Verteilung der Arbeit, denn die Blöcke in der Matrix sind unterschiedlich groß, dafür zeigt das Abhängigkeitsmuster (rechts) eine völlig regelmäßige Struktur.*

beliebig weiterarbeiten. Somit kann die Information verschickt werden, bevor auf sie gewartet wird. Bei der Task, die die Information benötigt, werden so die Wartezeiten erheblich verkürzt. Man sagt auch, dass sich Berechnungen und Kommunikationen überlappen können.

Dynamische und synchrone Abhängigkeiten führen zu Unwägbarkeiten bzw. zu zusätzlichen Wartezeiten in parallelen Programmen. Anders als lokale und unstrukturierte Abhängigkeiten lassen sich diese Abbhängigkeiten nur in Ausnahmefällen vermeiden. Daher spielen sie für die Designentscheidung meist eine untergeordnete Rolle.

Zusammenfassend ist bei der Betrachtung von Abhängigkeiten zu beachten:

- Abhängigkeiten, die einen häufig wiederkehrenden Austausch kleinerer Datenmengen zwischen Tasks erfordern, sollten zugunsten eines selteneren Austauschs mit größeren Datenmengen vermieden werden. Hier kann die Verwendung von zusätzlichen Zellen, die das Berechnungsgebiet einrahmen, hilfreich sein.

- Lokale, statische und asynchrone Abhängigkeiten sind programmtechnisch einfacher zu handhaben als globale, dynamische und synchrone Abhängigkeiten. Mit Hilfe von Färbetechniken können lokale Abhängigkeiten u.U. entfernt werden, die Bildung von Blöcken zur Elimination von Abhängigkeiten kann ein geeignetes Mittel zur Entfernung derartiger Abhängigkeiten sein. Gegebenenfalls ist eine neue Iteration in der Designschleife notwendig, um eine günstigere Aufteilung des Problems zu finden.

5.4.3 Designschleife zur Optimierung der Arbeitspakete

Nur in einfachen Fällen kann davon ausgegangen werden, dass die erste Programmzerlegung bereits zum optimalen Entwurf für ein paralleles Programm führt. Bei der Parallelisierung im HIROMB-Projekt (vgl. Abschnitt 5.4.1) erweist sich beispielsweise die funktionelle Zerlegung in unabhängige Module bei der Berechnung der Eigenschaften des Eises bei genauerer Überprüfung als nicht geeignet. Zum Einen ist die Zahl der Module für eine effektive Parallelisierung zu gering, zum Anderen ist der Berechnungsaufwand in diesen Modulen starken jahreszeitlichen Schwankungen unterworfen. Auch eine mögliche Aufteilung der Daten entlang der Seetiefe stellt sich im Designentwurf als nicht praktikabel heraus.

Ein weiterer zu beachtender Punkt im Designprozess ist eine eventuell notwendige Duplizierung von Daten bzw. von Berechnungen in den Tasks. So kann etwa die Multiplikation der Matrix A mit dem Vektor x in Abschnitt 5.4.2.2 nur dadurch sinnvoll durchgeführt werden, dass der Vektor x auf allen Tasks verfügbar ist, d.h. der Vektor ist in allen Tasks dupliziert. Dies führt bei dieser Problemstellung zu keinem Engpass, kann in anderen Fällen jedoch dazu führen, dass sehr große Probleme mit einem Designansatz nicht mehr lösbar sind, da der Hauptspeicher nicht mehr ausreicht. Denn bei einer Problemgröße von 10^9 auf 10^6 Prozessoren bedeutet diese Duplizierung eine Hauptspeicheranforderung von 8 GB an jedem Prozessor und insgesamt von 8 Petabyte.

Ein weiteres Beispiel für die Duplizierung von Daten ist uns bei der Einführung zusätzlicher Randzellen in Abschnitt 5.4.2.1 begegnet. Bei den üblichen Verhältnissen zwischen Rand und Volumen von Gebieten ist der für diese zusätzlichen Randzellen erforderliche Speicherplatz mehrere Größenordnungen kleiner als die Größe der Teilgebiete. Eine Aufteilung mit zusätzlichen Randzellen darf folglich nicht zu flachen Gebieten mit nur wenigen Zellen im Durchmesser führen, da ansonsten sowohl in den Randzellen signifikant Daten dupliziert werden als auch das Verhältnis zwischen Berechnungen innerhalb des Gebiets und Kommunikationen an den Rändern des Gebiets sehr ungünstig wird.

Am Ende dieser Designschleife entsteht ein Bild davon, wie die Parallelisierung aussehen könnte. Eine Zuordnung auf physikalische Prozessoren wird allerdings erst im nächsten Schritt vollzogen. Folgende Punkte kennzeichnen ein optimales paralleles Design:

- Es sind genügend Teilaufgaben vorhanden, deren Anzahl mit der Problemgröße wächst. Damit ist dieser Entwurf in der Lage, flexibel auf veränderte und zukünftig anwachsende Prozessorzahlen angepasst zu werden.
- Die gefundene Aufteilung besteht möglichst aus vergleichbar großen Arbeitspaketen. Dies ist zwar kein Ausschlusskriterium, erleichtert aber die Verteilung auf Prozessoren.
- Bei der gewählten Aufteilung sollten Duplizierungen von Daten und von Berechnungen um Größenordnungen geringer ausfallen als die eigentlichen Speicheranforderungen und Rechenarbeit. Ansonsten kann der Entwurf nicht mit der Prozessorzahl skalieren.

5.4.4 Zuweisung auf Prozessoren

Auf SMP Systemen mit UMA–Architektur (s. Abschnitt 2.7.1 wird dieser abschließende Schritt im Designprozess vom Betriebssystem übernommen, aber bereits auf NUMA–Architekturen kann ein geschicktes Mapping die Berechnungszeit positiv beeinflussen. Auf Rechnern mit verteiltem Speicher oder Clustern aus SMP–Systemen besitzt die Zuweisung auf Prozessoren entscheidenden Anteil an der Dauer eines parallelen Programms.

Im Allgemeinen sollte die Zahl der gefunden Arbeitspakete die Zahl der verfügbaren Prozessoren übersteigen. Tasks, die häufig miteinander kommunizieren, sollten möglichst benachbart plaziert werden, d.h. in Clustern auf SMP–Systemen oder in Netzsegmenten, mit einer möglichst geringen Zahl von Netzwerk *hops*. Da die meisten Hochleistungsrechner mit Batchsystemen betrieben werden, die Prozessen freie Ressourcen zuweisen, sind an dieser Stelle auch die Administratoren dieser Batchsysteme gefordert, um dafür zu sorgen, dass möglichst zusammenhängende Partitionen vergeben werden.

Noch entscheidender als die geschickte Plazierung von Tasks zur Reduktion von Kommunikationszeiten ist die gleichmäßige Arbeitsverteilung auf die Prozessoren, um so Wartezeiten der Tasks möglichst gering zu halten. Die Techniken und Strategien zur Balance der Arbeitspakete hängen dabei ganz entscheidend davon ab, ob funktionell zerlegt wird oder ob nach der Methode der Gebietszerlegung vorgegangen wird.

Bei einer Gebietszerlegung wird ein Gesamtgebiet von mehreren Tasks bearbeitet. Dieser Ansatz entspricht dem SPMD–Programmiermodell (*Single Program with Multiple Data*, vgl. auch S. 60). Hierbei ergibt eine gleichmäßige Aufteilung des Berechnungsgebiets meist eine gleichmäßige Verteilung der Arbeit in Tasks, falls das Arbeitsaufkommen pro Gitterpunkt keinen größeren Schwankungen unterliegt.

Die rudimentärste Art der Gebietsaufteilung ist hierbei die rekursive Bisektion entlang der Koordinatenachsen (RCB, engl. *recursive coordinate bisection*), die aber nur für einfachste reguläre Gebiete anwendbar ist [45]. Etwas vielfältiger einsetzbar ist die rekursive Bisektion von Graphen (RGB), die häufig für die Aufteilung von Gittern aus finiten Elementen eingesetzt wird [139]. Eine Weiterentwicklung und Verbesserung, die insbesondere auch Gewichtungen einzelner Knoten berücksichtigt, ist die rekursive Spektralbisektion (RSB) [6, 115], die als Multilevel–RSB (MSB) auch für komplexe unstrukturierte Gebiete ausgezeichnete Ergebnisse liefert. Diese und weitere Algorithmen sind in einer Reihe qualitativ hochwertiger Softwareprodukte implementiert und dokumentiert. Die bekanntesten sind CHACO[18], JOSTLE[19], METIS[20], PARTY[21] und SCOTCH[22].

Wie im Beispiel des HIROMB–Projekts (s. Abschnitt 5.4.1) ist das Arbeitsaufkommen pro Gitterpunkt oft unterschiedlich, so dass eine rein geometrische Aufteilung nicht zu einer Lastbalanzierung führen kann. Sind diese Unterschiede deterministisch, dann können sie in der Regel bei der Aufteilung in Form einer Gewichtung pro Gebietspunkt berücksichtigt werden. Dies trifft beim HIROMB–Projekt beispielsweise für die unterschiedliche Seetiefe zu. Unterschiede in der Eisbedeckung lassen sich so jedoch nicht berücksichtigen. Deswegen werden deutlich mehr Gebiete generiert als Prozessoren vorhanden sind. Dadurch werden die einzelnen Gebiete etwas kleiner, was zusätzlich den Vorteil bringt, dass sich kleinere rechteckige Gebiete deutlich besser in die unregelmäßige Struktur der Ostsee einbetten lassen als große Gebiete. Unterschiedliche Seetiefen und die Überlappung von Gebieten mit Festland führt zu unterschiedlich

[18] http://www.sandia.gov/~bahendr/chaco.html

[19] http://staffweb.cms.gre.ac.uk/~wc06/jostle

[20] http://glaros.dtc.umn.edu/gkhome/views/metis

[21] http://wwwcs.uni-paderborn.de/fachbereich/AG/monien/RESEARCH/PART/party.html

[22] http://www.labri.u-bordeaux.fr/perso/pelegrin/scotch

großen Teilgebieten, die unter Bevorzugung von Nachbarschaftsbeziehung Prozessoren zugeordnet werden, so dass die Zahl der aktiven Gitterpunkte möglichst gleich verteilt ist. Dadurch wird in der Regel verhindert, dass einige wenige Prozessoren von einer Änderung der Eisdecke in Mitleidenschaft gezogen werden. Unterschiede im Arbeitsaufwand für Prozessoren treten so zwar immer noch auf, sind aber minimal und beeinträchtigen die Parallelisierung nur unwesentlich [152, 153]. Alternativ dazu können ganze Gebiete und Gebietsteile bei dynamischem Anwachsen des Arbeitsaufkommens von Prozessor zu Prozessor verschoben werden [125], der damit verbundene Mehraufwand zahlt sich jedoch bei den Berechnungen im HIROMB–Projekt nicht aus. Diese Vorgehensweise kann sich aber in anderen Verfahren, insbesondere bei adaptiven Gitterverfeinerungen, als probates Mittel herausstellen.

Dagegen arbeitet die funktionelle Zerlegung mit unabhängigen Tasks, die dynamisch koordiniert werden müssen, so dass sich oft die Organisation dieser Tasks durch eine Management Task anbietet, was sich besonders gut in einem Master–Slave Programmiermodell (vgl. S. 87) realisieren lässt. Bei der Zuweisung dynamischer Prozesse kommen sogenannte Ablaufsteuerungsstrategien (engl. *scheduling*) zum Einsatz, wobei hierbei zwischen deterministischen und nicht deterministischen Strategien unterschiedern werden muss.

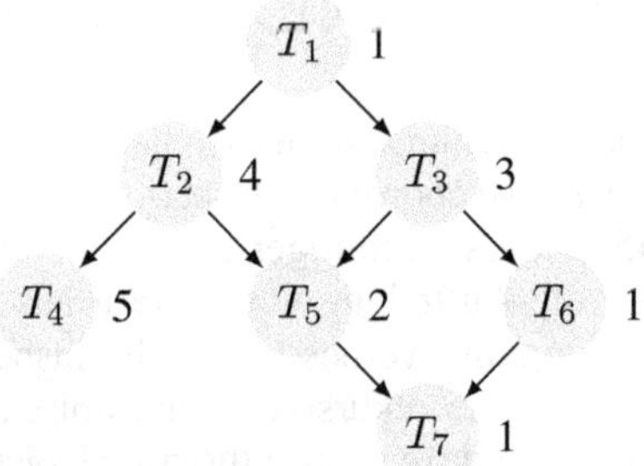

Abbildung 5.12: *Abhängigkeitsgraph für sieben Tasks T_1 bis T_7. Rechts neben jeder Task findet sich die relative Ausführungszeit, die als Gewicht des Eckpunkts interpretiert wird.*

Determinisische Strategien, bei denen alle Informationen im Voraus bekannt sind, sind sehr gut untersucht [28, 44, 55], beschreiben aber die Wirklichkeit nur bedingt, da diese Informationen selten vollständig vorliegen. Um mögliche Kandidaten für die Ausführung zu bestimmen, wird ein Abhängigkeitsgraph (vgl. Abb. 5.12) erstellt. In diesem Graphen verbinden Kanten die Eckpunkte, die hierbei Tasks repräsentieren. Bei der deterministischen Ablaufsteuerung ist neben den durch die Kanten repräsentierten Abhängigkeiten der Tasks auch deren Ausführungszeiten bekannt, die als Gewichte für die Eckpunkte interpretiert werden. Da eine Task vollständig beendet sein muss, bevor von ihr abhängige Tasks bearbeitet werden können, handelt es sich hierbei um eine kooperative Ablaufsteuerung im Unterschied zur präemptiven Steuerung. Optimale Ablaufsteuerungen für kompliziertere Graphen gehören zu den NP–vollständigen Problemen und verlangen nach heuristischen Lösungen. Eine in diesem Zusammenhang oft eingesetzte Heuristik ist die *critical path* Technik, eine der *list scheduling* Strategien. Dabei wird für jeden Eckpunkt das eigene Gewicht und die Summe der Gewichte der Eckpunkte, die auf dem Weg mit dem längsten Weg zur Beendigung liegen, summiert. Diese Summen werden als Prioritäten für das *scheduling* benutzt. Für das Beispiel in Abb. 5.12 ergeben sich folgende Prioritäten (in Klammer) in durch | getrennten Abhängigkeitsstufen:

$$T_1(10) \quad | \quad T_2(9) \quad T_3(6) \quad | \quad T_4(5) \quad T_5(3) \quad T_6(2) \quad | \quad T_7(1)$$

Innerhalb einer Abhängigkeitsstufe werden Tasks mit höherer Priorität vor Tasks mit geringeren Prioritäten ausgeführt. Somit ergibt sich für zwei Prozessoren folgendes Ablaufdiagramm:

	T_2			T_4		
T_1	T_3		T_5	T_6		T_7

Dabei ist die Zuweisung von T_3 auf Prozessor 1 und T_2 auf Prozessor 2 willkürlich. Der Start von Task T_4, die Task mit der höchsten Priorität auf der dritten Ebene, könnte vor Beendigung von T_3 beginnen, da zwischen diesen Tasks keine Abhängigkeit besteht. Die Abbildung ist jedoch so gewählt, dass bei T_4 auf die Fertigstellung der vorausgehenden Abhängigkeitsstufe gewartet wird. Dasselbe gilt für Task T_7, die überlappend zu T_4 ausgeführt werden könnte.

Bereits dieses kleine Beispiel zeigt Verbesserungspotential in der *critical path* Strategie auf, indem sie durch explizite Abhängigkeitsrelationen erweitert wird, so dass Überlappungen zwischen verschiedenen Ebenen möglich werden.

Bei nicht deterministischen Strategien wird meist eine Kombination von Heuristiken für deterministische Probleme und dem sog. *Greedy*–Verfahren kombiniert, bei dem anstehende Aufgaben der Reihe nach auf frei werdende Ressourcen verteilt werden.

Bei der Organisation von Ablaufsteuerungsstrategien kommen drei Techniken zum Einsatz:

- Master–Slave Modell: Einem zentralen Masterprozess wird die Verantwortung für die Aufgabenverteilung übergeben. Jeder Slaveprozess fordert von diesem Master Arbeit an.
- Hierarchische Manager–Arbeiter Technik: Bei sehr vielen Aufgaben kann ein Masterprozess zum Flaschenhals werden. Hier helfen mehrere Untermanager, die periodisch mit den Managern der nächst höheren Ebene kommunizieren, um eine Vielzahl von Arbeitsprozessen zu koordinieren.
- Dezentrale Technik: Die anstehenden Tasks werden in einer sog. *Taskfarm* organisiert. Freie Arbeiter fordern von anderen weitere Arbeit an.

Im Beispiel der Freunde, die gemeinsam die Aufgaben für das 2. Staatsexamen korrigieren (vgl. Abschnitt 4.2.7), haben wir beispielsweise den Pförtner als zentralen Masterprozess installiert, der die Arbeitsverteilung auf die Slaves koordiniert.

5.4.5 Fallstudie: Wechselwirkende Teilchen

Ein typisches System wechselwirkender Teilchen besteht aus endlich vielen Teilchen, die ihre Eigenschaften beispielsweise durch Bewegung verändern, während sie miteinander interagieren oder äußeren Kräften ausgesetzt sind. Dazu wird der Simulationszeitraum in kleine Zeitschritte unterteilt. Zu Beginn jedes Zeitschritts werden die Teilchen als eingefroren betrachtet und die auf sie einwirkenden Kräfte, äußere Kräfte oder Kräfte der Teilchen untereinander, berechnet. Der Zeitschritt wird dadurch abgeschlossen, dass die Eigenschaften aller Teilchen entsprechend der einwirkenden Kräfte verändert werden.

Abhängig vom Problem werden 10^9 und mehr Teilchen mit den Eigenschaften Masse, Koordinaten, Geschwindigkeit und ggf. Ladung betrachtet. Diese 8 beschreibenden Daten führen zu 64 GByte und mehr Hauptspeicheranforderung. Ein Zeitschritt erfordert in der Regel mindestens 1000 Operationen pro Teilchen, und somit 10^{12} Operationen insgesamt, d.h. längere Teilchensimulationen sind durchaus anspruchsvolle Rechnungen.

Im einfachsten Fall interagieren die Teilchen nur durch Stöße oder Kräfte mit kurzer Reichweite. Im schlimmsten Fall wechselwirken alle Teilchen miteinander, wodurch eine $\mathcal{O}(N^2)$ Komplexität entsteht, d.h. anstelle von 1000 Operationen pro Teilchen fallen 10^9 Operationen pro Teilchen in jedem Schritt an. Diese Komplexität muss durch vereinfachende Näherungsbetrachtungen oder intelligente Organisation der Teilchen möglichst verhindert werden. Da sich die Teilchen bewegen, benötigen die meisten Algorithmen eine gut organisierte Nachbarschaftsliste, um die Suche nach interagierenden Teilchen, d.h. die Abstandsberechnung zu allen Teilchen in jedem Zeitschritt, zu vermeiden.

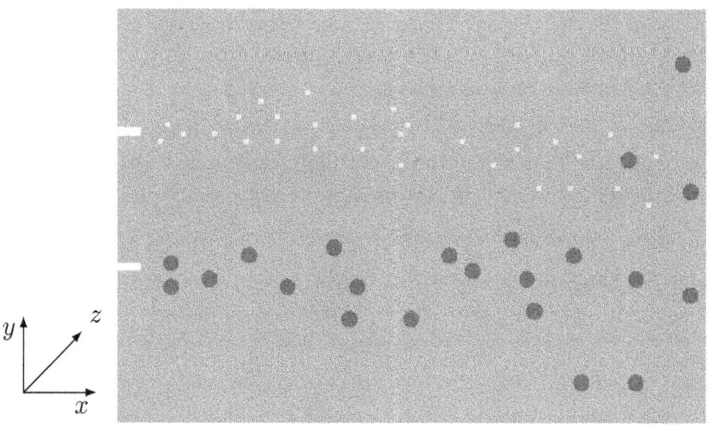

Abbildung 5.13: *Zwei Teilchenquellen im stellaren Raum emittieren Elektronen (hell, klein) bzw. Ionen (dunkel, groß).*

Als Beispiel für ein Problem mit wechselwirkenden Teilchen sollen hier zwei Quellen elektrisch geladener Teilchen im stellaren Raum betrachtet werden (vgl. Abb. 5.13), die zu Beginn der Simulation mit der Abstrahlung von Teilchen beginnen [107, 108]. Dadurch bedingt sind die Teilchen im Simulationsgebiet nicht gleichmäßig verteilt.

Die sich mit einer Anfangsgeschwindigkeit bewegenden Teilchen verursachen ein magnetisches und ein elektrisches Feld, das ihre Bewegung beeinflusst. Dagegen können Kollisionen oder Beeinflussung durch Gravitation vernachlässigt werden. Über die elektromagnetische Wechselwirkung beeinflussen sich allerdings alle Teilchen gegenseitig, was zu einer $\mathcal{O}(N^2)$ Komplexität führt. Da Probleme dieser Komplexität nicht mit sinnvollen Teilchenzahlen berechnet werden können, werden die elektromagnetischen Felder auf regulären Gitterpunkten im Simulationsgebiet berechnet. Die Wirkung dieser Felder auf ein einzelnes Teilchen wird aus den Werten der es umgebenden Gitterzelle interpoliert (vgl. Abb. 5.14) und umgekehrt, werden die durch die Bewegung der Teilchen induzierten elektromagnetischen Felder in die Eckpunkte der Gitterzelle extrapoliert. Daher wird diese Methode auch *particle in cell* (PIC) Methode genannt. Dadurch wird die Komplexität der Berechnung drastisch reduziert.

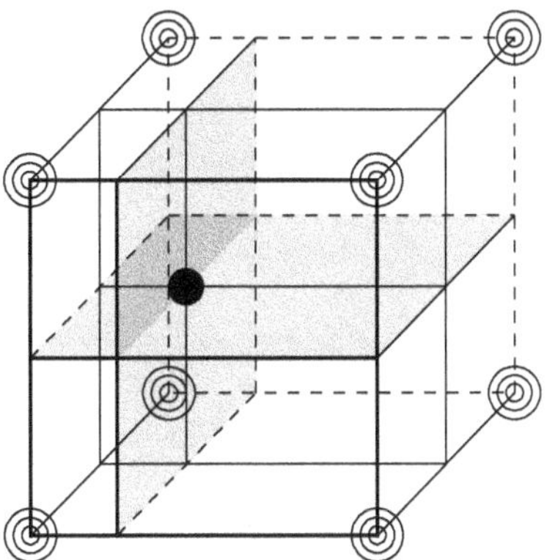

Abbildung 5.14: *PIC Methode: Das auf das Teilchen einwirkende Feld wird aus den Gitterpunkten interpoliert.*

Für Schritt 1 unseres Designprozesses bieten sich zwei Kandidaten für die Aufteilung an: Eine Gebietsaufteilung des Gitters für die elektromagnetischen Felder und eine Aufteilung der Teilchen. Die Informationen der Teilchen und der sie umgebenden Gitterzelle sollten dabei stets in derselben Task lokalisiert sein.

Eine Aufteilung der Teilchen stößt zu Beginn der Simulation auf Schwierigkeiten, da kaum Teilchen vorhanden sind. Die Teilchenzahl wächst im Simulationsverlauf kontinuierlich an, bis sie einen quasi stationären Zustand erreicht. Da sich die Teilchen frei bewegen, verlangt eine Aufteilung der Teilchen entweder eine mehrfache Replikation von Gitterzellen oder eine Sortierung der Teilchen, so dass möglichst alle Teilchen einer Gitterzelle innerhalb einer Task behandelt werden können. Da eine Lastbalanzierung zum Simulationsstart praktisch unmöglich ist und die Replikation der Gitterzellen zu einem beträchtlichen Mehraufwand führt und die Skalierbarkeit des Designs einschränkt, wird dieser Aufteilungsansatz verworfen, d.h. wir beenden die Designschleife und beginnen mit einer neuen Zerlegung.

Eine beliebige Gebietszerlegung des Gitters und entsprechende Verteilung der Teilchen verlangt den Austausch von Teilchen beim Wechsel von einem Teilgebiet in das nächste und es verursacht zwangsläufig Probleme mit der gleichmäßigen Verteilung der Teilchen, da sich diese im Simulationsverlauf stark verändert. Die ungleichmäßige Verteilung der Teilchen spielt sich hauptsächlich in der x–Achse ab und die Hauptbewegungsrichtung der Teilchen ist in x–Richtung. Somit bietet sich als erster Schritt in der Designschleife eine Gebietszerlegung in Quader an, deren Hauptachse in x–Richtung läuft und deren Länge der Gesamtausdehnung des Simulationsgebiets in x entspricht. Auf diese Weise werden die Probleme mit der ungleichmäßigen Teilchenverteilung reduziert. Ferner verringert diese Aufteilung die Zahl der Übergänge von Teilchen von einem Teilgebiet in das nächste, da die Hauptbewegungsrichtung mit der Quaderausdehnung übereinstimmt [106].

Um trotz der ungleichmäßigen Verteilung der Teilchen in den Quadern zu einer ausbalanzierten Arbeitsverteilung zu kommen, muss die Gebietsaufteilung mit einer Ablaufsteuerungsstrategie kombiniert werden. Dies setzt voraus, dass mehr Gebietsteile vorhanden sind als Prozessoren. Diese Gebietsteile werden dabei in zwei aufeinanderfolgenden Aufteilungsprozessen definiert. Im ersten Schritt wird die y–z–Ebene durch ein einfaches Bisektionsverfahren für p Prozessoren gleichmäßig aufgeteilt und diese p Teile p Prozessoren zugeordnet. Damit erhalten wir eine gleichmäßige Gitterverteilung und die mit der Berechnung der elektromagnetischen Felder verbundene Arbeit ist unter den Prozessoren ausbalanziert. Im zweiten Schritt werden diese p Teile feiner unterteilt (vgl. Abb. 5.15). Bei der Berechnung der Teilchen werden diese feinen

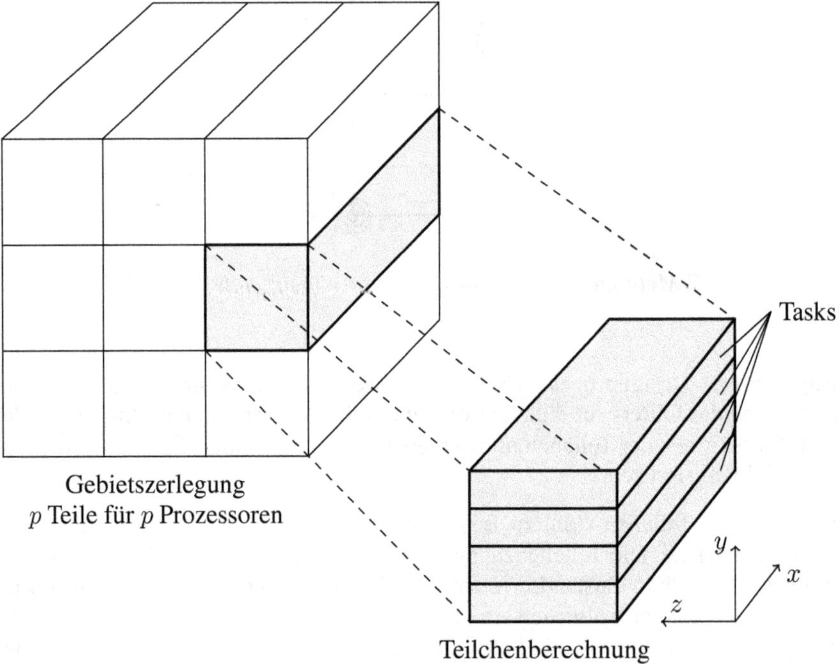

Abbildung 5.15: *Die Ersteinteilung für p Prozessoren wird für die Teilchenberechnungen feiner in Tasks unterteilt, die in einer Taskfarmstrategie dynamisch verteilt werden können.*

Teile als Tasks formuliert, die beispielsweise in einem Master–Slave Programmiermodell, das mit einer Taskfarmstrategie kombiniert wird, dynamisch verteilt werden können [109]. Die Zuordnung dieser Tasks zu Prozessoren erfolgt dabei in Analogie zum Verfahren bei der Korrektur des Staatsexamens (s. Abschnitt 4.2.7), so dass die Prozessoren priorisiert die auf ihnen beheimateten Tasks der ersten Aufteilungsebene bearbeiten. Mit dieser Strategiekombination wird folgendes gewährleistet:

- Die Feldberechnungen auf dem Gitter sind zwischen den Prozessoren vollständig ausbalanziert.
- Die Zahl der Gebietswechsel von Teilchen und damit der Aufwand für den Datenaustausch wird durch die Aufteilung in Quader minimiert.

- Bei ungleichmäßiger Teilchenverteilung können Prozessoren mit wenig Teilchen Tasks anderer Prozessoren übernehmen und bearbeiten. Dabei wird die Zahl der Taskwechsel so gering wie möglich gehalten.

Die Übernahme von Tasks durch andere Prozessoren ist in OpenMP einfach realisierbar, mit MPI erfordert es die in Abschnitt 4.2.7 beschriebene einseitige Kommunikation. Der Prozessor, der in seinen Tasks mehr Arbeit hat als andere Prozessoren, kann durch einseitige Kommunikation entlastet werden, ohne dass er deswegen seine Bearbeitung unterbrechen muss. Dazu führt ein Masterprozess gewissermaßen eine Datenbank über die bereits bearbeiteten Tasks und weist anfragenden Prozessoren unbearbeitete Tasks zu. Damit die einseitige Kommunikation taskweise funktionieren kann, werden alle Daten einer Task, d.h. die zugehörigen Gitterzellen und Teilchen, in einem Fenster angelegt und die Zugriffe auf diese Daten durch `MPI_Win_fence` abgesichert.

Die Taskfarmstrategie ist verbunden mit einer Sortierung der Teilchen in kleinere Teilgebiete. Alleine diese Sortierung, die letztendlich einer Einteilung der Teilchen in Blöcke entspricht, führt zu einer Beschleunigung zur doppelten Geschwindigkeit, da diese Blöcke besser den Cache ausnutzen können. Die Taskfarmstrategie mit entsprechender Arbeitsverteilung führt zu einer Balanzierung der Arbeit, die die Tasks für die Berechnung der Teilchen benötigen und die Effektivität der parallelen Implementierung steigt auf den verfügbaren 100 Prozessoren von 10% auf nun 80% an [109].

5.5 Paralleles Design der Gaußelimination

Nun wird das Gaußsche Eliminationsverfahren als weitere Fallstudie dem in Abschnitt 5.4 ausgeführten Designprozess unterworfen. Im Unterschied zu der in Abschnitt 5.3.5 bereits angedeuteten Parallelisierung der Matrizenmultiplikation im $A = A - LR$ Schritt dient der in Abschnitt 5.3.3 entwickelte Blockalgorithmus als Ausgangspunkt, d.h. wir überspringen einige Iterationen der Designschleife vom Lehrbuchalgorithmus zum Blockalgorithmus.

Die hier beschriebene Vorgehensweise entspricht nicht der ansonsten üblichen Parallelisierung mit OpenMP, die auf reiner Schleifenparallelisierung im Lehrbuchalgorithmus 5.1, wie sie beispielsweise von McGinn und Shaw [91] berichtet wird bzw. aus Algorithmus 5.2 durch Parallelisierung der Matrizenmultiplikation hervorgeht. Sie basiert vielmehr auf der MPI Parallelisierung, wie sie in etwa im High-Performance Linpack Benchmark[23] eingesetzt wird.

Der hier verwendete Ansatz zeichnet sich deswegen auch durch entschieden bessere Performance aus als die einfache Schleifenparallelisierung. Es werden allerdings ausdrücklich keine alternativen Algorithmen, wie etwa rekursive Verfahren [113] oder Implementierungen auf Spezialarchitekturen, analysiert oder verglichen, um den roten Faden nicht zu verlieren. Es wird der Einfachheit halber nach wie vor auf Pivotierung verzichtet, obwohl diese für eine stabile Implementierung unabdingbar ist. Es geht mir hier nicht um den schnellsten und effektivsten Algorithmus für die Gaußelimination dicht besetzter Matrizen, sondern um die Beschreibung einer Vorgehensweise, wobei die hier erzielte Performance durchaus ansehnlich ist und der traditionellen Parallelisierung (vgl. [91]) deutlich überlegen ist, dabei allerdings doch noch

[23] http://www.netlib.org/benchmark/hpl/

so übersichtlich bleibt, dass diese Vorgehensweise auch auf andere Algorithmen übertragbar bleibt.

D_0	R_{01}	R_{02}	R_{03}
L_{10}	D_1	B_{12} R_{12}	B_{13} R_{13}
L_{20}	B_{21} L_{21}	D_2	B_{23} R_{23}
L_{30}	B_{31} L_{31}	B_{32} L_{32}	D_3

Abbildung 5.16: *Aufteilung einer Matrix in Blöcke.*

Ausgangspunkt für den Designprozess ist Algorithmus 5.2 auf S. 103. Der Einfachheit halber teilen wir zunächst die Matrix wie in Abb. 5.16 in Blöcke ein und benutzen diese Blöcke als parallele Einheiten in der Designschleife gewissermaßen als Ergebnis der Programmzerlegung. Die teilweise mehrfache Beschriftung der Blöcke gehorcht folgender Systematik:

- Die Matrixblöcke D_i sind Diagonalblöcke, die in Alg. 5.2 in Funktion `gauss` einer klassischen LR–Zerlegung unterworfen werden. Die Blöcke für $i > 0$ werden darüberhinaus in $D_i = D_i - L_{ik}R_{ki}$, $k = i - 1$ entsprechend umgeformt.

- Die Matrixblöcke B_{ij} werden in $B_{ij} = B_{ij} - L_{ik}R_{kj}$ umgeformt, entsprechend der Graustufen und dem Fortschreiten der Elimination auch mehrfach. Diese Blöcke gehen nach erfolgter Umformung in die entsprechenden Blöcke der L bzw. R Matrix über, die als Zweitbezeichnungen verwendet werden.

- Die Matrixblöcke L_{ij} werden als Bezeichnungen für Blöcke unterhalb einer Diagonalmatrix verwendet. Ist die entsprechende Diagonalmatrix D_j in LR faktorisiert, dann werden diese L_{ij} Blöcke in `Lmatrix` aus Alg. 5.2 bearbeitet.

- Die Matrixblöcke R_{ij} werden als Bezeichnungen für Blöcke rechts neben einer Diagonalmatrix verwendet. Ist die entsprechende Diagonalmatrix D_j in LR faktorisiert, dann werden diese R_{ij} Blöcke in `Rmatrix` aus Alg. 5.2 bearbeitet.

Im nächsten Schritt werden die Abhängigkeiten dieser Blöcke analysiert. Bei diesen Abhängigkeiten handelt es sich um lokale, synchrone und statische Abhängigkeiten, die durch andere Gruppierungen oder Kombinationen von Blöcken nicht weiter vereinfacht werden können, ohne dadurch die Flexibilität für die Zuweisung der Blöcke auf Prozessoren entscheidend einzuschränken. In Abb. 5.17 sind diese Abhängigkeiten in einem Abhängigkeitsgraphen dargestellt.

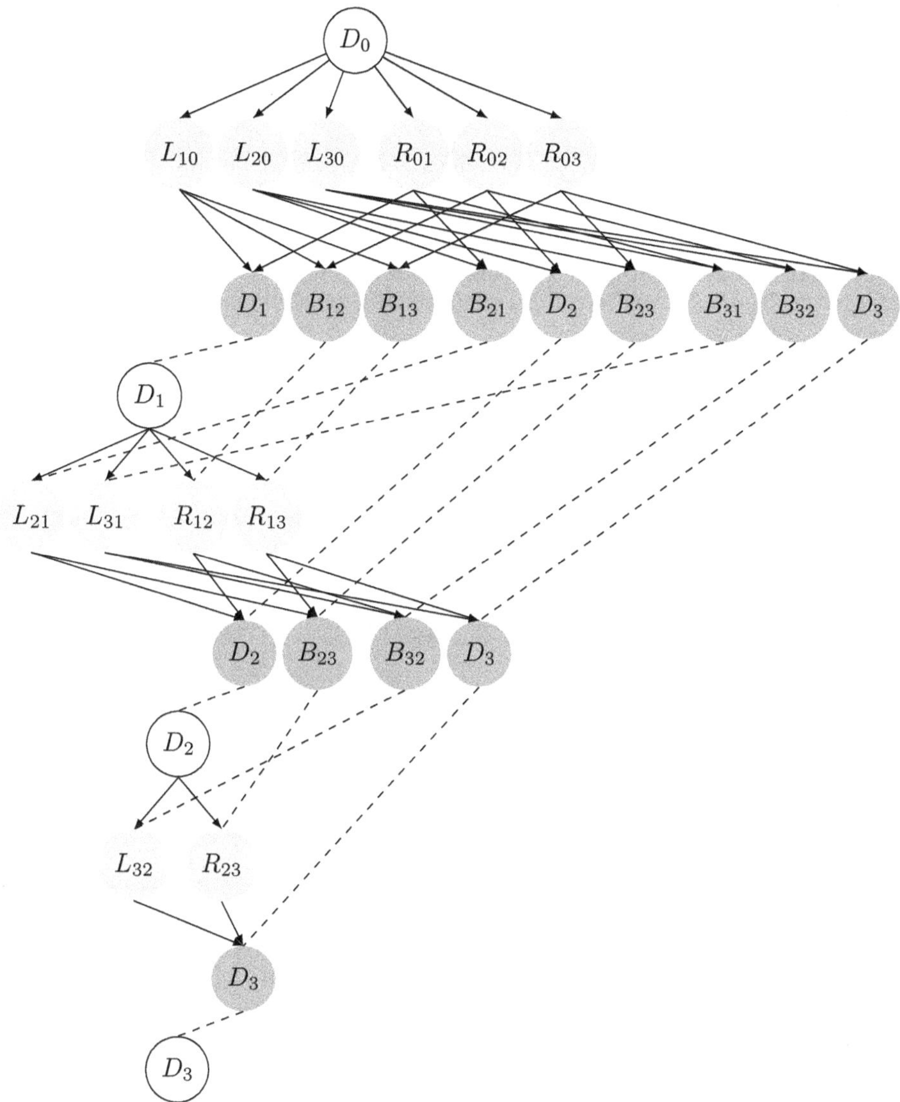

Abbildung 5.17: *Abhängigkeitsgraph für die Blöcke aus Abb. 5.16 bei der Gaußelimination. Die gestrichelten Linien verbinden identische Blöcke (ggf. mit Umbenennung). Die schwarz umrandeten Kreise deuten an, dass eine Gaußelimination für diesen Block durchgeführt wird. Die hellgrauen Kreise für L und R Blöcke verdeutlichen die Ausführung der Funktionen* `Lmatrix` *bzw.* `Rmatrix`*. Dunkel gefärbte Kreise versinnbildlichen die Multiplikation zweier Matrizen gemäß $A = A - LR$.*

Zu erkennen sind zwei verschiedene Abhängigkeitsarten, die sich im dabei notwendigen Datenfluss unterscheiden. Abhängigkeiten mit gestrichelten Linien sind gewissermaßen Speicherkonsistenz–Abhängigkeiten bzw. Synchronisationen. So hängt die Arbeit am Block R_{12} von der Beendigung von Block B_{12} ab. Diese Blöcke sind nach Abb. 5.16 mehrfach bezeichnet. Beide Blöcke können ohne Datenaustasuch innerhalb einer Task bzw. Thread sequentiell hintereinander behandelt werden.

Abhängigkeiten mit einer durchgezogenen Linie sind dagegen mit einem Datenfluß verbunden. So kann beispielsweise Block L_{21} erst berechnet werden, wenn D_1 beendet ist und die Daten von D_1 der Task bzw. Thread, die L_{21} berechnen soll, zum Lesen zur Verfügung stehen.

Neben den Abhängigkeiten ist auch die Arbeitsaufwand der einzelen Arbeitsblöcke bekannt, der in Abb. 5.17 mit verschiedenen Graustufen angedeutet ist. Somit lassen sich die Arbeitsblöcke in 4 Kategorien unterteilen:

- Klassische Gaußelimination für ein `BLOCK` großes Problem[24] mit $\frac{2}{3}$BLOCK^3 Operationen.
- Ausführung der Funktion `Lmatrix` für ein `BLOCK` großes Problem mit BLOCK^3 Operationen.
- Ausführung der Funktion `Rmatrix` für ein `BLOCK` großes Problem mit BLOCK^3 − BLOCK^2 Operationen.
- Aufdatieren der Restmatrix in `BLOCK` großen Blöcken mit 2BLOCK^3 Operationen.

Der Arbeitsaufwand pro Block unterscheidet sich um den Faktor 3.Wie in Abschnitt 5.4.4 diskutiert, kann die Zuweisung der einzelnen Arbeitspakte auf die Techniken der deterministischen Ablaufsteuerung zurückgreifen, wobei in Abb. 5.17 die einzelnen Abhängigkeitsstufen klar erkennbar sind. Offenbar wird ferner, dass ein idealer Speedup nicht erreichbar ist, da insbesondere gegen Ende der Berechnung nicht genügend Arbeitspakete vorhanden sind, um mehrere Prozessoren zu beschäftigen. Der Übersichtlichkeit halber ist Alg. 5.2 hier nochmals angeführt, wobei bereits die Schleifen entsprechend der Zerlegung in Blöcke eingefügt sind:

ALGORITHMUS 5.3 :

```
#define BLOCK xx
#include <cblas.h>
#define A(i,j) a[(i)*lda+(j)]
void blockgauss(a,lda,n) {
 int block,i;
 for(i=0;i<n;i+=BLOCK) {
  block= (n-i<BLOCK) ? n-i:BLOCK;
  gauss(&A(i,i),lda,block);
  for(j=i+BLOCK;j<n;j+=BLOCK) {
   lj=n-j;
   blj=(lj<BLOCK) ? lj:BLOCK;
   Lmatrix(&A(i,i),&A(j,i),lda,block,blj);
   Rmatrix(&A(i,i),&A(i,j),lda,block,blj);
  }
```

[24] `BLOCK` ist die in Algorithmus 5.2 verwendete Größe der Blöcke.

```
  for(j=i+BLOCK;j<n;j+=BLOCK) {
   lj=n-j;
   blj=(lj<BLOCK) ? lj:BLOCK;
   for(k=i+BLOCK;k<n;k+=BLOCK) {
    lk=n-k;
    blk=(lk<BLOCK) ? lk:BLOCK;
    cblas_dgemm(CblasRowMajor,CblasnoTrans,CblasNoTrans,
                blj,blk,block,-1.,&A(j+block,i),lda,
                &A(i,k+block),lda,1.,&A(j+block,k+block),lda);
  }}
 }
}
```

Für die Parallelisierung mit OpenMP benötigen wir zunächst keine weiteren Vorüberlegungen, denn die Zuweisung von Tasks auf Prozessoren kann vollständig dem Betriebssystem überlassen werden. Der Unabhängigkeit der Berechnung von `Lmatrix` und `Rmatrix` kann dadurch Rechnung getragen werden, dass die entsprechende `j` Schleife dupliziert wird und die implizite Barriere nach der ersten parallelen Schleife mit der `nowait` Option verhindert wird. Die beiden geschachtelten Schleifen vor dem Aufruf der Funktion zur Multiplikation zweier Matrizen aus der ATLAS–Bibliothek können entweder mit Hilfe der `collapse` Option gemeinsam parallelisiert werden, bzw. diese beiden Schleifen können auch nach Zwischenspeicherung der Variablen `j, blj, k` und `blk` als eine Schleife formuliert werden. Da die ATLAS–Bibliothek sehr effizient programmiert ist, lohnt es sich auch, experimentell zu untersuchen, ob nicht die Parallelisierung nur einer der beiden Schleifen, ohne Blockbildung in der zweiten Richtung, zu besseren Ergebnissen führt.

Der Vollständigkeit halber hier noch die Direktiven für das parallele Programm:

```
#pragma omp parallel private(i,j,len,block,lj,blj,lk,blk)
 for(i=0;i<n;i+=BLOCK) {
  .
#pragma omp single
  gauss(&A(i,i),lda,block);
  .
#pragma omp for nowait
  for(j=i+BLOCK;j<n;j+=BLOCK) {
   .
   Lmatrix(&A(i,i),&A(j,i),lda,block,blj);
  }
#pragma omp for
  for(j=i+BLOCK;j<n;j+=BLOCK)
   Rmatrix(&A(i,i),&A(i,j),lda,block,blj);
  .
#pragma omp for collapse(2)
```

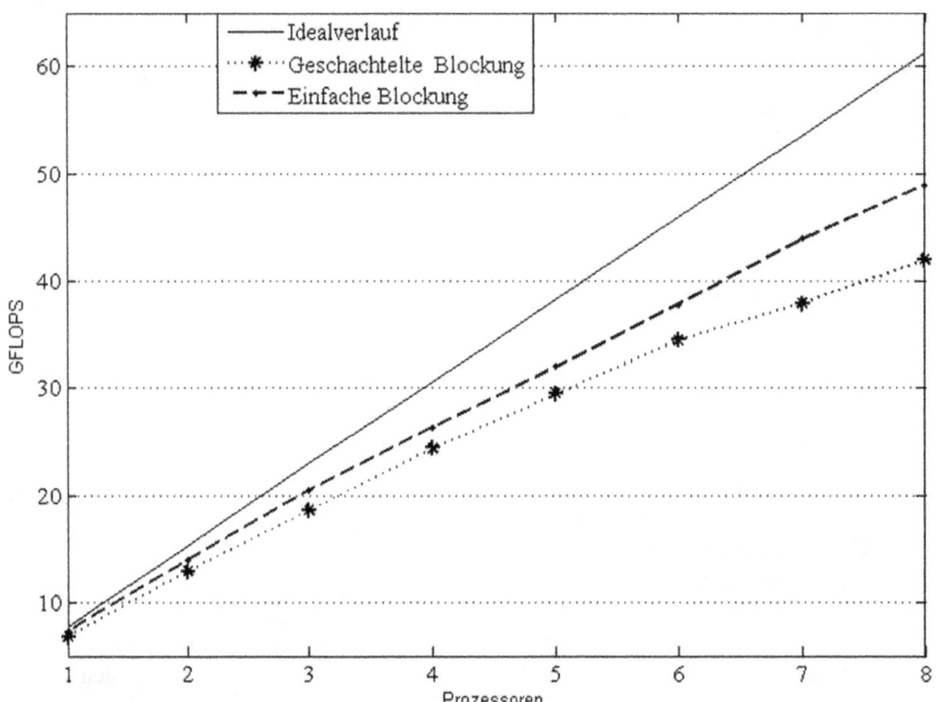

Abbildung 5.18: *Performance in GFLOPS für Algorithmus 5.3 in Abhängigkeit von der Prozessorzahl bei einer Problemgröße* $n = 10.000$. *Der Idealfall bezieht sich auf Alg. 5.2 mit der ATLAS Bibliothek. Bei der einfachen Blockung wird auf die horizontale Blockung (k–Schleife in Alg. 5.3) verzichtet. Die Effektivität bei einfacher Blockung liegt bei 80% des Idealfalls. Im Vergleich dazu liefert der HPL-Linpack Benchmark mit Pivotierung eine um 10% schlechtere Performance als mit einfacher Blockung.*

```
for(j=i+BLOCK;j<n;j+=BLOCK)
 for(k=i+BLOCK;k<n;k+=BLOCK) {
  .
 cblas_dgemm(CblasRowMajor,CblasnoTrans,CblasNoTrans,blj,
  blk,block,-1.,&A(j+block,i),lda,&A(i,k+block),lda,1.,
  &A(j+block,k+block),lda);
}
```

Wie Abb. 5.18 zeigt, liefert die hier vorgestellte Variante mit diesen einfachen Veränderungen mit 80% der p-fachen Einzelprozessorperformance eine beachtliche Performance, zumal der HPL-Linpack Benchmark[25] bei dieser Problemgröße eine um 10% geringere Performance liefert. Dies ist bemerkenswert und erklärbar dadurch, dass hier auf Pivotierung verzichet wird

[25] http://www.netlib.org/benchmark/hpl/

und der HPL–Linpack Benchmark mit Pivotierung arbeitet[26]. Aufgrund der ausgezeichneten Implementierung der `cblas_dgemm` Funktion lohnt es sich, Zeilen zusammenzufassen, d.h. auf die `k`-Schleife zu verzichten. Im Vergleich dazu liefert ein einfaches Schleifenparallelisieren mit OpenMP, wie beispielsweise in [91] und durch Verwendung einer multithreaded ATLAS–Bibliothek weniger als die halbe Performance.

[26] Den hier verglichenen Performancemessungen liegt nicht nur die ausgeführte LR–Zerlegung sondern die gesamte Gleichungslösung mit Vorwärts- und Rückwärtseinsetzen zugrunde

6 Speichertechniken und die Performance iterativer Löser

6.1 Einleitung

Insbesondere bei dünn besetzten Matrizen werden häufig iterative Methoden zur Gleichungslösung eingesetzt. Eine Matrix wird, etwas ungenau formuliert, als dünn besetzt, bzw. schwach besetzt bezeichnet, falls sie sehr wenige von Null verschiedene Elemente besitzt. Eines der effektivsten und am häufigsten eingesetzten Verfahren zur Lösung linearer Gleichungssysteme mit dünn besetzten Matrizen ist die Methode der konjugierten Gradienten, die hier exemplarisch behandelt wird. Die Zentrale Operation dieses Verfahrens ist die wiederholte Multiplikation der Systemmatrix mit einem Vektor. Diese Operation steht im Vordergrund der Betrachtungen in diesem Kapitel.

Die Ausführung einer Matrix–Vektor Multiplikation (MVM) hängt ganz entscheidend von den Techniken zur Speicherung der Matrix unter Berücksichtigung ihrer Dünnbesetztheit ab, weswegen diese Speicherungstechniken und ihre Auswirkungen auf die Performance besonders intensiv beleuchtet werden. Da die Performance von Algorithmen ganz entscheidend von der Zahl und der Art der Speicherzugriffe abhängig ist, werden die verschiedenen Speicherungstechniken für dünn besetzte Matrizen und daraus resultierende MVMs ausführlich im Hinblick auf die notwendigen Speicherzugriffe analysiert und diskutiert. Derartige Performanceanalysen finden sich ansatzweise in [50] zu dicht besetzten Matrizen mit dem Schwerpunkt auf BLAS–Performance. Sehr ausführliche Analysen sind in einer Reihe von Arbeiten von Demmel, Vuduc und Yelick [102] zu finden. Deren Arbeiten konzentrieren sich allerdings auf die Performanceveränderung bei der MVM durch Blockbildung und stehen in Zusammenhang mit Untersuchungen für die Optimized Sparse Kernel Interface Library (OSKI)[1]. Eine ähnliche Analyse zu Speicherbandbreite und Performance wird in Volkov und Demmel [149] für Berechnungen mit GPUs vorgenommen, aber bei Weitem nicht in der hier formulierten Ausführlichkeit für alle gängigen Speichertechniken und den zugehörigen MVMs für dünnbesetzte Matrizen.

Der Fokus dieses Kapitels liegt auch deswegen auf der Multiplikation dünn besetzter Matrizen mit einem Vektor, da diese Operation nicht nur bei der Lösung linearer Gleichungssysteme, sondern auch in vielen anderen Bereichen eine Schlüsselrolle spielt. So beruhen beispielsweise die meisten Verfahren zur Lösung von Eigenwertproblemen, insbesondere die Lanczos–Methode und ihre Varianten, auf der schnellen und effektiven Ausführung dieser Operation.

Ein weiterer Schwerpunkt ist die Vorkonditionierung der Systemmatrix, wie sie bei iterativen Gleichungssystemen oft notwendig wird, die hier am Beispiel der unvollständigen LR–Zerlegung ausführlicher untersucht wird. Auch bei diesen Untersuchungen stehen die Auswirkungen der Speichertechnik der Matrix auf die Zahl und Art der Speicherzugriffe und daraus

[1] http://bebop.cs.berkeley.edu/oski/

resultierend die Performance des Algorithmus sowie die Parallelisierung der Verfahren im Vordergrund.

Natürlich kann dieses Kapitel die Thematik der iterativen Lösung linerarer Gleichungssysteme nicht annähernd vollständig darstellen. Hier sei auf zahlreiche weiterführende Literatur verwiesen [5, 31, 57, 58, 67, 97, 121, 139]. Die Bedeutung dieser Problematik spiegelt sich auch in einer Fülle von Software wieder. Eine Suche im Internet ergibt mehrere Dutzend Treffer zu entsprechenden Softwarepaketen. Hier sei nur auf das *Portable, Extensible Toolkit for Scientific Computing*[2] und ILUPACK[3] verwiesen und die zahlreichen Verweise auf weitere Software, die auf diesen Internetseiten zu finden ist.

Um einen gewissen Bezug zu naturwissenschaftlichen Problemen herzustellen, wird die Lösung der Poisson Gleichung zur stationären Wärmeausbreitung [46] als Vehikel für den Transport der Ideen und Techniken benutzt. Daher wird gewissermaßen als Einführung die Methode der finiten Differenzen für dieses Beispiel ausgeführt und die Auswirkung von verschiedenen Nummerierungstechniken auf die Struktur der resultierenden Systemmatrix diskutiert. Im Anschluss daran wird kurz das Gauß–Seidel Verfahren erläutert, da hierbei die in Abschnitt 5.4.2.1 eingeführte Färbetechnik eingesetzt werden kann.

Im Weiteren wird die Methode der konjugierten Gradienten kurz formuliert, die uns für den Rest des Kapitels als Ausgangspunkt für die Verwendung der MVM und Performancebetrachtungen zu Vorkonditionierungsmethoden dienen wird. Die diskutierten Verfahren werden durch zahlreiche Programmbeispiele ergänzt. Ziel dieses Kapitels ist es allerdings, Methoden und Techniken zu erarbeiten, die eine effektive fein granulare Parallelisierung er hier vorgestellten Verfahren erlauben.

6.2 Modellproblem: Die Poisson–Gleichung

Es gibt nur zwei gute Dinge im Leben: Mathematik studieren und lehren.

(Poisson (1781–1840))

Die Poisson–Gleichung für das Volumen Ω mit homogenen Dirichlet–Randbedingungen für die Begrenzung Γ

$$\begin{cases} -\Delta u = f & \text{in } \Omega, \\ u = g & \text{auf } \Gamma \end{cases} \tag{6.1}$$

dient als Modell–Problem für elliptische Differentialgleichungen und besitzt zahlreiche Anwendungen in der Physik und der Mechanik. Dabei ist f eine vorgegebene Funktion und u die zu bestimmende unbekannte Funktion. In ihrer homogenen Form (g=0 auf Γ) beschreibt sie die stationäre Wärmeverteilung in einem Volumen, das überall von Kühlelementen mit unendlicher Kühlkapazität umgeben ist.

Zur Lösung dieser Gleichung auf einer Fläche wird diese Fläche diskretisiert, d.h. mit einem Gitter überzogen, und in diesen Gitterpunkten (x_i, y_i) $(i = 1, \ldots, n)$ eine Näherungslösung

[2] http://www.mcs.anl.gov/petsc/petsc-as

[3] http://www-public.tu-bs.de/~bolle/ilupack/

bestimmt. Der Einfachheit halber betrachten wir als Fläche das Einheitsquadrat (vgl. Abb. 6.1) mit gleichmäßig verteilten Gitterpunkten. Der Gitterabstand sei $h = \frac{1}{n+1}$, so dass $x_i = ih$ und $y_i = ih$ mit jeweils $n+2$ Gitterpunkten inklusive Rand in jeder Richtung, wovon n Punkte innere Punkte sind.

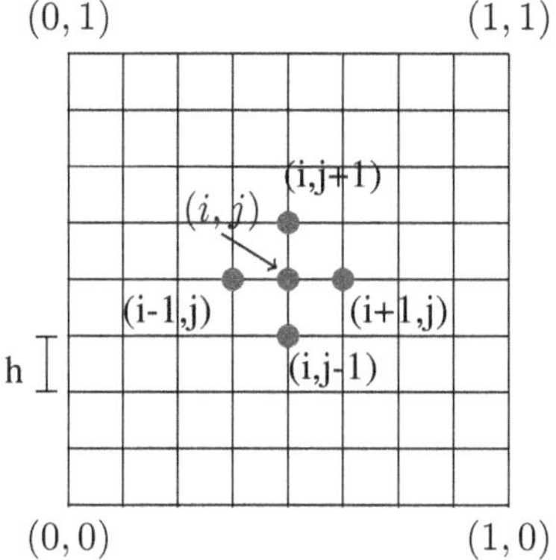

Abbildung 6.1: *Die Diskretisierung der Poisson–Gleichung* (6.2) *auf dem Einheitsquadrat mit Schrittweite h führt zum bekannten Differenzenstern, der die 5 Punkte* $(i\text{-}1,j)$, (i,j), $(i\text{+}1,j)$, $(i,j\text{-}1)$ *und* $(i,j\text{+}1)$ *miteinander verbindet.*

Unter Anwendung der Taylorschen Formeln in x und y gelangt man zur Näherungsformel für die Einwirkung des Laplace–Operators Δ auf die Funktion u:

$$\begin{aligned} \Delta u(x,y) &= \left(\frac{\partial^2}{\partial x^2} + \frac{\partial^2}{\partial y^2}\right) u(x,y) \\ &= \frac{1}{h^2}(u_{i+1,j} + u_{i,j+1} + u_{i-1,j} + u_{i,j-1} - 4u_{i,j}) + \mathcal{O}(h^2)\,. \qquad (6.2) \end{aligned}$$

Dies entspricht dem bekannten Differenzenstern mit 5 Punkten, wie er auch in Abb. 6.1 dargestellt ist.

3	7	8
6	2	9
4	5	1

$$\begin{pmatrix} 4 & & & & -1 & & & & -1 \\ & 4 & & & -1 & -1 & -1 & & -1 \\ & & 4 & & & -1 & -1 & & \\ & & & 4 & -1 & -1 & & & \\ -1 & -1 & & -1 & 4 & & & & \\ & -1 & -1 & -1 & & 4 & & & \\ & -1 & -1 & & & & 4 & -1 & \\ & & & & & & -1 & 4 & -1 \\ -1 & -1 & & & & & & -1 & 4 \end{pmatrix}$$

Abbildung 6.2: *Resultierende Systemmatrix für die Poisson–Gleichung mit der Nummerierung auf der linken Seite.*

Die Nummerierung der Gitterpunkte ist vollständig willkürlich, wirkt sich aber entscheidend auf die Struktur der Systemmatrix aus. In Abb. 6.2 ist eine unübliche Nummerierungsmethode dargestellt, bei der zunächst die Diagonale von rechts unten an nummeriert wird, darauf der L–Block der Matrix von links unten beginnend und zuletzt der R–Block von links oben nach rechts unten. Die resultierende Matrix in Abb. 6.2 zeichnet sich durch eine große Bandbreite aus.

Üblicher ist die lexikographische Nummerierung, bei der, links unten beginnend, zeilenweise nummeriert wird. Das daraus resultierende Gleichungssystem lautet:

$$\left(\begin{array}{ccc|ccc|ccc} 4 & -1 & & -1 & & & & & \\ -1 & 4 & -1 & & -1 & & & & \\ & -1 & 4 & & & -1 & & & \\ \hline -1 & & & 4 & -1 & & -1 & & \\ & -1 & & -1 & 4 & -1 & & -1 & \\ & & -1 & & -1 & 4 & & & -1 \\ \hline & & & -1 & & & 4 & -1 & \\ & & & & -1 & & -1 & 4 & -1 \\ & & & & & -1 & & -1 & 4 \end{array}\right) \begin{pmatrix} u_{1,1} \\ u_{2,1} \\ u_{3,1} \\ u_{1,2} \\ u_{2,2} \\ u_{3,2} \\ u_{1,3} \\ u_{2,3} \\ u_{3,3} \end{pmatrix} = \begin{pmatrix} -h^2 \cdot f_{1,1} + g_{0,1} + g_{1,0} \\ -h^2 \cdot f_{2,1} + g_{2,0} \\ -h^2 \cdot f_{3,1} + g_{3,0} + g_{4,1} \\ -h^2 \cdot f_{1,2} + g_{0,2} \\ -h^2 \cdot f_{2,2} \\ -h^2 \cdot f_{3,2} + g_{4,2} \\ -h^2 \cdot f_{1,3} + g_{0,3} + g_{1,4} \\ -h^2 \cdot f_{2,3} + g_{2,4} \\ -h^2 \cdot f_{3,3} + g_{3,4} + g_{4,3} \end{pmatrix} \tag{6.3}$$

In diesem Gleichungssystem sind der Vollständigkeit halber noch die Randwerte g aufgeführt, die im Fall mit homogenen Randbedingungen (6.1) alle gleich 0 sind. Die eingefügten horizontalen und vertikalen Linien kennzeichnen jeweils einen Wechsel von einer Zeile in die nächste im 3×3 Diskretisierungsgitter aus Abb. 6.1.

Wie zu erkennen ist, ist die Systemmatrix A eine $n \times n$ Pentadiagonal–Matrix und dünn besetzt, da die Zahl der von 0 verschiedenen Einträge in A etwa $5n$ von insgesamt n^2 Elementen beträgt.

6.3 Färbetechniken und das Gauß–Seidel Verfahren

Um den Bogen zu den Färbetechniken in Abschnitt 5.4.2.1 zu schlagen, sei hier nur ganz kurz das Gauß–Seidel Verfahren zur iterativen Lösung linearer Gleichungssysteme angeführt. Es besitzt praktisch kaum noch eine Bedeutung.

Ausgangspunkt dieses Verfahrens ist eine formale Zerlegung der Systemmatrix $A = J + K$ und eine Umformulierung des zu lösenden Gleichungssystems $Ax = b$ in ein iteratives Verfahren

$$Jx^{m+1} = b - Kx^m \ . \tag{6.4}$$

Hierbei und in diesem Abschnitt wird das hochgestellte m als Iterationszähler eingesetzt. Wie allgemein üblich wird x als Unbekannte benutzt. Diese Vorgehensweise ist unterschiedlich zu Abschnitt 6.2, wo x_i und y_i als Koordinaten und u als Unbekannte verwendet werden. Beim Gauß–Seidel Verfahren wird für J die linke Dreiecksmatrix inklusive der Diagonalen gewählt und für K die rechte obere Dreiecksmatrix. Somit kann (6.4) umformuliert werden:

$$x_i^{m+1} = \frac{1}{a_{i,i}}(b_i - \sum_{k=1}^{i-1} a_{i,k}x_k^{m+1} - \sum_{k=i+1}^{n} a_{i,k}x_k^m) \ . \tag{6.5}$$

In dieser Gleichung bezeichnet $a_{i,k}$ wie allgemein üblich das Matrixelement von A in der i-ten Zeile und der k-ten Spalte. Es ist offensichtlich, dass diese Gleichungen i.A. der Reihe nach zuerst für $i = 1$, dann $i = 2$ usw. gelöst werden müssen, da auf beiden Seiten des Gleichheitszeichens x^{m+1} steht. Daher sind die x_i^{m+1} für die in obigem Abschnitt formulierten Systemmatrizen nicht parallel bestimmbar.

4	9	5
7	3	8
1	6	2

$$\left(\begin{array}{ccccc|cccc}
4 & & & & & -1 & -1 & & \\
 & 4 & & & & -1 & & -1 & \\
 & & 4 & & & -1 & -1 & -1 & -1 \\
 & & & 4 & & & -1 & & -1 \\
 & & & & 4 & & & -1 & -1 \\
\hline
-1 & -1 & -1 & & & 4 & & & \\
-1 & & -1 & -1 & & & 4 & & \\
 & -1 & -1 & & -1 & & & 4 & \\
 & & -1 & -1 & -1 & & & & 4
\end{array}\right)$$

Abbildung 6.3: *Resultierende Systemmatrix für die Poisson–Gleichung mit der Nummerierung auf der linken Seite im Schachbrettmuster.*

Stellen wir die Nummerierung stattdessen auf das Schachbrettmuster in Abb. 6.3 um, dann sind die dunklen Felder unabhängig von den hellen Feldern und umgekehrt. Somit ergeben sich in der Systemmatrix ganz natürlich die in Abb. 6.3 markierten 4 Blöcke und (6.5) lautet nun

$$\begin{array}{lll}
\text{schwarz} & x_i^{m+1} & = \frac{1}{a_{i,i}}(b_i - \sum_{k=i+1}^{n} a_{i,k} x_k^m) \\
\text{weiß} & x_i^{m+1} & = \frac{1}{a_{i,i}}(b_i - \sum_{k=1}^{i-1} a_{i,k} x_k^{m+1}) \, ,
\end{array} \tag{6.6}$$

da der Ausdruck $a_{i,k} x_k^{m+1} = 0 \cdot x_k^{m+1} = 0$ für die schwarzen Punkte verschwindet und entsprechendes für $a_{i,k} x_k^m = 0 \cdot x_k^m = 0$ für die weißen Punkte gilt, da die jeweils zugehörigen Matrizenblöcke Diagonalmatrizen sind.

Folglich können jeweils die schwarzen und die weißen Punkte voneinander unabhängig und somit parallel berechnet werden. Die Färbetechnik verhilft uns hier also zu einer parallelen Version des Gauß–Seidel Verfahrens zur Lösung der Poisson–Gleichung. Gleichzeitig erhalten wir in Abb. 6.3 neben Abb. 6.2 und Gl. (6.3) die dritte Variante der Systemmatrix, die alle mathematisch gleichwertig sind und sich nur in ihrer unterschiedlichen Eignung für Berechnungen unterscheiden.

6.4 Parallelisierung des konjugierten Gradientenverfahrens

Im Unterschied zum Gauß–Seidel Verfahren basiert die Methode der konjugierten Gradienten, im Folgenden mit CG (engl. *conjugate gradient*) abgekürzt, nicht auf einer formalen Umformung der Systemmatrix A, sondern auf der Anwendung des quadratisch konvergenten Newton–Verfahrens zur Minimierung des quadratischen Funktionals

$$f(x) = \frac{1}{2}x^T Ax - b^T x \; . \tag{6.7}$$

Dabei wird vorausgesetzt, dass die Matrix A positiv definit und symmetrisch ist, wie es bei der Poisson–Gleichung der Fall ist. Für Verfahren für nicht symmetrische Matrizen und eine mathematische Herleitung des Verfahrens sei auf die zahlreiche Literatur verwiesen [5, 58, 67, 92, 120, 121]. Das klassische CG–Verfahren führt zu folgendem schematischen Ablauf [57]:

ALGORITHMUS 6.4 : Klassisches CG–Verfahren

```
r=b-Ax /* mit Startvektor x */
rho=1, p=0    /* Initialisierungen */
for(;;) {
  Solve Mz=r /* Vorkonditionierung */
  beta=rho
  rho=<r,z>     /* Skalarprodukt 1 */
  beta=rho/beta
  p=z+beta p  /* Neue Suchrichtung */
  q=Ap    /* Matrix-Vektor-Produkt */
  alpha=<p,q>   /* Skalarprodukt 2 */
  alpha=rho/alpha
  x=x+alpha p     /* Lösungsvektor */
  r=r-alpha q          /* Residuum */
  Konvergenztest
}
```

Die Bezeichnungen mit griechischen Buchstaben `alpha`, `beta` und `rho` stehen für einfache Zahlen, `b`, `p`, `q`, `r`, `x` und `z` sind Vektoren der Länge `n` und `A` ist die $n \times n$ Systemmatrix.

Die Fragen rund um die Vorkonditionierung werden weiter unten diskutiert (vgl. Abschnitt 6.6). An dieser Stelle sei zunächst $M = I$, die Einheitsmatrix, so dass $z = r$. Auf den Konvergenztest wird hier nicht weiter eingegangen.

Für die Parallelisierung der CG–Methode sind folgende Gesichtspunkte entscheidend:

- Ohne die Vorkonditionierung fallen in einer Iteration `10n` Operationen zusätzlich zur Matrix–Vektor–Multiplikation an. Im Fall einer dünn besetzten Matrix, z.B. der Matrix für das Poisson–Problem, liegt die Zahl der Operationen für die MVM in der gleichen

Größenordnung wie die BLAS1 Operationen, d.h. die Skalarprodukte und die Vektoroperationen.

- Die Möglichkeiten der Parallelisierung beschränken sich auf die Skalarproduktbildung, die Vektoroperationen und die MVM, d.h., es ist nur eine fein granulare Parallelisierung der Schleifen von 1 bis n möglich. Das Arbeitsaufkommen ist dabei gleichmäßig von 1 bis n verteilt.
- Mit dem gleichmäßigen Arbeitsaufkommen bietet sich eine statische Aufteilung von n an, was in OpenMP einfach mit der `for`–Direktive umsetzbar ist (vgl. Abschnitt 3.6.1). Die einzigen Abhängigkeiten liegen bei den Skalarprodukten und sind folglich globale Abhängigkeiten (vgl. Abschnitt 5.4).
- Die Skalarprodukte können im Programmablauf nicht verschoben werden, erforden somit Synchronisationspunkte nach ihrer Bildung. Aus Performancegründen werden sie bei der Parallelisierung mit OpenMP mit der `reduction` Option umgesetzt (vgl. Abschnitt 3.10). Beim Einsatz von MPI erfordern sie ein `MPI_Allreduce` (vgl. Abschnitt 4.2.4).
- Nur die MVM und die Skalarproduktbildung erfordern bei der Parallelisierung mit MPI einen Datenaustausch.

Besonders die Bildung der Skalarprodukte ist nach den in Abschnitt 2.8.2 durchgeführten Modellbetrachtungen kritisch für die Performance. In einer Variante des CG–Verfahrens von Chronopoulos und Gear [26] können die beiden Skalarproduktbildungen zeitlich gemeinsam gebildet werden, wodurch ein Synchronisationspunkt entfällt. Ohne auf die Stabilität dieser Variante näher eingehen zu wollen (vgl. [32, 37]), wird im Folgenden diese Variante des CG–Verfahrens wegen dieser entfallenden Synchronisation favorisiert und die mit OpenMP parallelisierte Version kurz diskutiert.

Anstatt nur einzelne Schleifen zu parallelelisieren und dabei jedesmal ein neues Team von Threads zu erzeugen, wird dieses Team einmal vor der Iterationsschleife erzeugt. Dadurch wird der beträchtliche Mehraufwand für die wiederholte Erzeugung und Zusammenführung von Threads vermieden (vgl. Abschnitt 3.10). Um in der Iterationsschleife falsches *sharing* zu vermeiden (vgl. Abschnitt 2.7.1), werden alle skalaren Größen privat vereinbart – auch wenn diese Werte wiederholt berechnet werden und für alle Threads die gleichen Werte tragen.

Zu Beginn der Iterationsschleife werden die vier Vektoren `p, x, s` und `r` parallel verändert. Da das Arbeitsaufkommen für jedes `i` identisch ist, wird diese Schleife statisch verteilt, d.h. `n` wird auf alle Threads im Team gleichmäßig verteilt. Eine Barriere ist am Ende dieser Schleife nicht notwendig, solange wir voraussetzen können, dass bei der Vorkonditionierung die Threads auf identischen Datenbereichen arbeiten können, d.h. dieselbe Schleifenaufteilung vorliegt. Ansonsten muss vor der Vorkonditionierung sichergestellt werden, dass alle Threads ihre Arbeit in der parallelen Schleife beendet haben. Weitere Informationen zur Vorkonditionierung und zur MVM s. Abschnitt 6.6 bzw. Abschnitt 6.5.

Anschließend müssen die beiden Skalarprodukte `rho` und `mu` berechnet werden. Aus Performancegründen (vgl. Abschnitt 3.10) erfolgt dies mit einer `reduction`, in der beide Skalarproduktwerte gemeinsam gebildet werden. Die gemeinsamen Variablen `rho` und `mu` werden nach der Kopie in private Kopien von einer Thread auf Null gesetzt. Danach werden `beta` und `alpha` von jeder Thread getrennt berechnet.

ALGORITHMUS 6.5 : Parallele Version des CG–Verfahrens

```
#pragma omp parallel private(alpha,beta,c_rho,c_mu,i)
{
/* Initialisierungen */
alpha=alpha0; beta=c_rho=rho=mu=0.;
for(;;) {
  #pragma omp for private(i) schedule(static) nowait
  for(i=0;i<n;i++) {
     p[i]=z[i]+beta*p[i];
     x[i]=x[i]+alpha*p[i];
     s[i]=q[i]+beta*s[i];
     r[i]=r[i]-alpha*s[i];
  }
  if(c_rho<threshold) {      /* Konvergenztest */
    #pragma omp barrier
    break;                   /* Iterationsende */
  }
  beta=c_rho;
  solve(Mz=r);               /* Vorkonditionierung */
  q=matrix_vector_multiply(A,z);              /* MVM */
  #pragma omp for private(i) reduction(+:mu,rho)
  for(i=0;i<n;i++) {
     rho+=r[i]*z[i];
     mu +=q[i]*z[i];
  }
  c_rho=rho;         /* Kopiere rho,mu in private Variable */
  c_mu=mu;
  #pragma omp barrier
  #pragma omp single nowait
  {
   rho=0.; mu=0.;
  }
  beta=c_rho/beta;
  alpha=(c_rho*alpha)/(c_mu*alpha-c_rho*beta);
 }
}
```

Entscheidend für die Bevorzugung dieser Variante gegenüber dem klassischen Verfahren ist die Möglichkeit, die notwendigen Skalarprodukte in einem Schritt berechnen zu können und Cache–Effekte bei den Veränderungen der Vektoren zu nutzen. Ferner ist neben eventuellen Synchronisationen bei der Vorkonditionierung und der MVM nur eine einzige Synchronisation der Threads bei der Skalarproduktbildung notwendig. Diese Vorteile bei der Parallelisierung gleichen die zusätzlichen $2n$ Operationen, die diese Variante mehr erfordert als der klassische Algorithmus 6.4, mehr als aus.

6.5 Der Einfluss von Speicherungstechniken auf die Effektivität der Matrix–Vektor–Multiplikation

Die Effektivität der Methode der konjugierten Gradienten hängt ganz entscheidend von der Effektivität der Matrix–Vektor–Multiplikation (MVM) ab. Die Zahl der Operationen für diese Multiplikation liegt bei $\mathcal{O}(mn)$; für die Poisson–Gleichung ist beispielsweise $m = 5$. Um den Algorithmus für die MVM möglichst effektiv zu programmieren, werden zunächst mögliche Speichertechniken für die Matrix untersucht und analysiert. Diese Speichertechniken werden ganz allgemein auch unabhängig von der CG Methode eingesetzt [7, 112].

Die zentrale Rolle der MVM für dünn besetzte Matrizen auf heutigen Mehrkernsystemen spiegelt sich auch in den Bemühungen, die mit ATLAS [151] erzielten Erfolge in OSKI[4] [154], einer sich selbst optimierenden Bibliothek für dünn besetzte Matrizen, fortzusetzen.

In den folgenden Abschnitten werden die am meisten verbreiteten Speichertechniken für dünn besetzte Matrizen diskutiert und die zu erwartende Performance für die sich ergebende MVM, $y = Ax$, abgeschätzt. Dabei wird von einer $n \times n$–Matrix für die Poisson–Gleichung ausgegangen, in der $NEL \approx 5n$ Elemente von Null verschieden sind. Die beiden Vektoren y und x besitzen jeweils n Elemente. Sind n_x und n_y die Zahl der Diskretisierungspunkte in x- bzw. y-Richtung, dann gilt bei gleichmäßiger Diskretisierung in beide Dimensionen, dass $n_x \cdot n_y = n$.

6.5.1 Koordinatenformat

Diese Speicherungstechnik setzt keinerlei Struktur der Matrix voraus und ist daher sehr allgemein einsetzbar und weit verbreitet [7, 112, 121]. Zu jedem von Null verschiedenen Element werden der Wert des Elements, der Zeilen- und der Spaltenindex gespeichert. Eine bestimmte Reihenfolge für die Einträge der Elemente ist daher nicht notwendig. Neue Elemente können beliebig angehängt werden. Der Speicherbedarf für diese Technik summiert sich zu drei Zahlen pro Eintrag, ist also nicht minimal. Für die Matrix aus Abb. 6.2 ergeben sich beispielsweise folgende 3 Vektoren der Länge NEL:

Elemente:
(4,-1,-1,4,-1,-1,-1,-1,4,-1,-1,4,-1,-1,-1,-1,-1,4,-1,-1,-1,4,-1,-1,4,-1,-1,4,-1,-1,4,-1,-1,-1,-1,4)
Zeilenindex: (0,0,0,1,1,1,1,1,2,2,2,3,3,3,4,4,4,4,4,5,5,5,5,6,6,6,6,7,7,7,8,8,8,8)
Spaltenindex: (0,4,8,1,4,5,6,8,2,5,6,3,4,5,0,1,3,4,1,2,3,5,1,2,6,7,6,7,8,0,1,7,8)

Bei der MVM können keine weiteren Optimierungen vorgenommen werden, da die Reihenfolge der Elemente bei dieser Speichertechnik vollständig beliebig ist. Somit bietet sich folgender einfacher Algorithmus an:

```
for(i=0;i<NEL;i++)
  y[zeile[i]]+=element[i]*x[spalte[i]];
```

[4] http://bebop.cs.berkeley.edu/oski/

Können wir die Performance für diesen Algorithmus abschätzen?

Das einfache Vorhersagemodell aus Abschnitt 2.8 ergibt $2t_a \cdot NEL$ für die arithmetischen Operationen. Für die Zeit, die für Speicherzugriffe benötigt wird, Ferhalten wir nach Gl. (2.12) für die Zugriffe auf `spalte`, `zeile` und `element` jeweils:

$$t_M(1, NEL) = t_{M1} = t_L + t_B \cdot NEL \; .$$

Der Zugriff im Speicher erfolgt kontinuierlich für `NEL` Elemente, wobei `NEL` der Zahl von Null verschiedener Elemente entspricht.

Die Zahl der Speicherzugriffe auf `y` hängt stark von der Sortierung in `zeile` ab. Ist `zeile` wie oben sortiert und liegen bei größeren Problemen 5 Elemente in einer Zeile, welches den 5 Punkten im Differenzenstern entspricht, kann die für `y` benötigte Zeit durch

$$t_{M2} \approx t_L + t_B \cdot \frac{NEL}{5}$$

abgeschätzt werden. Ohne Sortierung wäre die Zeit entschieden größer.

In `x` beobachten wir mit dem oben angeführten Spaltenindex für eine 3×3–Matrix im Mittel eine Schrittweite von $S = 2,5$. Die mittlere Schrittweite steigt bei der für diese Matrix gewählten Nummerierungsvorschrift linear mit der Problemgröße, so dass hier $t_M(\infty, NEL) = t_{M3} \approx (t_L + t_B) \cdot NEL$, die Formel für ein sehr großes Inkrement, anzusetzen ist (vgl. Gl. (2.13)).

Zur Abschätzung der Effektivität bilden wir das Verhältnis der gemittelter Zugriffszeit $t_M(L)/L$ und der Zeit für eine Operation t_a. Mit den Abschätzungen in (2.14) folgt, da das Zugriffsmuster für die drei Vektoren `spalte`, `zeile` und `element` jeweils einen kontinuierlichen Speicherzugriff zulässt:

$$3 \frac{t_{M1}}{NEL \cdot t_a} \approx 6S = 6 \; , \quad \text{da } S = 1 \; .$$

Für `y` ergibt sich das Verhältnis von t_{M2} zur entsprechenden Zahl arithmetischer Operationen analog. Bei t_{M3} für den Vektor `x` kommt dagegen die Abschätzung bei großer Schrittweite zum Tragen:

$$\frac{t_{M3}}{NEL \cdot t_a} > 160 \; .$$

Wenn wir berücksichtigen, dass bei der hier gewählten Diskretisierung der Poisson–Gleichung $NEL \approx 5n$ gilt, erhalten wir für das Verhältnis zwischen Zeit für die Speicherzugriffe und für alle arithmetische Operationen $2t_a \cdot NEL$:

$$\frac{3t_{M1}}{2t_a \cdot NEL} + \frac{t_L + t_B n}{2 \cdot t_a \cdot 5n} + \frac{t_{M3}}{2 \cdot t_a \cdot NEL} > 3 + \frac{1}{5} + 80 \; .$$

Daraus können folgende wichtige Schlüsse abgeleitet werden:

1. Bei der MVM in einem im Zeilenindex sortierten Koordinatenformat wird die Ausführungszeit durch die Zeit für die Speicherzugriffe dominiert. Die Zeit für die Speicherzugriffe liegt um ein Vielfaches höher als die Zeit für die Rechenoperationen.

2. Da die Rechenoperationen die Maximalleistung R_{peak} des Rechners bestimmen, kann mit diesem Algorithmus nur ein sehr geringer Bruchteil (max. $\frac{1}{83}$, d.h. $<2\%$) der Maximalleistung des Rechners erzielt werden.
3. Die Performance sinkt mit größer werdenden Problemen, da dann häufiger als abgeschätzt die Formel (2.13) anzuwenden ist. Diese Aussage trifft auch zu, wenn die Matrix schwächer besetzt ist.
4. Bei den Speicherzugriffszeiten dominiert die Zeit für $x[spalte[i]]$.
5. Eine Parallelisierung auf einem SMP–System kann nur zu einer weiteren Verlangsamung führen. Der Speicherbus ist bereits durch einen Thread vollständig gesättigt. Mehrere Threads können nur zu Konflikten auf dem Bus und zwischen den Caches führen, wodurch die Ausführung noch weiter verlangsamt wird.

Die naheliegende Idee, den Vektor `spalte` zu sortieren, führt zum Verlust der Sortierung in `zeile`, wodurch das Problem verlagert, aber nicht beseitigt wird. Ein anderes Nummerierungsschema kann diese Performance etwas verbessern, aber nur unwesentlich, wie im nächsten Abschnitt gezeigt wird.

6.5.2 Komprimierte Zeilenspeicherung

Bei der komprimierten Zeilenspeicherung werden die von Null verschiedenen Elemente der Matrix zeilenweise in einem Vektor abgelegt. Zusätzlich wird die aktuelle Spaltenposition und die Zahl der von Null verschiedenen Elemente pro Zeile im Vektor `anzahl` gespeichert. Für die Matrix aus Gleichung (6.3) ergeben sich die folgenden 3 Vektoren:

```
element:
 (4,-1,-1,-1,4,-1,-1,-1,4,-1,-1,4,-1,-1,-1,-1,4,-1,-1,-1,-1,4,-1,-1,4,-1,-1,-1,4,-1,-1,-1,4)
 spalte:    (0,1,3, 0,1,2,4, 1,2,5, 0,3,4,6, 1,3,4,5,7, 2,4,5,8, 3,6,7, 4,6,7,8, 5,7,8)
 anzahl: (0,      3,       7,    10,       14,          19,       23,    26,       30,    33)
```

Die überflüssige Information `0` wird aus algorithmischen Gründen im ersten Element von `anzahl` geführt. Auch diese Speichertechnik ist von der Struktur der Matrix unabhängig und daher allgemein einsetzbar. Allerdings basiert sie darauf, dass die Matrix zeilenweise vorliegt. Der Speicheraufwand für diese Struktur liegt mit $2 \times NEL$ plus $n+1$ deutlich unter dem für das Koordinatenformat in Abschnitt 6.5.1.

Mit diesen drei Vektoren gelangen wir zu folgendem Algorithmus für die MVM:

```
for(i=0;i<n;i++) {
  y[i]=0.;
  for(j=anzahl[i];j<anzahl[i+1];j++)
   y[i]+=element[j]*x[spalte[j]];
}
```

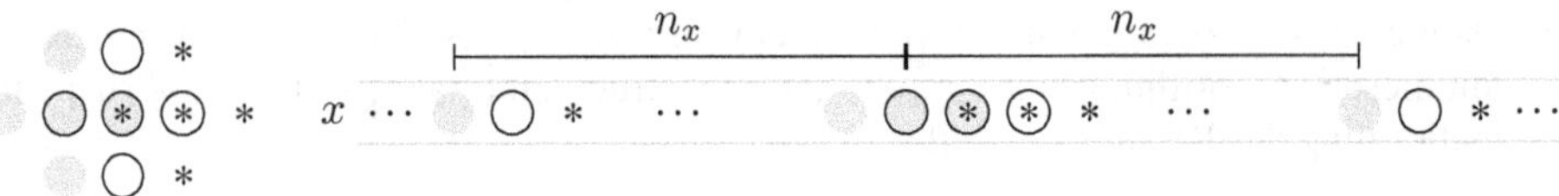

Abbildung 6.4: *Links sind drei aufeinanderfolgende Differenzensterne im Berechnungsgebiet dargestellt und rechts dazu schematisch die von x belegten entsprechenden Speicheradressen. Die Zeilenlänge entspricht n_x, d.h., Elemente unter- und oberhalb der aktuellen Zeile sind jeweils n_x Speicherpositionen voneinander entfernt.*

Die Anzahl der arithmetischen Operationen entspricht denen mit der Koordinatenformat–Technik und das Modell sagt für den arithmetischen Anteil $2t_a \cdot NEL$ voraus. Die Zeiten für die Speicherzugriffe für die Vektoren `element` und `spalte` können ebenfalls aus Abschnitt 6.5.1 übernommen werden. Sie betragen jeweils

$$t_{M1} = t_M(1, NEL) = t_L + t_B \cdot NEL\ .$$

Für `anzahl` und `y` ergeben sich zusammen die Zeiten

$$t_{M2} = t_L + t_B \cdot (n + 1) + t_L + t_B \cdot n = t_M(1, n + 1) + t_M(1, n)\ ,$$

für den Zugriff auf einen Vektor mit $n + 1$ bzw. n Elementen mit Schrittweite 1.

Wie in Abschnitt 6.5.1 hängen die Speicherzugriffszeiten für `x` sehr stark von der Sortierung in `spalte` ab. Das hier zum Tragen kommende Nummerierungsschema für die Poisson–Gleichung führt zu einer günstigeren Verteilung als in Abschnitt 6.5.1, was sich bereits bei der kleinen 3×3–Matrix in der geringeren mittleren Schrittweite von $S = 2,25$ verglichen zu $S = 2,5$ beim Koordinatenformat äußert. Bei größeren Matrizen überwiegt das durch den Differenzenstern mit 5 Punkten geprägte Muster, das in Abb. 6.4 schematisch dargestellt ist.

Wie in der Abbildung zu erkennen ist, entspricht das Fortschreiten im Algorithmus, d.h. von einem `i` zum Nächsten, dem Zugriff auf drei kontinuierlich im Speicher liegende Bereiche, die jeweils um n_x Elemente auseinander liegen. Praktisch entspricht n_x der Bandbreite der Matrix in (6.3). Üblicherweise wird n_x so groß sein, dass die x-Werte zwischen $x[j - n_x]$, $x[j]$ und $x[j + n_x]$, dies sind die in Abb. 6.4 markierten Elemente, nicht alle im Cache gehalten werden können, sondern stattdessen mit drei Zugriffen aus dem Speicher geladen werden müssen. Allerdings können wir die Zugriffszeiten für den Vektor `x` unter der optimistischen Voraussetzung, dass alle drei Bereiche kontinuierlich in den Cache geladen werden, zu $t_{M3} = 3 \cdot (t_L + t_B \cdot n)$ abschätzen. Für das Verhältnis zwischen allen Speicherzugriffszeiten T_M und der Zeit für die arithmetischen Operationen ergibt sich daher:

$$\begin{aligned} \frac{T_M}{2t_a \cdot NEL} &\approx \frac{2t_M(1, NEL)}{2t_a \cdot NEL} + \frac{t_M(1, n+1) + t_M(1, n)}{2t_a \cdot 5n} + \frac{3 \cdot t_M(1, n)}{2t_a \cdot 5n} \\ &\approx 2 + \frac{2}{5} + \frac{3 \cdot 2}{2 \cdot 5} \\ &= 3 \end{aligned} \tag{6.8}$$

Mit dieser einfachen Modellbetrachtung zeigt sich, dass die MVM bei komprimierter Zeilenspeicherung weniger stark von der Geschwindigkeit des Speichersystems dominiert wird als beim

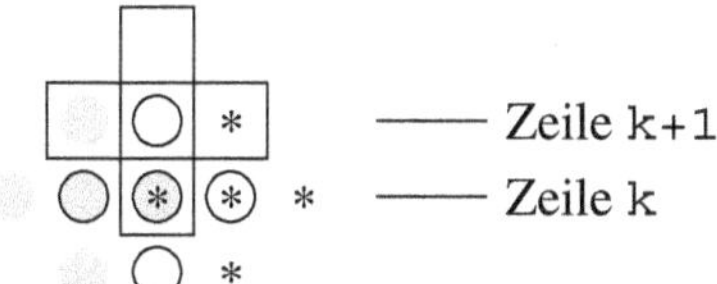

Abbildung 6.5: *Mögliches Wiederbenutzungsschema beim Wechsel von einer Zeile im diskretisierten Gebiet in die nächste. Zur Bearbeitung der durch Quadrate angedeuteten aktiven Zeile* `k+1` *können zwei Reihen der* `x`*-Werte wiederbenutzt werden; nur eine Reihe muss neu in den Cache geladen werden.*

Koordinatenformat. Die in Abschnitt 6.5.1 angeführten Nachteile, insbesondere die schlechte Performance und die Probleme bei der Parallelisierung auf SMP–Systemen, treffen allerdings bei dieser Speichertechnik nach wie vor zu. Die Analyse offenbart uns ferner eines der Probleme in diesem Algorithmus: Zu viele Vektoren werden für zu wenige Operationen benötigt. Wie aus Abb. 6.4 ersichtlich und in Abb. 6.5 für ein zwei-dimensionales Gebiet verdeutlicht, ließen sich einige dieser Ladeoperationen für den Vektor `x` einsparen, falls der Abstand zwischen den benötigten Teilbereichen, der der Bandbreite der Matrix entspricht, nicht n_x wie in Abb. 6.4 beträgt, sondern geringer ist. Dies lässt sich durch Blockbildung erreichen und stellt eine der Verbesserungsmöglichkeiten dar, die bei der Generierung sich automatisch anpassender Bibliotheken eingesetzt wird [76, 102, 154].

Zu den interessanten und wichtigen Arbeiten zur Optimierung der MVM für Matrizen in der komprimierten Zeilenspeicherung für allgemeine Matrizen mit unterschiedlichsten Besetzungsmustern sei auf die Literatur [76, 102] verwiesen. Sie verfolgen den vielversprechenden Weg, die Performance der MVM allgemein zu verbessern. Dagegen wird hier diskutiert und erläutert, welchen Einfluss die Ausnutzung von Strukturen in der Matrix und welche Auswirkungen verschiedene Nummerierungsschemata des Gebiets auf die Performance der MVM haben können. Dieser Zugang zu effektiven Verfahren ist zwar nicht so allgemein einsetzbar, führt aber bei optimaler Nutzung der Strukturinformationen zu Algorithmen mit besserer Performance.

Die komprimierte Spaltenspeicherung, bei der die von Null verschiedenen Elemente spaltenweise in einem Vektor abgelegt werden, führt zu einem vergleichbaren Schema bei den Speicherzugriffen wie die komprimierte Zeilenspeicherung. Allerdings erfolgt hierbei der indizierte Zugriff lesend und schreibend auf `y`, wodurch die Performance de facto ungünstiger ausfällt.

Parallelisierung der MVM ist mit OpenMP für beide Schleifen möglich, wobei die innere `j`–Schleife üblicherweise nur kurz ist, bei der Poisson–Gleichung beträgt die Länge maximal 5, und zu einer Reduktion führt. Daher eröffnet nur die äußere `i`–Schleife Aussicht auf eine nennenswerte Performance. Allerdings führt beim Einsatz von GPUs (vgl. Kap. 8) die Parallelisierung der `j`–Schleife zu den besten Ergebnissen [25]. Da die MVM allerdings durch die Speicherzugriffszeiten dominiert wird, ist von einer Parallelisierung auf einem SMP–System kein wesentlicher Speedup zu erwarten, da der Speicherbus bzw. der Speicherkontroller nicht mit der Zahl der verwendeten Threads skaliert.

6.5.3 Geblockte komprimierte Zeilenspeicherung

Bei der komprimierten Zeilenspeicherung in Abschnitt 6.5.2 haben wir das wiederholte Laden des Vektors x, das mit der Größe der Bandbreite der Matrix zusammenhängt, als eines der Probleme identifiziert. Da die komprimierte Zeilenspeicherung eine sehr häufig, wenn nicht die am häufigsten, eingesetzte Speichertechnik ist, wird hier nochmals der Gedanke der Blockbildung, der in Abschnitt 5.3.3 erfolgreich eingesetzt werden kann, aufgegriffen (s. auch [101]).

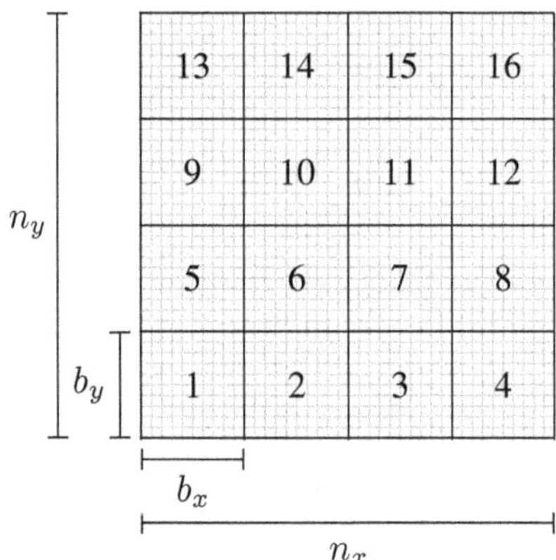

Abbildung 6.6: *Diskretisierung der Poisson–Gleichung (feines Gitter) und Einteilung des Berechnungsgebiets in Blöcke der Größe b_x bzw. b_y.*

Eine Blockbildung wie in Abb. 6.6 mit lexikographischer Nummerierung jedes Blocks führt für jeden Block zu einer Pentadiagonalmatrix. Werden die Grenzlinien zwischen den Blöcken zunächst bei der Nummerierung ausgespart und im Nachhinein die Gitterpunkte zwischen Block 1 und Block 2, dann zwischen Block 1 und Block 5 usw. in x-Richtung, dann entsprechend für die Blöcke 5–8 usw. nummeriert, erhalten wir eine Matrixstruktur, wie in Abb. 6.7 dargestellt. Herausstellungsmerkmal dieser Struktur ist der Aufbau dieser Matrix aus Diagonalblöcken, die Pentadiagonalmatrizen entsprechen, und die untereinander nicht gekoppelt sind, d.h., Außerdiagonalblöcke enthalten nur Nullen. Ausnahmen stellen die kleineren Blöcke dar, die die Grenzlinien und ihre Wechselwirkungen mit inneren Punkten der Blöcke repräsentieren.

Entscheidend bei dieser Struktur, die zwar zu einer großen Gesamtbandbreite führt, aber in den Diagonalblöcken relativ kleine Bandbreiten aufweist, ist, dass die Blöcke b_x und b_y in Abb. 6.6 empirisch so gewählt werden können, dass die Matrixelemente `element` zusammen mit den notwendigen x und y Werten und dem Vektor `spalte` vollständig in den Cache passen. Somit entfällt in (6.8) der Faktor 3 im dritten Term bei der Zeit für den Vektor x, der nun nur einmal als kontinuierlicher Vektor in den Cache geladen werden kann. Folglich kann durch Blockung die Zeit für Speicherzugriffe um etwas über 10% reduziert werden:

$$\begin{aligned} \frac{T_M}{2t_a \cdot NEL} &\approx 2 + \frac{2}{5} + \frac{t_M(1,n)}{2t_a \cdot 5n} \\ &\approx 2,6 \end{aligned}$$

Folglich verbessert sich das Verhältnis von 3 auf nun $2,6$.

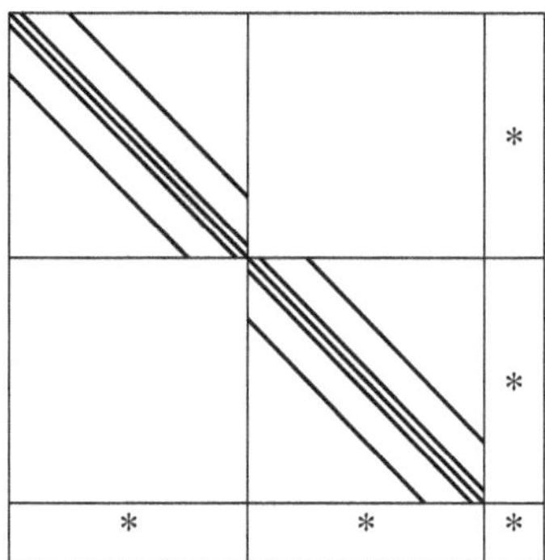

Abbildung 6.7: *Struktur der Matrix für die Poisson–Gleichung bei der Diskretisierung in Blöcke wie in Abb. 6.6. Dargestellt ist die Struktur für 2 Blöcke. Die Punkte der Grenzlinien sind getrennt nach den Blöcken nummeriert. Der Übersichtlichkeit halber ist weder die genaue Struktur der Matrixblöcke zwischen inneren Blöcken und den Grenzlinien noch der Diagonalblock, der für die Grenzlinien steht, detailliert ausgeführt.*

Gleichzeitig öffnet die Darstellung in Abb. 6.7 eine Parallelisierungsmöglichkeit für die geblockte komprimierte Zeilenspeicherung, bei der der Großteil der Arbeit in völlig voneinander unabhängigen Diagonalblöcke organisiert werden kann und nur die kleineren Blöcke für die Grenzlinienpunkte zwischen den Blöcken Synchronisation zwischen parallelen Tasks verlangen. Wir kommen auf diese Art der grob granularen Parallelisierung in Kap. 7 zurück.

6.5.4 Gezackte Diagonalspeicherung

Bei der einfachen gezackten Diagonalspeicherung[5] (SJDS) [121], einer Speichertechnik, die bereits in ITPACK [59][6] dokumentiert und eingesetzt wird, werden im ersten Schritt die Spalten der Matrix gewissermaßen nach links unter Entfernung von Nullelementen komprimiert:

$$\begin{pmatrix} 8&0&0&0&2&0\\ 3&9&0&0&0&3\\ 0&7&8&7&0&0\\ 3&0&8&7&5&0\\ 0&8&0&9&9&3\\ 0&4&0&0&2&1 \end{pmatrix} \longrightarrow \begin{pmatrix} 8&2&&\\ 3&9&3&\\ 7&8&7&\\ 3&8&7&5\\ 8&9&9&3\\ 4&2&1& \end{pmatrix}$$

Nun werden die Spalten nacheinander gespeichert, wobei sie mit Nullen zur vollen Länge aufgefüllt werden. Daneben werden für diese Technik Vektoren mit Spaltenindizes benötigt, um die richtige Anordnung der Elemente wieder herstellen zu können. So gelangt man für obige Matrix zu den Vektoren:

[5] engl. *simple jagged diagonal storage* SJDS
[6] http://rene.ma.utexas.edu/CNA/ITPACK/

```
el[0][:] 8 3 7 3 8 4    sp_ind[0][:] 0 0 1 0 1 1
el[1][:] 2 9 8 8 9 2    sp_ind[1][:] 4 1 2 2 3 4
el[2][:] 0 3 7 7 9 1    sp_ind[2][:]   5 3 3 4 5
el[3][:] 0 0 0 5 3 0    sp_ind[3][:]         4 5
```

Der Speicheraufwand für diese Technik hängt ganz entscheidend von der Bandbreite `M` der Matrix ab, da diese die Anzahl der Zeilen von `el` und `sp_ind` bestimmt und somit auch die Zahl der eingefügten Nullen. Üblicherweise liegt der benötigte Speicherplatz deutlich über dem der komprimierten Zeilenspeicherung.

Die endgültige gezackte Diagonalspeicherung[7] (JDS) [7, 120] wird aus dieser einfachen Variante gewonnen, indem das Auffüllen mit Nullen vermieden wird und stattdessen die Zeilen so vertauscht werden, dass die Zeilen mit den meisten Elementen nach oben permutiert werden. Zusammen mit dem Permutationsvektor ergibt sich:

$$\begin{pmatrix} 8&0&0&0&2&0 \\ 3&9&0&0&0&3 \\ 0&7&8&7&0&0 \\ 3&0&8&7&5&0 \\ 0&8&0&9&9&3 \\ 0&4&0&0&2&1 \end{pmatrix} \longrightarrow \begin{pmatrix} 3&8&7&5 \\ 8&9&9&3 \\ 3&9&3& \\ 7&8&7& \\ 4&2&1& \\ 8&2&& \end{pmatrix} \quad \begin{pmatrix} 3 \\ 4 \\ 1 \\ 2 \\ 5 \\ 0 \end{pmatrix}$$

Zur Speicherung dieser Struktur werden neben dem Vektor für die Elemente, in dem nur die von Null verschiedenen Elemente gespeichert werden, dem Permutationsvektor und dem Vektor für die Spaltenindizes noch ein zusätzlicher Vektor benötigt, in dem die Länge der gespeicherten Spalte vermerkt wird. Für obige Matrix ergibt sich:

$$\begin{array}{ll} \mathit{element}: & (3\ 8\ 3\ 7\ 4\ 8\quad 8\ 9\ 9\ 8\ 2\ 2\quad 7\ 9\ 3\ 7\ 1\quad 5\ 3) \\ \mathit{spalte}: & (0\ 1\ 0\ 1\ 1\ 0\quad 2\ 3\ 1\ 2\ 4\ 4\quad 3\ 4\ 5\ 3\ 5\quad 4\ 5) \\ \mathit{jd\_ptr}: & (0\qquad\qquad 6\qquad\qquad 12\qquad\qquad 17\qquad 19) \\ \mathit{perm}: & (3\ 4\ 1\ 2\ 5\ 0\ ) \end{array}$$

Bei der gezackten Diagonalspeicherung (JDS) ist die Speicheranforderung um den Vektor `jd_ptr` der Länge `M+1` größer als bei der komprimierten Zeilenspeicherung. Dabei ist `M` die tatsächliche Bandbreite. Insgesamt werden $2 \times NEL$ plus $M+1$ plus n Speicherplätze benötigt.

Der Algorithmus für die MVM mit der einfachen Variante (SJDS) benötigt zwei geschachtelte Schleifen:

[7] engl. *jagged diagonal storage* JDS

```
/* Einfache gezackte Diagonalspeicherung */
for(j=0;j<M;j++)
  for(i=0;i<n;i++)
    y[i]+=el[j][i]*x[sp_ind[j][i]];
```

Die Länge der `j` Schleife `M` entspricht der Maximalzahl der von Null verschiedenen Elemente in einer Zeile der Matrix. Die Anzahl der arithmetischen Operationen erhöht sich im Vergleich zu den bereits betrachteten Speichertechniken aufgrund der eingefügten Nullen auf $2t_aM \cdot n$, da üblicherweise $M \cdot n > NEL$. Wird für `el` und `sp_ind` die in Abschnitt 5.3.1 beschriebene Technik zur Speicherung mehrdimensionaler Felder verwendet, dann werden für die Speicherzugriffe von `el` und `sp_ind` jeweils die Zeiten

$$t_{M1} = t_L + t_B \cdot M \cdot n$$

benötigt. Im angeführten Algorithmus ist deswegen `i` die innere Schleife, um für beide Felder kontinuierlichen Speicherzugriff zu ermöglichen.

Der Speicherzugriff auf `y` erfolgt ebenfalls kontinuierlich, muss aber bei entsprechender Problemgröße `M`-mal wiederholt werden, so dass sich hier $t_{M2} = M \cdot t_M(n)$ für die Zugriffszeit ergibt. Für `x` ergeben sich vergleichbare Zeiten. Ohne weiter ins Detail zu gehen, ist bereits bei diesen Vorüberlegungen erkennbar, dass diese Technik i.A. zu einer ungünstigeren Laufzeit führt als die komprimierte Zeilenspeicherung in Abschnitt 6.5.2. Daran ändert auch ein Vertauschen der `i` und `j` Schleifen und eine transponierte Speicherung von `el` und `sp_ind` nichts.

Der Algorithmus für die MVM bei JDS ähnelt dem mit komprimierter Zeilenspeicherung:

```
/* Gezackte Diagonalspeicherung - JDS*/
 for(i=0;i<n;i++) {
  y[perm[i]]=0;
  for(j=jd_ptr[i];j<jd_ptr[i+1];j++)
   y[perm[i]]+=el[j]*x[spalte[j]];
 }
```

Der einzige Unterschied besteht in der indirekten Adressierung von `y`. Als Folge davon verschlechtern sich die Zugriffszeiten auf `y`, da der Zugriff nicht immer kontinuierlich erfolgen wird. Gleichzeitig werden die Zugriffszeiten auf `x` ungünstiger, da die mit `perm` verbundene Umsortierung von Zeilen auch automatisch zu einer Verschlechterung der in Abb. 6.4 schematisch dargestellten Wiederbenutzung von `x` Werten im Cache führt.

SJDS und JDS sind daher keine Kandidaten für gute Performance auf heutigen Rechnern, allerdings sind geblockte Varianten dieser Speichertechniken für die MVM auf GPUs (s. Kap. 8) im Gespräch [25].

6.5.5 Skyline Speicherung

Die Skyline Speicherung ist besonders für Bandmatrizen mit variabler Bandbreite geeignet und wird am häufigsten in Zusammenhang mit der direkten Gleichungslösung eingesetzt, da die Bandstruktur bei der Gaußelimination erhalten bleibt. Eine zeilenorientierte Skyline Speicherung speichert alle Elemente in einer Zeile zwischen dem ersten Element links und dem letzten Element rechts inklusive aller Nullen. Bei schwach besetzten Bändern, wie sie bei der Poisson–Gleichung in Abschnitt 6.2 auftreten, speichert diese Technik i.A. $2n_x$ breite Bänder, obwohl darin nur 5 Elemente von Null verschieden sind. Diese Technik ist folglich für derartige Probleme nicht geeignet.

Bei der Skyline Speicherung werden 3 Vektoren benötigt: Ein Vektor `band` für die aneinandergereihten Zeilen, ein Vektor `anzahl` der Länge $n+1$ für die Zahl der Elemente pro Zeile und ein Vektor `sp_ind` der Länge n, in der die Position des ersten Elements in jeder Zeile gespeichert wird. Damit benötigt die Skyline Speicherung bei dichten Bändern weniger Speicherplatz als beispielsweise die komprimierte Zeilenspeicherung. Der Algorithmus für die MVM lässt sich wie folgt formulieren:

```
/* MVM mit Skyline Speicherung */
for(i=0;i<n;i++) {
  y[i]=0.;
  for(j=anzahl[i],k=0;j<anzahl[i+1];j++,k++)
    y[i]+=el[j]*x[sp_ind[i]+k];
```

Für eine vereinfachte Abschätzung der Performance dieses Algorithmus treffen wir folgende Annahmen: M sei die mittlere Bandbreite und $NEL = n \cdot M$ die Zahl der Elemente im Band. Dann sagt das einfache Performancemodell die Zeit $2t_a \cdot NEL$ für die arithmetischen Operationen voraus. An Speicherzugriffen werden etwa n kontinuierliche Zugriffe für die Vektoren `y`, `anzahl` und `sp_ind` notwendig, daneben NEL kontinuierliche Zugriffe auf `el`. Ist die mittlere Bandbreite M so gering, dass M-Elemente k-fach ($k > 2$) in den Cache passen, und sind die Bänder in etwa gleichmäßig um die Hauptdiagonale verteilt, dann können alle einmal in den Cache geladenen `x`-Werte so lange wieder benutzt werden, bis sie nicht mehr benötigt werden, d.h. die Zugriffszeit für `x` beträgt für diesen günstigen Fall $t_M(1,n)$. Diese Voraussetzungen sollten i.A. bei Matrizen, für die die Skyline Speicherung eingesetzt wird, erfüllt sein.

Somit erhalten wir für das Verhältnis zwischen allen Speicherzugriffszeiten T_M und der Zeit für die arithmetischen Operationen:

$$\begin{aligned} \frac{T_M}{2t_a \cdot NEL} &\approx \frac{3t_M(1,n) + t_M(1,NEL) + t_M(1,n)}{2t_a \cdot NEL} \\ &\approx \frac{3 \cdot 2 + 1 \cdot 2}{2M} + 1 = 1 + \frac{4}{M} \,. \end{aligned} \tag{6.9}$$

Folglich wird bei gut gewähltem M die Zeit durch das Laden des Vektors `el` dominiert und das Modell ergibt für diese Speichertechnik ein deutlich besseres Laufzeitverhalten als für die komprimierte Zeilenspeicherung. Gleichung (6.9) gilt unter den Voraussetzungen, dass M klein ist, so dass das Feld x nur einmal geladen werden muss. Somit wird das Verhältnis zwischen arithmetischen Operationen und Speicherzugriffen für ein größeres Band nicht besser sondern schlechter, obwohl (6.9) dies suggeriert.

Für die Parallelisierung dieses Verfahrens bietet sich die i–Schleife an. Sicherlich wird auch bei Skyline Speicherung aufgrund der Speicheranforderungen der Speedup nicht optimal ausfallen aber für aktuelle Mehrkernprozessoren durchaus attraktive Ergebnisse erzielen. Auf das Problem der Lastbalanzierung bei statischer Aufteilung der i–Schleife, falls die Bandgrößen sich stark unterscheiden oder gar konisch verlaufen, wird hier nicht näher eingegangen.

6.5.6 Diagonalspeicherung

Im Falle der Poisson–Gleichung bietet sich beim Nummerierungsschema 6.3, das zu einer Pentadiagonalmatrix führt, außerdem die Diagonalspeicherung an. Hierbei werden die fünf Diagonalen, gegebenenfalls mit aufgefüllten Nullen, in ihrer jeweiligen Länge gespeichert. Zusätzlich dazu muss beispielsweise die Länge der Diagonale und ihr Beginn in der ersten Zeile und der ersten Spalte bekannt sein. Neben den fünf Diagonalen werden also noch folgende Vektoren benötigt:

lang: $(n - n_x, n - 1, n, n - 1, n - n_x)$
zeile: $(0, 0, 0, 1, n_x)$
spalte: $(n_x, 1, 0, 0, 0)$.

Dabei ist n_x bei der lexikographischen Nummerierung, die zu (6.3) führt, die Zahl der Gitterpunkte in x Richtung (vgl. Abb. 6.1). Somit lässt sich die MVM wie folgt allgemein formulieren:

```
/* ungünstige Version der MVM bei Diagonalspeicherung
   einer Pentadiagonalmatrix                          */
for(d=0;d<5;d++)
 for(i=0;i<lang[d];i++)
  y[spalte[d]+i]+=D[d][i]*x[zeile[d]+i];
```

Mit einem geübten Blick für Speicherzugriffe erkennen wir sofort, dass mit dieser Variante 5–mal auf die Vektoren y und x zugegriffen wird, weshalb diese schlichte allgemeine Variante sicherlich keine gute Performance liefert. Da lang[d] als Ende in der i Schleife von d abhängig ist, können die Schleifen auch nicht vertauscht werden. Das mehrfache Laden für x und y wird bei der folgenden Variante vermieden:

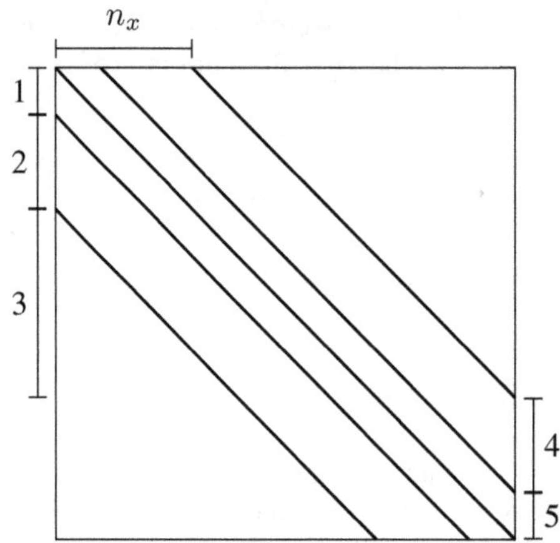

Abbildung 6.8: *Einteilung der Pentadiagonalmatrix in die 5 Bereiche mit jeweils gleicher Anzahl an Diagonalen.*

ALGORITHMUS 6.6 :

```
/* 2. Version der MVM bei Diagonalspeicherung
   einer Pentadiagonalmatrix                  */
 zeile[0]=-spalte[0]; zeile[1]=-spalte[1];
 i=0;                               /* Bereich 1 */
  for(d=2;d<5;d++)
   y[i]+=D[d][i]*x[zeile[d]+i];
 for(i=spalte[1];i<spalte[0];i++) /* Bereich 2 */
  for(d=1;d<5;d++)
   y[i]+=D[d][i]*x[zeile[d]+i];
 for(i=spalte[0];i<lang[4];i++)   /* Bereich 3 */
  for(d=0;d<5;d++)
   y[i]+=D[d][i]*x[zeile[d]+i];
 for(i=lang[4];i<lang[3];i++)     /* Bereich 4 */
  for(d=0;d<4;d++)
   y[i]+=D[d][i]*x[zeile[d]+i];
 i=n-1;                             /* Bereich 5 */
  for(d=0;d<3;d++)
   y[i]+=D[d][i]*x[zeile[d]+i];
```

Hierbei wird die Länge n in die fünf Bereiche eingeteilt, in der die Multiplikation mit der gleichen Anzahl an Diagonalen stattfindet (vgl. Abb. 6.8): Bereich 1 für `y[0]` mit den drei rechten Diagonalen, Bereich 2 für `y[1]` bis `y[`$n_x - 1$`]` mit 2 Diagonalen, Bereich 3 für den mittleren Teil der Matrix, in dem alle 5 Diagonalen multipliziert werden u.s.w. Hierbei werden alle Beiträge zum Element `y[i]` addiert, bevor zu `i+1` übergegangen wird und auch `x` muss nicht öfter als maximal einmal pro Diagonale geladen werden, im speziellen Fall der Poisson–Gleichung sollte sogar nur dreimaliges Laden genügen.

Natürlich könnte die Leistung für die MVM noch dadurch gesteigert werden, indem die Symmetrie der Matrix (alle Elemente sind in den Diagonalen gleich, die Diagonalen sind symmetrisch angeordnet) berücksichtigt wird. Darauf wird, wie auch auf das Abrollen der Schleifen, bewusst verzichtet, um nicht zu speziell zu werden.

Anstatt für diese Speichertechnik die Performance abzuschätzen, führen wir eine Variante der Diagonalspeicherung ein, die uns zu einer etwas übersichtlicheren Multiplikation und höherer Performance führt.

6.5.7 Schiefe Diagonalspeicherung

In Algorithmus 6.6 wird die ungleiche Länge der Diagonalen durch die Einteilung in Bereiche ausgeglichen. Bei der schiefen Diagonalspeicherung (s. z.B. [7, 122]) werden die Diagonalen stattdessen bis zur gleichen Länge mit Nullen aufgefüllt (vgl. Abb. 6.9) und auch der Vektor x entsprechend verlängert und mit Nullen gefüllt.

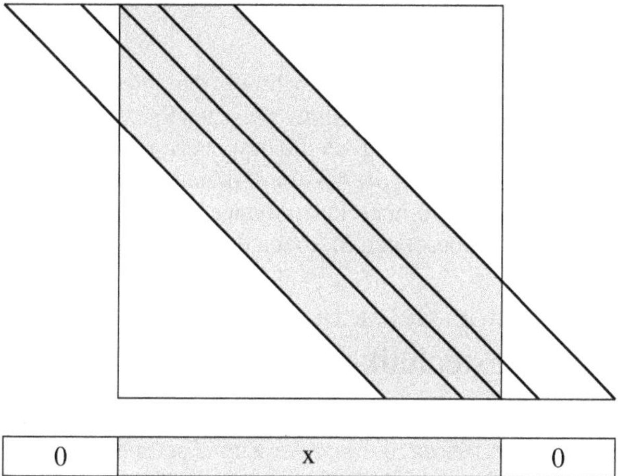

Abbildung 6.9: *Verlängern der Nebendiagonalen bis zur Länge n über die Matrixgrenzen hinaus führt zu einem Parallelogramm, d.h. einem schiefen Rechteck, das der Technik den Namen verleiht. Auch der Vektor x wird entsprechend auf beiden Seiten verlängert.*

Dadurch gelangen wir zu folgendem Algorithmus:

ALGORITHMUS 6.7 :

```
int zeile[4]={-nx,-1,0,1,nx};
/*  MVM bei schiefer Diagonalspeicherung einer
    Pentadiagonalmatrix */
 for(i=0;i<n;i++)
  for(d=0;d<5;d++)
   y[i]+=D[d][i]*x[zeile[d]+i];
```

Da das Ende der `i`–Schleife für alle Diagonalen gleich `n` ist, können bei der schiefen Diagonalspeicherung die beiden Schleifen beliebig vertauscht werden. Für die Abschätzung der Performance zählen wir $2 \cdot 5 \cdot n$ arithmetische Operationen, ein Laden von `y` in der Zeit $t_M(n,1)$, ein Laden von `x` in der Zeit $t_M(n+2n_x,1)$ und ein Laden von `D` in der Zeit $t_M(5n,1)$. Für das Verhältnis zwischen Speicherzugriffen und arithmetischen Operationen ergibt sich daraus:

$$\frac{t_M(n,1)+t_M(n+2n_x,1)+t_M(5n,1)}{2t_a \cdot 5n} \approx \frac{7n \cdot 2}{2 \cdot 5n} = \frac{7}{5}, \qquad (6.10)$$

da nach (2.14) $\frac{t_M(1,S)}{t_a} \approx 2S$ gilt. Daraus ist ersichtlich, dass die schiefe Diagonalspeicherung die Speichertechnik ist, die das kleinste Verhältnis zwischen Speicherzugriffszeiten und Zeit für arithmetische Operationen besitzt und folglich die beste Performance liefert. Ein Vergleich mit Tabelle 5.2 zeigt aber gleichzeitig, dass die MVM mit dünn besetzten Matrizen auch mit dieser günstigsten Speichertechnik keine so hohe Performance liefern kann, wie die MVM mit einer dicht besetzten Matrix. Bei dünn besetzten Matrizen dominieren die Speicherzugriffszeiten.

6.5.8 Abschließende Betrachtung zu den Speicherungstechniken

Zusammenfassend lässt sich für die MVM mit dünn besetzten Matrizen sagen, dass alle Speichertechniken zu Algorithmen führen, die von der Zugriffsgeschwindigkeit auf die Daten dominiert werden. In Tabelle 6.1 sind mit *Valgrind*[8] simulierte Speicherzugriffe bei der MVM zur Berechnung der Poisson–Gleichung für drei der vorgestellten Speichertechniken mit $n = 10^7$ wiedergegeben. Deutlich erkennbar ist, dass die schiefe Diagonalspeicherung mit den wenigsten Speicherzugriffen auskommt und folgerichtig auch die kürzeste Laufzeit aufweist. Die komprimierte Zeilenspeicherung mit etwa viermal so vielen schreibenden Speicherzugriffen und 1,7mal so vielen lesenden Speicherzugriffen benötigt ca. 2,2 mal so lange wie die MVM mit schiefer Diagonalspeicherung. Dies entspricht dem Quotienten der in (6.8) und (6.10) modellierten Verhältnissen zwischen Speicherzugriffszeiten und arithmetischen Operationen:

$$\frac{3}{7/5} = 2,14\,.$$

Wie zu erwarten, weist das Koordinatenformat die meisten Speicherzugriffe und folglich auch die längste Laufzeit auf.

[8] http://valgrind.org/

Tabelle 6.1: *Mit Valgrind simulierte Speicherzugriffe in Millionen für eine* MVM *in verschiedenen Speichertechniken.*

Speichertechnik	Koordinatenf.	kompr. Zeilensp.	schiefe Diag.
lesende Speicherzugriffe	300	220	130
schreibende Zugriffe	55	40	10
Laufzeit	108s	0,26s	0,12s

Wie aus den hier ausgeführten theoretischen Modellberechnungen und Tab. 6.1 ersichtlich wird, lassen sich diese Abhängigkeiten von der Speichergeschwindigkeit bei genauer Kenntnis der Struktur der Matrizen unter Ausnutzung dieser Struktur mildern, indem etwa die schiefe Diagonalspeicherung oder die Skyline Speicherung für die Gesamtmatrix oder Teile davon eingesetzt wird. So kann ein Wechsel vom Koordinatenformat zur Diagonalspeicherung bei der Berechnung von Eigenwerten für optische Wellenleiter zu deutlicher Laufzeitverkürzung des Gesamtprogramms führen [87]. Auch die Blockbildung bei der komprimierten Zeilenspeicherung kann zu einer gewissen Abmilderung dieser Abhängigkeit beitragen.

Automatische Bibliotheken[9], die die Struktur von Matrizen graphentheoretisch analysieren und selbständig Blöcke mit Skylinestrukturen oder vollbesetzte Blöcke oder Blöcke mit Diagonalen identifizieren und weiterführende prozessornahe Optimierungen durchführen, sind gegenwärtig in der Entwicklung [76, 102, 154], werden aber erst in einigen Jahren standardmäßig in Simulationsprogrammen eingesetzt werden.

Parallelisierung der MVM mit dünn besetzten Matrizen ist zwar für alle Speichertechniken mit OpenMP einfach umsetzbar, führt aber nur zu geringen Verkürzungen der Laufzeit, da die Speichergeschwindigkeit in SMP–Systemen nicht mit der Zahl der Prozessorkerne skaliert. Im Gegenteil: Je mehr Kerne gleichzeitig speicherintensive Programme ausführen, desto eher behindern sie sich gegenseitig in ihrer Konkurrenz um diese knappe Ressource.

6.6 Vorkonditionierungsmethoden für Parallelrechner

Um die Zahl der notwendigen Iterationen bei der Methode der konjugierten Gradienten so gering zu halten wie möglich bzw. die Robustheit des Verfahrens zu erhöhen, muss die Systemmatrix meist vorkonditioniert werden. Vorkonditionierung bedeutet dabei, dass das ursprüngliche lineare Gleichungssystem derart in ein neues System transformiert wird, dass das neue Gleichungssystem zwar dieselbe Lösung besitzt, aber einfacher und zuverlässiger lösbar ist. Im Folgenden wird nach einer kurzen Einführung zur Vorkonditionierung die Verwendung einer unvollständigen LR–Zerlegung der Systemmatrix als Vorkonditionierungsmatrix diskutiert, wobei auch hier der Schwerpunkt nicht auf den mathematischen Eigenschaften liegt, sondern auf dem Einsatz dieser Vorkonditionierungsmethode auf einem Hochleistungsparallelrechner. Für ausführlichere mathematische Betrachtungen und Vergleiche verschiedener Techniken sei beispielsweise auf die Werke von Y. Saad [121] und G. Meurant [97] verwiesen.

[9] http://bebop.cs.berkeley.edu/oski/

6.6.1 Einführung

Die in Kap. 6.4 vorgestellte Methode der konjugierten Gradienten basiert auf einer symmetrischen Matrix A. Gesucht ist eine Vorkonditionierungsmatrix M, die A in gewisser, hier zunächst nicht näher spezifizierten, Weise ähnlich ist, für die ein Gleichungssystem einfach lösbar ist. Eine Möglichkeit der Vorkonditionierung ist dann die Lösung des Gleichungssystems

$$M^{-1}AM^{-1}Mx = M^{-1}b\,. \tag{6.11}$$

Ausgehend von diesem Gleichungssystem kann die Vorkonditionierung in der Methode der konjugierten Gradienten auf verschiedene Weise algorithmisch umgesetzt werden. Hier konzentrieren wir uns auf den in Algorithmus 6.4 formulierten Rechenschritt

$$Mz = r, \text{ bzw. } z = M^{-1}r\,, \tag{6.12}$$

der nur voraussetzt, dass M ebenfalls symmetrisch ist. Ein idealer Kandidat für M wäre A oder eine Matrix, für die das Produkt $M^{-1}A$ in (6.11) der Einheitsmatrix I nahe kommt. Aus dieser Überlegung heraus resultieren Verfahren, die für M^{-1} eine Näherung für die Inverse von A verwenden, aber auch der Ansatz

$$A = LR - K = M - K\,,$$

bei dem L und R Näherungen für die linke bzw. rechte Dreiecksmatrix sind, wie sie bei der Gaußelimination im LR–Faktorisierungsschritt (vgl. Abschnitt 5.3) auftreten. K ist eine entsprechende Korrekturmatrix. Auf diesem Ansatz basieren eine Reihe von Verfahren mit unvollständig durchgeführten Faktorisierungen, die als *incomplete LU* Vorkonditionierung oder kurz *ILU* Vorkonditionierung bekannt sind und deren effektive Implementierung auf Parallelrechnern im Folgenden analysiert wird.

6.6.2 Umsetzung einer ILU in komprimierter Zeilenspeicherung

Bei der Gaußelimination einer dünn besetzten Matrix werden durch die Umformungen i.A. zusätzliche, von Null verschiedene, Matrixeinträge erzeugt. Bei der unvollständigen LR Zerlegung, engl. *incomplete LU* (ILU), wird der Auffüllgrad durch neue Elemente künstlich vorgegeben, d.h., die Zerlegung wird unvollständig, so dass

$$A = LR - K \tag{6.13}$$

gilt. Verschiedene Varianten der unvollständigen Zerlegung unterscheiden sich darin, inwieweit die K–Matrix von der Nullmatrix abweicht. In ihrer einfachsten Variante, ILU(0), werden keine neuen Elemente bei der Zerlegung zugelassen, d.h., die resultierenden L und R Matrizen besitzen an derselben Stelle Elemente wie die Ursprungsmatrix A (vgl. Abb. 6.10). Bezeichnet $E(A)$ die Menge der von Null verschiedenen Elemente von A, lautet der Algorithmus für die ILU(0) Zerlegung ganz allgemein:

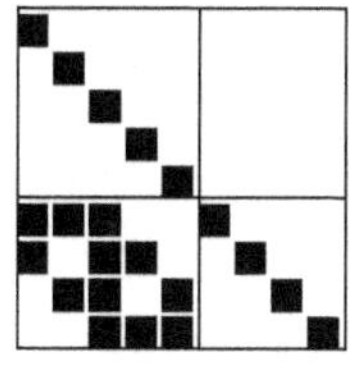

L Matrix

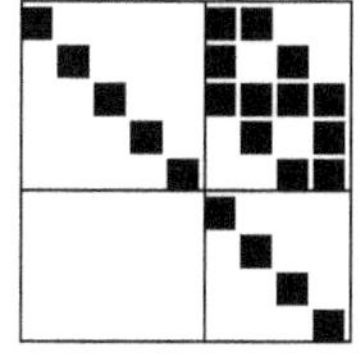

R Matrix

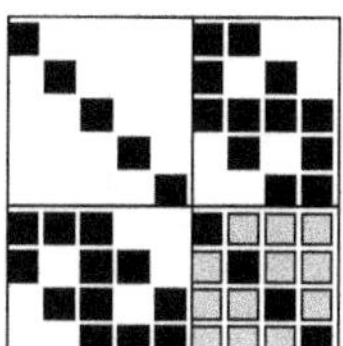

Produkt *LR*

Abbildung 6.10: *ILU(0) Zerlegung der Matrix in Abb. 6.3 führt zu einer unteren Dreiecksmatrix L und einer oberen Dreiecksmatrix R entsprechend dem Besetzungsmuster der Ausgangsmatrix. Wird das Produkt dieser Matrizen gebildet, erhält man eine Matrix mit dem dargestellten Besetzungsmuster (rechts), die zusätzliche Elemente (grau) enthält. Diese grauen Elemente sind die von Null verschiedenen Elemente der Matrix K in* (6.13).

```
for(i=0;i<n-1;i++) {
 for(j=i+1;j<n;j++ )
   if((j,i) in E(A)) {
    A[j][i] = A[j][i] / A[i][i];
    for(k=i+1;k<n;k++)
     if((j,k) in E(A) && (i,k) in E(A))
          A[j][k] = A[j][k] - A[j][i]*A[i][k];
   }
 }
```

Der Einfachheit halber wird hier `(i,j) in E(A)` anstelle einer Funktion formuliert, die die Zugehörigkeit der Koordinate `(i,j)` zur Menge $E(A)$ bewertet. Diese allgemeine Formulierung beinhaltet nicht nur die ILU(0) Zerlegung, sondern bei entsprechender Definition von $E(A)$ jede andere Variante der unvollständigen Zerlegung. Da diese Zerlegung vor dem iterativen Prozess der Gleichungslösung in Algorithmus 6.4 einmal durchgeführt wird, ist sie für die Laufzeit des Gesamtverfahrens nur nachrangig von Bedeutung und wird daher hier nicht weiter behandelt. Für Details zur Existenz dieser Zerlegung s. [5].

Da die M Matrix nach Voraussetzung bei unseren Betrachtungen symmetrisch sein muss, wird die ILU(0) Zerlegung einmal explizit mit Cholesky Faktorisierung [92] für eine Matrix in komprimierter Zeilenspeicherung formuliert, wobei die Ausgangsmatrix bereits als L–Matrix in diesem Format vorliegt und bei der Zerlegung überschrieben wird. Es wird außerdem vorausgesetzt, dass die Einträge pro Zeile sortiert sind, d.h., dass `spalte[j] < spalte[j+1]` innerhalb einer Zeile gilt. Dann kann über

```
diag=element[anzahl[i+1]-1];
```

einfach auf das Diagonalelement in Zeile `i` zugegriffen werden. Zur Veranschaulichung der komprimierten Zeilenspeicherung für eine symmetrische Matrix folgen die entsprechenden Vektoren für die Matrix in (6.3):

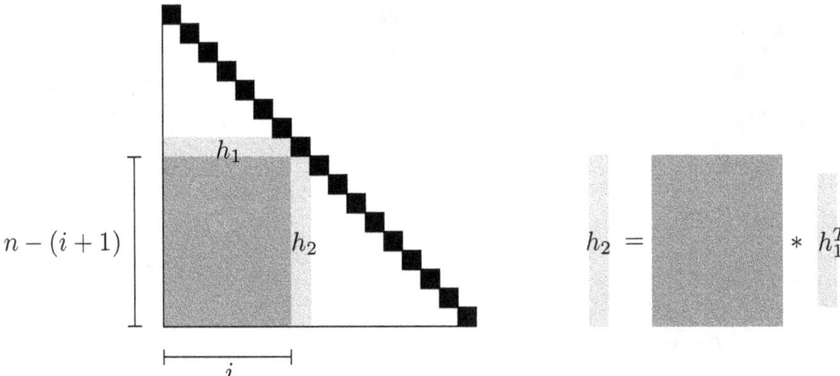

Abbildung 6.11: *Bei der hier formulierten Cholesky Faktorisierung werden die Elemente in der Zeile $i+1$ in den Hilfsvektor h_1 und die Elemente in der Spalte $i+1$ unterhalb der Diagonalen in den Hilfsvektor h_2 kopiert. Nicht besetzte Elemente in der dünn besetzten Ausgangsmatrix werden bei dem Kopiervorgang mit Nullen belegt. Anschließend (rechts) wird in einer* MVM *die eingefärbte dünnbesetzte Matrix mit h_1^T multipliziert.*

```
element(4  -1  4  -1  4  -1  4  -1  -1  4  -1  -1  4  -1  4  -1  -1  4)
spalte (0   0  1   1  2   0  3   1   3  4   2   4  5   3  6   4   6  7)
anzahl (0   1      3      5      7          10          13      15      18)
```

Im folgenden Algorithmus werden zwei temporäre Hilfsvektoren `h1` und `h2` eingesetzt, deren Verwendung in Abb. 6.11 dargestellt ist.

ALGORITHMUS 6.8 : ILU(0) bei symmetrischer Matrix

```
for(i=0;i<n;i++) {
 s=0.;
 for(j=0;j<i;j++) h1[j]=0.;   /* Initialisierung von h1 */
 for(j=anzahl[i];j<anzahl[i+1]-1;j++) {
  s+=element[j]*element[j];   /* Quadratsumme in einer Zeile */
  h1[spalte[j]]=element[j];   /* Kopie der Zeile */
 }
 /* Diagonalelement:
    1/Wurzel(Diagonale-Quadratsumme der Zeile */
 diag=element[anzahl[i+1]-1]=1/sqrt(element[anzahl[i+1]-1]-s);
  for(k=i+1;k<n;k++) h2[k]=0.;   /* Initialisierung von h2 */
  Smatmul(h2,n-(i+1),h1,element,spalte,anzahl,i);
  for(j=i+1;j<n;j++){
   /* Ändern der i-ten Spalte */
   for(k=anzahl[j];k<anzahl[j+1]-1;k++)
```

```
      if(spalte[k]==i) element[k]=(element[k]-h2[j])*diag;
   }
 }
```

Die Funktion `Smatmul` entspricht dabei einer MVM, wie in Abb. 6.11 auf der rechten Seite angedeutet, bei der ein Vektor h_1^T mit einer dünnbesetzten Matrix zu einem Vektor h_2 multipliziert wird.

6.6.3 Performancebetrachtungen zur ILU(0) Vorkonditionierung bei komprimierter Zeilenspeicherung

Bei der hier betrachteten Methode der konjugierten Gradienten für dünn besetzte symmetrische Matrizen führt die unvollständige LR–Zerlegung zu einer dünnbesetzten Matrix L mit der die Vorkonditionierungsgleichung (6.12) in der Form

$$LL^T z = r \tag{6.14}$$

wiederholt gelöst werden muss. Da dieser Schritt nicht unerheblich zu den Operationen im iterativen Prozess der Gleichungslösung beiträgt, wollen wir ihn hier etwas näher untersuchen und dabei insbesondere, wie schon bei der Matrix–Vektor–Multiplikation in Kap. 6.5, auf den Zusammenhang zwischen Effektivität und Speichertechnik der Matrizen eingehen. Ein Vergleich mit der Gaußelimination offenbart sofort, dass (6.14) durch Vorwärts- und Rückwärtseinsetzen direkt lösbar ist, d.h. die Vorkonditionierungsmatrix erfüllt die Bedingung, dass das Vorkonditionierungssystem leicht lösbar ist.

Da sowohl die untere linke Dreiecksmatrix L als auch die transformierte Matrix L^T, die eine rechte obere Dreiecksmatrix (R) ist, bei der Lösung von (6.14) verwendet werden, ist die Schreibweise $R^T Rzr$ mit (6.14) identisch. Die symmetrische Speicherung von M als L oder als R spielt bei Performancebetrachtungen nur eine untergeordnete Rolle und wir werden im Folgenden L, d.h. eine linke Dreiecksmatrix, benutzen. Die Transformierte L^T wird nicht explizit gebildet, sondern kann aus L direkt gewonnen werden (vgl. Abb. 6.12).

Wird für die Speicherung von L die komprimierte Zeilenspeicherung eingesetzt, dann liegen die Elemente einer Zeile im Vektor `element` direkt hintereinander. Für L^T (vgl. Abb. 6.12) gilt entsprechendes für die Elemente einer Spalte. Elemente der `i`-ten Zeile von L^T müssen dagegen, so wie die der `i`-ten Spalte von L, in mehreren Zeilen durch Vergleichen von `spalte[j]` mit `i` mühsam identifiziert werden. Dies ist hier beispielhaft, für das Kopieren einer Spalte von L in einen Vektor $h2$, wiedergegeben:

```
/* kopiere Elemente in Spalte i in h2 */
for(j=i+1;j<n;j++)
  for(k=anzahl[j];k<anzahl[j+1]-1,k++)
    if(spalte[k]==i) h2[j]=element[k];
```

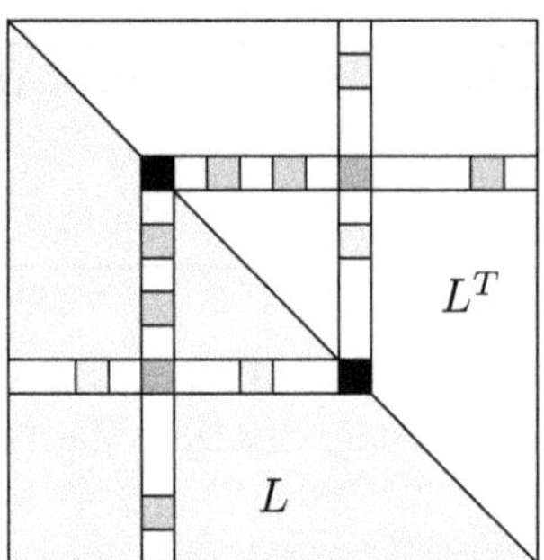

Abbildung 6.12: *Matrixelemente von L in einer Spalte entsprechen Matrixelementen von L^T in einer Zeile und umgekehrt. Bei der komprimierten Zeilenspeicherung stehen die Elemente einer Zeile der dünnbesetzten Matrix L direkt hintereinander. Für L^T müssen die Elemente einer Zeile in verschiedenen Zeilen von L gesucht werden.*

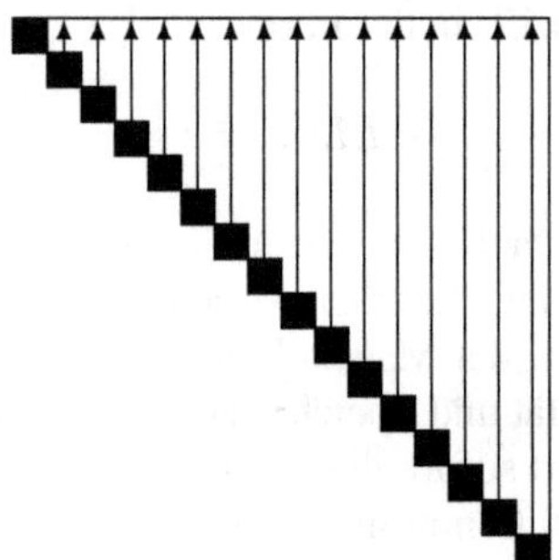

Abbildung 6.13: *Schleifenorganisation beim Rückwärtseinsetzen.*

Effektive Algorithmen für symmetrische Matrizen in komprimierter Zeilenspeicherung verwenden daher Schleifen für Zeilen in L und für Spalten in L^T, um so diese Suche zu umgehen. Daher wird das Rückwärtseinsetzen, wie in Abb. 6.13 schematisch dargestellt, abweichend von der üblichen zeilenweisen Vorgehensweise, nun spaltenweise organisiert. Der zugehörige Algorithmus lautet:

```
/* Mz=r  mit komprimierter Zeilenspeicherung */
/* Vorwärtseinsetzen */
for(i=0;i<n;i++) {
  z[i]=0.;
  for(j=anzahl[i];j<anzahl[i+1]-1;j++)
    z[i]-=element[j]*z[spalte[j]];
  z[i]=r[i]*element[anzahl[i+1]-1];   /* Diagonalelement */
}
/* Rückwärtseinsetzen */
z[n-1]*=element[anzahl[n]-1];
```

```
for(i=n-1;i>0;i--) {
  for(j=anzahl[i];j<anzahl[i+1]-1;j++)
    z[spalte[j]]-=element[j]*z[i];
  z[i-1]*=element[anzahl[i]-1];          /* Diagonalelement */
}
```

Die Anzahl der Operationen errechnet sich für das Vor- und Rückwärtseinsetzen jeweils zu $2(NEL-n)+n = 2NEL-n$. Für die Poisson–Gleichung gilt bei symmetrischer Speicherung $NEL = 3n$ und folglich ist für den gesamten Algorithmus:

$$T_A = 10nt_a \ .$$

Die Zeit für die Speicherzugriffe für das Vorwärtseinsetzen kann für die Felder `anzahl` und `r` zu $2t_M(1,n)$ und für `element` und `spalte` zu $t_M(1,NEL)$ bzw. $t_M(1,NEL-n)$ abgeschätzt werden. Für die Zeit auf den Zugriff von `z` fallen bei der Poisson–Gleichung die Ladeoperationen für die Multiplikation mit den benachbarten Haupt- und Nebendiagonalen und der Nebendiagonalen im Abstand n_x an, d.h. jeweils für das Vorwärts- und Rückwärtseinsetzen etwa $2t_M(1,n)$. Mit diesen Betrachtungen ergibt sich für das Verhältnis von Operationen zu Speicherzugriffen für das Vor- und Rückwärtseinsetzen für die Poisson–Gleichung:

$$\begin{aligned}\frac{T_M}{T_A} &= 2\frac{2t_M(1,n)+t_M(1,NEL)+t_M(1,NEL-n)+2t_M(1,n)}{10nt_a} \\ &= 2\frac{(2+3+2+2)2}{10} = 3,6 \ .\end{aligned}$$

Obwohl etwa gleich viele arithmetische Operationen wie bei der MVM benötigt werden, wird die Lösung von $Mz = r$ etwas mehr Zeit benötigen, da hier das $3,6$-fache für die Speicherzugriffszeit veranschlagt werden muss, verglichen zum Dreifachen bei der MVM (vgl. (6.8)). Vorkonditionierung mit ILU(0) in der komprimierten Zeilenspeicherung verdoppelt folglich in etwa die benötigte Zeit pro Iteration und lohnt sich nur, wenn mehr als die Hälfte der Iterationen eingespart werden können. Diese Aussage ist eher optimistisch, da eine Parallelisierung bei der Vorkonditionierung praktisch nicht möglich ist. Die `i`-Schleife ist rekursiv und kann nicht parallel abgearbeitet werden und die Schleifenlänge in der `j`-Schleife beträgt bei der Poisson–Gleichung 2 und kann folglich kaum den Mehraufwand für die Parallelisierung ausgleichen.

6.6.4 Bessere Parallelisierung mit umgekehrter Cuthill-McKee Nummerierung

Bei der MVM führten andere Nummerierungen der Gitterpunkte als die lexikographische zu einer besseren Performance und Parallelisierung. Neben der hier betrachteten umgekehrten Cuthill–McKee (RCM, *reverse Cuthill–McKee*) Nummerierung [112] sind auch Einfärbetechniken mit mehreren Farben oder wiederholte Zweifarbenfärbung [97] im Einsatz, weswegen im nächsten Abschnitt auf Besonderheiten bei der einfachen Schachbrettnummerierung eingegangen wird.

Die RCM Methode führt für unser einfaches Beispiel in Abb. 6.1 zu einer Art Welle senkrecht zu einer Diagonalen, wie in Abb. 6.14 angedeutet. Die sich bei dieser Nummerierung ergebende Block–Tridiagonalmatrix besitzt $n_x + n_y - 1$ Diagonalblöcke, deren Größe zunächst von 1 bis n anwächst, um wieder auf 1 abzunehmen. Da bei der ILU(0) Methode die Vorkonditionierungsmatrix die identische Struktur besitzt wie die Systemmatrix, ergibt sich für die Vorkonditionierung folgender, mit OpenMP parallelisierter, Algorithmus:

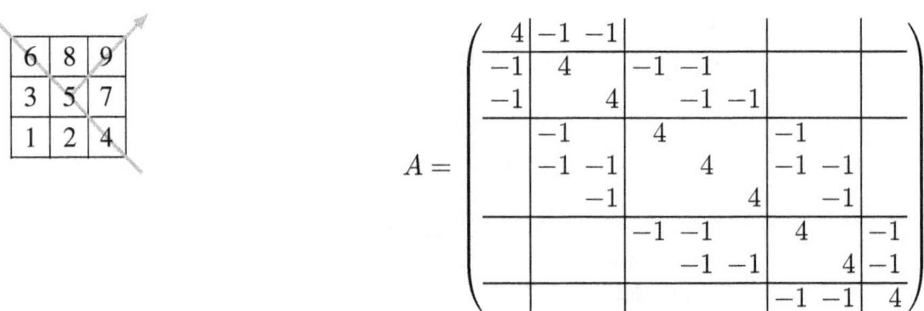

Abbildung 6.14: *RCM–Nummerierung führt zu einer Art Welle, die links grau angedeutet ist, senkrecht zu einer der Diagonalen. Die sich ergebende Matrix (rechts) besitzt Block-Tridiagonalgestalt.*

```
 /* RCM Nummerierung mit komprimierter Zeilenspeicherung */
 /* Matrix ist symmetrisch gespeichert */
 diags=nx+ny-1;          /* Zahl der Diagonalblöcke */

#pragma omp parallel private(i,j,k,l,len)
{
 /* Vorwärtseinsetzen */
 for(k=0,l=0;k<diags;k++) {
  len=(k<nx) ? (k+1):(diags-k);
#pragma omp for
  for(i=l;i<len+l;i++) { /* fortlaufend von 1 bis NEL */
   z[i]=0.;
   for(j=anzahl[i];j<anzahl[i+1]-1;j++)
    z[i]-=element[j]*z[spalte[j]]; /* Subtraktion
                                      zeilenweise */
   z[i]=r[i]*element[anzahl[i+1]-1]; /* Diagonalelement */
  }
  l+=len;
 }

 /* Rückwärtseinsetzen */
 z[n-1]*=element[anzahl[n]-1]; /* Diagonalelement */
```

```
 for(k=1,l=1;k<diags;k++) {
  len=(k<ny) ? (k+1):(diags-k);
#pragma omp for
  for(i=n-l;i>n-l-len;i--) {
   for(j=anzahl[i];j<anzahl[i+1]-1;j++){
#pragma omp atomic
    z[spalte[j]]-=element[j]*z[i]; /* Subtraktion
                                       spaltenweise */
    }
   z[i-1]*=element[anzahl[i]-1]; /* Diagonalelement */
  }
  l+=len;
 }}
```

Entscheidend für die Parallelisierung ist, dass durch die Nummerierung und die sich ergebende Blockbildung sicher gestellt ist, dass `z[spalte[j]]` zu keiner Abhängigkeit führen kann. Beim Vorwärtseinsetzen zeigt `z[spalte[j]]` diagonal-blockweise auf den Matrixblock links von der Diagonalen und somit auf bereits berechnete Werte. Beim Rückwärtseinsetzen zeigt `z[i]` (vgl. Abb. 6.13) diagonal-blockweise auf Elemente im Block rechts neben der Diagonalen und somit ebenfalls auf bereits berechnete Werte.

Bei der Parallelisierung steht die Direktive `parallel`, mit der das Team von Threads erzeugt wird, außerhalb, um den Mehraufwand für die wiederholte Bildung des Teams zu vermeiden. Die `i` Schleifen, deren Längen von 1 bis n variieren, laufen nun parallel ab. Allerdings erlaubt die `for` Direktive keine Einflussnahme auf den Parallelitätsgrad der folgenden Schleife. Dies wirkt sich aufgrund der stark variierenden Schleifenlänge sehr ungünstig aus, da das Aufsetzen einer parallelen Schleife Zeit kostet und sich daher nur lohnt, wenn die Arbeit in der Schleife dies rechtfertigt. Für ein effektives Programm muss die `i` Schleife explizit dupliziert formuliert werden. Ein Vergleich der Problemgröße mit einer Abschätzung des Aufwands für die `for`–Direktive (vgl. etwa Abschnitt 3.10) entscheidet, ob die parallelisierte oder die nicht parallelisierte Schleife durchlaufen wird. Als Ausgleich können Registeroptimierungen u.ä. bei den fast voll besetzten kleineren Nebendiagonalblöcken zu einer Performancesteigerung führen [76].

Beim Rückwärtseinsetzen kann es vorkommen, dass `z[spalte[j]]` in verschiedenen Iterationen auf das gleiche Element von `z` zeigt. Zugriffskonflikte können hier mit der `atomic` Direktive verhindert werden (vgl. Abschnitt 3.7).

Das Verhältnis von arithmetischer Zeit zur Speicherzugriffszeit ändert sich durch die Umnummerierung nicht wesentlich. Daher wird die Effektivität der Parallelisierung auf einem Rechner mit gemeinsamem Speicher und folglich mit konkurrierenden Speicherzugriffen aufgrund der Dominanz der Speicherzugriffszeit nicht sehr hoch ausfallen.

Natürlich sollte bei dieser Wahl der Nummerierung für die Vorkonditionierungsmatrix auch die gleiche Nummerierung für die Systemmatrix gewählt werden, da ansonsten ein Umspeichern der Vektoren oder das Arbeiten mit Sortierungslisten die Performance des Algorithmus weiter beeinträchtigt.

6.6.5 ILU(0) mit Färbetechnik

Bei der RCM Nummerierung werden die positiven Auswirkungen der Diagonalblöcke auf die Parallelisierung ausgenutzt, wobei sich die vielen Blöcke mit variierender Größe als hinderlich erweisen. Von der Lösung der Poisson–Gleichung nach der Gauß–Seidel Methode in Abschnitt 6.3 wissen wir, dass eine Einfärbung des Gitters mit einem Schachbrettmuster zu zwei größeren Diagonalblöcken führt (vgl. Abb. 6.3). Wir wollen untersuchen, ob diese Technik hier auch erfolgreich zur Performancesteigerung eingesetzt werden kann.

Die Schachbrettnummerierung lässt eine Aufspaltung aller Vektoren wie beispielsweise r in einen Teil (r_1) für die schwarzen Felder und einen Teil (r_2) für die weißen Felder zu. Wird diese Aufspaltung auch für die Systemmatrix vorgenommen, kann diese folgendermaßen geschrieben werden (vgl. Abb. 6.3):

$$A = \begin{pmatrix} D_1 & L_A^T \\ L_A & D_2 \end{pmatrix}$$

Dabei bezeichnen D_1 und D_2 die jeweiligen Diagonalmatrizen für die schwarzen bzw. weißen Felder und L_A die Kopplungsmatrix zwischen den verschieden farbigen Feldern. Für das Matrix–Vektor Produkt ergibt sich in dieser Schreibweise:

$$\begin{aligned} q &= Az \\ \begin{pmatrix} q_1 \\ q_2 \end{pmatrix} &= \begin{pmatrix} D_1 & L_A^T \\ L_A & D_2 \end{pmatrix} \begin{pmatrix} z_1 \\ z_2 \end{pmatrix} \\ &= \begin{pmatrix} D_1 z_1 + L_A^T z_2 \\ L_A z_1 + D_2 z_2 \end{pmatrix} . \end{aligned} \tag{6.15}$$

Da die Vorkonditionierungsmatrix $M = LL^T$ bei ILU(0) dieselbe Struktur besitzt wie die Systemmatrix und da aus der unvollständigen Zerlegung folgt, dass die untere echte Dreiecksmatrix $L_M = L_A D_1^{-1/2}$, kann L wie folgt formuliert werden:

$$L = \begin{pmatrix} D_1^{1/2} & 0 \\ L_M & D_2^{1/2} \end{pmatrix} = \begin{pmatrix} D_1^{1/2} & 0 \\ L_A D_1^{-1/2} & D_2^{1/2} \end{pmatrix} = \begin{pmatrix} D_1 & 0 \\ L_A & D_2 \end{pmatrix} \begin{pmatrix} D_1^{-1/2} & 0 \\ 0 & D_2^{-1/2} \end{pmatrix} .$$

Dabei bezeichnet $D^{-1/2}$ eine Diagonalmatrix, aus deren Diagonalelementen die Wurzel gezogen wird. Mit dieser Aufteilung der Matrix L können wir für M schreiben:

$$M = LL^T = \begin{pmatrix} D_1 & 0 \\ L_A & D_2 \end{pmatrix} \begin{pmatrix} D_1^{-1} & 0 \\ 0 & D_2^{-1} \end{pmatrix} \begin{pmatrix} D_1 & L_A^T \\ 0 & D_2 \end{pmatrix} = \hat{L} \begin{pmatrix} D_1^{-1} & 0 \\ 0 & D_2^{-1} \end{pmatrix} \hat{L}^T .$$

Daraus erhält man für das Lösen der Vorkonditionierungsgleichung $Mz = r$:

$$\begin{pmatrix} D_1 & 0 \\ L_A & D_2 \end{pmatrix} \begin{pmatrix} D_1^{-1} & 0 \\ 0 & D_2^{-1} \end{pmatrix} \begin{pmatrix} (\hat{L}^T z)_1 \\ (\hat{L}^T z)_2 \end{pmatrix} = \begin{pmatrix} r_1 \\ r_2 \end{pmatrix} .$$

Für die beiden Hälften ergibt sich:

$$\begin{pmatrix} (\hat{L}^T z)_1 \\ (\hat{L}^T z)_2 \end{pmatrix} = \begin{pmatrix} r_1 \\ r_2 - L_A D_1^{-1} r_1 \end{pmatrix} .$$

Die explizite Formulierung von $\hat{L}^T z$ führt zu:

$$\begin{pmatrix} (\hat{L}^T z)_1 \\ (\hat{L}^T z)_2 \end{pmatrix} = \begin{pmatrix} D_1 & L_A^T \\ 0 & D_2 \end{pmatrix} \begin{pmatrix} z_1 \\ z_2 \end{pmatrix} =$$
$$= \begin{pmatrix} D_1 z_1 + L_A^T z_2 \\ D_2 z_2 \end{pmatrix} = \begin{pmatrix} r_1 \\ r_2 - L_A D_1^{-1} r_1 \end{pmatrix} . \tag{6.16}$$

Der Teil für die schwarzen Felder (Index 1) kann direkt in (6.15) eingesetzt werden und führt zur ersten Bestimmungsgleichung für das Ergebnis der Produktbildung Az für die schwarzen Felder:

$$q_1 = r_1 . \tag{6.17}$$

Somit kann die Lösung der Vorkonditionierungsgleichung $Mz = r$ aus (6.16) in zwei Teilschritten berechnet werden:

$$\begin{aligned} &\text{Schritt 1:} \qquad z_2 = D_2^{-1}(r_2 - L_A D_1^{-1} r_1) \\ &\text{Schritt 2:} \qquad z_1 = D_1^{-1}(r_1 - L_A^T z_2) . \end{aligned} \tag{6.18}$$

Auch das Ergebnis der MVM $q = Az$ kann aus z_1 und nach Einsetzen von $D_2 z_2$ in (6.16) in zwei Teilschritten erhalten werden:

$$\begin{aligned} &\text{Schritt 1:} \qquad q_1 = r_1 \\ &\text{Schritt 2:} \qquad q_2 = r_2 - L_A D_1^{-1} L_A^T z_2 . \end{aligned} \tag{6.19}$$

Nun, da wir für die Schachbrettnummerierung explizite Formeln für die Lösung der Vorkonditionierungsgleichung und das Matrix–Vektor–Produkt aufgestellt haben, sollen diese Teilergebnisse verwendet werden, um das eigentliche Problem, die Lösung des linearen Gleichungssystems $Ax = b$ mit dem konjugierten Gradientenverfahren nach Alg. 6.5 auf S. 138 zu berechnen. Dazu betrachten wir zunächst noch die beiden Skalarprodukte `rho`$= < r, z >$ und `mu`$= < q, z >$, da deren Bildung durch diese Aufspaltung in schwarz und weiß weiter vereinfacht werden kann:

$$\begin{aligned} \rho = r^T z &= r_1^T z_1 + r_2^T z_2 \\ \mu = q^T z &= r_1^T z_1 + q_2^T z_2 \\ &= r_1^T z_1 + r_2^T r_2 - (L_A^T z_2)^T D_1^{-1} (L_A^T z_2) = \rho - (L_A^T z_2)^T D_1^{-1} (L_A^T z_2) . \end{aligned}$$

Somit ergibt sich folgendes Gesamtbild:

- Die Vorkonditionierungsmatrix M wird für die Iteration nicht benötigt. Sie taucht in (6.19) nicht auf.
- Die Lösung des Vorkonditionierungsproblems $Mz = r$ (6.19) kann durch Diagonalskalierungen und die Bildung der Produkte $L_A D_1^{-1} r_1$ und $h = L_A^T z_2$ ersetzt werden.
- Die MVM mit der Systemmatrix A lässt sich durch Vektoroperationen und das Produkt $L_A D_1^{-1} L_A^T z_2 = L_A D_1^{-1} h$ ersezten.
- D_1^{-1} und D_2^{-1} können im Voraus berechnet werden, da in der Iteration nur diese Reziprokwerte benötigt werden. Die ansonsten beim Choleskyverfahren notwendigen Wurzeloperationen können vollkommen vermieden werden.

- Die notwendigen Skalarprodukte ρ und μ können getrennt für schwarze und weiße Felder berechnet werden, wobei insbesondere $\mu = \rho - h^T D_1^{-1} h$ ausgenutzt werden kann.

Im folgenden Algorithmus wird die Systemmatrix A in der schiefen Diagonalspeichertechnik verwendet, wobei die Hauptdiagonale in den beiden Vektoren `diag1` und `diag2`, die die Reziprokwerte für die schwarzen bzw. weißen Felder enthalten, gespeichert ist. Bei der Schachbrettnummerierung ergeben sich für die Poisson–Gleichung 4 Nebendiagonale für L_A. Liegen n_1 bzw. n_2 schwarze bzw. weiße Felder vor, dann ist L_A eine $n_1 \times n_2$–Matrix. Vereinfacht lautet der mit OpenMP parallelisierte Algorithmus:

```
/* Schachbrettnummerierung
 *
 * Kombination von Vorkonditionierung,
                   MVM und Skalarprodukten */
#pragma omp for
 for(i=0;i<n1;i++) h[i]=diag1[i]*r1[i];       /* h=D1(-1)r1 */
 c_rho=0.;
/* Berechne z2 und <r2,rz> */
#pragma omp for
 for(i=0;i<n2;i++) {
   z2[i]=(r2[i]-LA*h)*diag2[i];
   c_rho+=r2[i]*z2[i];
 }
/* Berechne h=LA^Tz2, q1, z1 und <r1,z1>*/
#pragma omp for
 for(i=0;i<n1;i++) {
   h[i]=LA^T*z2;
   z1[i]=diag1[i]*(diag1[i]*r1[i]-h[i]);
   q1[i]=r1[i];
   c_rho+=r1[i]*z1[i];
 }
 c_mu=c_rho;
/* Berechne q2 und <q2,z2>*/
#pragma omp for nowait
 for(i=0;i<n2;i++) {
  q2[i]=r2[i]-diag1[i]*(LA^T*h);
  c_mu-=h[i]*diag1[i]*h[i];
 }
/* Endgültige Berechnung der Skalarprodukte */
#pragma omp critical
{
  mu+=c_mu;
  rho+=c_rho;
}
```

Alle Schleifen können problemlos parallelisiert werden und erfordern, außer den impliziten Barrieren am Ende eines `for`–Blocks, keine weitere Synchronisation. Wie im Ausgangsalgorithmus 6.5 können die Skalarprodukte gemeinsam berechnet werden, wodurch sich Synchronisationen einsparen lassen.

Für die Abschätzung der Laufzeit ergeben sich $12n_1 + 22n_2 \approx 17n$ Operationen, verglichen zu $14n$ für die MVM und die Skalarproduktbildung. Somit ergibt sich die Vorkonditionierung für den Preis von nur $3n$ Operationen. Die Anzahl der Speicherzugriffe ergibt sich zu $13n_1 + 16n_2 \approx 14,5n$, verglichen zu $10n$ für die Matrixmultiplikation und die Skalarproduktbildung mit schiefer Diagonalspeicherung (vgl. Abschnitt 6.5.7).

Damit kommt die hier vorgestellte Variante des vorkonditionierten CG Verfahrens fast an die effektive Implementierung mit Hilfe des Tricks von Eisenstat [43] heran, bei der durch einfache Umformungen die Zahl der Operationen für die Matrixmultiplikation und Vorkonditionierung auf die der MVM reduziert werden kann. Allerdings ist der hier vorgestellte Algorithmus vollkommen parallelisierbar.

Wie insbesondere an Gleichung (6.17) erkennbar ist, führt die Schachbrettnummerierung zu einer stark unterschiedlichen Vorkonditionierungsqualität für die schwarzen (Index 1) und weißen Felder, so dass sie so kaum eingesetzt wird [146]. Verbesserungen bieten Mehrfarbentechniken oder wiederholte Zweifarbenfärbungen [97] oder ein einfaches zyklisches Vertauschen der Farben. Untersuchungen zur Konvergenz des Verfahrens für unterschiedliche Nummerierungen der Unbekannten finden sich beispielsweise in [41].

6.6.6 Weitere Methoden zur Vorkonditionierung

Entgegen ihrer Popularität erfüllt die ILU–Vorkonditionierung nicht gleichzeitig die Erwartung nach einer möglichst großen Reduktion der Iterationszahl beim konjugierten Gradientenverfahren und nach einer effektiven Parallelisierbarkeit (s. auch [146]). Wie die Abschätzungen in Abschnitt 6.6.3 zeigen, sind die Speicherzugriffszeiten ein entscheidender Hemmschuh für die effektive Parallelisierung auf Parallelrechnern mit gemeinsamem Speicher. Diese Situation ist etwas günstiger für Rechner mit verteiltem Speicher, da sich gewissermaßen auch die Speicheranforderungen verteilen und zumindest ein Großteil der Konkurrenz um den gemeinsamen Speicherbus vermieden werden kann. Exemplarisch sei auf die Software *hypre* – High Performance Preconditioners[10] verwiesen.

Die ILU–Vorkonditionierung kennt eine Vielzahl von Varianten, die sich im Grad der Unvollständigkeit bei der Zerlegung und der Implementierung auf Parallelrechnern unterscheiden. Bei der hier in Abschnitt 6.6.3 analysierten ILU(0) Variante werden Einträge, die zu einem Auffüllen der Matrix führen, nicht berücksichtigt. In anderen Verfahren werden Einträge je nach ihrer Größe oder Position berücksichtigt, teilweise auch zur Erhöhung der Robustheit des Verfahrens, wobei hierbei das zusätzliche Problem auftritt, wie diese zusätzlichen Einträge in die Speichertechnik der Matrix effektiv eingebracht werden können [11, 85]. Nach den Ausführungen zur Matrix–Vektor–Multiplikation in Kap. 6.5 ist klar, dass ein Wechsel zum einfachen Koordinatenformat keine Alternative bietet, sondern gegegebenenfalls mit hybriden Speichertechniken gearbeitet werden sollte. Andere Verfahren vernachlässigen dagegen weitere Ausdrücke, um so

[10] https://computation.llnl.gov/casc/linear_solvers/sls_hypre.html

zu effektiveren parallelen Verfahren zu gelangen [98] oder arbeiten mit abgebrochenen Neumann Reihen für L^{-1} und L^{-T} oder kombinieren mehrere Vorkonditionierungsmethoden [13].

In diesem Kapitel können natürlich nicht alle verschiedenen Vorkonditionierugsmethoden, wie diagonale Skalierung, polynomiale Vorkonditionierung oder abgebrochene Neumann Reihen berücksichtigt werden, sondern hier sei auf die zahlreiche Literatur verwiesen [5, 97, 121, 146]. Allen Verfahren gemeinsam ist, dass *a priori* Vorhersagen für die Qualität bei der Verbesserung der Kondition der Iterationsmatrix und damit der Reduzierung der notwendigen Iterationszahlen und gleichzeitig über das Laufzeitverhalten des Gesamtproblems nur mit ausgeprägtem Expertenwissen oder empirischem Vorgehen möglich sind.

Aus diesem Grund soll im nächsten Kapitel eine weitere Technik untersucht werden, die zwar in seiner effektivsten Form auf den konjugierten Gradienten basiert, aber eine andere Parallelisierungsstrategie verwendet. Anstelle der in diesem Kapitel eingesetzten feingranularen Parallelisierung auf Schleifenebene, die nur bedingt zu effektiven Algorithmen führen kann, werden Gleichungssysteme grob granular massiv parallel gelöst und mit dem Verfahren der konjugierten Gradienten zu einer Klasse sehr effektiver Gleichungslöser kombiniert.

7 Grob granulare Parallelisierung mit Gebietszerlegungsmethoden

Das Glück ist das einzige, das sich verdoppelt, wenn man es teilt.

(Albert Schweitzer (1875–1965))

7.1 Einleitung

Die Gebietszerlegungsmethode (engl. *domain decomposition*) ist ein natürlicher Ansatz nach dem „Teile und Hersche“ Prinzip, um Lösungstechniken für Parallelrechner zu entwickeln. In diesen Methoden vereinen sich Ideen aus den Disziplinen Partielle Differentialgleichungen, Lineare Algebra, mathematische Analysis mit Techniken aus der Graphentheorie. Obwohl die Gebietszerlegung schon sehr lange bekannt ist, erlebte sie mit dem Aufkommen von Parallelrechnern ihre Renaissance und sie gilt als eine der vielversprechensten Techniken für gewisse Problemklassen auf modernen Parallelrechnerarchitekturen.

Das vornehmliche Problem bei der Parallelisierung traditioneller iterativer Gleichungslöser als solches liegt darin, dass diese Verfahren zur Parallelisierungen auf Schleifenebene insbesondere der Vorkonditionierung und der Matrix–Vektor–Multiplikation MVM führen. Und diese feingranulare Parallelisierung lässt, wie in Kap. 6 ausgeführt, keine effektiven massiv parallelen Programme zu. Bei den Gebietzerlegungsmethoden steht dagegen eine grob granulare Zerlegung des Berechnungsgebietes im Vordergrund, für die das konjugierte Gradientenverfahren gewissermaßen eine algorithmische Klammerung bietet. Der grob granulare Zerlegungsansatz führt aber zu Techniken, die effektiver massiv parallel einsetzbar sind.

In diesem Werk werden nach einer kurzen historischen Einführung zur sogenannten alternierenden Schwarz Methode das additive Schwarz Verfahren als grob granular parallelisierbares Verfahren in einem Message Passing Programm erarbeitet. Dieses Verfahren beruht wie die historische Methode auf einer Überlappung von Teilgebieten. Ohne Überlappung gelangen wir zu zwei verschiedenen Klassen von Lösungstechniken im Zusammenhang mit dem Schur Komplement, dessen Parallelisierung hier ausführlich erarbeitet und diskutiert wird.

Um den roten Faden nicht zu verlieren, werden hier nur Techniken für die Lösung partieller Differentialgleichungen, genauer gesagt, der Poisson–Gleichung aus Abschnitt 6.2, mit Hilfe von finiten Differenzen vorgestellt. Für tiefergehende und ausführlichere mathematische Formulierungen sei auf die zahlreiche Literatur [88, 97, 114, 121, 129, 140] verwiesen[1].

[1] s. auch http://www.ddm.org/

7.2 Die alternierende Schwarz Methode

Bereits 1869 beschäftigte sich H.A. Schwarz mit der Lösung einer partiellen Differentialgleichung auf einem Gebiet Ω, das natürlich in zwei Gebiete Ω_1 und Ω_2 mit unterschiedlichen Diskretisierungen, wie in Abb. 7.1 dargestellt, zerfällt. Im hier betrachteten Fall der Poisson–Gleichung bedeutet dies, dass das Gleichungssystem

$$\begin{cases} -\Delta u = f & \text{in}\,\Omega, \\ u = g & \text{auf}\,\Gamma \end{cases} \tag{7.1}$$

zu lösen ist. Dabei ist f in Analogie zu Kap. 6.2 eine vorgegebene Funktion und u die zu bestimmende unbekannte Funktion. Die Funktion g nimmt nur Werte auf dem Rand Γ an und ist im Fall einer homogenen Dirichlet–Randbedingung gleich Null.

Die beiden Teilgebiete in Abb. 7.1 sind überlappend dargestellt, wodurch zwei künstliche Ränder Γ_1 und Γ_2 entstehen, die jeweils das Teilgebiet Ω_1 bzw. Ω_2 umgeben. Beginnend mit Anfangswerten für den Lösungsvektor u_2, genauer gesagt von Anfangswerten auf dem inneren Rand $\Gamma_1 \cap \Omega_2$, wird eine Lösung für die partielle Differentialgleichung auf Ω_1 gesucht. Die Werte des Lösungsvektors u_1 auf $\Gamma_2 \cap \Omega_1$ sind im nächsten Halbschritt des Verfahrens die künstlichen Randwerte zur Lösung der partiellen Differentialgleichung auf Ω_2 und so weiter, bis sich beispielsweise die Lösungsvektoren u_1 und u_2 nicht mehr entscheidend verändern.

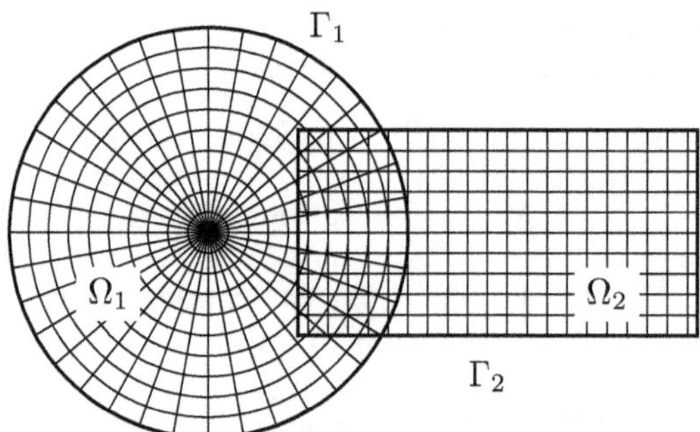

Abbildung 7.1: *Dargestellt sind zwei überlappende Teilgebiete mit unterschiedlichen Disktretisierungen. Das kreisförmige Gebiet Ω_1 wird mit Radialkoordinaten und das Gebiet Ω_2 mit kartesischen Koordinaten beschrieben.*

Sind A_i die Systemmatrizen und f_i die Funktionswerte auf den Teilgebieten, so gelangt man für homogene Dirichlet–Randbedingungen ($g = 0$) zu einer Iterationsvorschrift für den Iterationsschritt m:

$$\begin{array}{lrll} \text{Erster Halbschritt:} & A_1 u_1^m & = f_1 & \text{auf}\,\Omega_1 \\ & u_1^m & = u_2^{m-1} & \text{auf}\,\Gamma_1 \\ \text{Zweiter Halbschritt:} & A_2 u_2^m & = f_2 & \text{auf}\,\Omega_2 \\ & u_2^m & = u_1^m & \text{auf}\,\Gamma_2 \end{array} . \tag{7.2}$$

Dabei wird der Einfachheit halber von einer etwaigen Interpolation der Vektoren u_i auf die künstlichen Randwerte $\Gamma_j \cap \Omega_i$ abgesehen. Die Lösung von (7.2), mit alternierenden Berechnungen für die u_i, gibt dem Verfahren den Namen. Es wird in Gedenken an seine Erstformulierung *alternierende Schwarz Methode* genannt.

Da die u_i nacheinander berechnet werden müssen, birgt es für zwei Gebiete keine inhärente Parallelität. Bei mehreren Gebieten und dem Einsatz von Färbetechniken gelangt man jedoch zu einem parallelen Verfahren, bei dem nicht überlappende Gebiete einer Farbe parallel berechnet werden können, im Anschluss nicht überlappende Gebiete einer anderen Farbe usw.. Die Gleichungen (7.2) können aber auch als Vorkonditionierungsmethode für ein CG–Verfahren eingesetzt werden, wobei die Iterationstiefe m in (7.2) über die Qualität des Verfahrens entscheidet [129].

Da in Verfahren (7.2) u aus zwei verschiedenen Iterationsschritten, m und $m-1$, gebildet wird, wird diese Technik auch als Block–Gauß–Seidel Verfahren, bei dem ja auch u^m aus u^m und u^{m-1} gebildet wird (vgl. Abschnitt 6.3), bezeichnet. Beim Einsatz als Vorkonditionierungsmethode für das CG–Verfahren wird daneben noch die Block–Jacobi Variante benutzt, bei der anstelle von zwei Halbschritten der nächste Iterationsvektor u^m direkt aus u^{m-1} in einem Schritt berechnet wird. Da dies für die Teilgebiete unabhängig erfolgen kann, gelangen wir so zu einem parallelen Vorkonditionierer.

7.3 Additives und Multiplikatives Schwarz Verfahren

Die hier formulierte alternierende Schwarz Methode kann natürlich nicht nur bei Gebieten mit unterschiedlichen Diskretisierungsgittern eingesetzt werden, sondern ist unabhängig von dem zugrunde liegenden Gitter. In Abb. 7.2 sind zwei rechteckige Gebiete skizziert, die beide in kartesischen Koordinaten behandelt werden. Mit der darin vorgeschlagenen Nummerierung ergibt sich folgende Systemmatrix für die Lösung des Problems (7.1):

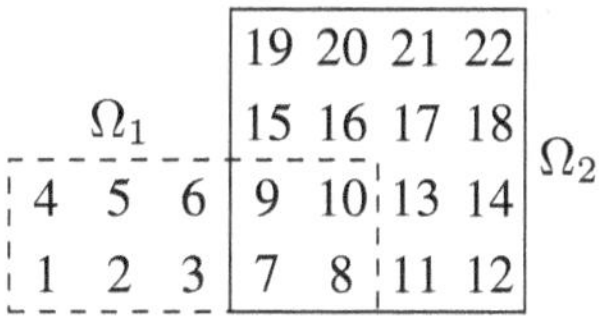

			19	20	21	22	
	Ω_1		15	16	17	18	Ω_2
4	5	6	9	10	13	14	
1	2	3	7	8	11	12	

Abbildung 7.2: *Das Gesamtgebiet Ω wird in zwei überlappende Gebiete Ω_1 und Ω_2 mit identischen Diskretisierungen unterteilt und die Gitterpunkte werden für die einzelnen Teilgebiete lexikographisch nummeriert.*

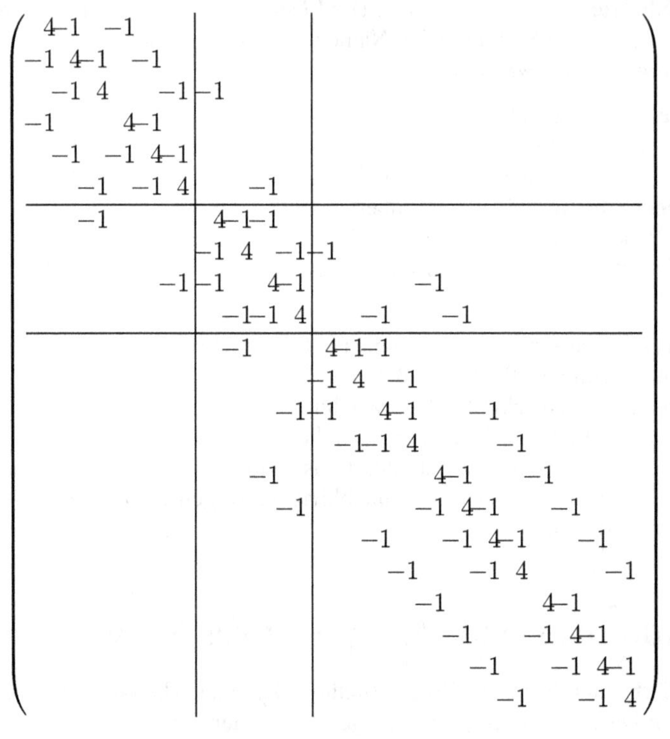

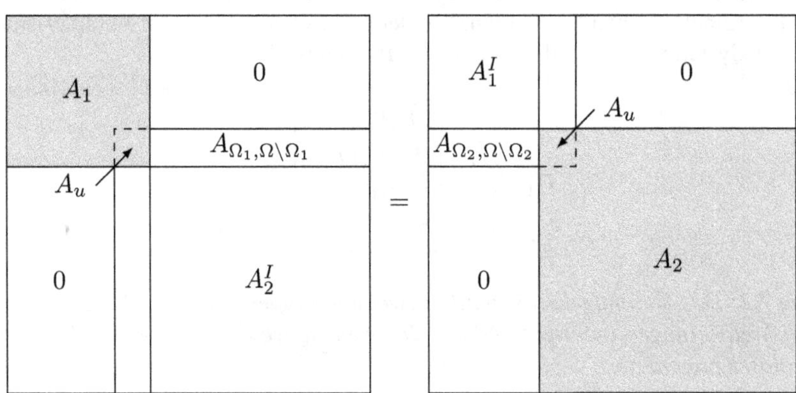

Abbildung 7.3: *Aufteilung der Matrix A in Blöcke. Die Blöcke $A_{\Omega_1,\Omega\setminus\Omega_1}$ und $A_{\Omega_2,\Omega\setminus\Omega_2}$ umfassen zwar den Bereich mit den 0-Matrizen, aber nur die markierten Bereiche enthalten einige Kopplungselemente zwischen den Punkten im Überlappungsbereich und den angrenzenden Gebieten. Entsprechendes gilt für die transponierten Matrizen $A_{\Omega\setminus\Omega_1,\Omega_1}$ und $A_{\Omega\setminus\Omega_2,\Omega_2}$.Die Matrizen A_i^I beschreiben nur innere Punkte der Teilgebiete. Die gestrichelt umrahmte Matrix A_u enthält nur Punkte im Überlappungsgebiet, d.h. von $\Omega_1 \cap \Omega_2$.*

Die Ränder der Gebiete führen zur angedeuteten Aufteilung der Matrix in drei Diagonalblöcke für $\Omega\backslash\Omega_2$, $\Omega_1 \cap \Omega_2$ und $\Omega\backslash\Omega_1$ und die dazugehörigen Kopplungsmatrizen:

$$A = \begin{pmatrix} A_1 & A_{\Omega_1,\Omega\backslash\Omega_1} \\ A_{\Omega\backslash\Omega_1,\Omega_1} & A_{\Omega\backslash\Omega_1} \end{pmatrix} = \begin{pmatrix} A_{\Omega\backslash\Omega_2} & A_{\Omega\backslash\Omega_2,\Omega_2} \\ A_{\Omega_2,\Omega\backslash\Omega_2} & A_2 \end{pmatrix}$$

mit einer entsprechenden Aufteilung für den Vektor u:

$$u = \begin{pmatrix} u_1 \\ u_{\Omega\backslash\Omega_1} \end{pmatrix} = \begin{pmatrix} u(1:10) \\ u(11:22) \end{pmatrix} = \begin{pmatrix} u_{\Omega\backslash\Omega_2} \\ u_2 \end{pmatrix} = \begin{pmatrix} u(1:6) \\ u(7:22) \end{pmatrix} = \begin{pmatrix} u_{\Omega\backslash\Omega_2} \\ u_{\Omega_1\cap\Omega_2} \\ u_{\Omega\backslash\Omega_1} \end{pmatrix}.$$

Diese Gleichungen sollen zum Ausdruck bringen, dass sich bei der Gebietszerlegung mit Überlappung u nicht aus u_1 und u_2 zusammensetzt, sondern dass die Teilvektoren u_1 und u_2 ein gemeinsames Teilstück enthalten, das genau den Punkten $(7:10)$ (in Abb. 7.2 im Überlappungsbereich $\Omega_1 \cap \Omega_2$ entspricht. Für die Matrix A sind die beiden unterschiedlichen Aufteilungen in Blöcke in Abb. 7.3 nochmals anschaulich dargestellt. Hier ist deutlich zu erkennen, dass der durch die Matrix A_u beschriebene Überlappungsbereich sowohl zu A_1 als auch zu A_2 gehört.

7.3.1 Parallelisierung mit Färbetechniken

Mit diesen Aufteilungen lässt sich ein Iterationsverfahren wie in (7.2) formulieren:

$$\begin{array}{lrl} \text{Erster Halbschritt:} & A_1 u(1:10)^m & = f(1:10) - A_{\Omega_1,\Omega\backslash\Omega_1} u(11:22)^{m-1} \\ \text{Zweiter Halbschritt:} & A_2 u(7:22)^m & = f(7:22) - A_{\Omega_2,\Omega\backslash\Omega_2} u(1:6)^m . \end{array}$$

Wie zu erkennen ist, hängt der zweite Halbschritt rekursiv vom ersten Halbschritt ab, da $u(1:6)^m$ im zweiten Schritt benötigt wird. Folglich ist eine direkte Parallelisierung dieses sog. *multiplikativen Schwarz Verfahrens* [31], nicht möglich. Allerdings können bei mehreren Gebieten mit Hilfe des Färbeverfahrens voneinander unabhängige Teilgebiete identifiziert werden, für die die Teilschritte unabhängig voneinander parallel gelöst werden können.

7.3.2 Additives Schwarz Verfahren zur parallelen Vorkonditionierung

Auch hier kann der zweite Halbschritt vom ersten entkoppelt werden. Das sich so ergebende *additive Schwarz Verfahren*

$$\begin{array}{lrl} \text{Erster Halbschritt:} & A_1 u_1(1:10)^m & = f(1:10) - A_{\Omega_1,\Omega\backslash\Omega_1} u(11:22)^{m-1} \\ \text{Zweiter Halbschritt:} & A_2 u_2(7:22)^m & = f(7:22) - A_{\Omega_2,\Omega\backslash\Omega_2} u(1:6)^{m-1} \\ \text{Abgleich Überlappung:} & u(7:10) & = u_1(7:10) + u_2(7:10) \end{array} \tag{7.3}$$

konvergiert zwar schlechter als das multiplikative Schwarz Verfahren, verzichtet aber durch diese Näherung auf die rekursive Abhängigkeit zwischen den Teilschritten und ist daher ideal parallelisierbar, denn die Teilschritte können für jedes Teilgebiet unabhängig voneinander berechnet werden. Die Größe der Überlappung der Teilgebiete entscheidet dabei maßgeblich über die Konvergenz des Verfahrens [31], da dieser Bereich für eine Kopplung zwischen den Teilgebieten sorgt, die maßgeblich für den Informationsaustausch zwischen den Teilgebieten verantwortlich ist (vgl. Abschnitt 7.5).

Meist wird (7.3) aber nicht als solches für das Problem $Au = f$ gelöst, sondern als Näherungslösung für die Lösung der Vorkonditionierungsgleichung $Mz = r$ im CG–Verfahren verwendet. Für diesen Fall sind in Tab. 7.1 die Schritte für die Methode der konjugierten Gradienten nach Chronopoulos und Gear [26] (vgl. Alg. 6.5) als paralleles Verfahren mit zwei Teilgebieten aufgeführt:

Tabelle 7.1: *Iterationsschema für die parallele Ausführung eines konjugierten Gradientenverfahrens nach Alg. 6.5 für zwei Teilgebiete. Das additive Schwarz Verfahren wird als Vorkonditionierer benutzt, wobei die Inverse der Teilmatrizen A_1 und A_2 durch ILU(0) approximiert werden. Der Index u kennzeichnet Operationen auf dem Überlappungsbereich der beiden Teilgebiete. Die Punkte deuten Abhängigkeiten bzw. Datenaustausch zwischen parallelen Tasks an.*

	0	ILU0(A_1)	ILU0(A_2)
		Iterationsbeginn	
	1	Berechne p_1, x_1, s_1, r_1	Berechne p_2, x_2, s_2, r_2
•	2	$h_2 = A_{\Omega_2,\Omega\setminus\Omega_2} z_1$	$h_1 = A_{\Omega_1,\Omega\setminus\Omega_1} z_2$
	3	$r_{1u} = r_{1u} - h_1$	$r_{2u} = r_{2u} - h_2$
	4	Löse_ILU($A_1 z_1 = r_1$)	Löse_ILU($A_2 z_2 = r_2$)
•	5	$z_u = z_{1u} + z_{2u}$	
	6	$q_1 = A_1 z_1$	$q_2 = A_2 z_2$
•	7	$q_u = q_{1u} + q_{2u} - A_u z_u$	
•	8	Skalarprodukte $< r, z >, < q, z >$	

In den beiden Halbschritten (7.3) muss zur Vorkonditionierung jeweils ein Gleichungssystem für die beiden Teilgebiete gelöst werden. Dazu wird hier eine ILU(0) Zerlegung der Matrizen (s. Abschnitt 6.6.3) formuliert, die für beide Teilgebiete parallel vor den Iterationsschritten für das CG–Verfahren, gewissermaßen als Schritt 0, erfolgen kann. Damit diese beiden Zerlegungen vollständig unabhängig durchgeführt werden können, müssen Teile der Matrizen repliziert werden, da der Speicherplatz für die Matrizen A_1 und A_2, wie auch für alle Vektoren, für beide Teilbereiche getrennt allokiert wird. Diese Duplizierung der Speicheranforderungen gilt für den Überlappungsbereich und somit für A_u (vgl. Abb. 7.2) und entsprechend für die Vektoren. Dieser Bereich ist normalerweise eine Größenordnung kleiner als das Innere der Gebiete und somit kein Hinderungsgrund für diese Wahl im Programmdesign; vgl. auch die Diskussion in Abschnitt 5.4.3. Dadurch vergrößert sich zwar der benötigte Speicherplatz, die Zugriffe auf diese einzelnen Bereiche können bei dieser Vorgehensweise aber entkoppelt werden und die Granularität des Programms wird gröber. Ferner gelangen wir auf diese Weise auch zu einem Programmentwurf, der direkt für ein paralleles Programm für einen Rechner mit verteiltem Speicher und Message Passing zwischen den Prozessoren übernommen werden kann. Als weiteren Pluspunkt erlaubt uns diese Vorgehensweise die Wahl unterschiedlicher Speichertechniken für die einzelnen Teilmatrizen für den Fall, dass diese unterschiedliche Besetzungsmuster besitzen.

Nach den Änderungen der Vektoren p, x, s und r in (1) in Tab. 7.1 muss für die beiden Halbschritte die rechte Seite der Vorkonditionierungsgleichung $Mz = r$ entsprechend (7.3) noch um die Ausdrücke $A_{\Omega_1,\Omega\backslash\Omega_1}u(11:22)^{m-1}$ und $A_{\Omega_2,\Omega\backslash\Omega_2}u(1:6)^{m-1}$ korrigiert werden. Dabei kann berücksichtigt werden, dass $A_{\Omega_1,\Omega\backslash\Omega_1}$ ein Teil von A_2 und $A_{\Omega_2,\Omega\backslash\Omega_2}$ ein Teil von A_1 ist. Somit können diese beiden Multiplikationen, wie in Tab. 7.1 (2) dargestellt, in den jeweiligen Tasks ausgeführt werden, die A_1 bzw. A_2 beherbergen. Nur die Ergebnisvektoren h_1 und h_2, Vektoren der Länge der Punkte im Überlappungsbereich, d.h., die Punkte $7:10$ im Beispiel in Abb. 7.2, müssen zwischen den parallelen Tasks ausgetauscht werden. Dieser Datenaustausch ist in Tab. 7.1 durch einen Punkt angedeutet. Die Korrektur der rechten Seite r bezieht sich nur auf den Überlappungsbereich, was in Tab. 7.1 (3) durch den Index u angedeutet ist.

Nach dieser Korrektur kann das Vorkonditionierungsproblem (4) gelöst werden. Dieser Schritt erfolgt für die Teilgebiete vollständig unabhängig und damit mit idealer Parallelität. Der abschließende Abgleich des Lösungsvektors z für den Überlappungsbereich (vgl. (7.3)) kann nur konzertiert erfolgen, erzeugt also, im Sinne von Kap. 5.4, eine globale Abhängigkeit, die sich bei mehreren Gebieten auf eine lokale Abhängigkeit zwischen benachbarten Teilgebieten zurückführen lässt. Auch dieser Abgleich muss nur für die kleine Anzahl von Punkten im Überlappungsbereich erfolgen.

Die sich anschließende Matrix-Vektor-Multiplikation (6) lässt sich wiederum für die Teilgebiete unabhängig formulieren und daher mit grober Granularität ideal parallel ausführen. Allerdings wird hierbei das Produkt q für die Punkte im Überlappungsbereich nicht korrekt gebildet und muss daher im Folgeschritt korrigiert werden. Dabei gilt

$$q_{1u} = (A_1 z_1)_u = (A_{\Omega_2,\Omega\backslash\Omega_2} + A_u) z_1$$

und

$$q_{2u} = (A_2 z_2)_u = (A_u + A_{\Omega_1,\Omega\backslash\Omega_1}) z_2 \,.$$

Daher müssen diese beiden Teilergebnisse addiert werden und die doppelt berücksichtigten Einträge für das Produkt der Überlappungsmatrix A_u mit z_u vom Ergebnis abgezogen werden:

$$q_u = q_{1u} + q_{2u} - A_u z_u \,.$$

Auch diese Operation erzeugt im Sinne von Kap. 5.4 eine lokale Abhängigkeit zwischen benachbarten Teilgebieten und erfordern eine konzertierte Aktion der beiden entsprechenden Tasks.

Als abschließender Schritt der Iteration für das konjugierte Gradienten Verfahren sind die beiden Skalarprodukte $< r, z >$ und $< q, z >$ in (8) zu bilden. Dies verursacht eine globale Abhängigkeit zwischen allen beteiligten Tasks, die nicht aufgelöst werden kann.

Das Verfahren kann dadurch leicht modifiziert werden, dass die Schritte (2) bis (5) in Tab. 7.1 m-fach iterativ ausgeführt werden. Dadurch erhöht sich die Genauigkeit in der Vorkonditionierung.

7.3.3 CG–Verfahren als MPI Programm

Damit gelangen wir zu einer neuen Variante von Alg. 6.5, die diesmal für einen Parallelrechner mit verteiltem Speicher und Message Passing Programmierung formuliert ist:

ALGORITHMUS 7.9 : Additives Schwarz Verfahren zur Vorkonditionierung

```
/* MPI Programm: */
 ILU0(A);   /* Eine Task pro Teilgebiet */
 init_CG(); /* weitere Initialisierungen */
 for(;;) {
  for(i=0;i<NL;i++) { /* NL: Größe pro Teilgebiet */
   p[i]=z[i]+beta*p[i];
   x[i]+=alpha*p[i];
   s[i]=q[i]+beta*s[i];
   r[i]-=alpha*s[i];
  }
  Konvergenztest();
  for(j=0;j<m;j++) { /* Schleife für Additives Schwarz Verf. */
   MPI_Irecv(hr,NU,MPI_DOUBLE,nachbar,tagr,MPI_COMM_N,
             &requestr);
   MPI_Wait(&request,&status); /* Isend von h */
   Mmul1(NL,NU,h,Ak,z); /* NU: Größe des Überlappungsgebiets */
   MPI_Isend(h,NU,MPI_DOUBLE,nachbar,tag,MPI_COMM_N,&request);
   MPI_Wait(&requestr,&status); /* Irecv von hr */
   for(i=0;i<NU;i++) r[NUA+i]-=hr[i];
   Vorkond(NL,A,z,r);
   MPI_Allreduce(MPI_IN_PLACE,&z[NUA],NU,MPI_DOUBLE,MPI_SUM,
                 MPI_COMM_N);
  }
  Mmul2(NL,q,A,z);
  Mmul3(NU,qu,Au,&z[NUA]);
  for(i=0;i<NU;i++) q[NUA+i]-=0.5*qu;
  MPI_Allreduce(MPI_IN_PLACE,&q[NUA],NU,MPI_DOUBLE,MPI_SUM,
                MPI_COMM_N);
  skal[0]=rho=skal[1]=mu=0.;
  for(i=0;i<NL;i++){
   skal[0]+=r[i]*z[i];
   skal[1]+=q[i]*z[i];
  }
  MPI_Allreduce(MPI_IN_PLACE,&skal,2,MPI_DOUBLE,MPI_SUM,
                MPI_COMM_WORLD);
  beta=rho/beta;
  alpha=(rho*alpha)/(mu*alpha-rho*beta);
 }
```

Dabei sind:

- `NL`: Anzahl der Punkte pro Teilgebiet.
- `NU`: Anzahl der Punkte im Überlappungsgebiet.

- `NUA`: Anfangsindex für das Überlappungsgebiet, d.h. `7` für Task 1 und `1` für Task 2 im Beispiel in Abb. 7.2.
- `nachbar`: Identifikationsnummer (*rank*) der Task, mit der Überlappung besteht.
- `A`, `Ak` und `Au`: Vollständige Systemmatrix für das Teilgebiet, Matrix mit den Kopplungselementen und Matrix für das Überlappungsgebiet.

Zum Datenaustausch werden drei Kommunikationsfunktionen verwendet: `MPI_Isend` und `MPI_Irecv` zum Austausch des Hilfsvektors `h` aus (2) in Tab. 7.1 und `MPI_All_reduce` zur Summenbildungen in den Schritten (5) und (7) und zur Skalarproduktbildung (8). Letzteres ist eine globale Summe, die über alle Teilgebiete gebildet werden muss, weswegen der `communicator MPI_COMM_WORLD` benutzt wird. Dabei haben wir noch den kleinen Trick benutzt, `&rho=&skal[0]` und `&mu=&skal[1]` zu setzen, damit beide Skalarprodukte in einem einzigen Aufruf der `MPI_All_reduce` Funktion gebildet werden können, wodurch i.W. eine Netzwerklatenzzeit eingespart werden kann. In den anderen Fällen kann die globale Abhängigkeit auf eine lokale Abhängigkeit zwischen Nachbartasks zurückgeführt werden, weswegen dort der `communicator MPI_COMM_N` benutzt wird, der jeweils Paare umfasst. Für die paarweise Kommunikation werden die nicht blockierenden Varianten eingesetzt, um Wartezeiten mit Operationen überlappen zu können. Die beiden Aufrufe von `MPI_Wait` beziehen sich jeweils auf die nicht direkt davor stehende MPI–Funktion. Im Falle einer Parallelisierung mit OpenMP entfällt diese paarweise Kommunikation und die Summenbildungen (5) und (7) können z.B. mit paarweisen Locks programmiert werden. Die Skalarproduktbildung kann in diesem Fall, wie schon in Abschnitt 6.4 ausgeführt, mit Hilfe einer `reduction` Option für beide Skalarprodukte gleichzetig erfolgen.

Bei der Ausführung der unterschiedlichen Matrix–Vektor–Multiplikationen kann und muss auf die spezielle Struktur der Matrix Rücksicht genommen werden. So kann Matrix `Ak`, dies entspricht $A_{\Omega_i,\Omega\setminus\Omega_i}$ aufgrund ihrer dünnen Besetztheit und der wenigen Elemente darin in der komprimierten Zeilenspeicherung angelegt werden und entsprechend enthält `Mmul1` eine dazu passende `MVM` (vgl. Abschnitt 6.5.2). Dagegen sind A_u und A_i^I, die Matrix für das Gebiet $\Omega\setminus\Omega_j$ mit $i \neq j$, in unserem Beispiel Pentadiagonalmatrizen, die am günstigsten in der schiefen Diagonalspeicherung aus Abschnitt 6.5.7 gespeichert werden.

Bei der Aufwandsabschätzung für diesen Algorithmus ergeben sich etwa 32·`NL` und 16·`NU` Operationen, wobei im Allgemeinen die Zahl der Punkte in den Teilgebieten `NL` die Zahl der Punkte im Überlappungsbereich `NU` um ein Vielfaches übersteigen wird. Die Vorkonditionierung nimmt pro Iteration in der `j`–Schleife etwa ein Drittel aller Operationen ein, so dass abzuweägen bleibt, inwieweit sich mehrere Iterationen der `j`–Schleife lohnen. Der Kommunikationsaufwand ist verhältnismäßig gering und lässt sich durch $4t_S$ abschätzen, d.h. die Bandbreite des Netzes ist von nachgeordeneter Bedeutung, aber die Startzeit für die Kommunikation, d.h. die Latenzzeit t_S, spielt eine gewisse Rolle (vgl. Abschnitt 2.8 und (2.9) darin).

Im hier diskutierten Beispiel hängt die Arbeit pro Teilgebiet nur von `NL` und `NU` ab, so dass eine gleichmäßige Aufteilung der Gitterpunkte auf die einzelnen Tasks zu einer Ausbalanzierung der Laufzeiten der einzelnen Prozessoren führt. Die Verfahren zur gleichmäßigen Gebietsaufteilung sind in Abschnitt 5.4.4 diskutiert und aufgeführt. Neben der gleichmäßigen Verteilung der Gitterpunkte spielen die Kantenlängen zwischen den Gebieten und dem Überlappungsbereich eine Rolle. Bei optimaler Gebietsaufteilung kann dieses Verfahren bis zu hohen Prozessorzahlen nahezu idealen Speedup liefern [19].

Die Größe des Überlappungsbereichs entscheidet über die Konvergenz und die Qualität der Vorkonditionierungsiteration. Gleichzeitig wächst die Zahl der Operationen und der benötigte Speicherplatz mit der Überlappung, so dass hier empirische Mittelwerte gefragt sind, um diese beiden Faktoren gegeneinander abzuwägen. Eine Verbesserung zu dem hier vorgeschlagenen Algorithmus bietet das sogenannte *restrictive additive Schwarz* Verfahren [19, 42] (RAS), bei dem die Näherungslösung von (7.3) abgeschwächt wird und in den beiden Teilschritten anstelle für $A_1u_1(1:10)$ und $A_2u_2(7:22)$ das Gleichungssystem nur für $A_1u_1(1:8)$ und $A_2u_2(9:22)$ gelöst wird, d.h. der Überlappungsbereich wird separiert, weswegen auch der dritte Schritt, der Abgleich in der Überlappung, ausbleiben kann. Dieses Verfahren kommt ohne (5) in Tab. 7.1 aus, wodurch die Abhängigkeit der parallelen Tasks weiter verringert wird. Daneben fallen auch in (4) einige Operationen weniger an. Trotz dieser Vereinfachung besitzt RAS ein besseres Konvergenzverhalten als das ursprüngliche additive Schwarz Verfahren [42]. Da auch die Abhängigkeiten reduziert werden und damit die Kommunikationen verringert werden, besitzt RAS auch kürzere Laufzeiten und ein größeres Parallelisierungspotential als die Ausgangsmethode. Deswegen wird RAS z.B. in der Voreinstellung als Vorkonditionierungstechnik im Softwareprodukt PETSc[2] eingesetzt.

7.4 Gebietszerlegung ohne Überlappung

Bei der historischen alternierenden Schwarz Methode für Teilgebiete mit unterschiedlichen Diskretisierungen war die Überlappung notwendig, um das Gesamtgebiet geschlossen beschreiben zu können. Wir haben diesen Gedanken in Abschnitt 7.3 auf Gebiete mit einheitlicher Diskretisierung übertragen und auf diese Weise mit dem additiven und dem multiplikativen Schwarz Verfahren zwei effektiv paralleliserbare Techniken für die Vorkonditionierung gefunden. Wir wollen nun noch einen Schritt weiter gehen und auf die Überlappung verzichten und auf diese Weise zwei weitere effektive Techniken vorstellen und auf ihre Parallelisierbarkeit untersuchen. Diese Art der Gebietszerlegung wird auch als *algebraische* Gebietszerlegung [97] und *substructuring* [129, 140] bezeichnet. Wir behalten den roten Faden bei und untersuchen diese Verfahrensklasse am Beispiel der Poisson–Gleichung.

Ausgangspunkt für diese Verfahren ist Abb. 7.4. Bei der Behandlung von partiellen Differentialgleichungen mit der Methode der finiten Differenzen ergeben sich für die dargestellten zwei Teilgebiete, die durch eine Grenzlinie voneinander getrennt sind, ganz natürlich drei verschiedene Typen von Differenzensternen:

- Typ 1: Alle Punkte des Differenzensterns liegen innerhalb eines Teilgebiets.
- Typ 2: Das Zentrum des Differenzensterns liegt in einem Teilgebiet und einige der anderen Punkte liegen auf der Grenzlinie.
- Typ 3: Das Zentrum des Differenzensterns liegt auf der Grenzlinie.

Die lexikographische Nummerierung dieser drei Typen von Punkten wie in Abb. 7.5 führt uns, für ein zwei dimensionales Gebiet mit 3 Punkten in x-Richtung und 7 Punkten in y-Richtung,

---

[2] http://www.mcs.anl.gov/petsc/petsc-as

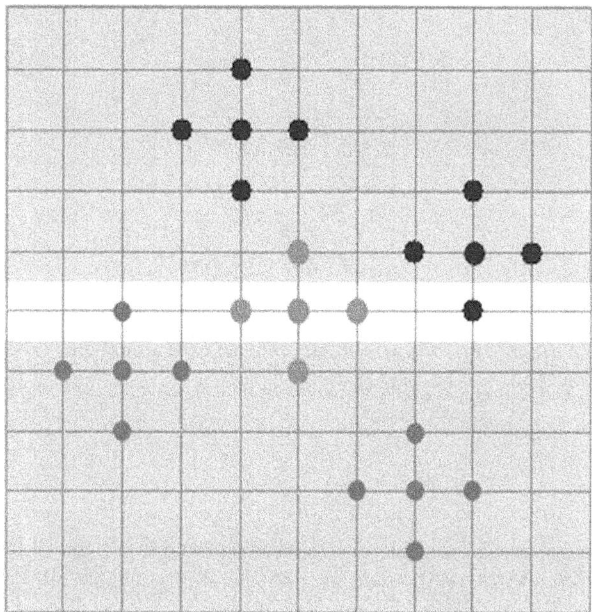

Abbildung 7.4: *Gebiet mit zwei Teilgebieten, die durch eine Grenzlinie voneinander getrennt sind.*

zu folgender Matrix:

$$
\left(\begin{array}{ccccccccc|ccccccccc|ccc}
4&-1&&-1&&&&& & &&&&&&&& & && \\
-1&4&-1&&-1&&&& & &&&&&&&& & && \\
&-1&4&&&-1&&& & &&&&&&&& & && \\
-1&&&4&-1&&-1&& & &&&&&&&& & && \\
&-1&&-1&4&-1&&-1& & &&&&&&&& & && \\
&&-1&&-1&4&&&-1 & &&&&&&&& & && \\
&&&-1&&&4&-1& & &&&&&&&& & -1&& \\
&&&&-1&&-1&4&-1 & &&&&&&&& & &-1& \\
&&&&&-1&&-1&4 & &&&&&&&& & &&-1 \\
\hline
&&&&&&&& & 4&-1&&-1&&&&& & && \\
&&&&&&&& & -1&4&-1&&-1&&&& & && \\
&&&&&&&& & &-1&4&&&-1&&& & && \\
&&&&&&&& & -1&&&4&-1&&-1&& & && \\
&&&&&&&& & &-1&&-1&4&-1&&-1& & && \\
&&&&&&&& & &&-1&&-1&4&&&-1 & && \\
&&&&&&&& & &&&-1&&&4&-1& & -1&& \\
&&&&&&&& & &&&&-1&&-1&4&-1 & &-1& \\
&&&&&&&& & &&&&&-1&&-1&4 & &&-1 \\
\hline
&&&&&&-1&& & &&&&&&-1&& & 4&-1& \\
&&&&&&&-1& & &&&&&&&-1& & -1&4&-1 \\
&&&&&&&&-1 & &&&&&&&&-1 & &-1&4
\end{array}\right)
$$

	13	14	15	
Ω_2	10	11	12	
	16	17	18	
	19	20	21	Grenzlinie
	7	8	9	
Ω_1	4	5	6	
	1	2	3	

Abbildung 7.5: *Lexikographische Nummerierung für zwei Teilgebiete mit Grenzlinie. Dabei werden pro Teilgebiet zuerst die Punkte vom Typ 1 und dann die Punkte vom Typ 2 nummeriert und zuletzt die Punkte vom Typ 3 in der Grenzlinie.*

Wenn wir die Teilmatrizen für die Teilgebiete entsprechend mit 1 und 2 indizieren und G als Index für die Grenzlinie benutzen, können wir das Gleichungssystem $Au = f$ wie folgt schreiben:

$$\begin{pmatrix} A_1 & 0 & B_1^T \\ 0 & A_2 & B_2^T \\ B_1 & B_2 & A_G \end{pmatrix} \begin{pmatrix} u_1 \\ u_2 \\ u_G \end{pmatrix} = \begin{pmatrix} f_1 \\ f_2 \\ f_G \end{pmatrix} \tag{7.4}$$

Die Matrix entspricht dabei im Wesentlichen der Matrix in Abb. 6.7, die aus einer Diskretisierung in Blöcken hervorgeht, was, bis auf Feinheiten bei der Nummerierung, genau dem Prinzip der Gebietszerlegung entspricht. Nur dass wir in Abschnitt 6.5.3 diese Aufteilung der Matrix für die Beschleunigung der MVM gewählt haben. Hier wird dieses Schema für eine vollständig neue Verfahrensklasse eingesetzt.

Die Systemmatrix A besitzt Blockdiagonalgestalt in der linken oberen Ecke. Diese Struktur bleibt auch erhalten, wenn mehr als zwei Teilgebiete vorliegen. Alle Kopplungselemente finden sich (symmetrisch) links unten und rechts oben in den B Matrizen. Die Matrix für die Grenzlinie A_G ist für unser Beispiel eine Tridiagonalmatrix. Dies ändert sich bei allgemeineren Grenzlinien und mehr als zwei Teilgebieten. Nur der Block A_G besitzt Außerdiagonalblöcke.

Die B–Matrizen sind im Allgemeinen dünn besetzte Matrizen, die in komprimierter Zeilenspeicherung organisiert werden können, in unserem Fall, einer einfachen Grenzlinie, ist sogar eine Diagonalspeicherung möglich. Da die Zahl der Punkte in den Teilgebieten normalerweise die Zahl der Punkte in der Grenzlinie um eine Größenordnung übersteigt, sind die Matrizen A_i sehr viel größer als die Matrix A_G. Die Struktur von (7.4) lässt bereits erkennen, dass alle Teilgebiete A_i voneinander unabhängig behandelt werden können und nur die B-Matrizen und A_G einer Sonderbehandlung bedürfen. Hierbei können zwei verschiedene Techniken eingesetzt werden, die im Folgenden erläutert werden.

7.4.1 Das Schur Komplement

Die Matrixschreibweise (7.4) führt uns zu folgenden Gleichungssystemen:

$$A_i u_i + B_i^T u_G = f_i \tag{7.5}$$

$$\sum_i B_i u_i + A_G u_G = f_G \,. \tag{7.6}$$

Falls u_G bekannt ist, können die Vektoren für die Teilgebiete u_i aus $u_i = A_i^{-1}(f_i - B_i^T u_G)$ direkt berechnet werden. Wenn wir diese Gleichung in (7.6) einsetzen, gelangen wir zu

$$\sum_i B_i A_i^{-1} f_i - \sum_i B_i A_i^{-1} B_i^T u_G + A_G u_G = f_G \,,$$

bzw. zu

$$(A_G - \sum_i B_i A_i^{-1} B_i^T) u_G = f_G - \sum_i B_i A_i^{-1} f_i$$

$$S u_G = \hat{f_G} \qquad \text{mit} \tag{7.7}$$

$$S = A_G - \sum_i B_i A_i^{-1} B_i^T \,. \tag{7.8}$$

Die S Matrix in Gl. (7.8) wird Schur Komplement von A_G in A genannt [97]. Die Gleichung $S u_G = \hat{f_G}$ beschreibt ein klein-dimensionales Problem, dessen Dimension der Zahl der Punkte in der Grenzlinie entspricht, die i.A. eine Größenordnung kleiner ist als die Dimension der Teilgebiete. Haben wir dieses Problem gelöst, können wir die u_i einfach unabhängig voneinander parallel lösen. Allerdings verschleiert diese einfache Schreibweise das Problem, dass im Allgemeinen die Matrix S als solches nicht gebildet werden kann, da dazu die Inversen der Matrizen für die Teilgebiete A_i bekannt sein müssten. Deren Bildung wäre viel zu aufwändig, um noch akzeptable Laufzeiten für die Lösung des Gesamtproblems zu erhalten.

7.4.2 Parallelisierte Multiplikation des Schur Komplements mit einem Vektor

Werden die Matrizen A_i wie in Abschnitt 5.3 in $L_i R_i = A_i$ faktorisiert, wobei diese Faktorisierungen für alle Teilgebiete voneinander unabhängig parallel durchgeführt werden können, können wir mit dieser Information einen Lösungsansatz für $S u_G = \hat{f_G}$ finden. Die zugrunde liegende Idee dabei ist, die Methode der konjugierten Gradienten für die Lösung dieser Gleichung einzusetzen, was dadurch begünstigt wird, dass S im Allgemeinen gut konditioniert ist, so dass auf eine weitergehende Vorkonditionierung verzichtet werden kann [97].

Beim CG–Verfahren wird die Systemmatrix nur für die Multiplikation mit einem Vektor benötigt. Wenn S mit dem Vektor p_G multipliziert wird, können wir die einzelnen Summanden in S getrennt behandeln:

$$\begin{aligned} S p_G &= A_G p_G \\ &- B_1 A_1^{-1} B_1^T p_G \\ &- \sum_{i>1} B_i A_i^{-1} B_i^T p_G \,. \end{aligned}$$

Bei der Produktbildung $B_1 A_1^{-1} B_1^T p_G = q_G$, dabei ist q_G die Unbekannte in der Gleichung,

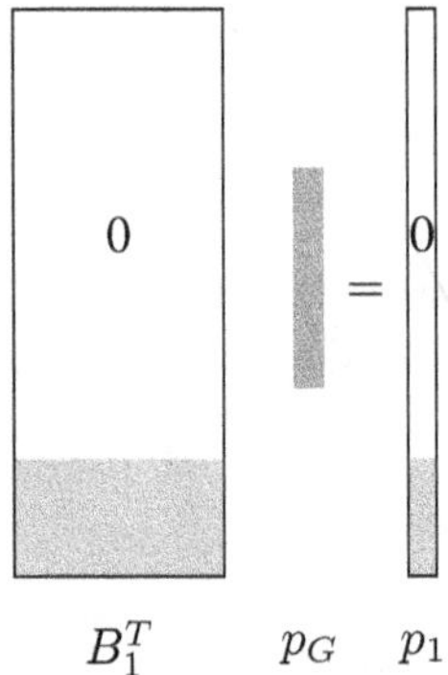

Abbildung 7.6: *Erster Teilschritt für die Produktbildung $B_1 A_1^{-1} B_1^T p_G = q_G$. Bei der Prolongation von p_G entsteht ein Vektor p_1, der nur für die Punkte ungleich Null ist, die direkt an der Grenzlinie liegen.*

können wir $B_1^{-1} q_G = w_1$ substituieren und erhalten

$$A_1^{-1} B_1^T p_G = B_1^{-1} q_G = w_1 ,$$

bzw., da wir voraussetzen, dass wir die Faktorisierung $A_i = L_i R_i$ kennen, dass

$$B_1^T p_G = A_1 w_1 = L_1 R_1 w_1 .$$

Mit diesen Informationen kann das Teilprodukt $B_1 A_1^{-1} B_1^T p_G = q_G$ in folgenden Schritten gewonnen werden:

1. Bilde $p_1 = B_1^T p_G$ (vgl. Abb. 7.6).
2. Löse das Gleichungssystem $A_1 w_1 = L_1 R_1 w_1 = p_1$ (vgl. Abb. 7.7 und 7.8).
3. Bilde $q_G = B_1 w_1$ (vgl. Abb. 7.9).

Dabei übernimmt B_1^T in Schritt 1 die Rolle eines Prolongationsoperators, der den kleinen Vektor p_G, dessen Länge der Zahl der Grenzlinienpunkte entspricht, auf das Teilgebiet 1 projiziert und dabei verlängert. Die Matrix B_1 in Schritt 3 entspricht einem Restriktionsoperator, der den auf dem Gebiet definierten Vektor w_1 gewissermaßen auf die Grenzlinie projiziert und dabei verkürzt. Die Auswirkungen der Prolongation sowie der Restriktion auf die Durchführung des Algorithmus sind in den Abbildungen 7.6 und 7.9 dargestellt.

Auch zur Bildung von $\hat{f_G}$ auf der rechten Seite des Gleichungssystems (7.7) wird A_i^{-1} benötigt und auch hier kann dies durch einige Umformungen vermieden werden:

$$\begin{aligned}\hat{f_G} &= f_G - B_1 A_1^{-1} f_1 - \sum_{i>1} B_i A_i^{-1} f_i \\ &= f_G - \hat{f}_1 - \sum_{i>1} B_i A_i^{-1} f_i \\ \text{mit} \quad f_1 &= A_1(B_1^{-1}\hat{f}_1) = L_1 R_1 h_1 \\ \text{und} \quad B_1 h_1 &= \hat{f}_1\end{aligned}$$

Somit genügt es hier, das Gleichungssystem $L_1 R_1 h_1 = f_1$ zu lösen und das Ergebnis h_1 mit der Matrix B_1 zu multiplizieren. Auf diese Weise kann $\hat{f}_i$ für alle Teilgebiete unabhängig voneinander parallel berechnet werden. Das Endergebnis $\hat{f_G}$ ergibt sich durch Addition dieser Teilergebnisse zu f_G.

```
void Teilprodukt(nG,p,q) {
 int i;
 /* Hilfsvektoren */
 double *pi,*hi,*wi;
 pi=(double *)malloc(sizeof(double)*nG*3);
 hi=&pi[nG]; wi=&hi[nG];
 for(i=0;i<nG;i++) pi[i]=0.;
 /* MVM: B p */
 for(i=0;i<nG;i++)
  for(j=anzahl[i];j<anzahl[i+1];j++)
```

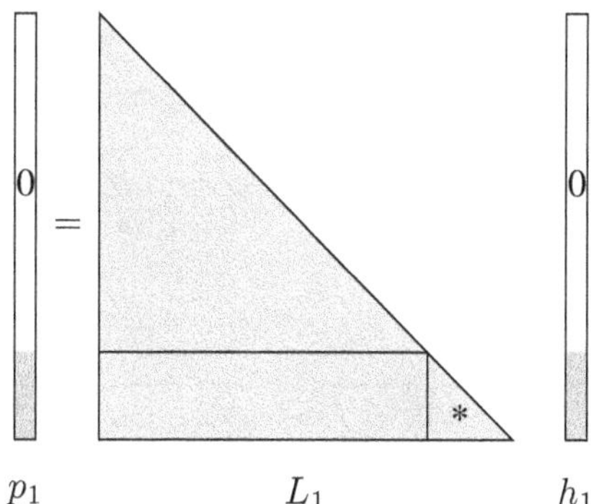

Abbildung 7.7: *Zweiter Teilschritt für die Produktbildung $B_1 A_1^{-1} B_1^T p_G = q_G$. Bei der Gleichungslösung $L_1 h_1 = p_1$ wird das Besetzungsmuster von p_1 auf h_1 vererbt. Dies bedeutet aber auch, dass von L_1 nur der mit einem Stern gekennzeichnete Bereich zur Gleichungslösung benötigt wird.*

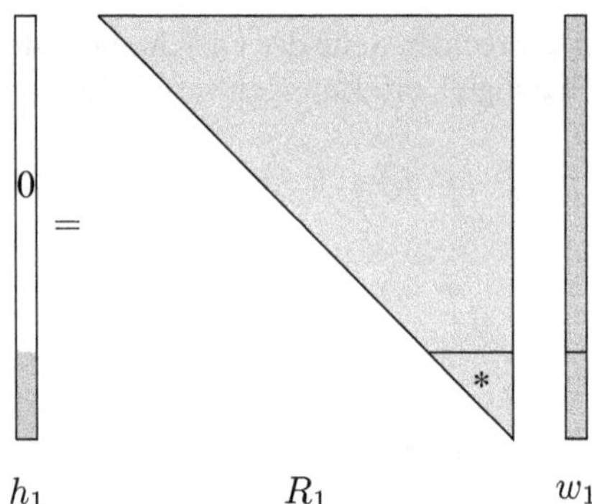

Abbildung 7.8: *Dritter Teilschritt für die Produktbildung $B_1 A_1^{-1} B_1^T p_G = q_G$. Bei der abschließenden Restriktion $B_1 w_1 = q_G$ (Abb. 7.9) werden nur die Werte in w_1 berücksichtigt, die im Teilgebiet 1 direkt an der Grenzlinie liegen. Die anderen Werte werden mit Nullen multipliziert und verschwinden, weswegen bei der Gleichungslösung $R_1 w_1 = h_1$ auf die Berechnung dieser Werte verzichtet werden kann. Daher sind nur die mit einem Stern gekennzeichneten Werte von R_1 für die Berechnung notwendig.*

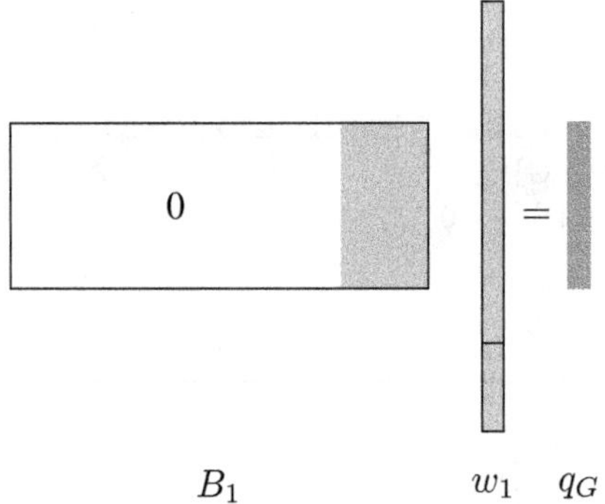

Abbildung 7.9: *Vierter und letzter Teilschritt für die Produktbildung $B_1 A_1^{-1} B_1^T p_G = q_G$. Bei der abschließenden Restriktion $B_1 w_1 = q_G$ werden nur die Werte in w_1 berücksichtigt, die im Teilgebiet 1 direkt an der Grenzlinie liegen. Die anderen Werte werden mit Nullen multipliziert und verschwinden.*

```
      pi[spalte[j]]+=element[j]*p[i];
/* Löse L hi = pi */
for(i=0;i<nG;i++) {
 hi[i]=pi[i];
 for(j=0;j<i-1;j++)
  hi[i]-=L(i,j)*hi[j];
}
/* Löse R hi = wi */
```

```
for(i=nG-1;i>=0;i--) {
 wi[i]=hi[i];
 for(j=i;j<nG;j++)
  wi[i]-=R(i,j)*wi[j];
 wi[i]*=R(i,i);
}
/* MVM: B wi */
for(i=0;i<nG;i++)  {
 q[i]=0.;
 for(j=anzahl[i];j<anzahl[i+1];j++)
  q[i]+=element[j]*wi[spalte[j]];
}
free(pi);
}
```

Nun sind wir in der Lage, eine Funktion für das Teilprodukte $B_i A_i^{-1} B_i^T p_G = q_G$ für die Multiplikation des Schur Komplements mit einem Vektor zu formulieren, wobei vorausgesetzt wird, dass die Faktorisierungen $A_i = L_i R_i$ bekannt sind. Außerdem gelte:

- Die Zahl der Punkte der Grenzlinie eines Teilgebiets ist `nG`.
- Die Matrix B_i ist in komprimierter Zeilenspeicherung (vgl. Abschnitt 6.5.2) angelegt. Für B_i^T entspricht dies der komprimierten Spaltenspeicherung.
- Die Matrizen L_i und R_i werden als voll besetzte Matrizen behandelt. Auf der Diagonalen von R_i sind die reziproken Werte gespeichert. Für beide Matrizen werden die Schreibweisen $L(i,j)$ bzw. $R(i,j)$ verwendet (vgl. Abschnitt 5.3.1).
- Der Übersichtlichkeit halber werden die Matrizen und die zugehörigen Informationen zur Speichertechnik nicht als Parameter übergeben.

Zu erkennen ist insbesondere, dass, wie in den Abb. 7.7 und 7.8 dargestellt, nur Schleifen über die Zahl der Punkte der Grenzlinie vorkommen, wodurch die Funktion `Teilprodukt` die Komplexität $\mathcal{O}(n_G^2)$ besitzt. Dies sind bei einer guten Gebietsaufteilung, bei der das Volumen der Teilgebiete viel größer ist als der Rand der Gebiete, um eine Größenordnung weniger Operationen als die Bearbeitung der Teilgebiete selbst.

7.4.3 Parallelisierung des Verfahrens

Mit Hilfe dieser Funktion kann der gesamte Algorithmus, d.h. ein CG–Verfahren zur Lösung von $Su_G = \hat{f}_G$ mit Faktorisierungen der Matrizen A_i für die Teilgebiete, als paralleles Programm in Tab. 7.2 formuliert werden. Zur näheren Diskussion gehen wir davon aus, dass bei der im Designprozess ausgeführten Zuweisung von Tasks auf Prozessoren (vgl. Abschnitt 5.4.4) die Master–Slave Technik gewählt wird. Dabei ist der Masterprozess für die Bearbeitung der Grenzlinien und die Slaveprozesse für die Bearbeitung der einzelnen Teilgebiete zuständig. Für Tab. 7.2 bedeutet dies, dass die Operationen in den Spalten für die Teilgebiete von Slaveprozessen ausgeführt werden. Die über mehrere Spalten notierten Aktionen werden dem Masterprozess zugeordnet. Die Punkte in der ersten Spalte verdeutlichen Abhängigkeiten dieses Schritts von vorausgehenden Schritten.

Tabelle 7.2: *Paralleler Algorithmus für das CG–Verfahren zur Lösung von Gleichung* (7.5).

	1	Faktor(A_1)	Faktor(A_2)
	2	Löse($L_1R_1h_1 = f_1$)	Löse($L_2R_2h_2 = f_2$)
	3	Mult1($\hat{f}_1 = B_1h_1$)	Mult1($\hat{f}_2 = B_2h_2$)
•	4	$\hat{f_G} = f_G - \hat{f}_1 - \hat{f}_2$	
Iterationsbeginn			
	5	Berechne p, u_G, s, r	
•	6	`Teilprodukt`(nG,p,q_1)	`Teilprodukt`(nG,p,q_2)
	7	Mult2(q_G,A_Gp)	
•	8	$q = q_G + q_1 + q_2$	
	9	Skalarprodukte $< r, r >, < q, r >$	
Iterationsende			
•	10	Mult3($h_1 = B_1^T u_G$)	Mult3($h_2 = B_2^T u_G$)
	11	$f_1 = f_1 - h_1$	$f_2 = f_2 - h_2$
	12	Löse($L_1R_1u_1 = f_1$)	Löse($L_2R_2u_2 = f_2$)

Vor der eigentlichen Iteration werden die Matrizen für die Teilgebiete faktorisiert und die rechte Seite von (7.5) in den Schritten 2-4 gebildet. Dabei können die Schritte 1-3 in den Slaveprozessen unabhängig voneinander ablaufen. Für Schritt 4 müssen die Teilergebnisse $\hat{f}_i$ von den Slaveprozessen an den Masterprozess geschickt werden, der mit diesen Teilergebnissen das Endergebnis $\hat{f_G}$ bildet.

Nach den Initialisierungen hat der Masterprozess die 4 Vektoren p, u_G, s und r zu verändern, bevor p, ein Vektor der Dimension `nG`, an die Slaveprozesse verteilt wird, z.B. in einer Broadcast–Operation, und die Slaveprozesse die Funktion `Teilprodukt` ausführen. Während die Slaveprozesse daran arbeiten, kann der Masterprozess Schritt 7 ausführen, der gleichzeitig zu Schritt 6 erfolgen kann. Auch die Änderung der Vektoren u_G, s und r und die Skalarproduktbildung $< r, r >$ kann mit der Teilproduktbildung in Schritt 6 überlappt werden. Für Schritt 8 müssen die Ergebnisvektoren aus Schritt 6 an den Masterprozess übermittelt werden. Die Skalarproduktbildung schließt die Iteration des CG–Verfahrens ab. Wenn nur die zeitliche Überlappung der Schritte 6 und 7 berücksichtigt wird, benötigt eine Iteration des CG–Verfahrens $\mathcal{O}(\hat{n}_G^2 + 14N_G)$ Operationen, wobei N_G, im Fall mehrerer Gebiete, der Gesamtzahl der Grenzlinienpunkte entspricht. $\hat{n}_G$ bezeichnet die längste Grenzlinie an ein Teilgebiet. Ohne Parallelisierung beläuft sich die Operationszahl für eine Iteration auf $\mathcal{O}(N_G^2 + 12N_G)$, d.h. das CG–Verfahren selbst wird durch Parallelisierung nur mäßig beschleunigt, aber N_G ist i.A. nur eine kleine Zahl von Punkten im ganzen Berechnungsgebiet.

Nach erfolgreicher Beendigung des CG–Verfahrens zur Lösung von (7.5) sendet der Masterprozess den Lösungsvektor für die Grenzlinien u_G, z.B. in einer Broadcast-Operation, an die Slaveprozesse, die in den Schritten 10–12 abschließend die Lösungsvektoren für die Teilgebiete berechnen.

Der hier vorgestellte Algorithmus wird dominiert durch die Faktorisierung in Schritt 1 mit $\frac{2}{3}n_i^3$ Operationen bei dicht besetzten Matrizen bzw. $\mathcal{O}(n_i m^2)$ bei Matrizen mit der Bandbreite m.

Ferner haben die Gleichungslösungen in den Schritten 2 und 12 mit $\mathcal{O}(n_i^2)$ Operationen bei dichten Matrizen bzw. $\mathcal{O}(mn)$ bei Matrizen mit der Bandbreite m einen hohen Anteil an der Laufzeit. Dagegen ist der Aufwand für das eigentliche CG–Verfahren vernachlässigbar. Da bei geeigneten Methoden zur Gebietszerlegung (vgl. Abschnitt 5.4.4) näherungsweise $n_i \approx n/p$ gilt, verspricht dieses Verfahren auch für hohe Prozessorzahlen eine gute parallele Skalierbarkeit. Mit steigender Zahl der Teilgebiete nehmen allerdings die Punkte in den Grenzbereichen ebenfalls zu, so dass auf eine gute Ausgewogenheit zwischen der Zahl der Teilgebiete und der Größe der Grenzbereiche zu achten ist. Beim Einsatz von Multikernarchitekturen kann hybride Programmierung mit OpenMP Parallelisierung für die Mastertask auf einem SMP System sinnvoll eingesetzt werden.

Der Algorithmus zeichnet sich ferner durch die geringe Anzahl von Abhängigkeiten und folglich einer groben Granularität aus. Auch die Kommunikationsmenge fällt relativ gering aus, da nur die Informationen zu Grenzlinien zwischen Masterprozess und Slaveprozessen ausgetauscht werden müssen. Somit spielt für diese Problemklasse die Netzwerkbandbreite eine eher untergeordnete Rolle.

7.4.4 Paralleles CG–Verfahren für das Gesamtgebiet

Ausgangspunkt für die folgenden Überlegungen ist Gl. (7.4), d.h. eine Gebietszerlegung ohne Überlappung mit entsprechender lexikographischer Nummerierung für die Teilgebiete. Anstatt, wie in Abschnitt 7.4.1, das Schur Komplement zu bilden, kann dieses Gleichungssystem mit der Methode der konjugierten Gradienten als solches iterativ gelöst werden. In diesem Fall sind die Matrix–Vektor–Multiplikation und die Wahl der Vorkonditionierungsmatrix für die Leistungsfähigkeit des Verfahrens entscheidend. Wir wollen diese Schritte kurz mathematisch analysieren, bevor wir auch für diese Variante in Tab. 7.3 einen parallelen Algorithmus vorstellen.

Für die MVM ergibt sich bei zwei Teilgebieten Ω_1 und Ω_2 und dem Grenzgebiet Ω_G:

$$\begin{pmatrix} A_1 & 0 & B_1^T \\ 0 & A_2 & B_2^T \\ B_1 & B_2 & A_G \end{pmatrix} \begin{pmatrix} p_1 \\ p_2 \\ p_G \end{pmatrix} = \begin{pmatrix} A_1 p_1 + B_1^T p_G \\ A_2 p_2 + B_2^T p_G \\ A_G p_G + B_1 p_1 + B_2 p_2 \end{pmatrix}, \tag{7.9}$$

d.h. das Produkt zerfällt natürlich in Teilprodukte, die voneinander unabhängig parallel gebildet werden können.

Für die Vorkonditionierung finden sich mehrere Vorschläge in der Literatur (vgl. etwa [97, 114, 129, 140]), von denen hier nur einer herausgegriffen wird, der wiederum auf das bereits bekannte Schur Komplement zurückführt. Dazu wählen wir die Vorkonditionierungsmatrix M symmetrisch wie folgt:

$$M = \begin{pmatrix} M_1 & 0 & B_1^T \\ 0 & M_2 & B_2^T \\ B_1 & B_2 & \hat{M}_G \end{pmatrix} \qquad \text{mit } \hat{M}_G = M_G + \sum_i B_i M_i^{-1} B_i^T \,. \tag{7.10}$$

Der Aufbau von $\hat{M}_G$ entspricht dabei dem Schur Komplement (7.7) und M ist genauso aufgebaut wie A. Zur weiteren Arbeit mit M wird diese Matrix als Produkt $L\hat{M}L^T$ formuliert [97], mit

$$L = \begin{pmatrix} M_1 & & \\ 0 & M_2 & \\ B_1 & B_2 & M_G \end{pmatrix} \quad \text{und} \quad L^T = \begin{pmatrix} M_1 & 0 & B_1^T \\ & M_2 & B_2^T \\ & & M_G \end{pmatrix} .$$

Die einzelnen Vorkonditionierungsmatrizen für die Teilgebiete M_i und M_G sind ebenfalls symmetrisch, da wir dies für M vorausgesetzt haben. Die Matrix $\hat{M}$ lautet:

$$\hat{M} = \begin{pmatrix} M_1^{-1} & & \\ & M_2^{-1} & \\ & & M_G^{-1} \end{pmatrix} ,$$

d.h. $\hat{M}$ ist eine Block–Diagonalmatrix.

Bei der Vorkonditionierung wird das lineare Gleichungssystem $Mz = L\hat{M}L^T z = r$ gelöst. Dazu substituieren wir zunächst $y = \hat{M}L^T z$ und untersuchen die Lösung von $Ly = r$:

$$Ly = \begin{pmatrix} M_1 & & \\ 0 & M_2 & \\ B_1 & B_2 & M_G \end{pmatrix} \begin{pmatrix} y_1 \\ y_2 \\ y_G \end{pmatrix} = \begin{pmatrix} M_1 y_1 \\ M_2 y_2 \\ M_G y_G + \sum_i B_i y_i \end{pmatrix} = \begin{pmatrix} r_1 \\ r_2 \\ r_G \end{pmatrix} . \tag{7.11}$$

Die Lösung von (7.11) lässt sich folglich auf die Lösung der Vorkonditionierungsgleichungen $M_i y_i = r_i$ für die Teilgebiete zurückführen, dem sich die Lösung des Vorkonditionierungsproblems $M_G y_G = r_G - \sum_i B_i y_i$ anschließt.

Nachdem y auf diese Weise berechnet werden kann, ist die Substitutionsgleichung $\hat{M}L^T z = y$ zu lösen. Eine genauere Analyse des Produkts $\hat{M}L^T$ führt uns zu:

$$\begin{pmatrix} M_1^{-1} & & \\ & M_2^{-1} & \\ & & M_G^{-1} \end{pmatrix} \begin{pmatrix} M_1 & & B_1^T \\ 0 & M_2 & B_2^T \\ & & M_G \end{pmatrix} \begin{pmatrix} z_1 \\ z_2 \\ z_G \end{pmatrix} =$$

$$\begin{pmatrix} I & 0 & M_1^{-1}B_1^T \\ 0 & I & M_2^{-1}B_2^T \\ 0 & 0 & I \end{pmatrix} \begin{pmatrix} z_1 \\ z_2 \\ z_G \end{pmatrix} = \begin{pmatrix} y_1 \\ y_2 \\ y_G \end{pmatrix} . \tag{7.12}$$

Dabei ist I eine entsprechende Einheitsmatrix, die sich aus $I = M_i^{-1}M_i = M_i M_i^{-1}$ bzw. $M_G^{-1}M_G = M_G M_G^{-1}$ ergibt. Aus (7.12) folgt unmittelbar:

$$\begin{aligned} z_G &= y_G \\ z_i &= y_i - M_i^{-1}B_i^T z_G , \end{aligned}$$

d.h. mit y_G ist auch die Lösung z_G sofort bekannt. Zur Lösung der Gleichungen für die z_i führt die folgende Umformung:

$$M_i(z_i - y_i) = -B_i^T z_G \qquad \text{bzw.} \qquad M_i w_i = B_i^T z_G \qquad \text{mit } w_i = y_i - z_i . \tag{7.13}$$

Somit lässt sich auch die Lösung der Substitutionsgleichung $\hat{M}L^T z = y$ auf die Lösung der Vorkonditionierungsgleichungen $M_i w_i = B_i^T z_G = \hat{r}_i$ für die Teilgebiete zurückführen. Im

Folgenden gehen wir davon aus, dass eine unvollständige LR–Zerlegung ILU(0) (vgl. Abschnitt 6.6.2) für alle Matrizen A_i und A_G zur Vorkonditionierung gewählt wird, d.h. $M_i = ILU(A_i)$ und $\hat{M}_G = ILU(A_G)$. Allerdings wird für die Berechnungen nicht $\hat{M}_G$, sondern die Matrix M_G benötigt, vgl. (7.10). Mit der Vorkonditionierungsmatrix M_G ist (7.11) zu lösen, so dass sich ergibt:

$$(\hat{M}_G - \sum_i B_i M_i^{-1} B_i^T) y_G = r_G - \sum_i B_i y_i \, .$$

Diese Gleichung ähnelt Gl. (7.7), die in Abschnitt 7.4.1 mit dem CG–Verfahren gelöst wird. Hier schlagen wir einen anderen Weg ein [97] und bestimmen eine Näherungslösung für y_G nach folgendem Iterationsschema:

$$\hat{M}_G y_G^{m+1} = (r_G - \sum_i B_i y_i) + \sum_i B_i M_i^{-1} B_i^T y_G^m \qquad (7.14)$$

mit $y_G^0 = 0$. Für $m > 1$ können wir die in Abschnitt 7.4.2 ausgearbeiteten Techniken zur Multiplikation von S mit einem Vektor einsetzen und dabei auf die Funktion `Teilprodukt` auf S. 181 zurückgreifen.

Tabelle 7.3: *Paralleler Algorithmus für das CG–Verfahren mit iterativen Lösern für die Teilgebiete.*

	ILU(A_1)	ILU(A_2)	ILU(A_G)
		Iterationsbeginn	
1	p_1, u_1, s_1, r_1	p_2, u_2, s_2, r_2	p_G, u_G, s_G, r_G
2	Löse($M_1 y_1 = r_1$)	Löse($M_2 y_2 = r_2$)	
3	Mult1($h_1 = B_1 y_1$)	Mult1($h_2 = B_2 y_2$)	
4			ra=$r_G + \sum_i h_i$
5			Löse($M_G y_G = ra$)
		Schleifenanfang m	
6	`Teilprodukt`(nG,y_G, h_1)	`Teilprodukt`(nG,y_G, h_2)	
7			rh=ra+$\sum_i h_i$
8			Löse($M_G y_G = rh$)
		Schleifenende m	
9	Mult2($c_1 = B_1^T y_G$)	Mult2($c_2 = B_2^T y_G$)	$z_G = y_G$
10	Löse($M_1 w_1 = c_1$)	Löse($M_2 w_2 = c_2$)	
11	$z_1 = y_1 - w_1$	$z_2 = y_2 - w_2$	
12	Mult1($h_1 = B_1 z_1$)	Mult1($h_2 = B_2 z_2$)	Mult2(hi=$B_i^T z_G$)
13	Mult3($q_1 = A_1 z_1$)	Mult3($q_2 = A_2 z_2$)	Mult3($q_G = A_G z_G$)
14	$q_1 = q_1 + hi_1$	$q_2 = q_2 + hi_2$	$q_G = q_G + \sum_i h_i$
15		Skalarprodukte $< r, z >, < q, z >$	
		Iterationsende	

In Tab. 7.3 ist der parallele Algorithmus in der Master–Slave Technik für zwei Teilgebiete skizziert, wobei der Masterprozess die Grenzgebiete bearbeitet und die Slaveprozesse entsprechend die einzelnen Teilgebiete. Ausgangspunkt ist das CG–Verfahren von Chronopoulos und Gear (s. Alg. 6.5) [26].

In Schritt 1 des Verfahrens werden die Teilvektoren p, u, s und r für die einzelnen Gebieten von den einzelnen Tasks verändert. Zur Vorkonditionierung werden, entsprechend (7.11), zunächst die Teilprobleme $M_i y_i = r_i$ von den entsprechenden Tasks gelöst. Die Lösungen werden in Schritt 3 in `Mult1` den Restriktionen B_i unterworfen. Die Ergebnisse werden an den Masterprozess weitergeleitet und dort in Schritt 4 zum Hilfsvektor `ra` summiert. Nun kann (7.11) für y_G in Schritt 5 gelöst werden. Damit ist y_G^1 in (7.14) berechnet.

Für $m = 1$ ist die Summe $\sum_i B_i M_i^{-1} B_i^T y_G^1$ zu bilden, wozu die Funktion `Teilprodukt` von S. 181 in Schritt 6 eingesetzt wird. Selbstverständlich muss y_G den entsprechenden Tasks vorher zugänglich gemacht werden. Die Ergebnisse h_i werden an den Masterprozess übermittelt, in Schritt 7 zum Hilfsvektor `rh` addiert, bevor in Schritt 8 das Vorkonditionierungsproblem $M_G y_G = rh$ gelöst wird. Für $m > 1$, i.A. genügt $m = 2$, können die Schritte 6–8 entsprechend wiederholt werden.

Nach der Übertragung von y_G an die Tasks für die Teilgebiete wird dieser Vektor in Schritt 9 durch `Mult2` zu c_i prolongiert, bevor damit das Vorkonditionierungsproblem $M_i w_i = c_i$ gelöst werden kann und z_i nach (7.13) endgültig berechnet wird. Vor der eigentlichen MVM in Schritt 13 werden die z_i den Restriktionen B_i unterworfen und die Ergebnisse an den Masterprozess übermittelt. Diese Task führt in der Zwischenzeit, dieser Schritt kann auch schon bei 10. begonnen werden, Prolongationen von z_G auf die einzelnen Teilgebiete aus. Die Ergebnisse von Schritt 12 werden benötigt, um in Schritt 14 zusammen mit dem Ergebnis der MVM das korrekte Ergebnis nach (7.9) der Multiplikation der Systemmatrix A mit dem Vektor z zu erhalten.

Zum Abschluss der CG–Iteration sind die beiden Skalarprodukte $< r, z >$ und $< q, z >$ zu bilden, die eine globale Kommunikation (vgl. Abschnitt 5.4.2.1) verursachen, die sich nicht auflösen lässt.

Auch in dieser Variante der Gebietszerlegung ohne Überlappung können die entscheidenden Rechenschritte, `Teiprodukt` und Lösen von $M_i y_i = r_i$, skalierbar für mehrere Teilgebiete auf den entsprechenden Prozessoren parallel gelöst werden. Allerdings stellen die Schritte 4,5,7 und 8, in denen die Tasks für die Teilgebiete unbeschäftigt sind, starke Anforderungen an eine möglichst geringe Zahl der Grenzpunkte bzw. eine möglichst schnelle Implementierung dieser Schritte, damit der Amdahlsche Effekt (vgl. (2.4)) den Speedup nicht entscheidend limitiert.

7.5 Multilevel Gebietszerlegungen

Wir beginnen diesen Abschnitt mit der schönsten Nebensache der Erde – mit Fußball. Der Manager eines Bundesligaclubs fordert von seinen Spielern, dass sie sich beim Heimspiel vor der Aufstellung zum Mannschaftsbild gleichmäßig auf dem Spielfeld verteilen, so dass alle Zuschauer zumindest auf einen der Spieler in Ruhe einen guten Blick werfen können. „Außerdem können sich die Zuschauer auf diese Weise mit ihrem Spieler für dieses Spiel besser identifizieren, was das Zugehörigkeitsgefühl zum Verein stärkt.“

Nur, wie verteilen sich 11 Spieler gleichmäßig auf dem Spielfeld? Der Trainer gibt dazu die Devise aus, dass er das Einspielen mit einem Pfiff beendet und sich dann jeder Spieler genau in der Mitte zwischen seinen Nachbarn, bzw. der Torauslinie, beim Heimtor beginnend, aufstellt. Falls das nicht auf Anhieb funktioniert, wird die Prozedur wiederholt. Das enttäuschende

Ergebnis ist in Abb. 7.10 dargestellt. Die großen Abweichungen von der Idealposition auf der rechten Seite des Spielfelds pflanzen sich nur sehr langsam fort, so dass die Spieler auf der linken Seite sich kaum von der Stelle bewegen und deswegen viel zu viele Pfiffe des Trainers benötigen, um schließlich die Idealposition zu erreichen.

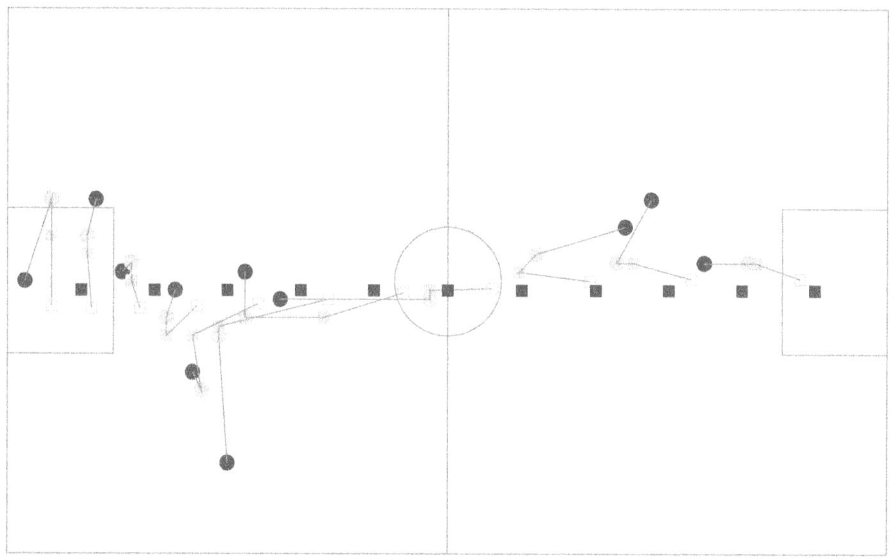

Abbildung 7.10: *Zu Beginn befinden sich die Spieler in den durch schwarze Kreise markierten Positionen. In den ersten und zweiten Nachiterationen bewegen sie sich auf die grau gefüllten Kreise bzw. Quadrate und nach 9 Schritten zu den weißen Quadraten. Damit sind sie noch weit von den Endpositionen bei den gefüllten schwarzen Quadraten entfernt.*

Für den nächsten Spieltag hat sich der Trainer etwas Neues ausgedacht. Diesmal sollen sich beim ersten Pfiff nur 3 Spieler so aufstellen, dass sie genau in der Mitte zwischen den Nachbarn bzw. der Torauslinie stehen. Nach zwei Pfiffen, sollen sich je ein Spieler in jeder Hälfte einordnen und nach zwei weiteren Pfiffen sollen sich die restlichen Spieler in die Mitte der Lücken aufstellen. Und tatsächlich, nach einigen wenigen weiteren Pfiffen, stehen die Spieler gleichmäßig verteilt auf den korrekten Positionen.

Woran liegt das? Bei den wenigen Spielern zu Beginn breiten sich die Abweichungen von den Anfangspositionen schnell aus und es sind nur noch einige wenige Interpolationen und Korrekturen notwendig, damit alle Spieler richtig stehen. Algorithmisch gesprochen, breiten sich auf einem feinen Gitter mit vielen Diskretisierungspunkten weitreichende Fehlstellungen schlecht aus, da Korrekturen nur zu den beiden Nachbarn erfolgen. Diese weitreichenden Fehlstellungen sind Fehler zwischen Nachbarn, die schnell korrigiert werden, falls sie auf einem groben Gitter mit wenigen Diskretisierungspunkten ausgeglichen werden, denn weitreichende Fehlstellungen auf einem feinen Gitter, d.h. Fehlstellungen mit vielen Punkten zwischen den Abweichungen, sind bei weniger Punkten u.U. Fehlstellungen zwischen direkten Nachbarn, die sofort ausgeglichen werden können.

Diese knappen Ausführungen zu den Sorgen eines Fußballtrainers (s. auch [155]) veranschaulichen die Grundlagen und Prinzipien der Mehrgitterverfahren, die im Wesentlichen durch die Arbeiten von W. Hackbusch [68] in den späten 1970ern bekannt wurden. Eine leicht verständliche Einführung zu diesem Thema findet sich in [14][3], weitere Details beispielsweise auch in [90, 142, 150].

Mehrgitterverfahren arbeiten mit einer Hierarchie verschiedener Diskretisierungsgitter unterschiedlicher Körnigkeit, zwischen denen gewechselt wird, um die Gesamtkonvergenz auf dem feinsten Gitter zu verbessern.

Diese Konvergenzverbesserungen können allerdings auch bei Gebietszerlegungsverfahren eingesetzt werden. Man spricht in dem Zusammenhang von Multilevelverfahren [97, 121, 129] bei denen, wie bei Mehrgitterverfahren, Diskretisierungen verschiedener Körnigkeit für die Teilgebiete eingesetzt werden. Die Idee der schnelleren Übertragung von weitreichenden Fehlstellungen äußert sich beispielsweise auch in der besseren Konvergenz von überlappenden Gebietszerlegungsmethoden bei größerer Überlappung, da dann im Überlappungsbereich Informationen schnell ausgetauscht werden können.

Somit stehen mit dem Multigridverfahren und den Gebietszerlegungsmethoden mit Überlappung bzw. den Multilevelverfahren, d.h. Gebietszerlegungsmethoden ohne Überlappung, sehr effektive Verfahren zur Lösung von Gleichungssystemen zur Verfügung, die sich aufgrund ihrer groben Granularität mit hoher Performance auf Parallelrechnern implementieren lassen.

[3] https://computation.llnl.gov/casc/people/henson/mgtut/welcome.html

8 GPUs als Parallelrechner

8.1 Einleitung

Graphics Processing Units (GPUs) von ATI[1] und NVIDIA[2] und Cell–Prozessoren [22] sind die massiv parallele Antwort auf die Stagnation bei der Taktrate von CPUs. Während die allgemein einsetzbaren Mikroprozessoren mit langsam wachsender Zahl von Kernen Schritt für Schritt Parallelität in Prozessabläufen und Programmen zur Leistungssteigerung einfordern, bieten GPUs und Cell–Prozessoren einen Performancesprung zu günstigen Massivparallelrechnern an. Diese Entwicklung wird durch den Massenmarkt der Computerspiele getrieben und findet spätestens mit der Einführung der Compute Unified Device Architecture (CUDA) API weite Verbreitung in wissenschaftlichen Anwendungsprogrammen. Ein weiterer Vorteil dieser Entwicklung, der bei steigenden Strompreisen immer interessanter wird, ist das günstigere Verhältnis der erreichbaren Performance pro Watt mit diesen Recheneinheiten verglichen zu CPUs.

In diesem Kapitel werden die wohl am weitesten verbreiteten CUDA fähigen GPUs und ihre Programmierung beschrieben und an dem einführenden Beispiel der Multiplikation zweier Matrizen die Besonderheiten in den Programmen aufgezeigt. Danach werden konzeptionelle Unterschiede und Herausforderungen der *single instruction multiple data* (SIMD) Architektur an Beispielen erläutert und die Wichtigkeit von zusammenhängenden Speicherzugriffen für Threadgruppen aufgezeigt, bevor wir zur Abrundung Algorithmen der vorangegangen Kapitel aufgreifen. Zum Abschluss des Kapitels wird ein Ausblick zum weiteren Einsatz von GPUs, in Spezialrechnern oder in einem allgemein einsetzbaren Compute–Server in Rechenzentren, gegeben.

Die folgenden Abschnitte beziehen sich schwerpunktmäßig auf CUDA, da dessen Entwicklung der angekündigten Open Computing Language (OpenCL)[3], die plattformunabhängige Programmierung zulässt, etwas voraus ist.

8.2 Threadgruppen, Grid und Devicespeicher

Für einen GPU Programmierer besteht das Rechnersystem aus einem *host*, dies ist die traditionelle CPU, und einem *device*, dies ist ein massiv paralleles Zusatzgerät wie die GPU, allerdings mit einer großen Zahl von arithmetischen Ausführungseinheiten. Die Unterschiede dieser beiden Einheiten sind in Abb. 8.1 schematisch dargestellt.

Ein CUDA bzw. OpenCL Programm beinhaltet mehrere Programmphasen, die entweder auf

---

[1] http://ati.amd.com/technology/streamcomputing

[2] http://www.nvidia.de/page/tesla_product_literature.html

[3] http://www.khronos.org/

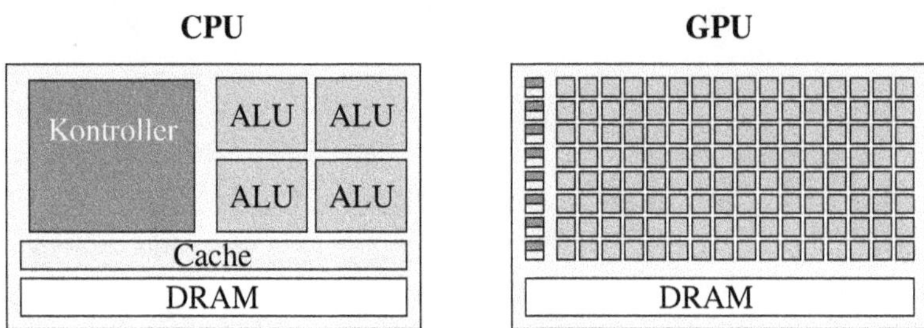

Abbildung 8.1: *Gegenüberstellung von traditioneller CPU und GPU. Während bei der CPU moderate Parallelität durch mehrere arithmetic logical units (ALU)s, die von einem Kontroller gesteuert werden, möglich ist, verfügt die GPU über mehrere Kontroller mit etwas Cachespeicher, die jeweils eine Gruppe von mehreren ALUs verwalten. Auf diese Weise wird eine GPU zum Massivparallelrechner.*

dem *host* oder dem *device* ablaufen. Diese Phasen werden z.B. durch den NVIDIA C Compiler (`nvcc`) entsprechend getrennt. Auf dem *device* laufen datenparallele Programme, sogenannte *kernels*, ab. Ein Beispiel für ein derartiges datenparalleles Programm ist eine Multiplikation zweier Matrizen, bei der jedes Element der Produktmatrix unabhängig von allen anderen gebildet werden kann. Im Fall einer 1000×1000–Matrix kann ein *kernel* einen Thread einsetzen, um ein einziges Element der Produktmatrix zu berechnen, d.h. mit insgesamt 1.000.000 Threads arbeiten. Man spricht in diesem Zusammenhang auch von einem *grid* aus Threads. Es liegt auf der Hand, dass das Erzeugen dieser Threads im Vergleich zur Threaderzeugung bei OpenMP wesentlich weniger Prozessorzyklen kosten darf (vgl. Abschnitt 3.10), da ansonsten jeglicher Gewinn durch Parallelität verloren ginge. Stattdessen benötigt die Erzeugung und das Verwalten dieser Threads auf GPUs nur einige Zyklen [79].

Ein *host* und ein *device* verfügen jeweils über ihren eigenen DRAM Speicher. Um ein *kernel* auf einem *device* auszuführen, muss zunächst auf dem *device* der nötige Speicher allokiert werden und dann die Daten vom *host* auf das *device* übertragen werden. Nach Beendigung des *kernels* werden die Ergebnisse vom *device* auf den *host* übertragen und der Speicher im *device* freigegeben. Dabei wird sowohl bei CUDA als auch OpenCL zwischen verschiedenen Speicherarten unterschieden:

- *Host* Speicher, auf den nur der *host* zugreifen kann.
- Globaler Speicher im *device*, auf den die Threads eines *grids* und der *host* lesend und schreibend zugreifen können.
- Konstanter Speicher im *device*, auf den der *host* lesend und schreibend, die Threads eines *grids* jedoch nur lesend zugreifen können.
- Lokalen Speicher und Register für einzelne Threads.
- Gemeinsamer (*shared*) Speicher für eine Gruppe von Threads.

In Abb. 8.2 sind diese Speicherbereiche schematisch dargestellt. Im Fall von CUDA können mit der Funktion

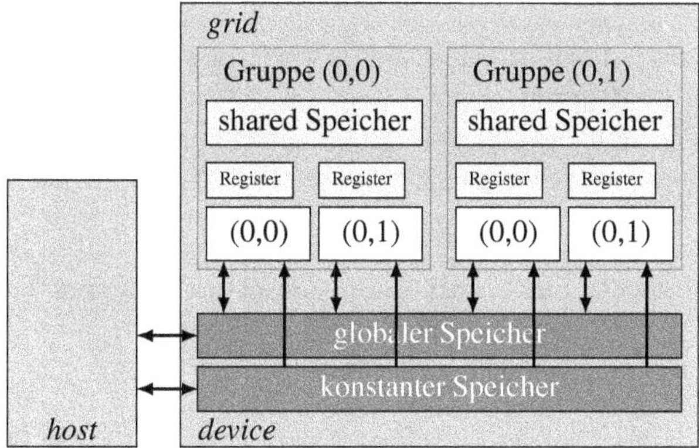

Abbildung 8.2: *Schematische Übersicht der Speicherbereiche in einem device. Die beiden Threads mit dem Indextupel (0,0) und (0,1) jeder Gruppe im dargestellten grid können auf den shared Speicher jeder Gruppe zugreifen. Die Register sind für jede Thread private Speicherbereiche.*

```
cudaMemcpy(Ziel,Quelle,Anzahl,Kopierrichtung)
```

Daten vom *host* zum globalen Speicher des *devices* und umgekehrt kopiert werden. Dabei kann die Variable `Kopierrichtung` entweder den Wert `cudaMemcpyHostToDevice` oder `cudaMemcpyDeviceToHost` annehmen; beides sind vordefinierte Konstanten in der Headerdatei `cuda.h`. Die `Anzahl` wird dabei in Bytes angegeben.

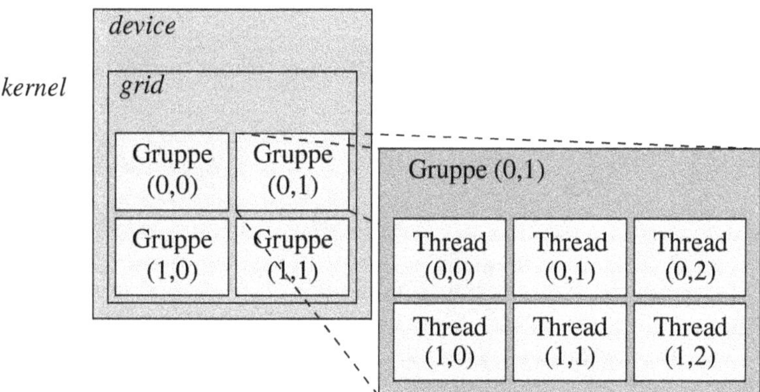

Abbildung 8.3: *Ein kernel erzeugt im device ein grid, das aus mehreren Gruppen besteht. Jede Gruppe setzt sich aus dem gleichen Satz von Threads zusammen. In der Abbildung sind es (2,2) Gruppen mit jeweils (2,3,1) Threads.*

Ein *grid* besteht aus einem oder mehreren Threadgsruppen, die alle die gleiche Anzahl an Threads enthalten. In Abb. 8.3 besteht der *grid* aus 4 Gruppen, die jeweils aus 6 Threads bestehen. Gruppen von Threads werden in der Orginalliteratur [104] als Blöcke bezeichnet. Hier verwenden wir den Begriff Threadgruppe, um Verwirrung zwischen Blöcken in *grids* und Blöcken von Matrizen zu vermeiden.

Gegenwärtig ist die Zahl der Threads pro Gruppe auf 512 beschränkt. Diese Threads können in bis zu drei-dimensionalen Feldern organisiert sein, d.h. das Tripel (5,50,2) definiert $5 \cdot 50 \cdot 2 = 500$ Threads. Die Zahl der Gruppen in einem *grid* ist zwar auch beschränkt, aber mit bis zu 65.535 Gruppen in zwei Dimensionen, die jede 512 Threads enthalten können, ist diese Begrenzung keine wirkliche Einschränkung. Ein einmal gestarteter *grid* kann weder die Zahl der Gruppen noch die Zahl der Threads pro Gruppe verändern.

8.3 Ein einführendes Beispiel

Ein *kernel* enthält den Quelltext im SPMD[4] Programmiermodell (s. S. 60) und wird von allen Threads auf einem *device* ausgeführt. Für die Multiplikation zweier Matrizen kann dieser *kernel* wie folgt formuliert werden:

ALGORITHMUS 8.10 :

```
/* einfacher Kernel für die Matrix Multiplikation */
__global__ void MatMulKernel(int k,float *A,int lda,
                             float *B,int ldb,float *C,int ldc)
{
 int tx=threadIdx.x;
 int ty=threadIdx.y;
 float Cval=0.;
 for (int ki=0;ki<k;ki++) {
  float Ae=A[ty*lda+ki];
  float Be=B[ki*ldb+tx];
  Cval+=Ae*Be;
 }
 C[ty*ldc+tx]=Cval;
}
```

Der *kernel* wird von einem *host*–Programm aufgerufen, in dem der notwendige Speicher allokiert und freigegeben wird. Das für CUDA spezifische Schlüsselwort `__global__` vor der Funktionsdeklaration kennzeichnet diese Funktion als *kernel*, der von einem *host* aufgerufen wird, um ein *grid* von Threads zu erzeugen.

Die Schlüsselworte `threadIdx.x` und `threadIdx.y` dienen zur Unterscheidung der einzelnen Threads. Da der *kernel* implizit von allen Threads im SPMD Programmiermodell ausgeführt wird, fehlen die für eine Multiplikationsroutine üblichen zwei äußeren Schleifen und damit auch die Angaben zu den entsprechenden Schleifenlängen. Diese Informationen werden beim Aufruf des *kernels* durch die Spezialsyntax `<<<.>>>` übergeben. So bedeutet etwa

[4] Single-Program Multiple-Data

```
ldc=50;
dim3 dimBlock(ldc,10,1);
MatMulKernel<<<1,dimBlock>>>(20,A,lda,B,ldb,C,ldc);
```

dass ein *grid* mit einer Gruppe mit 500 Threads erzeugt wird. Jede dieser Threads berechnet ein Element einer 50×10 großen Matrix `C` als Produkt einer 50×20 Matrix `A` und einer 20×10 Matrix `B`. Dabei wird auf der GPU für jede Schleifeninstanz eine Thread erzeugt und diese Instanzen lassen sich durch die Indizes der Threads identifizieren. Auch in diesem Beispiel werden die Matrizen linear addressiert (vgl. Abschnitt 5.3.1). Der Datentyp `dim3` ist ein vordefinierter Datentyp aus 3 `uint`-Typen.

8.4 Speicherklassen

In Abb. 8.2 sind die unterschiedlichen Speicher im *device* graphisch dargestellt, auf die mit unterschiedlicher Geschwindigkeit und unterschiedlichen Rechten zugegriffen werden kann. In Analogie zu traditionellen CPUs und deren Speicherhierarchien besitzt ein *device* einen globalen Speicher, vergleichbar mit dem gemeinsamen Hauptspeicher eines Mehrkernprozessors, einen konstanten Speicher, vergleichbar mit einem Erweiterungsspeicher, auf den nur lesend von allen Kernen zugegriffen werden kann, der aber einen etwas schnelleren Zugriff auf Daten ermöglicht als der globale Speicher. Die Kapazität dieses Speichers ist allerdings sehr limitiert und liegt gegenwärtig bei nur 64kB. Ferner existiert noch ein gemeinsamer Speicher für eine Threadgruppe, auf den diese Threads schnell zugreifen können. Dieser Speicher ist vergleichbar mit einem für mehrere Kerne gemeinsamen Cachespeicher. Er ist allerdings nur 16kB groß. Die maximal nutzbare Anzahl an Registern für eine Threadgruppe liegt bei 16.384.

Wie bei der effektiven Programmierung von traditionellen CPUs kann auch bei GPUs nur die größtmögliche Geschwindigkeit erreicht werden, wenn möglichst viele Speicherzugriffe auf möglichst schnellem Speicher erfolgen. Allerdings kann bei den GPUs auf diese unterschiedlichen Speicherebenen gegenwärtig explizit zugegriffen werden (vgl. Tab. 8.1). In neueren Generationen von Graphikkarten wird es einen Cache geben [105].

Tabelle 8.1: *CUDA Variable; ihre Speicherung, Sichtbarkeit und Lebensdauer.*

Deklaration	Speicherebene	Sichtbarkeit	Lebensdauer
automatische Variable	Register	Thread	*kernel*
automatische Felder	global	Thread	*kernel*
`__device__ __shared__`	shared	Gruppe	*kernel*
`__device__ __constant__`	constant	*grid*	Anwendung
`__device__`	global	*grid*	Anwendung

Von der Speicherklasse und Variablenart hängt die Sichtbarkeit und die Lebensdauer von Variablen ab (s. Tab. 8.1). Variable, die nur für eine Thread sichtbar sind, sind private Variable, die für jede einzelne Thread angelegt werden. So belegt eine Variable vom Typ `float` bei einer

Million Threads 4 MB Speicherplatz. Und 16.384 Register für eine Threadgruppe reduzieren sich zu 32 nutzbare Register pro Thread, falls die Gruppe die Maximalzahl von 512 Threads umfasst. Bereits in obigem kleinen Beispiel werden 8 Register verwendet. Trotz GBytes an Speicher muss bei der Programmierung von GPUs wieder um jede einzelne Variable gefeilscht werden.

Variable, deren Lebensdauer der Lebensdauer des *kernels* entsprechen, müssen auch bei wiederholtem Aufruf des *kernels* neu allokiert und initialisiert werden. Variable, deren Lebensdauer sich über die gesamte Anwendung erstreckt, sind dagegen für verschiedene *kernels* verfügbar. Variable, die als `__device__` `__shared__` deklariert werden, sind private Variable für eine Threadgruppe, d.h. für jede Gruppe wird eine private Kopie angelegt. Allerdings können alle Threads einer Gruppe auf diese Variable zugreifen. Dynamisch allokierte Felder sind, und dies ist eine nicht unerhebliche Einschränkung, im gemeinsamen Speicher nicht möglich.

8.5 Matrix Multiplikation in Blöcken

Mit diesen Informationen kann Alg. 8.10 dadurch beschleunigt werden, dass die Matrix, wie in Abb. 8.4 dargestellt, in Blöcke aufgeteilt wird und Daten, die bei der Berechnung eines Blocks wieder verwendet werden, zunächst in den (schnelleren) *shared* Speicher kopiert werden. Damit wiederholen wir die Ideen, die für traditionelle CPUs zu Blockalgorithmen führten (vgl. Abschnitt 5.3.3), mit dem einen Unterschied, dass wir nun in der Lage sind, Daten explizit in den schnelleren Speicher kopieren zu können, was wir bei der traditionellen CPU dem Ersetzungsmuster von *cachelines* überlassen müssen (vgl. Kap. 2.6). Allerdings bedeutet dies auch, dass alle Parameter, d.h. Zahl der Gruppen, Threads pro Gruppe, Nutzung der Register, Nutzung von gemeinsamem Speicher usw., auch tatsächlich optimal vom Programmierer eingestellt werden müssen, um die optimale Performance zu erhalten [149].

C_{11}	C_{12}	C_{13}
C_{21}	C_{22}	C_{23}
C_{31}	C_{32}	C_{33}

Abbildung 8.4: *Aufteilung einer Matrix in* 3×3 *Blöcke.*

In Alg. 8.10 zur Multiplikation zweier Matrizen besteht das *grid* aus einer einzigen Threadgruppe mit einem zwei-dimensionalen Feld von Threads, d.h. `threadIdx.z=0` für alle Threads. Da die Zahl der Threads pro Gruppe limitiert ist, kann die berechnete Matrix nicht beliebig groß werden. Bei einer Grenze von 512 Threads pro Gruppe stoßen wir mit einer quadratischen 22×22–Matrix an diese Grenze. Für größere Matrizen müssen daher mehrere Threadgruppen verwendet werden, wobei jeder Matrixblock in Abb. 8.4 einer Threadgruppe zur Berechnung zugeordnet wird und nicht mehr Elemente enthalten soll als die Maximalzahl an Threads pro Gruppe, d.h., wie in Alg. 8.10, berechnet jede Thread genau ein Element der Matrix C. Für die Indizierung werden folglich neben den Indizes für die Threads noch die Indizes für die Threadgruppen benötigt sowie die Zahl der Threads pro Gruppe in jeder Dimension.

ALGORITHMUS 8.11 :

```
#define BLOCK 16
/* Kernel für die Matrix Multiplikation */
__global__ void MatMulKernel(int k,float *A,int lda,
                             float *B,int ldb,float *C,int ldc)
{
 /* statische Allokierung von shared Speicherblöcken */
 __device__ __shared__ float Ap[BLOCK*BLOCK], Bp[BLOCK*BLOCK];
 int t1=threadIdx.x; int t2=threadIdx.y; /* Thread  Indizes */
 int g1=blockIdx.x;  int g2=blockIdx.y;  /* Gruppen Indizes */
 /* Berechne Koordinaten des zu berechnenden Elements von C */
 int zeile=g2*BLOCK+t2;
 int spalte=g1*BLOCK+t1;

 float Cval=0.;
 /* Schleife über Speicherblöcke */
 for (int t=0;t<k/BLOCK;t++) {
  /* Jede Thread lädt jeweils ein Element */
  Ap[t2*BLOCK+t1]=A[(zeile)*lda+t*BLOCK+t1];
  Bp[t2*BLOCK+t1]=B[(t*BLOCK+t2)*ldb+spalte];
  /* Synchronisation -    * alle Threads
     müssen ihr Element in Ap und Bp geladen haben */
  __syncthreads();
  for (int ki=0;ki<BLOCK;ki++)
   Cval+=Ap[t2*BLOCK+ki]*Bp[ki*BLOCK+t1];
  /* Synchronisation - alle Threads
     müssen ihre Berechnung fertig haben,
   * bevor nächster BLOCK beginnt */
  __syncthreads();
 }
 C[zeile*ldc+spalte]=Cval;
}
```

Bei dieser Formulierung wird die ansonsten allgemein übliche Indizierung von Matrizen, d.h. der 1. Index für die Zeile und der 2. Index für die Spalte, verwendet. Dies erklärt den Unterschied zur Literatur [79].

Die Funktion `__syncthreads()` ist eine Erweiterung von C. Sie ist vergleichbar mit einer Barriere für die Threads einer Gruppe und zwar für asynchrone Zugriffe auf globalen Speicher,

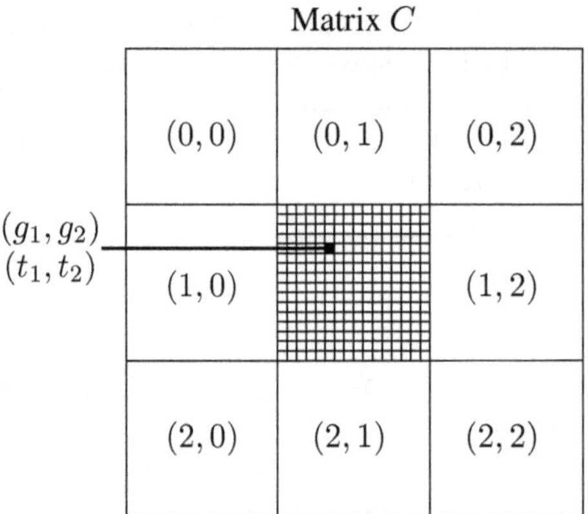

Abbildung 8.5: *Aufruf der Funktion* `MatMulKernel` *mit* $(3,3,1)$ *Gruppen und* $(16,16,1)$ *Threads. Die Position eines Elements* $C(zeile, spalte)$ *ergibt sich aus der Position der Gruppe* (g_1,g_2) *und der Threadindizes* (t_1,t_2).

d.h. genau gesehen entspricht sie einem *fence*[5].

Die Indizierung der Threads beginnt in jeder Gruppe in jeder Dimension bei 0 (vgl. Abb. 8.3). Der *kernel* in Alg. 8.11 ist so geschrieben, dass jede Thread genau ein Element $C(zeile, spalte)$ berechnet, dessen Position sich aus dem jeweiligen Gruppen- und Threadindizes ergeben (vgl. Abb. 8.5). Die Indexrechnung muss daher die Gruppenkoordinaten `blockIdx` in beiden Dimensionen berücksichtigen. Die Größe der Blöcke ist dabei in Alg. 8.11 so gewählt, dass eine Zweierpotenz, aber nicht die Maximalzahl an Threads, sondern $256 = 16 \times 16 \times 1$ pro Threadgruppe verwendet werden. Mit insgesamt 13 benutzten Registern wird mit dieser Threadzahl die Maximalzahl der Register nicht überschritten.

In der `t`-Schleife lädt jede Thread je ein Element von `A` und `B` aus dem globalen Speicher in den gemeinsamen Speicher (vgl. Abb. 8.6), d.h. insgesamt werden $16 \times 16 = 256$ Elemente geladen. Dies bedeutet 1kB pro Feld `Ap`, bzw. `Bp`, da die Felder vom Typ `float` sind. Folglich werden beim Kopieren keine Speicherrestriktionen überschritten, da die zwei 1kB großen Felder problemlos in den 16kB großen *shared* Speicher einer Threadgruppe passen.

Im Ausgangsalgorithmus 8.10 lädt jede Thread eine komplette Zeile von `A` und eine komplette Spalte von `B`, d.h. für die Berechnung von 16 Elementen einer Zeile von C wird 16-mal dieselbe Zeile von A geladen und für 16 Elemente einer Spalter von C entsprechend 16-mal dieselbe Spalte von B. Dagegen lädt in Alg. 8.11 mit 16×16 großen Threadgruppen jede Thread in einer Iteration der `t`–Schleife von jeder Matrix nur ein einziges Element in die gemeinsam genutzten Bereiche `Ap` und `Bp`, wodurch sich die Zahl der Speicherzugriffe um den Faktor 16 reduziert. Die `t`–Schleife sorgt dafür, dass entsprechend Abb. 8.6 die zu ladenden Blöcke der Matrizen A und B passend zueinander wandern. Die Wiederbenutzung von einmal in den gemeinsamen Speicher kopierten Daten ist für die effektive Nutzung der GPUs unabdingbar [79, 149].

[5] Ein *fence* ist ein Synchronisationsverfahren, das sicherstellt, dass Speicheroperationen konsistent sind.

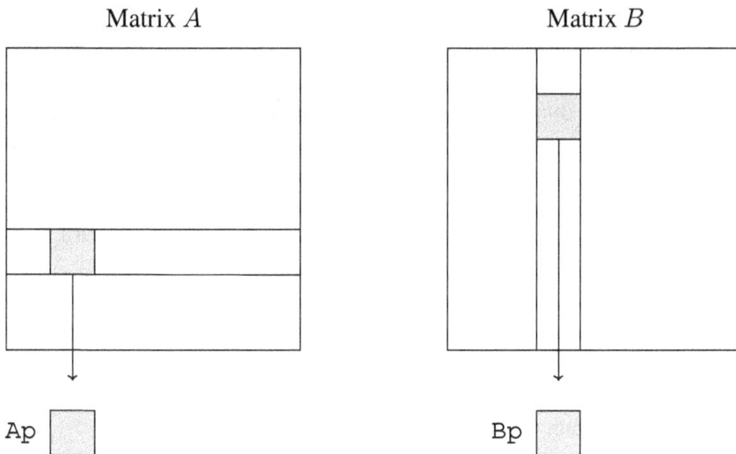

Abbildung 8.6: *Die Matrizen A und B werden in der* `t`*-Schleife blockweise in die lokalen Speicherbereiche* `Ap` *und* `Bp` *kopiert.*

8.6 Streaming Multiprozessoren und Kettenfäden

In Abb. 8.1 sind in der Darstellung der GPUs kleine Kontroller mit Caches vor einer Zeile mit ALUs angedeutet. Eine derartige Zeile symbolisiert einen multithreaded Streaming Multiprozessor (SM) [79, 104]. In den aktuellen Karten befinden sich maximal 30 SMs mit 8 skalaren Prozessoren in einer GPU, also insgesamt bis zu 240 skalare Prozessoren, wodurch die Karten zu Massivparallelrechnern werden. Ein SM kann gleichzeitig bis zu 1024 Threads aktiv bearbeiten. Die Zuordnung der Threads erfolgt dabei in Gruppen, wobei ein SM maximal 8 Threadgruppen gleichzeitig bearbeiten kann. Die Gruppen werden den SMs geordnet zugewiesen und wenn eine Gruppe beendet ist, kann sie durch eine andere ersetzt werden. Innerhalb eines SMs sorgt die *single instruction multiple thread* (SIMT) Architektur für das Erzeugen, das Starten und das Verwalten der Threads. Dabei behandelt SIMT immer eine feste Zahl von Threads einer Gruppe gleichzeitig; gegenwärtig sind das 32 Threads. Diese Gruppierung von Threads wird in Anlehnung an die Webtechnik als Kettenfaden (engl. *warp*) bezeichnet. Threads in einem Kettenfaden sind nach dem Schema

$$id = threadIdx.x + blockDim.x * (threadIdx.y + blockDim.y * threadIdx.z)$$

monoton anwachsend nummeriert. Somit benötigt eine Gruppe mit 50×10 Threads insgesamt 16 Kettenfäden für $16 \times 32 = 512$ Threads, die auf einem SM bearbeitet werden.

Die Ausführung in einem SM erfolgt stets nur für einen einzigen Kettenfaden und dies instruktionsweise, d.h. es handelt sich hierbei um eine *single instruction multiple data* (SIMD) Architektur, die sehr viel Ähnlichkeit mit Vektorrechnern besitzt.

Beim Laden von `Ap` in Alg. 8.11 werden 32 Elemente von `Ap` aus dem globalen Speicher geladen und als nächstes 32 Elemente von `Bp`. Da danach der Funktionsaufruf `__syncthreads` folgt, wird das Ausführen dieses Kettenfadens unterbrochen und zum nächsten Faden in der Threadgruppe gewechselt, bis alle Kettenfäden an diese Stelle gelangt sind und die Ausführung mit dem ersten Kettenfaden der Threadgruppe fortfahren kann bzw. ihre Speicheranforderungen abgeschlossen sind. Dies stimmt allerdings nicht ganz. Da Speicherzugriffe auf den globalen Speicher länger als Instruktionen benötigen, man muss dabei mit 400–600 Taktzyklen Latenzzeit rechnen [104], werden durch den SIMT Scheduler aktive Threads, die auf Speicheranforderungen warten, gegen andere ausführbereite Threads ausgewechselt, um so Latenzzeiten für Speicherzugriffe mit Instruktionen zu überlappen und dadurch die Effektivität zu erhöhen. Für einen einzigen Kettenfaden ist folglich bei Speicherzugriffen keine Synchronisation duch einen *fence* notwendig, da der Fortschritt für den gesamten Faden schrittweise erfolgt.

8.7 Aufteilung der Ressourcen

Wie wir in Abschnitt 8.6 gesehen haben, gelten für die Ausführung eines *kernels* die verschiedensten Restriktionen, die hier noch einmal zusammengestellt sind:

- Maximalzahl an Threadgruppen pro SM: 8
- Maximalzahl an aktiven Kettenfäden pro SM: 32
- Maximalzahl an Threads pro SM: 1024
- Maximalzahl an Registern pro SM: 16.384
- Maximalkapazität des gemeinsamen Speichers pro SM: 16kB
- Maximalzahl an Threadgruppen je Dimension: 65.535
- Maximalzahl an Threads pro Gruppe: 512
- Maximalzahl an Registern pro Threadgruppe: 16.384
- Maximalkapazität des gemeinsamen Speichers pro Threadgruppe: 16kB
- Bündelung von Threads zu Kettenfäden: 32
- Ausführung einer Gruppe auf maximal einem SM

Die Einhaltung und optimale Ausnutzung dieser Restriktionen stellt nicht nur sehr hohe Forderungen an den Programmierer, sondern auch an die dynamische Zuweisung der Anforderungen auf die zur Verfügung stehenden Ressourcen. Deswegen wird in der neuen Kartengeneration [105], neben einer Vergrößerung der Ressourcen, auch auf verkürzte Kontextwechsel Wert gelegt.

Die Zuordnung von Gruppen und Threads zu SMs und damit letztlich zu Prozessoren, soll stets so erfolgen, dass möglichst viele Prozessoren beschäftigt sind, ohne obige Restriktionen zu verletzen. Besonders unübersichtlich ist die Verwendung von Registern und gemeinsamem Speicher. Hier kann die Option `-ptxas-options=-v` beim Übersetzen helfen, die eine genaue Angabe zum Verbrauch von Registern und gemeinsamem Speicher pro Thread liefert. Da SMs die Möglichkeit nutzen, bei austehenden Speicheranfragen von einem Kettenfaden oder einer Threadgruppe zum nächsten ausführbaren Kettenfaden zu wechseln, wird empfohlen [104], mindestens doppelt soviele Gruppen zu erzeugen, wie SMs verfügbar sind und in jeder dieser Threadgruppen mindestens 64 Threads anzulegen. Dabei sollte die Zahl der Threads pro Gruppe stets ein Vielfaches der Kettenfadenlänge 32 sein.

Es liegt aber in der Verantwortung des Programmierers, die Ressourcenanforderung in Threads und in Gruppen so zu gestalten, dass eine optimale Belegung von SMs möglich wird. Übersteigt beispielsweise die Anforderung an gemeinsamem Speicher für zwei Threadgruppen die Kapazität eines SMs, dann kann nur eine Gruppe von einem SM bearbeitet werden. Dadurch kann die Effektivität der SMs u.U. drastisch reduziert werden, so dass eine ständige Kontrolle der angeforderten Ressourcen und Experimente zur Laufzeit unterschiedlicher Programmversionen für die performante Programmierung von GPGPUs unumgänglich ist.

8.8 SIMD Architektur

Die SIMD Architektur der Karten verursacht durchaus ungewohnte Nebeneffekte: Trifft z.B. ein Kettenfaden im Instruktionsstrom auf eine Verzweigung, dann führen zunächst die Threads im `if`-Zweig alle Folgeoperationen aus. Die anderen Threads werden in der Zwischenzeit ausgesetzt. Danach führen alle entsprechenden Threads des Kettenfadens den `else`-Zweig aus. In der Zeit werden die „`if`-Threads" ausgesetzt. Man spricht in dem Fall davon, dass die Threads divergieren. Da ALUs bei ausgesetzten Threads nicht beschäftigt werden, bedeutet eine Divergenz gleichzeitig einen Performanceverlust. Deswegen kann folgendes Beispiel einfach verbessert werden:

```
dim3 dimBlock(64,1,1);
schlecht<<<1,dimBlock>>>();
..
__global__ schlecht(){
int tx=threadIdx.x;
if((tx%2)==0) { .... }
else { .... }
```

Bei dieser Programmierung führen 16 Threads eines Kettenfadens mit geradem `tx` den `if`-Zweig aus und anschließend 16 Threads dieses Kettenfadens den `else`-Zweig. Diese Prozedur wiederholt sich für den zweiten Kettenfaden. Werden die 64 Threads dagegen wie folgt angelegt,

```
dim3 dimBlock(32,2,1);
besser<<<1,dimBlock>>>();
..
__global__ besser(){
int tx=threadIdx.x;int ty=threadIdx.y;
if((ty%2)==0) { .... }
else { .... }
```

dann gilt `ty%2==0` für alle Threads in Kettenfaden 1, nicht aber für die Threads in Kettenfaden 2. Die Instruktionsströme spalten sich innerhalb eines Fadens daher nicht auf, weswegen der *kernel* `besser` in der Bedingung nur halb so lange benötigt wie `schlecht`.

Die notwendige Verhinderung von Divergenzen innerhalb eines Kettenfadens wirken sich beispielsweise auch auf die Implementierung einer inneren Produktbildung aus [79]. Auf S. 33 haben wir für diese Operation eine Baumstruktur als effektives Muster erarbeitet. In Abb. 8.7a) ist die klassische Baumstruktur dargestellt. Zu beobachten ist, dass die beiden Kettenfäden für 64 Threads stark divergente Instruktionsströme aufweisen. Da Instruktionen pro Kettenfaden abgearbeitet werden, benötigt diese Baumstruktur $6 + 5$ Zyklen.

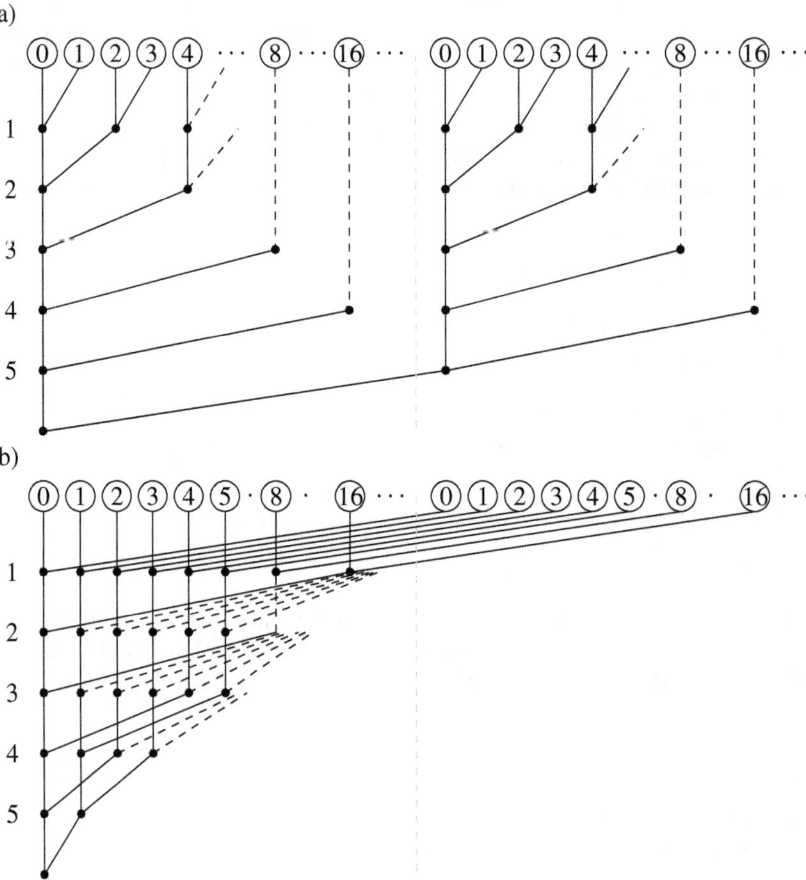

Abbildung 8.7: *a) Klassische Baumstruktur für 64 Threads in 2 Kettenfäden. Beide Kettenfäden benötigen 5 Instruktionszyklen und Faden 0 noch einen weiteren Zyklus. b) Modifizierte Baumstruktur. Die Threads in Kettenfaden 1 haben die Operation nach einem Instruktionszyklus beendet. Faden 0 benötigt insgesamt 6 Instruktionszyklen, wovon 4 divergent ablaufen. In Kettenfaden 1 ist keine Divergenz zu beobachten.*

In Abb. 8.7b) ist diese Baumstruktur derart modifiziert, dass im ersten Zyklus Threads mit gleicher Nummer in den beiden Kettenfäden verknüpft sind. Dadurch ist bereits nach einem Zyklus der Instruktionsfluss in Faden 1 beendet. Die gesamte Abarbeitung benötigt zwar immer noch 6 Schritte, die können nun aber in $7 + 1$ anstelle von $6 + 5$ Zyklen beendet werden. Diese Effektivitätssteigerung ist auf die geringere Divergenz zwischen den Threads im modifizierten Algorithmus zurückzuführen.

Aber nicht nur Bedingungen müssen unter dem Gesichtspunkt der SIMD Architektur neu betrachtet werden, sondern auch geschachtelte Schleifen, wie sie beispielsweise bei der MVM für die komprimierte Zeilenspeicherung auftreten:

```
for(i=0;i<n;i++) {
 y[i]=0.;
 for(j=anzahl[i];j<anzahl[i+1];j++)
  y[i]+=element[j]*x[spalte[j]];
}
```

In Abschnitt 6.5.2 haben wir diesen Algorithmus mit OpenMP parallelisiert, wobei wir die `i`–Schleife bevorzugt haben, da die `j`–Schleife meist nur kleine Schleifenlängen aufweist und zudem zu einer Reduktion führt, die nach Abschnitt 3.10 deutliche Nachteile für die Performance bringt.

Aufgrund der SIMD Architektur lässt sich die `i`–Schleife allerdings nicht ohne weiteres auf den GPUs sinnvoll parallelisieren. Bei einer allgemeinen Matrix wird die Zahl der Elemente pro Zeile stark schwanken und kann beispielsweise in vier aufeinander folgenden Zeilen $\{3, 9, 7, 18\}$ betragen. Da Threads in einem Kettenfaden synchron Zeile für Zeile bearbeiten, bedeutet dies, dass die Threads 0 bis 2 ab dem 3., 9. bzw. 7. Schleifendurchlauf Nulloperationen ausführen, währenddessen Thread 3 mit der Summation der zusätzlichen Elemente in der 4. Zeile beschäftigt ist. Daher entscheidet hierbei die maximale Elementanzahl über die Verweilzeit in einem Schleifennest und nicht die Zahl der tatsächlich vorhandenen Elemente [147]. Bei der Parallelisierung über die `j`–Schleife wird dies vermieden, dieser Ansatz erzielt aber nur bei verhältnismäßig dicht besetzten Matrizen eine akzeptable Performance [25]. Für verhältnismäßig dicht besetzte Matrizen können mit einer Blockung etwas bessere Ergebnisse erzielt werden [25]. Auch für die Parallelisierung auf GPUs zahlt sich, besonders bei sehr dünn besetzten Matrizen, die Ausnutzung von Strukturen aus [9].

8.9 Speicheroptimierungen

Da es sich beim globalen Speicher um DRAM handelt, kann auf mehrere aufeinander folgende Elemente im Speicher durch eine einzige Speicheroperation zugegriffen werden. Gegenwärtig gilt dies für bis zu 16 aufeinander folgende Elemente, d.h. die Threads eines halben Kettenfadens. Dabei werden mehrdimensionale Felder zeilenweise im Speicher linear angelegt[6]. Da DRAM–Speicher eingesetzt wird, wird auch hier, wie beim Hauptspeicher (vgl. Ab-

[6] Dies entspricht der Feldorganisation in C.

schnitt 2.6.1), ein starker Abfall der effektiven Bandbreite beobachtet, falls der Zugriff auf den globalen Speicher nicht für aufeinander folgende Elemente erfolgt. Volkov und Demmel [149] berichten für neuere Graphikkarten von einem linearen Abfall der effektiven Bandbreite für Schrittweiten zwischen Speicherelementen $S < 10$ und einen Abfall auf etwa 1% bei sehr großen Schrittweiten.

Da die SIMD Architektur auch bei Speicherzugriffen entscheidend ist, gilt die Optimierung der Speicherzugriffe nicht innerhalb einer Thread, sondern für die Threads innerhalb eines Kettenfadens, d.h. der Zugriff auf den globalen Speicher ist optimal, falls aufeinander folgende Threads auf aufeinander folgende Positionen zugreifen. In Alg. 8.11 ist diese Forderung erfüllt, da dies sowohl in `A[zeile*lda+t*BLOCK+threadIdx.x]` wie auch in `B[(t*BLOCK+t2)*ldb+g1*BLOCK+threadIdx.x]` der Fall ist.

In Abb. 8.8 ist die gemessene Speicherbandbreite für das Kopieren aus dem globalen Speicher in den gemeinsamen Speicher dargestellt, wobei sich die beiden Messungen nur im Zugriffsmechanismus auf a unterscheiden:

```
Abstand 1:
  .
int id=threadIdx.x;
int b=blockIdx.x;
int j=b*blockDim.x+id;
for(int i=0;i<5;i++)
 f[i]=a[j+i*n];
```

```
Abstand 5:
  .
int id=threadIdx.x;
int b=blockIdx.x;
int j=b*blockDim.x+id;
for(int i=0;i<5;i++)
 f[i]=a[(j)*5+i];
```

Bei `Abstand 1` folgt der Zugriff auf a zusammenhängend über die Threads in den Kettenfäden und für `Abstand 5` zwar zusammenhängend für eine Thread, was aber aufgrund der SIMD Ausführungstechnik einen Abstand von 5 Elementen von Thread zu Thread bedeutet. In Abb. 8.8 fällt ferner auf, dass eine Minimalbelegung der GPU–Karte, d.h. 30 Threadgruppen bei 30 SMs und 1 Kettenfaden pro Gruppe, nicht genügend Parallelität erzeugt, um den Speicherbus zu saturieren. Erst bei der Maximalzahl von 16 Kettenfäden, bzw. 512 Threads, werden 75% der Speicherbandbreite erzielt. Dies hat Auswirkungen auf den effektiven Einsatz von GPUs, da mit der zunehmenden Zahl von Threads auch die Problemgröße entsprechend ansteigt. Für dieses einfache Beispiel kann etwa 70% der Speicherbandbreite nur ausgenutzt werden, wenn die Problemgröße mindestens $30 \times 32 \times 12 = 11.520$ beträgt. Volkov und Demmel [149] berichten in ihrer Arbeit, dass 50% der bestmöglichen Leistung für eine SAXPY Operation ($\vec{y} = a\vec{x} + \vec{y}$) aus der BLAS–Sammlung [83] erst ab einer Problemgröße von 42.000 erzielt werden können. Ganz allgemein ist auch auf GPGPUs in vielen Algorithmen die Speicherbandbreite der limitierende Faktor, so dass auch auf hier für BLAS1- und BLAS2–Funktionen [35] nicht die Peak Performance der Karten erhalten werden kann [149], weswegen sich eine Problemportierung von traditionellen CPUs auf GPUs erst ab Problemgrößen deutlich oberhalb von 4.000 auszahlt.

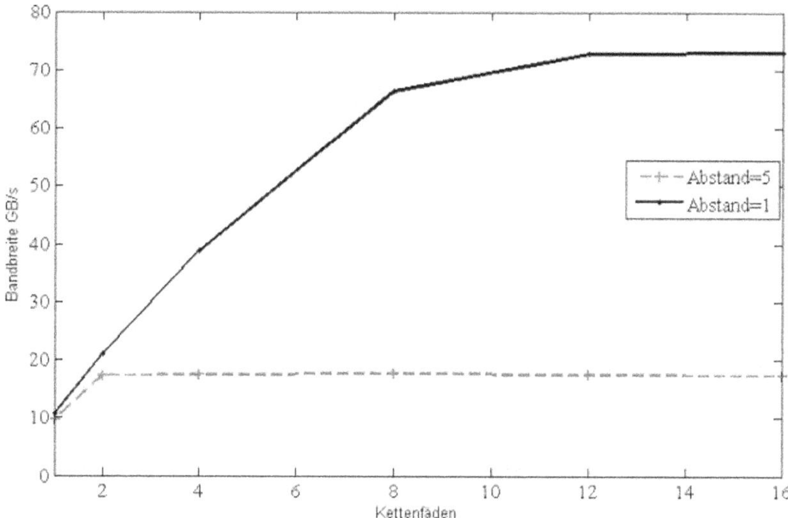

Abbildung 8.8: *Gemessene Speicherbandbreite für das Kopieren aus dem globalen Speicher in den gemeinsamen Speicher für eine unterschiedliche Anzahl von Kettenfäden. Es werden nur so viele Threadgruppen eingesetzt wie SMs vorhanden sind, weswegen die Bandbreite von 102 GB/s der Karte nicht erreicht werden. Bei zusammenhängendem Speicherzugriff (Abstand=1) werden bis zu 73 GB/s erreicht, wohingegen bei Zugriff mit einem Abstand von 5 Elementen nur maximal 17,5 GB/s gemessen werden können.*

8.10 BLAS Funktionen auf GPUs

Als Beispiel für den Einsatz von GPUs für iterative Löser haben wir ein CG–Verfahren implementiert [119] und dabei bis zu 6 Prozesse, die jeweils privaten Zugriff auf eine GPU haben, mit MPI in einem parallelen Programm kombiniert. Um die Ergebnisse möglichst einfach auf andere Problemklassen übertragen zu können, haben wir uns beim Einsatz der GPUs auf die Verwendung von CUBLAS [29] Funktionen beschränkt, d.h. auf Portierungen von BLAS Funkionen auf GPUs unter CUDA, in einfacher Genauigkeit für eine dicht besetzte Matrix. Für genügend große Probleme ($n = 44.500$) kann so verhältnismäßig einfach für 6 Prozesse auf 6 CPUs in drei Rechenknoten und 6 identischen Graphikkarten ein Speedup von 20, verglichen zum Einsatz einer CPU, erreicht werden. Allerdings bewegen wir uns bei diesen Ergebnissen um 2 Größenordnung unterhalb der Summe der Peak Performance der Hardware.

Allerdings lassen sich mit CUBLAS Funktionen sehr schnell beachtliche Erfolge erzielen. Ausgehend von Alg. 5.2 kann der in Abschnitt 5.3.5 formulierte Aufruf der GEMM–Funktion schnell durch einen CUBLAS Funktionsaufruf ersetzt werden:

```
/* Initialisierung von Cublas */
cublasInit();
/* Allokierung der Matrix auf der Karte */
cublasAlloc(n*n,sizeof(float),(void **)&Aptr);
```

```
/* 1 zu 1 Kopie von a vom host auf Aptr auf dem device */
cublasSetMatrix(n,n,sizeof(float),a,n,Aptr,n);
/* Beginn der Gausseliminationsschleife */
for(i=0;i<n;i+=BLOCK) {
 j=i+block;
 if(i>0) {
  /* Kopiere Diagonalmatrixblock vom device */
  cublasGetMatrix(block,block,4,&Aptr[i*n+i],n,&a[i*lda+i],n);
  cudaThreadSynchronize();
  /* Beginne Kopie von L- und R- Block vom device */
  cublasGetMatrix(len,block,4,&Aptr[j*n+i],n,&a[j*lda+i],n);
  cublasGetMatrix(block,len,4,&Aptr[i*n+j],n,&a[i*lda+j],n);
 }
 gauss(&A(i,i),lda,block);
 .
 cudaThreadSynchronize();
 /* Beginne Kopie von Diagonalblock auf device*/
 cublasSetMatrix(block,block,4,&a[i*lda+i],n,&Aptr[i*n+i],n);
 Lmatrix(&A(i,i),lda,block,len);
 /* Beginnc Kopie von L-Block auf device*/
 cublasSetMatrix(len,block,4,&a[j*lda+i],n,&Aptr[j*n+i],n);
 Rmatrix(&A(i,i),lda,block,len);
 /* Kopiere R-Block auf device */
 cublasSetMatrix(block,len,4,&a[i*lda+j],n,&Aptr[i*n+j],n);
 cudaThreadSynchronize();
 cublasSgemm('n','n',len,len,block,-1.f,&Aptr[j*n+i],n,
            &Aptr[i*n+j],n,1.f,&Aptr[j*n+j],n);
}
```

In dieser naiven Version wird die Matrix a als direkte Kopie auf der GPU verwendet und auf der CPU bzw. der GPU veränderte Daten entsprechend zwischen *host* und *device* blockweise hin und her kopiert. Bei einer Blockgröße von 32 ist diese Version für $n = 4.000$ fast doppelt so schnell und bei $n = 10.000$ sogar mehr als 7mal schneller als die Version mit ATLAS (vgl. Abschnitt 5.3.5) und damit auch etwa 10% schneller als die mit OpenMP parallelisierte Version auf 8 Prozessorkernen (vgl. Abschnitt 5.5). Eine beachtliche Leistung für diesen geringen Programmieraufwand, der nur dadurch leicht getrübt wird, dass diese Version für $n = 1.000$ auf der GPU etwa 6mal langsamer ist als auf einem Prozessorkern. Weitere Informationen zur LR–Zerlegung auf GPUs, s. [51, 148, 149].

8.11 Iterative Löser auf GPUs

Bei der Untersuchung zur Parallelisierung iterativer Löser in den Kapiteln 6 und 7 kamen wir zur Schlussfolgerung, dass fein granulare Parallelisierung auf Schleifenebene kaum zu hochperformanten und hochgradig skalierbaren Programmen führen kann, was uns zu grob granularen Verfahren aus dem Bereich der Gebietszerlegungsmethoden führt. Mit GPUs ist nun gewissermaßen der Schritt zurück zur fein granularen Parallelisierung auf Schleifenebene notwendig, da nur eine Parallelisierung auf Schleifenebene in der Lage ist, die SIMD Architektur der GPUs sinnvoll einzusetzen. Diese fein granulare Parallelisierung lässt sich dann, wie etwa in Abschnitt 7.4.3 angedeutet, mit grob granularer Parallelisierung kombinieren, indem in Gebietszerlegungsverfahren einzelne Gebiete auf Rechnern mit Beschleunigerkarten verteilt werden, diese die massiv parallele Lösung der Teilgebiete übernehmen und die Teilergebnisse auf traditionellen CPUs zusammengeführt werden.

Allerdings nimmt die Diskrepanz von erzielter Performance zur Peak Performance beim Einsatz von dünn besetzten Matrizen in der MVM nahezu dramatische Züge an. So berichten Bell und Garland [9] von etwa 6 Gflops für das Koordinatenformat und von maximal 17 Gflops in ihrer besten Multiplikationstechnik für eine dicht besetzte Matrix, die im komprimierten Zeilenformat gespeichert wird. Nicht dicht besetzte Matrizen erzielen je nach Besetzungsgrad sogar noch deutlich weniger Leistung. Diese Werte liegen zwar signifikant über der Leistungsfähigkeit eines einzelnen Prozessorkerns, bewegen sich aber unterhalb von 2% der Peak Performance der GPU.

Um auch für allgemeine dünn besetzte Matrizen eine akzeptable Performance zu erreichen, wird gegenwärtig das ELLPACK–Format, das hier als gezackte Diagonalspeicherung in Abschnitt 6.5.4 beschrieben ist, untersucht [25, 147]. Dieses Speicherformat, das ursprünglich für den Einsatz auf Vektorrechnern konzipiert wurde, zeigt sich für allgemeine Matrizen anderen Speichertechniken überlegen, insbesondere dann, wenn der Besetzungsgrad der Systemmatrizen deutlich über dem der Poisson–Gleichung liegt. Bei dieser Matrixklasse, mit 5 Elementen pro Zeile, werden mit allgemeinen Speichertechniken im besten Fall 7 Gflops für die MVM erzielt, ein Wert, der deutlich unter den 18 Gflops liegt, die folgender *kernel* unter Ausnutzung der schiefen Diagonalspeicherung (vgl. Abschnitt 6.5.7) liefert.

```
#define KF 16

__global__ void diagm(int block,float* x,float* a,int lda,
                      int *off,float *y) {
 __shared__ float xl[KF*32+2];
 int id=threadIdx.x;
 /* Berechnung vom Blockanfang */
 int gruppe=blockIdx.x*block*blockDim.x;
 /* Kopieren in Register */
 int s0=off[0];
 int s4=off[4];

 /* 2 Threads im ersten Kettenfaden laden 2 Startwerte */
 if(id<2)  xl[id]=x[gruppe-1+id];

 /* Schleife über zugeteilte Blöcke */
 for(int j=0;j<block;j++) {
 int p=gruppe+j*blockDim.x+id;

  xl[id+2]=x[p+1];
```

```
  __syncthreads();

  float yp=a[p]*x[p+s0]
        +a[lda+p]*xl[id]
        +a[2*lda+p]*xl[id+1]
        +a[3*lda+p]*xl[id+2]
        +a[4*lda+p]*x[p+s4];
  y[p]=yp;
  /* 2 Thread im letzten Kettenfaden kopieren die 2
     letzten Elemente auf xl[0] und xl[1] */
  if(j<block-1&&id>=blockDim.x-2) {
   xl[id-blockDim.x+2]=xl[id+2];
  }
 }
}
```

Bei dieser Multiplikation wird die Problemgröße `N` in zusammenhängende Blöcke unterteilt. Die Größe eines derartigen Blocks `block` richtet sich nach der Zahl der Threads und der gewählten Anzahl von Gruppen. Die besten Ergebnisse werden bei 512 Threads und mindestens 1024 Gruppen mit folgendem Auszug aus dem *host*–Programm erzielt werden:

```
// Maximalzahl an Threads pro Gruppe und Gruppen
#define THREADS 512
#define GRUPPE 1024
 long N; // Problemgröße
 int block=N/(THREADS*GRUPPE); // Blockgröße
 .
 diagm<<<GRUPPE,THREADS>>>(block,x,a,N,s,y);
```

In Abb. 8.9 ist die Wiederbenutzung von Elementen des Vektors `x` bei der Multiplikation mit einer Tridiagonalmatrix für die Threads einer Gruppe graphisch dargestellt. Dieses Wiederbenutzungsschema kann bei der Systemmatrix für die Poisson–Gleichung ausgenutzt werden, da diese ebenfalls drei benachbarte Diagonale aufweist. Jede Gruppe besteht aus `blockDim.x` Threads, die auf `blockDim.x+2` Elemente von `x` zugreifen. Deswegen werden vor der `j` Schleife die beiden ersten Elemente von `x` vom ersten Kettenfaden aus dem globalen Speicher in den gemeinsamen Speicher, d.h. den Vektor `xl`, kopiert. Dies sind die in Abb. 8.9 grau unterlegten Elemente links oben. Damit nicht bei jedem Durchlauf durch diese Schleife diese beiden ersten Elemente von einem Kettenfaden aus dem langsamen globalen Speicher kopiert werden müssen, kopieren 2 Threads im letzten Kettenfaden die beiden letzten gelesenen Elemente, dies sind die in Abb. 8.9 grau unterlegten Elemente rechts unten, innerhalb des gemeinsamen Speichers vom Ende von `xl` an den Anfang. Aber bei jeder dieser Kopieraktionen wird aufgrund der SIMD Architektur ein kompletter Kettenfaden mit 32 Threads blockiert, auch wenn nur 2

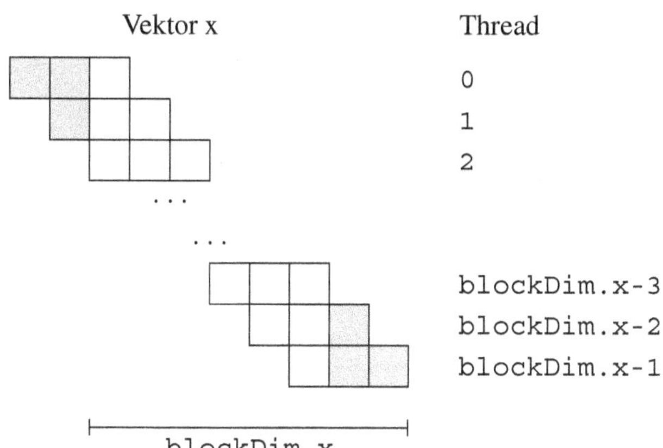

Abbildung 8.9: *Zugriffsschema auf Elemente des Vektors* x*. Die insgesamt* `blockDim.x` *Threads einer Gruppe benötigen* `blockDim.x+2` *Elemente.*

Threads davon beschäftigt werden. Für die Performance ist aber wichtig, dass andere Kettenfäden überlappend Operationen ausführen können. Da die verwendeten Speicherbereiche der Kettenfäden sich um 2 Elemente überlappen, ist eine Synchronisation mit `__syncthreads()` notwendig.

In dieser Version, die auf einer GPU mit 102,5 GB/s Speicherbandbreite 18,3 GFLOPs erreicht, ist die MVM für eine pentadiagonale Matrix aus der Poisson–Gleichung jeder Multiplikation auf GPUs im komprimierten Zeilenformat um etwa das 3-fache überlegen, da die Nutzung des gemeinsamen Speichers die Zahl der Zugriffe auf den globalen Speicher um den Faktor 3 reduziert (vgl. Abb. 8.9). Daneben spielt die auf die SIMD Architektur angepasste Speicherung der Matrix `a` (vgl. Beispiel auf S. 204 und Abb. 8.8) eine wichtige Rolle für die Performance. Auch auf kleinere Details ist beim Arbeiten mit GPUs zu achten. So bringt das Speichern der drei Variablen `gruppe`, `s0` und `s4` im Register einer Thread, anstatt im gemeinsamen Speicher, einen Gewinn von 3,3% in der Geschwindigkeit.

8.12 Die Zukunft von GPUs für das Parallele Rechnen

Das Rechnen auf GPUs und Cell–Prozessoren ist eine sehr junge innovative Technik, die sich erst mit der Einführung einer gut dokumentierten und einfach benutzbaren API einen breiteren Einsatzbereich in numerischen Simulationen erkämpft hat. Spätestens nach dem Roadrunner[7], einem hybriden Rechner mit über 10.000 Cell–Prozessoren, und Tianhe-1[8], mit über 5.000 GPUs, in die Top 10 der 500 schnellsten Rechner[9] stürmten, stellt sich die Frage nach den Einsatzmöglichkeiten von Beschleunigerkarten für Simulationen im großen Stil nicht mehr. Und mit der Ankündigung der nächsten Generation an GPUs, mit verbesserter Nutzung von

[7] http://www.lanl.gov/roadrunner/index.shtml
[8] http://www.nscc-tj.cn/en/
[9] http://www.top500.org

doppelt genauen Zahlen [105] und einer Fehlerkorrektur im Speicher, sind auch die letzten Bedenken für einen breiten Einsatz der Karten in Simulationsrechnungen gefallen. Dennoch bleibt der Einsatz von GPUs eine Abwägung:

⊕ Die Leistungssteigerung gegenüber herkömmlichen CPUs ist immens. Im Idealfall sind über 1 Tflops pro Karte erreichbar.

⊖ Die effektive Performance von GPUs ist ziemlich bescheiden und liegt bei speicherintensiven Algorithmen oft deutlich unter 5%.

⊕ Der Programmieraufwand ist bei Einsatz von CUBLAS [29] minimal und BLAS3 Funktionen erzielen 80-90% der Peak Performance [149].

⊖ BLAS1 und BLAS2 Funktionen sind zu speicherintensiv und lohnen sich erst ab sehr großen dicht besetzten Systemen und auch dann mit sehr geringem Anteil an der Peak Performance. Ansonsten ist das Programmieren der SIMD Architektur sehr aufwändig (vgl. Abschnitt 8.8). Die entsprechenden Programme müssen praktisch vollständig neu geschrieben werden.

⊖ Das Zusammenspiel mehrerer GPUs mit MPI besitzt die Designschwäche, dass Daten zu oft kopiert werden und zwar aus dem Hauptspeicher auf die Beschleunigerkarte und wieder zurück und dann mit MPI in den Hauptspeicher einer anderen Task und so weiter. Einseitige Kommunikationen mit GPUs sind gar nicht möglich.

Sicherlich wird an dieser Diskussion deutlich, dass GPUs und Cell–Prozessoren die traditionellen CPUs in absehbarer Zeit nicht ersetzen werden und auch die Kombination von CPUs mit GPUs gleicht in vielerlei Hinsicht einem skalaren Prozessor mit Vektoreinheit wie ehemals bei der Familie der IBM 3090 Systeme[10], die nur eingeschränkt im Hochleistungsbereich eingesetzt werden konnte. Der Wettlauf um technische Innovationen wird allerdings nicht durch das Hochleistungsrechnen entschieden, sondern durch den Massenmarkt und dafür geeignete Produkte, denen sich das Parallele Rechnen und die dabei eingesetzten Algorithmen anpassen müssen, damit die Simulationen der Ingenieure und Naturwissenschaftler in diesem interdisziplinären Spannungsfeld zwischen Informatik, Mathematik und den Ingenieur- und Naturwissenschaften den zukünftigen Herausforderungen gewachsen sein können.

[10] http://www-03.ibm.com/ibm/history/exhibits/mainframe/mainframe_PP3090.html

Verzeichnis aufgeführter WWW–Seiten

- AMD Core Math Library, ACML: `http://www.amd.com/acml`, S. 105.
- Informationen zu ATI Produkten: `http://ati.amd.com/technology/streamcomputing`, S. 191.
- ATLAS Bibliothek: `http://math-atlas.sourceforge.net/`, S. 98, 105.
- Graph partitioning software - CHACO: `http://www.sandia.gov/~bahendr/chaco.html`, S. 117.
- Domain Decomposition Methods: `http://www.ddm.org/`, S. 167.
- Engineering Scientific Subroutine Library, ESSL: `http://www.ibm.com/systems/p/software/essl/`, S. 105.
- GNU Scientific Library: `http://www.gnu.org/software/gsl/`, S. 97.
- High-Performance Linpack Benchmark, HPL: `http://www.netlib.org/benchmark/hpl/`, S. 123, 128.
- Portable Hardware Locality Software Package, HWLOC: `http://www.open-mpi.org/projects/hwloc/`, S. 54.
- High Performance Preconditioners - *hypre*: `http://computation.llnl.gov/casc/linear_solvers/sls_hypre.html`, S. 165.
- Systeme der IBM 3090 Serie: `www.ibm.com/ibm/history/exhibits/mainframe/mainframe_PP3090.html`, S. 210.
- ILUPACK: `http://www-public.tu-bs.de/~bolle/ilupack/`, S. 131.
- ITPACK: `http://rene.ma.utexas.edu/CNA/ITPACK`, S. 145.
- Graph partitioning software - JOSTLE: `http://staffweb.cms.gre.ac.uk/~wc06/jostle`, S. 117.
- Linear Algebra Package, LAPACK: `http://www.netlib.org/lapack/`, S. 100.
- Liste der energieeffizientesten Superrechner: `www.green500.org`, S. 16.
- Multilevel partitioning algorithms - METIS: `http://glaros.dtc.umn.edu/gkhome/views/metis`, S. 117.
- Math Kernel Library, MKL: `software.intel.com/en-us/intel-mkl/`, S. 105.
- MPICH2: `http://www.mcs.anl.gov/research/projects/mpich2/`, S. 59.

- A Multigrid Tutorial: computation.llnl.gov/casc/people/henson/mgtut/welcome.html, S. 190.
- NAS Parallel Benchmarks: science.nas.nasa.gov/Software/NBP, S. 16.
- Informationen zu NVIDIA Produkten: http://www.nvidia.de/page/tesla_product_literature.html, S. 191.
- Informationen zu OpenCL bei Khronos: http://www.khronos.org/, S. 191.
- OpenMP architectural review board: http://openmp.org/wp/openmp-specifications/, S. 40, 49, 51.
- EPCC OpenMP Microbenchmarks: www2.epcc.ed.ac.uk/computing/research_activities/openmpbench/openmp_index.html, S. 55.
- OpenMPI: http://www.open-mpi.org/, S. 59.
- The Optimized Sparse Kernel Interface Library - OSKI: http://bebop.cs.berkeley.edu/oski/, S. 131, 139, 153.
- Partitioning library - PARTY: wwwcs.uni-paderborn.de/fachbereich/AG/monien/RESEARCH/PART/party.html, S. 117.
- Portable, Extensible Toolkit for Scientific Computation - PETSc: http://www.mcs.anl.gov/petsc/petsc-as/, S. 131, 176.
- Roadrunner Supercomputer: www.lanl.gov/roadrunner/index.shtml, S. 209.
- Graph partitioning software - SCOTCH: http://www.labri.u-bordeaux.fr/perso/pelegrin/scotch, S. 117.
- Special Karlsruhe MPI Benchmark, SKaMPI: liinwww.ira.uka.de/~skampi/, S. 66.
- Stream Benchmark: www.cs.virginia.edu/stream, S. 17.
- SPEC–Benchmarks: spec.org, S. 16.
- Tianhe Supercomputer: http://www.nscc-tj.cn/en/, S. 209.
- Liste der 500 schnellsten Rechner: top500.org, S. 99, 16, 209.
- Dynamisches Instrumentierungswerkzeug Valgrind: valgrind.org/, S. 99, 104, 152.
- Vampir: http://www.vampir.eu/, S. 73.

Literaturverzeichnis

[1] AKHTER, S. ; ROBERTS, J.: *Multicore Programmierung*. München : entwickler.press, 2008

[2] AMDAHL, G. M.: Validity of the single processor approach to achieving large scale computing capabilities. In: *AFIPS '67 (Spring): Proceedings of the April 18-20, 1967, spring joint computer conference*. New York, NY, USA : ACM, 1967, S. 483–485

[3] ANDERSON, E. ; BAI, Z. ; BISCHOF, C. ; DEMMEL, J. ; DONGARRA, J. ; DU CROZ, J. ; GREENBAUM, A. ; HAMMARLING, S. ; MCKENNEY, A. ; OSTROUCHOV, S. ; SORENSEN, D.: *LAPACK Users' Guide*. Philadelphia : SIAM, 1992

[4] ANDERSON, E. ; DONGARRA, J.: Evaluating Block Algorithm Variants in LAPACK. In: *Proc. 4th SIAM Conf. Parallel Processing for Scientific Computing*. Philadelphia : SIAM, 1990, S. 3–14

[5] AXELSON, O.: *Iterative Solution Methods*. Cambridge University Press, 1996

[6] BARNARD, S.T. ; SIMON, H.D.: Fast multilevel implementation of recursive spectral bisection for partitioning unstructured problems. In: *Concurrency: Practice and Experience* 6 (2006), S. 101–117

[7] BARRETT, R. ; BERRY, M. ; CHAN, T. F. ; DEMMEL, J. ; DONATO, J. ; DONGARRA, J. ; EIJKHOUT, V. ; POZO, R. ; ROMINE, C. ; VAN DER VORST, H.: *Templates for the Solution of Linear Systems: Building Blocks for Iterative Methods, 2nd Edition*. Philadelphia : SIAM, 1994

[8] BARRIUSO, R. ; KNIES, A.: Shmem user's guide for fortran. 1994. – Forschungsbericht

[9] BELL, N. ; GARLAND, M.: Efficient Sparse Matrix-Vector Multiplication on CUDA / NVIDIA Corporation. 2008 (NVR-2008-004). – NVIDIA Technical Report

[10] BODE, A.: *RISC-Architekturen*. Mannheim/Wien/Zürich : Wissenschaftsverlag, 1990

[11] BOLLHÖFER, M.: A robust ILU with pivoting based on monitoring the growth of the inverse factors. In: *Linear Algebra Appl.* 338 (2001), S. 201–218

[12] BOLLHÖFER, M. ; SCHENK, O.: Combinatorial Aspects in Sparse Elimination Methods. In: *GAMM Mitteilungen, „Applied and Numerical Linear Algebra", Part II* Bd. 29, 2006, S. 342–367

[13] BRIDSON, R. ; GREIF, C.: A Multipreconditioned Conjugate Gradient Algorithm. In: *SIAM J. Matrix Anal. Appl.* 27 (2006), S. 1056–1068

[14] BRIGGS, W.L.: *A Multigrid Tutorial*. Philadelphia : SIAM, 1987

[15] BRONEVETSKY, G. ; GYLLENHAAL, J. ; DE SUPINSKI, B.R.: CLOMP: Accurately Characterizing OpenMP Application Overheads. In: *Int. J. Parallel Prog.* 37 (2009), S. 250–265

[16] BULL, J.M.: Measuring Synchronization and Scheduling Overheads in OpenMP. In: *European Workshop on OpenMP (EWOMP)*, 1999

[17] BURNS, G. ; DAOUD, R. ; VAIGL, J.: LAM: An Open Cluster Environment for MPI. In: *Proceedings of Supercomputing Symposium*, 1994, 379–386

[18] BUTLER, R. ; LUSK, E.L.: User's guide to the P4 programming system. In: *Technical Report TM-ANL–92/17* (1992)

[19] CAI, X.-C. ; SARKIS, M.: A restricted additive Schwarz preconditioner for general sparse linear systems. In: *SIAM J. Sci. Comput.* 21 (1999), S. 239–247

[20] CARRIERO, N. ; GELERNTER, D.: How to write Parallel Programs: A Guide to the Perplexed. In: *Journal of the ACM* 21(3) (1989), S. 323–357

[21] CARRIERO, N. ; GELERNTER, D.: Linda in Context. In: *Commun. ACM* 32 (1989), S. 444–458

[22] *Cell Broadband Engine Architecture*. 2007. – https://www-01.ibm.com/chips/techlib/techlib.nsf/products/Cell_Broadband_Engine

[23] CHANDRA, R. ; DAGUM, L. ; KOHR, D. ; MAYDAN, D. ; MCDONALD, J. ; MENON, R.: *Parallel Programming in OpenMP*. San Francisco : Morgan Kaufmann Publishers, 2001

[24] CHAPMAN, B. ; JOST, G. ; PAS, R. van d.: *Using OpenMP*. Cambridge : The MIT Press, 2008

[25] CHOI, J.W. ; SINGH, A. ; VUDUC, R.: Model-driven autotuning of sparse matrix-vector multiply on GPUs. In: *Proc. ACM SIGPLAN Symp. Principles and Practice of Parallel Programming (PPoPP)*. Bangalore, India, 2010. – to appear

[26] CHRONOPOULOS, A.T. ; GEAR, C.W.: s-Step iterative methods for symmetric linear systems. In: *J. Comput. Appl. Math.* 25 (1989), S. 153–168

[27] COHN, H. ; KLEINBERG, R. ; SZEGEDY, B. ; UMANS, C.: Group-theoretic Algorithms for Matrix Multiplication. In: *FOCS '05: Proceedings of the 46th Annual IEEE Symposium on Foundations of Computer Science*. Washington, DC, USA : IEEE Computer Society, 2005, S. 379–388

[28] COSNARD, M. ; TRYSTRAM, D.: *Parallel Algorithms and Architectures*. London, Boston : Int. Thomson Computer Press, 1995

[29] CUBLAS *Library 2.3*. 2009. – developer.download.nvidia.com/compute/cuda/2_3/toolkit/docs/CUBLAS_Library_2.3.pdf

[30] CULLUM, J.K. ; WILLOUGHBY, R.A.: *Lanczos Algorithms for Large Symmetric Eigenvalue Computations*. Bd. I & II. Boston : Birkhäuser, 1985

[31] DEMMEL, J.W.: *Applied Numerical Linear Algebra*. Philadelphia : SIAM, 1997

[32] DEMMEL, J.W. ; HEATH, M.T. ; VAN DER VORST, H.A.: Parallel numerical linear algebra. In: *Acta Numerica* (1993), S. 111–197

[33] DING, C. ; HE, Y.: A ghost cell expansion method for reducing communications in solving PDE problems. In: *Supercomputing '01: Proceedings of the 2001 ACM/IEEE conference on Supercomputing (CDROM)*. New York, NY, USA : ACM, 2001. – ISBN 1-58113-293-X, S. 50–50

[34] DONGARRA, J.J. ; DU CROZ, J. ; DUFF, I. S. ; HAMMARLING, S.: A set of Level 3 Basic Linear Algebra Subprograms. In: *ACM Trans. Math. Soft.* 16 (1990), S. 1–28

[35] DONGARRA, J.J. ; DU CROZ, J. ; HAMMARLING, S. ; HANSON, R.J.: An extended set of FORTRAN Basic Linear Algebra Subprograms. In: *ACM Trans. Math. Soft.* 14 (1988), S. 1–32

[36] DONGARRA, J.J. ; DUFF, I.S. ; SORENSEN, D.C. ; VAN DER VORST, H.A.: *Solving Linear Systems on Vector and Shared Memory Computers*. Philadelphia : SIAM, 1991

[37] DONGARRA, J.J. ; DUFF, I.S. ; SORENSEN, D.C. ; VAN DER VORST, H.A.: *Numerical Linear Algebra for High-Performance Computers*. Philadelphia : SIAM, 1998

[38] DOWD, K.: *High Performance Computing*. Sebastopol : O'Reilly & Associates, Inc., 1993

[39] The DRAM Story, IEEE SSCS, 2008, S. 10–56

[40] DÜCKER, H. ; KOSLOWSKI, T. ; NIESSEN, W. von ; TUSCH, M.A. ; LOGAN, D.E.: The metal-insulator transition in disordered tungsten bronzes - results of an Anderson-Mott-Hubbard model. In: *J. Non-Cryst. Solids* 207 (1996), S. 32

[41] DUFF, I.S. ; MEURANT, G.A.: The Effect of Ordering on Preconditioned Conjugate Gradients. In: *BIT* 29 (1989), S. 635–657

[42] EFSTATHIOU, E. ; GANDER, M.J.: Why Restricted additive Schwarz converges faster than additive Schwarz. In: *BIT* 43 (2003), S. 945–959

[43] EISENSTAT, S.: Efficient implementation of a class of conjugate gradient methods. In: *Siam J. Sci. Stat. Comp.* 2 (1981), S. 1–4

[44] EL-REWINI, H.: A.Y.H. Zomaya: Parallel & Distributed Computing Handbook. New York : McGraw-Hill, 1996, Kapitel Partitioning and Scheduling

[45] ELSNER, U.: *Graph Partitioning – A survey*. 1997. – Preprint SFB393/97-27, TU Chemnitz

[46] ERIKSSON, K. ; D.ESTEP ; JOHNSON, C.: *Angewandte Mathematik: Body and Soul*. Bd. 3. Berlin, Heidelberg : Springer, 2005

[47] FOSTER, I.T.: *Designing and Building Parallel Programs*. Massachusetts : Addison-Wesley Publ. Comp., Inc., 1995

[48] FROMMER, A.: *Lösung linearer Gleichungssysteme auf Parallelrechnern*. Braunschweig : Vieweg, 1990

[49] GABRIEL, E. ; FAGG, G.E. ; BOSILCA, G. ; ANGSKUN, T. ; DONGARRA, J.J. ; SQUYRES, J.M. ; SAHAY, V. ; KAMBADUR, P. ; BARRETT, B. ; LUMSDAINE, A. ; CASTAIN, R.H. ; DANIEL, D.J. ; GRAHAM, R.L. ; WOODALL, T.S.: Open MPI: Goals, Concept, and Design of a Next Generation MPI Implementation. In: *Proceedings, 11th European PVM/MPI Users' Group Meeting*. Budapest, Hungary, September 2004, S. 97–104

[50] GALLIVAN, K.A. ; PLEMMONS, R.J. ; SAMEH, A.H.: K.A. Gallivan and M.T. Heath and E. Ng and J.M. Ortega and B.W. Peyton and R.J. Plemmons and C.H. Romine and A.H. Sameh and R.G. Voigt: Parallel Algorithms for Matrix Computations. Philadelphia : Siam, 1990, Kapitel Parallel Algorithms for Dense Linear Algebra Computations, S. 1–82

[51] GALOPPO, N. ; GOVINDARAJU, N.K. ; HENSON, M. ; MANOCHA, D.: LU-GPU: Efficient Algorithms for Solving Dense Linear Systems on Graphics Hardware. In: *SC '05: Proceedings of the 2005 ACM/IEEE conference on Supercomputing*. Washington, DC, USA : IEEE Computer Society, 2005, S. 3

[52] GANSTERER, W. ; ÜBERHUBER, C.: *Hochleistungsrechnen mit HPF*. Berlin Heidelberg : Springer, 2001

[53] GEIST, A. ; BEGUELIN, A. ; DONGARRA, J. ; JIANG, W. ; MANCHEK, R. ; SUNDERAM, V.: *PVM: Parallel Virtual Machine - A Users' Guide and Tutorial for Networked Parallel Computing*. Cambridge, Massachusetts : The MIT Press, 1994

[54] GEIST, G.A. ; HEATH, M.T. ; PEYTON, B.W. ; WORLEY, P.H.: A users' guide to PICL. In: *ORNL Technical Report ORNL/TM-11616* (1990)

[55] GERASOULIS, A. ; NELKEN, I.: Scheduling Linear Algebra Parallel Algorithms on MIMD Architectures. In: *Proc. 4th SIAM Conf. Parallel Processing for Scientific Computing*. Philadelphia : SIAM, 1990, S. 68–95

[56] GOEDECKER, S. ; HOISIE, A.: *Performance Optimization of Numerically Intensive Codes*. Philadelphia : SIAM, 2001

[57] GOLUB, G.H. ; LOAN, C.F. van: *Matrix Computations*. Second. Baltimore and London : The Johns Hopkins University Press, 1989

[58] GREENBAUM, A.: *Iterative Methods for Solving Linear Systems*. Philadelphia : SIAM, 1997

[59] GRIMES, R. ; KINCAID, D. ; YOUND, D.: ITPACK 2.0 User's Guide / Center for Numerical Analysis, University of Texas. 1979 (CNA–150). – Technical Report

[60] GROPP, W. ; HUSS-LEDERMAN, S. ; LUMSDAINE, A. ; LUSK, E. ; NITZBERG, B. ; SAPHIR, W. ; SNIR, M.: *MPI - The Complete Reference*. Bd. 2 - The MPI Extensions. Cambridge, Massachusetts : The MIT Press, 1998

[61] GROPP, W. ; LUSK, E. ; SKJELLUM, A.: *Using MPI: Portable Parallel Programming with the Message-Passing Interface*. Cambridge, Massachusetts : The MIT Press, 1994

[62] GROPP, W. ; THAKUR, R.: Revealing the Performance of MPI RMA Implementations. In: *Proc. of the 14th European PVM/MPI User's Group Meeting*, LNCS Vol. 4757, 2007, S. 272–280

[63] GROPP, W. ; THAKUR, R.: Thread Safety in an MPI Implementation: Requirements and Analysis. In: *Parallel Computing* 33 (2007), S. 595–604

[64] GROPP, W.D.: *persönliche Mitteilung*

[65] GROPP, W.D. ; LUSK, E.: User's Guide for MPICH, a Portable Implementation of MPI / Mathematics and Computer Science Division, Argonne National Laboratory. 1996. – Forschungsbericht. – ANL-96/6

[66] GUSTAFSON, John L.: Reevaluating Amdahl's law. In: *Commun. ACM* 31 (1988), Nr. 5, S. 532–533

[67] HACKBUSCH, W.: *Iterative Solution of Large Sparse Systems of Equations.* New York, Berlin : Springer, 1994

[68] HACKBUSCH, W.: *Mutli–Grid Methods and Applications.* Second. Berlin, Heidelberg, New York : Springer, 2003

[69] HENTY, D.S.: *Performance of Hybrid Message-Passing and Shared–Memory Parallelism for Discrete Element Modeling.* – Proceedings of the IEEE/ACM SC2000 Conference, Dallas, Nov. 2000

[70] HIGHAM, N.J.: *Accuracy and Stability of Numerical Algorithms.* Philadelphia : SIAM, 1996

[71] HILBRICH, T. ; MÜLLER, M.S. ; B., Krammer.: MPI Correctness Checking for OpenMP/MPI Applications. In: *Int. J. Parallel Prog.* 37 (2009), S. 277–291

[72] HOFFMANN, S. ; LIENHART, R.: *OpenMP.* Berlin Heidelberg : Springer, 2008

[73] HONECKER, A. ; SCHÜLE, J.: OpenMP implementation of the Householder reduction for large complex Hermitian eigenvalue problems. In: BISCHOF, C.; BÜCKER, M.; GIBBON, P.; JOUBERT, G.R.; LIPPERT, T.; MOHR, B.; PETERS, E. (Hrsg.): *Parallel Computing: Architectures, Algorithms and Applications*, NIC Series 38, 2007, S. 271–278

[74] HORI, A. ; TEZIKA, H. ; ISHIKAWA, Y.: Highly Efficient Gang Scheduling Implementation. In: *ACM/IEEE SC Conference* (1998), S. 43

[75] HWANG, K. ; BRIGGS, F.A.: *Computer Architecture and Parallel Processing.* New York : McGraw-Hill, 1984

[76] IM, E.-J. ; YELICK, K. ; VUDUC, R.: Sparsity: Optimization framework for sparse matrix kernels. In: *Int. J. High Perf. Comp. Appl.* 18 (2004), S. 135–158

[77] KARP, A.H. ; FLATT, H.P.: Measuring Parallel Processor Performance. In: *Comm. ACM* 33 (1990), S. 540–543

[78] KATEVENIS, M.: A.Y.H. Zomaya: Parallel & Distributed Computing Handbook. New York : McGraw-Hill, 1996, Kapitel RISC Architectures

[79] KIRK, D. ; HWU, W.: *Programming Massively Parallel Processors.* University of Illinois, Urbana-Champaign, 2007. – Lecture Slides, ECE 498 AL1

[80] KOELBEL, C. H. ; LOVEMAN, D. B. ; SCHREIBER, R. S. ; JR., G. L. S. ; ZOSEL, M. E.: *The High Performance Fortran Handbook.* Cambridge, Massachusetts : The MIT Press, 1994

[81] KRAMMER, B. ; BIDMON, K. ; MÜLLER, M.S. ; RESCH, M.M.: Marmot: an MPI analysis and checking tool. In: JOBERT, G.R.; NAGEL, W.E.; PETERS, F.J.; WALTER, W.V. (Hrsg.): *PARCO* Bd. 13, Elsevier, 2003, S. 493–500

[82] KRONSJÖ, L.I.: A.Y.H. Zomaya: Parallel & Distributed Computing Handbook. New York : McGraw-Hill, 1996, Kapitel PRAM Models

[83] LAWSON, C.L. ; HANSON, R.J. ; KINCAID, D. ; KROGH, F.T.: Basic Linear Algebra Subprograms for FORTRAN usage. In: *ACM Trans. Math. Soft.* 5 (1979), S. 308–323

[84] LEE, E.A.: The Problem with Threads. In: *Computer* 39 (2006), S. 33–42

[85] LI, Na ; SAAD, Yousef ; CHOW, Edmond: Crout Versions of ILU for General Sparse Matrices. In: *SIAM J. Sci. Comput.* 25 (2003), Nr. 2, S. 716–728

[86] LIU, Z. ; CHAPMAN, B. ; WENG, T.-H. ; HERNANDEZ, O.: Improving the Performance of OpenMP by Array Privatization. In: *WOMPAT*, LNCS Vol. 2716, 2003, S. 244–259

[87] LÜSSE, P. ; STUWE, P. ; SCHÜLE, J. ; UNGER, H.-G.: Vectorial Mode-Fields of Optical Waveguides. In: *IEEE J. Lightwave Technol.* 12 (1994), S. 487

[88] MATHEW, Tarek P. A.: *Domain decomposition methods for the numerical solution of Partial differential equations.* Berlin, Heidelberg : Springer, 2008 (Lecture Notes in Computational Science and Engineering)

[89] MATTSON, T.G.: Programming Environments for Parallel Computing: A Comparison of CPS, Linda, P4, PVM, POSYBL, and TCGMSG. In: *HICSS* 2 (1994), S. 586–594

[90] MCCORMICK, S.F.: *Multigrid Methods.* Philadelphia : SIAM, 1987

[91] MCGINN, S.F. ; SHAW, R.E.: Parallel Gaussian Elimination Using OpenMP and MPI. In: *Proc. 16th Annual Intern. Symp. HPCS'02.* Washington, DC : IEEE Comp. Soc., 2002, S. 169–173

[92] MEISTER, A.: *Numerik linearer Gleichungssysteme.* Braunschweig : Vieweg, 1999

[93] *MPI: A Message-Passing Interface Standard 1.0.* http://www.mpi-forum.org/, 1994. – May 5

[94] *MPI: A Message-Passing Interface Standard 2.0.* http://www.mpi-forum.org/, 1997. – July 18

[95] *MPI: A Message-Passing Interface Standard Version 2.1.* Stuttgart : High Performance Computing Center Stuttgart, 2008

[96] *MPI 3.0.* http://www.mpi-forum.org/, 2009

[97] MEURANT, G.: *Computer Solution of Large Linear Systems.* Amsterdam : Elsevier, 1999

[98] NAKAJIMA, K. ; OKUDA, H.: Parallel Iterative Solvers with Localized ILU Preconditioning for Unstructured Grids on Workstation Clusters. In: *Int. J. Comp. Fluid Dyn.* 12 (1999), S. 315–322

[99] NEVIN, N.J.: The Performance of LAM 6.0 and MPICH 1.0.12 on a Workstation Cluster / Ohio Supercomputing Center. Columbus, Ohio, 1996 (OSC-TR-1996-4). – Forschungsbericht

[100] NIKOLOPOULOS, D.S. ; PAPATHEODOROU, T.S. ; POLYCHRONOPOULOS, C.D. ; LABARTA, J. ; AYGUADÉ, E.: Is data distribution necessary in OpenMP? In: *ACM/IEEE SC Conference* (2000), S. 1–14

[101] NISHTALA, R. ; VUDUC, R.W. ; DEMMEL, J.W. ; YELICK, K.A.: Performance Modeling and Analysis of Cache Blocking in Sparse Matrix Vector Multiply / University of California. 2004. – Forschungsbericht

[102] NISHTALA, R. ; VUDUC, R.W. ; DEMMEL, J.W. ; YELICK, K.A.: When cache blocking of sparse matrix vector multiply works and why. In: *AAECC* 18 (2007), S. 297–311

[103] NUMRICH, R.W. ; REID, J.K.: Co-Array Fortran for Parallel Programming. In: *ACM Fortran Forum* 17 (1998), S. 1–31

[104] *Nvidia Cuda Programming Guide 2.3.1*. 2009. – http://www.nvidia.com/object/cuda_develop.html

[105] *Nvidia's Next Generation Cuda Compute Architecture: Fermi*. 2009. – www.nvidia.com/content/PDF/fermi_white_papers/NVIDIA_Fermi_Compute_Architecture_Whitepaper.pdf

[106] OTHMER, C. ; GLASSMEIER, K.H. ; MOTSCHMANN, U. ; SCHÜLE, J.: Parallel PIC-code simulations of ion thruster-induced plasma dynamics. In: *Proc. ISSS* 6 (2001), S. 1–4

[107] OTHMER, C. ; GLASSMEIER, K.H. ; MOTSCHMANN, U. ; SCHÜLE, J. ; FRICK, Ch.: Three-dimensional simulations of ion thruster beam neutralization. In: *Phys. Plasmas* 7 (2000), S. 5242–5251

[108] OTHMER, C. ; GLASSMEIER, K.H. ; MOTSCHMANN, U. ; SCHÜLE, J. ; FRICK, Ch.: Numerical Simulation of Ion Thruster-induced Plasma Dynamics - The model and Initial Results. In: *Adv. Space Res.* 29 (2002), S. 1357–1362

[109] OTHMER, C. ; SCHÜLE, J.: Dynamic load balancing of plasma particle-in-cell simulations: The taskfarm alternative. In: *Comp. Phys. Comm.* 147 (2002), S. 741–744

[110] *PARMACS: http://www.netlib.org/parmacs*. 1988

[111] PATTERSON, D.A. ; HENNESSY, J.L.: *Computer Organization and Design*. 3. Aufl. Amsterdam : Elsevier, 2005

[112] PISSANETZKY, S.: *Sparse Matrix Technology*. London : Academic Press, 1984

[113] P.Y. YALAMOV, B.S. A. u.: LAWRA – Linear Algebra with recursive algorithms. In: *Math. Model. Anal.* 4 (1999), S. 7–17

[114] QUARTERONI, A. ; VALLI, A.: *Domain Decomposition Methods for Partial Differential Equations*. Oxford : Clarendon Press, 1999

[115] RANTAKOKKO, J.: *Data Partitioning Methods and Parallel Block-Oriented PDE Solvers*. Uppsala University, 1998

[116] RAUBER, T. ; RÜNGER, G.: *Parallel Programmierung*. 2. Berlin, Heidelberg : Springer, 2007

[117] RAUBER, T. ; RÜNGER, G.: *Multicore: Parallele Programmierung*. Berlin, Heidelberg : Springer, 2008

[118] RODA, J. ; RODRIGUEZ, C. ; MORALES, D. G. ; ALMEIDA, F. ; BULIDO, P. ; DORTA, D.: Breaking the Barriers: Two Models for MPI Programming. In: *Proc. of Int. Conference on Parallel Architectures and Compilation Techniques* (1998), S. 248–255

[119] RODRIGUEZ, M.R.: *Programmimplementierung auf hybriden Hochleistungsrechnern mit MPI und* CUBLAS. 2009. – Bachelorarbeit an der TU Braunschweig

[120] SAAD, Y.A.: Krylov Subspace Methods on Supercomputers. In: *J. Sci. Stat. Comput.* 10 (1989), S. 1200–1232

[121] SAAD, Y.A.: *Iterative Methods for Sparse Linear Systems.* Boston : PWS Publishing Company, 1996

[122] SCHÖNAUER, W.: *Scientific computing on vector computers.* Amsterdam : North–Holland, 1987

[123] SCHÜLE, J.: A Parallel Lanczos Algorithm in Structural Chemistry. In: MATTHIES, H.; SCHÜLE, J. (Hrsg.): *Paralleles und Verteiltes Rechnen.* Aachen : Shaker, 1996, S. 9–19

[124] SCHÜLE, J.: Parallel Lanczos Algorithm on a CRAY-T3D Combining PVM and SH-MEM Routines. In: BODE, A.; DONGARRA, J.; LUDWIG, T.; SUNDERAM, V. (Hrsg.): *Parallel Virtual Machine - EuroPVM'96.* New York : Springer, 1996, S. 158–165

[125] SCHÜLE, J.: Heading for an Asynchronous Parallel Ocean Model. In: DONGARRA, J.; LUQUE, E.; MARGALEF, T. (Hrsg.): *Recent Advances in Parallel Virtual Machine and Message Passing Interface.* New York : Springer, 1999, S. 404–409

[126] SCHÜLE, J.: *Parallel Computing with Emphasis on Distributed Systems.* Aachen : Shaker-Verlag, 2000

[127] SCHÜLE, J.: Accelerating solar wind calculations. In: *Proc. EUROSIM*, 2007, S. 1–7

[128] SCHÜLE, J. ; WILHELMSSON, T.: Parallelizing a High Resolution Operational Ocean Model. In: SLOOT, P.; BUBAK, M.; HOEKSTRA, A.; HERTZBERGER, B. (Hrsg.): *High-Performance Computing and Networking.* Berlin, Heidelberg : Springer, 1999, S. 120–129

[129] SMITH, B. ; BJØRSTAD, P. ; GROPP, W.: *Domain Decomposition.* Cambridge University Press, 1996

[130] SNIR, M. ; OTTO, S. ; HUSS-LEDERMAN, S. ; WALKER, D. ; DONGARRA, J.: *MPI - The Complete Reference.* Bd. 1 - The MPI Core. Cambridge, Massachusetts : The MIT Press, 1998

[131] STENGEL, H.: *C++–Programmiertechniken für High Performance Computing auf Systemen mit nichteinheitlichem Speicherzugriff unter Verwendung von OpenMP.* 2007. – Diplomarbeit an der FH Erlangen

[132] STERLING, T. ; BECKER, D.J. ; SAVARESE, D. ; DORBAND, J. E. ; RANAWAKE, U.A. ; PACKER, C.V.: Beowulf: A Parallel Workstation For Scientific Computation. In: *In Proceedings of the 24th International Conference on Parallel Processing*, CRC Press, 1995, S. 11–14

[133] STEWART, G.W.: *Matrix Algorithms.* Bd. I: Basic Decompositions. Philadelphia : SIAM, 1998

[134] TAO, J. ; KUNZE, M. ; NOWAK, F. ; BUCHTY, R. ; KARL, W.: Performance Advantage of Reconfigurable Cache Design on Multicore Processor Systems. In: *Int. J. Parallel Prog.* 36 (2008), S. 347–360

[135] *TCGMSG: http://www.emsl.pnl.gov/docs/parsoft/tcgmsg/tcgmsg.html*

[136] THAKUR, R. ; GROPP, W.: Test Suite for Evaluating Performance of MPI Implementations That Support `MPI_THREAD_MULTIPLE`. In: *Proc. of the 14th European PVM/MPI User's Group Meeting*, LNCS Vol. 4757, 2007, S. 46–55

[137] THOMAS, J.W.: *Texts in Applied Mathematics*. Bd. Finite Difference Methods: *Numerical Partial Differential Equations*. New York : Springer, 1995

[138] TIPPARAJU, V. ; GROPP, W. ; RITZDORF, H ; THAKUR, R. ; TRÄFF, J. L.: Investigating High Performance RMA Interfaces for the MPI-3 Standard. Washington, DC, USA : IEEE Computer Society, 2009

[139] TOPPING, B.H.V. ; KHAN, A.I.: *Parallel Finite Element Computations*. Saxe-Coburg Publications, 1996

[140] TOSELLI, A. ; WIDLUND, O.: *Domain Decomposition Methods – Algorithms and Theory*. Springer, 2005

[141] TRÄFF, J.L. ; HEMPEL, R. ; RITZDORF, H. ; ZIMMERMANN, F.: Flattening on the Fly: Efficient Handling of MPI Derived Datatypes. In: DONGARRA, J. (Hrsg.) ; LUQUE, E. (Hrsg.) ; MARGALEF, T. (Hrsg.): *Recent Advances in Parallel Virtual Machine and Message Passing Interface*. New York : Springer, 1999

[142] TROTTENBERG, U. ; OOSTERLEE, C. ; SCHÜLLER, A.: *Multigrid*. London : Academic Press, 2001

[143] *UPC language specifications, v1.2*. Technical Report LBNL-59208, 2005

[144] VALIANT, L.G.: A bridging model for parallel computation. In: *Communications of the ACM* 14(1) (1990), S. 103–111

[145] VAN DER VELDE, E.F.: *Concurrent Scientific Computing*. New York : Springer-Verlag, 1994

[146] VAN DER VORST, H.A.: *Iterative Krylov Methdos for Large Linear Systems*. Cambridge : Cambridge University Press, 2003

[147] VÁZQUEZ, F. ; GARZÓN, E.M. ; MARTÍNEZ, J.A. ; FERNÁNDEZ, J.J.: *The sparse matrix vector product on GPUs*. http://www.ace.ual.es/TR/SpMV.GPU.pdf/, 2009. – June 14

[148] VOLKOV, V. ; DEMMEL, J.: LU, QR and Cholesky Factorizations using Vector Capabilities of GPUs. 2008 (UCB/EECS–2008–49). – Forschungsbericht

[149] VOLKOV, V. ; DEMMEL, J.W.: Benchmarking GPUs to Tune Dense Linear Algebra. In: *SC 2008, Austin* (2008)

[150] WESSELING, P.: *An Introduction to Multigrid Methods*. Chichester : John Wiley & Sons, 1995

[151] WHALEY, R.C. ; PETITET, A. ; DONGARRA, J.J.: Automated empirical optimization of software and the ATLAS project. In: *Parallel Computing* 27 (2001), S. 3–35

[152] WILHELMSSON, T. ; SCHÜLE, J.: Running an Operational Baltic Sea Model on the T3E. In: *Fifth European SGI/Cray MPP Workshop, Bologna*, 1999

[153] WILHELMSSON, T. ; SCHÜLE, J. ; RANTAKOKKO, J. ; FUNKQUIST, L.: Increasing resolution and forecast length with a parallel ocean model. In: *Proc. Sec. Int. Conf. EuroGOOS*, Elsevier, 2001

[154] WILLIAMS, S. ; OLIKER, L. ; VUDUC, R. ; SHALF, J. ; YELICK, K. ; DEMMEL, J.: Optimization of sparse matrix–vector multiplication on emerging multicore platforms. In: *Parallel Computing* 35 (2009), S. 178–194

[155] YAVNEH, I.: Why Multigrid Methods are so efficient. In: *Comp. Sci Eng.* 8 (2006), Nr. 6, S. 12–22

Index

www.ingramcontent.com/pod-product-compliance
Lightning Source LLC
Chambersburg PA
CBHW081102220326
41598CB00038B/7194

9783486598513